Front cover:

1 Traditional African print pattern of squares, triangles, and stylized trees, associated with rootedness and longevity

2 One of the famous 12th-century rose windows in Notre-Dame Cathedral, Paris

3 A *yole*, the traditional fisherman's boat of Martinique, also used for racing

4 The modern cathedral of Saint Paul in Abidjan, Côte d'Ivoire

Back cover:

Young women in traditional Martinique clothing made of madras, a cotton cloth brought by natives of India when they came to work in the sugar cane fields

AUTHORS

John DeMado
Washington, CT

Mr. DeMado helped form the general philosophy of the French program and wrote activities to practice basic material, functions, grammar, and vocabulary.

Emmanuel Rongiéras d'Usseau
Le Kremlin-Bicêtre, France

Mr. Rongiéras d'Usseau contributed to the development of the scope and sequence for the chapters, created the basic material and listening scripts, selected realia, and wrote activities.

CONTRIBUTING WRITERS

Jayne Abrate
The University of Missouri
Rolla, MO

Jill Beede
Educational writer
Tahoma, CA

Judith Ryser
San Marcos High School
San Marcos, TX

REVIEWERS

Jeannette Caviness
Mount Tabor High School
Winston-Salem, NC

Jennie Chao
Consultant
Oak Park, IL

Gail Corder
Trinity Valley School
Ft. Worth, TX

Robert H. Didsbury
Consultant
Raleigh, NC

Jennifer Jones
U.S. Peace Corps volunteer
Côte d'Ivoire 1991–1993
Austin, TX

Joan H. Manley
The University of Texas at El Paso
El Paso, TX

Marie Line McGhee
Consultant
Austin, TX

Gail Montgomery
Foreign Language Program Administrator
Greenwich, CT Public Schools

Agathe Norman
Consultant
Austin, TX

Marc Prévost
Austin Community College
Austin, TX

Norbert Rouquet
Consultant
La Roche-sur-Yon, France

Robert Trottier
St. Johnsbury Academy
Saint Johnsbury, VT

Michèle Viard
The Dalton School
New York, NY

Jack Yerby
Farmington High School
Farmington, NM

FIELD TEST PARTICIPANTS

Marie Allison
New Hanover High School
Wilmington, NC

Gabrielle Applequist
Capital High School
Boise, ID

Jana Brinton
Bingham High School
Riverton, UT

Nancy J. Cook
Sam Houston High School
Lake Charles, LA

Rachael Gray
Williams High School
Plano, TX

Katherine Kohler
Nathan Hale Middle School
Norwalk, CT

Nancy Mirsky
Museum Junior High School
Yonkers, NY

Myrna S. Nie
Whetstone High School
Columbus, OH

Jacqueline Reid
Union High School
Tulsa, OK

Judith Ryser
San Marcos High School
San Marcos, TX

Erin Hahn Sass
Lincoln Southeast High School
Lincoln, NE

Linda Sherwin
Sandy Creek High School
Tyrone, GA

Norma Joplin Sivers
Arlington Heights High School
Fort Worth, TX

Lorabeth Stroup
Lovejoy High School
Lovejoy, GA

Robert Vizena
W.W. Lewis Middle School
Sulphur, LA

Gladys Wade
New Hanover High School
Wilmington, NC

Kathy White
Grimsley High School
Greensboro, NC

To the Student

Some people have the opportunity to learn a new language by living in another country. Most of us, however, begin learning another language and getting acquainted with a foreign culture in a classroom with the help of a teacher, classmates, and a textbook. To use your book effectively, you need to know how it works.

Allez, viens! *(Come along!)* is organized to help you learn French and become familiar with the cultures of people who speak French. Each chapter presents concepts in French and strategies for learning a new language. This book also has six Location Openers set throughout the francophone world.

Location Opener You'll find six four–page photo essays called Location Openers that introduce different French-speaking places.

Chapter Opener The Chapter Opener pages tell you the chapter theme and goals, and outline what you learn to do in each section of the chapter.

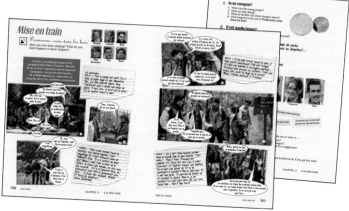

Mise en train *(Getting started)* This illustrated story, which is also on video, shows you French-speaking people in real-life situations, using the language you'll learn in the chapter.

Première, Deuxième, and **Troisième étape** *(First, Second,* and *Third Part)* After the **Mise en train,** the chapter is divided into three sections called **étapes.** At the beginning of each **étape,** there is a reminder of the goals for this part of the chapter. Within the **étape** are **Comment dit-on... ?** *(How do you say . . . ?)* boxes that contain the French expressions you'll need to communicate and **Vocabulaire** and **Grammaire/Note de Grammaire** boxes that give you the French words and grammatical structures you'll need to know. Activities in each **étape** enable you to practice the new expressions, vocabulary, and structures and thereby develop your skills in listening, reading, speaking, and writing.

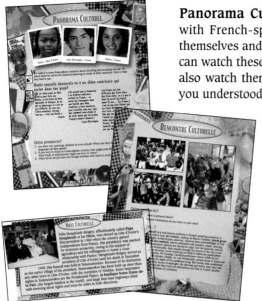

Panorama Culturel *(Cultural Panorama)* On this page are interviews with French-speaking people from around the world. They talk about themselves and their lives, and you can compare their culture to yours. You can watch these interviews on video or listen to them on audio CD. You can also watch them using the CD-ROM program, then check to see how well you understood by answering some questions about what the people say.

Rencontre Culturelle *(Cultural Encounter)* This section, found in six of the chapters, gives you a firsthand encounter with some aspect of a French-speaking culture.

Note Culturelle *(Culture Note)* In each chapter, there are notes with more information about the cultures of French-speaking people. These notes might tell you interesting facts, describe common customs, or offer other information that will help you learn more about the French-speaking world.

Lisons! *(Let's read!)* The reading section follows the three **étapes**. The selections are related to the chapter themes and help you develop your reading skills in French. The **De bons conseils** *(Helpful advice)* boxes in this section are strategies to improve your reading comprehension.

Mise en pratique *(Review)* The activities on these pages practice what you've learned in the chapter and help you improve your listening, reading, and communicaton skills. You'll also review what you've learned about culture. A section called **Ecrivons!** *(Let's write!)* in each chapter will help develop your writing skills.

Que sais-je? *(Let's see if I can . . .)* This page at the end of each chapter contains a series of questions and short activities to help you see if you've achieved the chapter goals. Page numbers beside each section will tell you where to go for help if you need it.

V

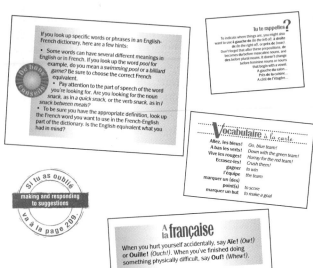

You'll also find special features in each chapter that provide extra tips and reminders.

De bons conseils *(advice)* offers study hints to help you succeed in a language class. **Tu te rappelles?** *(Do you remember?)* reminds you of expressions, grammar, and vocabulary you may have forgotten. **A la française** *(The French way)* gives you additional expressions to add more color to your speech. **Vocabulaire à la carte** *(Additional Vocabulary)* lists extra words you might find helpful. These words will not appear on the quizzes and tests unless your teacher chooses to include them. You will also find helpful stamps called **Si tu as oublié** to reference material you might have forgotten.

Vocabulaire *(Vocabulary)* On the French-English vocabulary list on the last page of the chapter, the words are grouped by **étape**. These words and expressions will be on the quizzes and tests.

You'll also find French-English and English-French vocabulary lists at the end of the book. The words you'll need to know for the quizzes and tests are in boldface type.

At the end of your book, you'll find more helpful material, such as:
- a summary of the expressions you'll learn in the **Comment dit-on... ?** boxes
- a list of review vocabulary
- additional vocabulary words you might want to use
- a summary of the grammar you'll study
- a section of additional activities to practice the grammar you'll learn
- a grammar index to help you find where structures are presented

Allez, viens! Come along on an exciting trip to new cultures and a new language!

Bon voyage!

Explanation of Icons in *Allez, viens!*

Throughout *Allez, viens!,* you'll see these symbols, or icons, next to activities. They'll tell you what you'll do with that activity. Here's a key to help you understand the icons.

 Listening Activities This icon indicates a listening activity. You'll need to listen to the CD or your teacher to complete the activity.

CD-ROM Activities Whenever this icon appears, you know there's a related activity on the *Allez, viens! Interactive CD-ROM Program.*

 Writing Activities You'll see this icon next to writing activities. The directions may ask you to write words, sentences, paragraphs, or a whole composition.

 Pair Work Activities Activities with this icon are to be done with a partner. Both you and your partner are responsible for completing the activity.

Group Work Activities If an activity has this icon next to it, you'll complete it with a small group of classmates. Each person in the group is responsible for a share of the work.

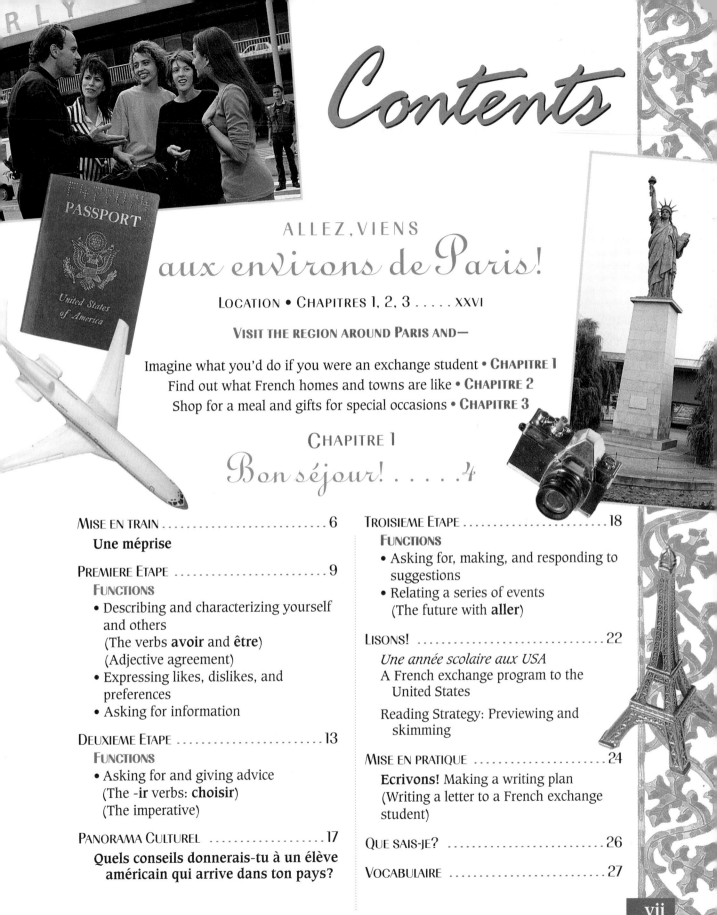

Contents

ALLEZ, VIENS

aux environs de Paris!

LOCATION • CHAPITRES 1, 2, 3 XXVI

VISIT THE REGION AROUND PARIS AND—

Imagine what you'd do if you were an exchange student • **CHAPITRE 1**
Find out what French homes and towns are like • **CHAPITRE 2**
Shop for a meal and gifts for special occasions • **CHAPITRE 3**

CHAPITRE 1

Bon séjour! 4

MISE EN TRAIN 6
  Une méprise

PREMIERE ETAPE 9
  FUNCTIONS
  • Describing and characterizing yourself
    and others
    (The verbs **avoir** and **être**)
    (Adjective agreement)
  • Expressing likes, dislikes, and
    preferences
  • Asking for information

DEUXIEME ETAPE 13
  FUNCTIONS
  • Asking for and giving advice
    (The -ir verbs: **choisir**)
    (The imperative)

PANORAMA CULTUREL 17
  **Quels conseils donnerais-tu à un élève
  américain qui arrive dans ton pays?**

TROISIEME ETAPE 18
  FUNCTIONS
  • Asking for, making, and responding to
    suggestions
  • Relating a series of events
    (The future with **aller**)

LISONS! 22
  Une année scolaire aux USA
  A French exchange program to the
    United States

  Reading Strategy: Previewing and
    skimming

MISE EN PRATIQUE 24
  Ecrivons! Making a writing plan
  (Writing a letter to a French exchange
    student)

QUE SAIS-JE? 26

VOCABULAIRE 27

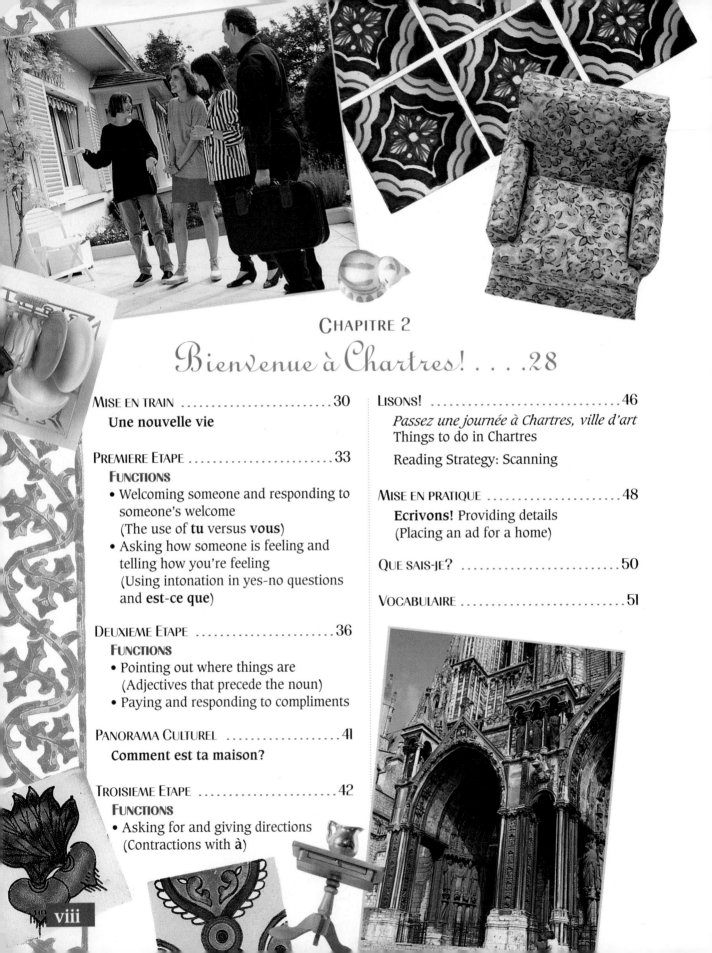

CHAPITRE 2
Bienvenue à Chartres! 28

MISE EN TRAIN 30
Une nouvelle vie

PREMIÈRE ÉTAPE 33
FUNCTIONS
• Welcoming someone and responding to someone's welcome
  (The use of **tu** versus **vous**)
• Asking how someone is feeling and telling how you're feeling
  (Using intonation in yes-no questions and **est-ce que**)

DEUXIÈME ÉTAPE .36
FUNCTIONS
• Pointing out where things are
  (Adjectives that precede the noun)
• Paying and responding to compliments

PANORAMA CULTUREL 41
Comment est ta maison?

TROISIÈME ÉTAPE .42
FUNCTIONS
• Asking for and giving directions
  (Contractions with **à**)

LISONS! 46
Passez une journée à Chartres, ville d'art
Things to do in Chartres

Reading Strategy: Scanning

MISE EN PRATIQUE .48
Ecrivons! Providing details
(Placing an ad for a home)

QUE SAIS-JE? 50

VOCABULAIRE 51

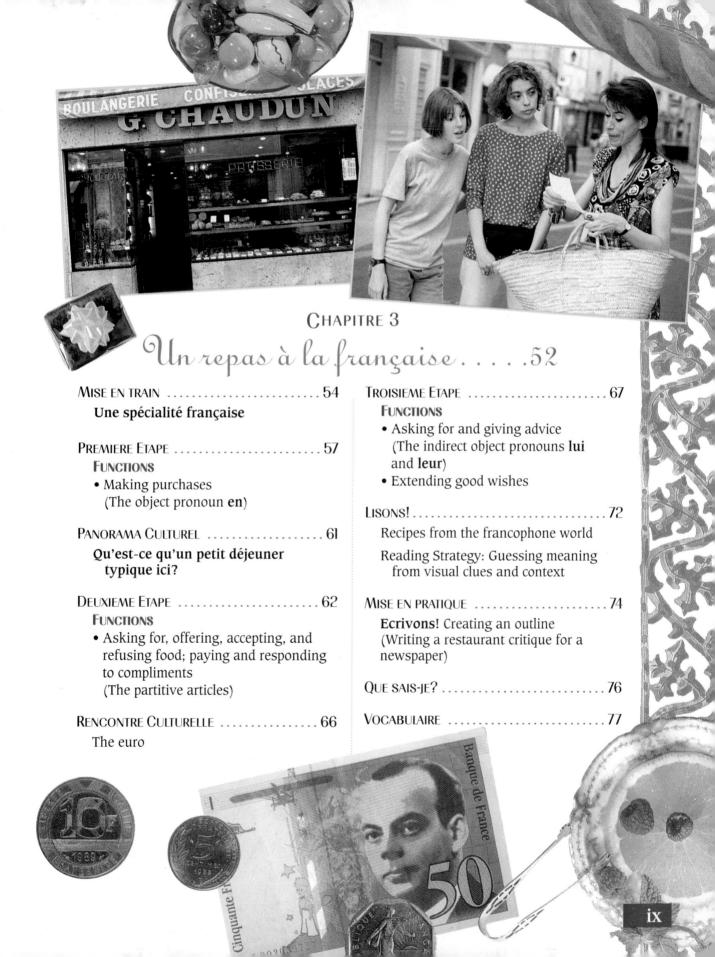

CHAPITRE 3
Un repas à la française 52

MISE EN TRAIN 54
  Une spécialité française

PREMIERE ETAPE 57
  FUNCTIONS
  • Making purchases
  (The object pronoun **en**)

PANORAMA CULTUREL 61
  Qu'est-ce qu'un petit déjeuner
  typique ici?

DEUXIEME ETAPE 62
  FUNCTIONS
  • Asking for, offering, accepting, and
  refusing food; paying and responding
  to compliments
  (The partitive articles)

RENCONTRE CULTURELLE 66
  The euro

TROISIEME ETAPE 67
  FUNCTIONS
  • Asking for and giving advice
  (The indirect object pronouns **lui**
  and **leur**)
  • Extending good wishes

LISONS! 72
  Recipes from the francophone world

  Reading Strategy: Guessing meaning
  from visual clues and context

MISE EN PRATIQUE 74
  Ecrivons! Creating an outline
  (Writing a restaurant critique for a
  newspaper)

QUE SAIS-JE? 76

VOCABULAIRE 77

ALLEZ, VIENS

à la Martinique!

LOCATION • CHAPITRE 4 78

VISIT THE ISLAND OF MARTINIQUE AND—

Learn about what there is to see and do
in Martinique • **CHAPITRE 4**

CHAPITRE 4

Sous les tropiques 82

MISE EN TRAIN 84
Un concours photographique

PREMIERE ETAPE 87
FUNCTIONS
• Asking for information and describing
a place

PANORAMA CULTUREL 91
**Qu'est-ce qu'il y a à visiter dans cette
région?**

DEUXIEME ETAPE 92
FUNCTIONS
• Asking for and making suggestions
(Recognizing reflexive verbs)
• Emphasizing likes and dislikes
(The reflexive pronouns **se** and **me**)
(The relative pronouns **ce qui** and
ce que)

RENCONTRE CULTURELLE 97
Carnaval in Martinique

TROISIEME ETAPE 98
FUNCTIONS
• Relating a series of events
(The present tense of reflexive verbs)
(Adverbs of frequency)

LISONS! 102
An sèl zouk
A **zouk** song by Kassav'

Reading Strategy: Looking for the main
idea and decoding

MISE EN PRATIQUE 104
Ecrivons! Gathering information
(Creating a brochure)

QUE SAIS-JE? 106

VOCABULAIRE 107

ALLEZ, VIENS

en Touraine!

LOCATION • CHAPITRES 5, 6, 7 108

VISIT THE TOURAINE REGION OF FRANCE AND—

Find out what it's like to attend a **lycée** in France • CHAPITRE 5
Learn about châteaux and how to travel in France • CHAPITRE 6
Talk about health and ways to stay healthy • CHAPITRE 7

CHAPITRE 5
Quelle journée! 112

MISE EN TRAIN 114
  C'est pas mon jour!

PREMIERE ETAPE 117
  FUNCTIONS
- Expressing concern for someone
  (The **passé composé** with **avoir**)

DEUXIEME ETAPE 122
  FUNCTIONS
- Inquiring; expressing satisfaction and
  frustration
  (Introduction to verbs that use **être**
  in the **passé composé**)
- Sympathizing with and consoling
  someone

TROISIEME ETAPE 126
  FUNCTIONS
- Giving reasons and making excuses
- Congratulating and reprimanding
  someone

PANORAMA CULTUREL 129
  Qu'est-ce que tu aimes à l'école?

LISONS! 130
  Le Cancre and *Page d'écriture*
  Two poems by Jacques Prévert

  Reading Strategy: Deducing the
  main idea

MISE EN PRATIQUE 132
  Ecrivons! Effective introductions
  (Writing a journal for a time capsule)

QUE SAIS-JE? 134

VOCABULAIRE 135

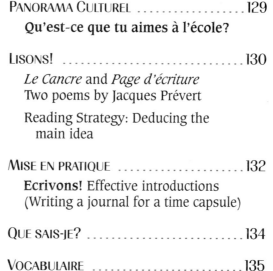

CHAPITRE 6
A nous les châteaux! 136

MISE EN TRAIN 138
  Le disparu

PREMIERE ETAPE 141
  FUNCTIONS
  • Asking for opinions; expressing enthusiasm, indifference, and dissatisfaction
  (The phrase **c'était**)

DEUXIEME ETAPE 146
  FUNCTIONS
  • Expressing disbelief and doubt
  (The **passé composé** with **être**)

PANORAMA CULTUREL 150
  Qui sont les personnages historiques que tu as étudiés?

TROISIEME ETAPE 151
  FUNCTIONS
  • Asking for and giving information
  (Formal and informal phrasing of questions)
  (The verb **ouvrir**)

LISONS! 154
  La Belle au bois dormant
  Reading Strategy: Determining **genre**

MISE EN PRATIQUE 156
  Ecrivons! Summarizing
  (Writing about a famous person)

QUE SAIS-JE? 158

VOCABULAIRE 159

CHAPITRE 7
En pleine forme 160

MISE EN TRAIN 162
   Trop de conseils

PREMIERE ETAPE 165
   FUNCTIONS
   • Expressing concern for someone and
     complaining
     (Reflexive verbs in the **passé composé**)

RENCONTRE CULTURELLE 169
   Figures of speech using parts of the body

DEUXIEME ETAPE 170
   FUNCTIONS
   • Giving advice; accepting and
     rejecting advice
     (The pronoun **en** with activities)
     (The verb **devoir**)
   • Expressing discouragement and
     offering encouragement

PANORAMA CULTUREL 175
   **Qu'est-ce qu'il faut faire pour être
   en forme?**

TROISIEME ETAPE 176
   FUNCTIONS
   • Justifying your recommendations;
     advising against something
     (The verb **se nourrir**)

LISONS! 180
   Pourquoi manger?
   An article about healthful eating habits

   Reading Strategy: Using background
   knowledge

MISE EN PRATIQUE 182
   Ecrivons! Identifying your audience
   (Creating a health brochure)

QUE SAIS-JE? 184

VOCABULAIRE 185

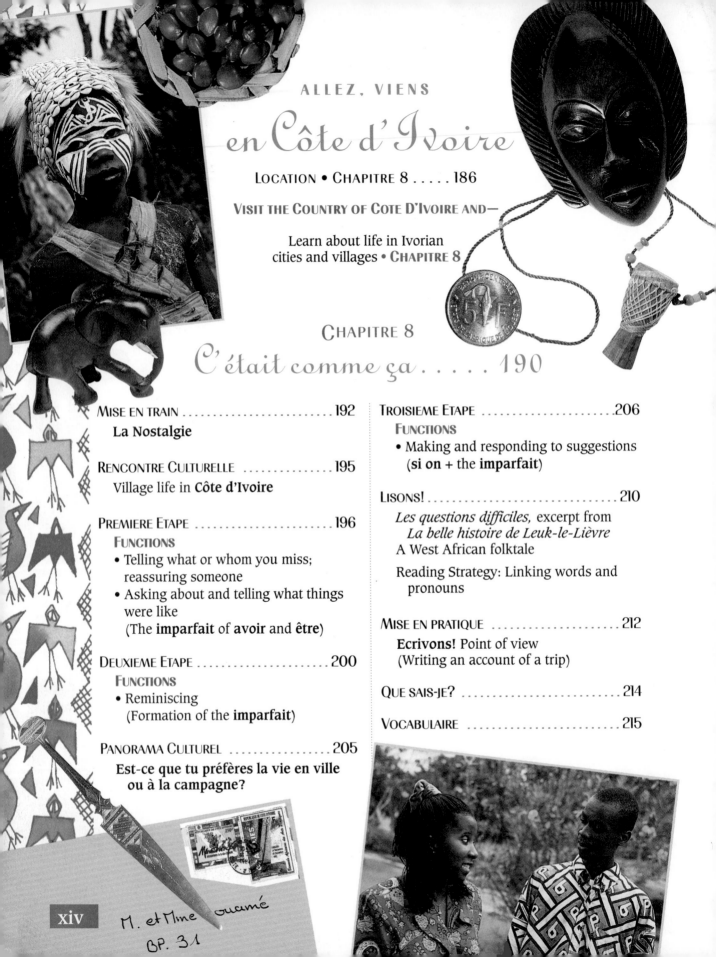

ALLEZ, VIENS

en Côte d'Ivoire

LOCATION • CHAPITRE 8 186

VISIT THE COUNTRY OF COTE D'IVOIRE AND—

Learn about life in Ivorian
cities and villages • **CHAPITRE 8**

CHAPITRE 8

C'était comme ça 190

MISE EN TRAIN 192
   La Nostalgie

RENCONTRE CULTURELLE 195
   Village life in **Côte d'Ivoire**

PREMIERE ETAPE 196
   FUNCTIONS
   • Telling what or whom you miss;
     reassuring someone
   • Asking about and telling what things
     were like
     (The **imparfait** of **avoir** and **être**)

DEUXIEME ETAPE 200
   FUNCTIONS
   • Reminiscing
     (Formation of the **imparfait**)

PANORAMA CULTUREL 205
   Est-ce que tu préfères la vie en ville
     ou à la campagne?

TROISIEME ETAPE 206
   FUNCTIONS
   • Making and responding to suggestions
     (**si on** + the **imparfait**)

LISONS! 210
   Les questions difficiles, excerpt from
     La belle histoire de Leuk-le-Lièvre
   A West African folktale

   Reading Strategy: Linking words and
     pronouns

MISE EN PRATIQUE 212
   Ecrivons! Point of view
     (Writing an account of a trip)

QUE SAIS-JE? 214

VOCABULAIRE 215

M. et Mme ouamé
BP. 31

ALLEZ, VIENS

en Provence!

x

LOCATION • CHAPITRES 9, 10, 11 216

VISIT THE FRENCH REGION OF PROVENCE AND—

Talk about what's happening with you and
your friends • **CHAPITRE 9**

Share confidences and give advice • **CHAPITRE 10**

Give your opinions on music, movies,
and books • **CHAPITRE 11**

CHAPITRE 9

Tu connais la nouvelle? 220

MISE EN TRAIN 222
Il ne faut pas se fier aux apparences

PREMIERE ETAPE 225
FUNCTIONS
• Wondering what happened; offering
possible explanations; accepting and
rejecting explanations
(**avoir l'air** + adjective)

PANORAMA CULTUREL 229
Comment est l'ami idéal?

DEUXIEME ETAPE 230
FUNCTIONS
• Breaking some news; showing interest
(The **passé composé** vs. the **imparfait**)

TROISIEME ETAPE 235
FUNCTIONS
• Beginning, continuing, and
ending a story
(The **passé composé** and the
imparfait with interrupted actions)
(**être en train de**)

LISONS! 238
La Cantatrice chauve : scène IV
A scene from a play by Ionesco

Reading Strategy: Reading with a
purpose

MISE EN PRATIQUE 240
Ecrivons! Setting
(Writing an **histoire marseillaise**)

QUE SAIS-JE? 242

VOCABULAIRE 243

CHAPITRE 10
Je peux te parler? 244

MISE EN TRAIN 246
  Qu'est-ce que je dois faire?

PREMIERE ETAPE 249
  FUNCTIONS
  • Sharing a confidence
  • Asking for and giving advice
    (Object pronouns and their placement)

DEUXIEME ETAPE 254
  FUNCTIONS
  • Asking for and granting a favor;
    making excuses
    (Direct object pronouns with the
    passé composé)

TROISIEME ETAPE 258
  FUNCTIONS
  • Apologizing and accepting an apology;
    reproaching someone
    (Object pronouns before an infinitive)

PANORAMA CULTUREL 261
  Qu'est-ce que tu fais quand tu as un
  problème?

LISONS! 262
  L'amitié
  An article about friendship

  Reading Strategy: Using supporting
  details

MISE EN PRATIQUE 264
  Ecrivons! Tone
  (Writing a poem)

QUE SAIS-JE? 266

VOCABULAIRE 267

C'est
L'ANNIVERSAIRE
de *Manu* !

ous voulez faire
avec nous, ven

SURPRISE

que nou   isons!

edi 14 avril

DATE

CHAPITRE 11
Chacun ses goûts 268

MISE EN TRAIN 270
  Bientôt la Fête de la musique!

PREMIERE ETAPE 273
  FUNCTIONS
  • Identifying people and things
    (The verb **connaître**)
    (**Il/Elle est** vs. **c'est**)

PANORAMA CULTUREL 278
  **Qu'est-ce que tu aimes comme
    musique?**

DEUXIEME ETAPE 279
  FUNCTIONS
  • Asking for and giving information

RENCONTRE CULTURELLE 283
  Using the **Minitel**

TROISIEME ETAPE 284
  FUNCTIONS
  • Giving opinions
  • Summarizing
    (The relative pronouns **qui** and **que**)

LISONS! 288
  5 films qui ont fait date
  An article about significant movies

  Reading strategy: Combining reading
    strategies

MISE EN PRATIQUE 290
  Ecrivons! Characterization
    (Writing a movie proposal)

QUE SAIS-JE? 292

VOCABULAIRE 293

ALLEZ, VIENS

au Québec!

LOCATION • CHAPITRE 12 294

VISIT THE PROVINCE OF QUEBEC AND—

Find out about camping, outdoor
activities, and wildlife • **CHAPITRE 12**

CHAPITRE 12

À la belle étoile 298

MISE EN TRAIN 300
   Promenons-nous dans les bois

PREMIÈRE ÉTAPE 303
   FUNCTIONS
   • Asking for and giving information;
     giving directions

DEUXIÈME ÉTAPE 308
   FUNCTIONS
   • Complaining, expressing discourage-
     ment, and offering encouragement
   • Asking for and giving advice
     (The verb **emporter**)

PANORAMA CULTUREL 313
   **Quels sont les animaux en voie de
   disparition dans ta région?**

TROISIÈME ÉTAPE 314
   FUNCTIONS
   • Relating a series of events; describing
     people and places
     (The **passé composé** versus the
     imparfait)

RENCONTRE CULTURELLE 317
   French-Canadian expressions

LISONS! 318
   French-Canadian poetry by Anne Hébert
   Reading strategy: Using imagery and
   metaphor

MISE EN PRATIQUE 320
   Écrivons! Story mapping
   (Writing about an adventure as a
   Canadian explorer)

QUE SAIS-JE? 322

VOCABULAIRE 323

REFERENCE SECTION

SUMMARY OF FUNCTIONS R3
SI TU AS OUBLIÉ R13
ADDITIONAL VOCABULARY R14
GRAMMAR SUMMARY R19
ADDITIONAL GRAMMAR PRACTICE R39
PRONUNCIATION GUIDE R69

NUMBERS R70
VOCABULARY:
   French—English R71
   ENGLISH—FRENCH R93
GRAMMAR INDEX R109
CREDITS R112

Cultural References

CASTLES AND PALACES

Azay-le-Rideau (photo) 141

French **châteaux** (**Note Culturelle**) 141

The fountains at **Versailles** (photo) 3

Loches (photo) 141

Map of châteaux region 110

Realia: Brochure of bus tours
in Touraine 151

CHURCHES AND MOSQUES

Basilica of **Notre-Dame,**
Yamoussoukro (photo) 189

A mosque in Abidjan (photo) 206

Notre-Dame-de-Chartres
(**Note Culturelle** and photos) 44

The Saint Paul Cathedral, Abidjan (photo) . . . 206

CINEMA

French movie posters 268

Realia: Movie listings 279, 282

Movie theaters in France
(**Note Culturelle**) 282

Realia: *5 films qui ont
fait date* (article) 288–289

CITIES, TOWNS, AND VILLAGES

Abidjan (**Note Culturelle**) 207
Aix-en-Provence (**Note Culturelle**) . . . 225, 254

The **Cours Mirabeau,**
Aix-en-Provence (**Note Culturelle**) 225

Montreal (photo) 297

Realia: *Passez une journée
à Chartres* (brochure) 46–47

La ville de Saint-Pierre
(**Note Culturelle**) 87

CLOTHING

Carnaval costumes (photo) 97

West African **pagnes** (photo) 207

ENVIRONMENT

Ecology in Canada
(**Note Culturelle**) 312

Endangered animals
(**Panorama Culturel**) 313

Realia: *Bienvenue dans le
parc de la Jacques-Cartier* 311

FAMILY LIFE

City living versus country living
(**Panorama Culturel**) 205

Ethnic groups in West Africa
(**Note Culturelle**) 196

Friendship
(**Panorama Culturel**) 229

Houses in francophone countries
(**Panorama Culturel**) 41

Paying and receiving compliments
(**Note Culturelle**) 40

Polite behavior for a guest
(**Note Culturelle**) 35

Talking about personal problems
(**Panorama Culturel**) 261

Teenagers' bedrooms in France
(**Note Culturelle**) 38

FOLKLORE

Realia: *Les questions difficiles*
(story) 210–211

Realia: *L'histoire de Mamy Wata* (story) 212

FOOD

Courses of a meal (**Note Culturelle**) 62

Ethnic restaurants (**Note Culturelle**) 19

A **maquis** in Abidjan (photo) 207

Meals at school (**Note Culturelle**) 122

Provençale cuisine (**Note Culturelle**) 257

Pissaladière (photo) 257

Realia: Recipes from Martinique,
Canada, North Africa, and France 72–73

Realia: Restaurant critiques 74

Realia: *Les restaurateurs de la rue de
la Porte-Morard* (advertisement) 19

Special occasions (**Note Culturelle**) 67

Typical meals in the francophone
world (**Panorama Culturel**) 61

HEALTH

Mineral water (**Note Culturelle**) 176

Pharmacies in France (**Note Culturelle**) 167

Realia: *Des astuces pour bien
se nourrir* (brochure) 176

Realia: Government health poster 179

Realia: *Pourquoi manger?* 180–181

Realia: **Test Super-forme!** (health quiz) 177

Staying healthy (**Panorama Culturel**) 175

LEISURE ACTIVITIES

Carnaval (**Rencontre Culturelle**) 97

Le centre Georges Pompidou,
Paris (photo) 3

People playing the game of **awalé** (photo) . . . 196

Realia: *Guide de l'été* (brochure) 290

Realia: TV listings 21

Yoles rondes (**Note Culturelle**) 92

MAPS

Abidjan 206

Africa xxiii

North America xxiv

Chartres 42

France xxii

The Francophone World xxv

Guadeloupe 104

Martinique 88

Quebec 303

MUSIC

Patrick Bruel (photo) 10

Elsa (photo) 10

La Fête de la musique (**Note Culturelle**) . . . 272

Kassav' (photo) 274

Music and dance in Martinique
(**Note Culturelle**) 98

Musical tastes (**Panorama Culturel**) 278

Vanessa Paradis (photo) 10

MC Solaar (photo) 10

Roch Voisine (photo) 269

Zouk song by Kassav' 102–103

PARKS

Les gorges du Verdon (photo) 218

Le jardin de Balata 81

Le parc de la Jacques-Cartier
(**Note Culturelle**) 304

Le parc du Mont-Tremblant (photo) 304

Le parc du Saguenay (photo) 304

PEOPLE

Paul Cézanne (**Note Culturelle**) 248

Realia: *Un homme de goût* 156

Félix Houphouët-Boigny
(**Note Culturelle**) 203

REGIONAL DIFFERENCES

The **créole** language (**Note Culturelle**) 94

Figures of speech
(**Rencontre Culturelle**) 169

French-Canadian expressions
(**Rencontre Culturelle**) 317

Histoires marseillaises
(**Note Culturelle**) 233

Places to visit in different regions
(**Panorama Culturel**) 91

Village life in Côte d'Ivoire
(**Rencontre Culturelle**) 195

SCHOOL LIFE

Carnet de correspondance
(**Note Culturelle**) 117

French grades and report cards
(**Note Culturelle**) 126

High school in Côte d'Ivoire
(**Note Culturelle**) 201

Meals at school (**Note Culturelle**) 122

Realia: **Bulletin trimestriel** 126

Realia: French tardy slip 117

Realia: Two poems about school by
Jacques Prévert 130–131

School life in francophone
countries (**Panorama Culturel**) 129

Studying historical figures
in school (**Panorama Culturel**) 150

SHOPPING

The euro 66

Market at Treichville, Abidjan (photo) 206

Markets in Abidjan (photos) 207

Neighborhood stores (**Note Culturelle**) 58

SPORTS

Realia: Ad for **Gymnase Club** 171

Realia: Schedule of activities
offered at **Complex Sportif Raspail** 170

Teens' exercise habits
(**Note Culturelle**) 171

TECHNOLOGY

The **Minitel** (**Rencontre Culturelle**) 283

TRANSPORTATION

Buses and trains in France
(**Note Culturelle**) 151

Realia: Train schedule 153

TRAVEL

Realia: Study-abroad brochures 22–23

Studying abroad (**Panorama Culturel**) 17

Travel documents for foreign countries
(**Note Culturelle**) 14

La France

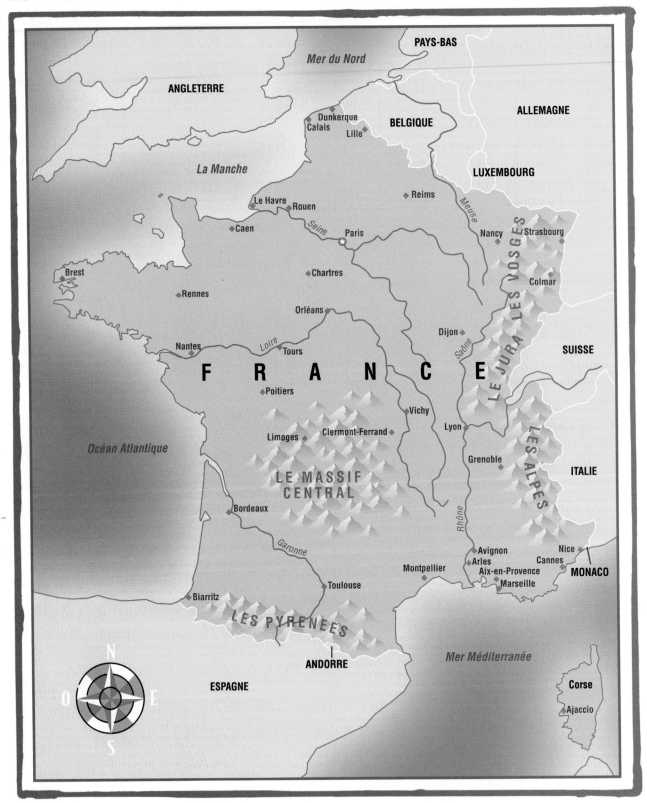

ANGLETERRE

Mer du Nord

PAYS-BAS

ALLEMAGNE

Dunkerque
Calais
Lille

BELGIQUE

LUXEMBOURG

La Manche

Reims

Meuse

Le Havre
Rouen

Seine

Nancy

Strasbourg

Caen

Paris

Colmar

Brest

Chartres

Rennes

Orléans

Dijon

Saône

SUISSE

Nantes

Loire

Tours

F R A N C E

Poitiers

Vichy

Lyon

Océan Atlantique

Limoges

Clermont-Ferrand

Grenoble

ITALIE

LE MASSIF
CENTRAL

Bordeaux

Garonne

Rhône

Avignon
Arles
Aix-en-Provence

Nice
Cannes

MONACO

Toulouse

Montpellier

Marseille

Biarritz

LES PYRÉNÉES

LE JURA LES VOSGES

LES ALPES

ANDORRE

Mer Méditerranée

ESPAGNE

N
O   E
S

Corse

Ajaccio

L'Afrique francophone

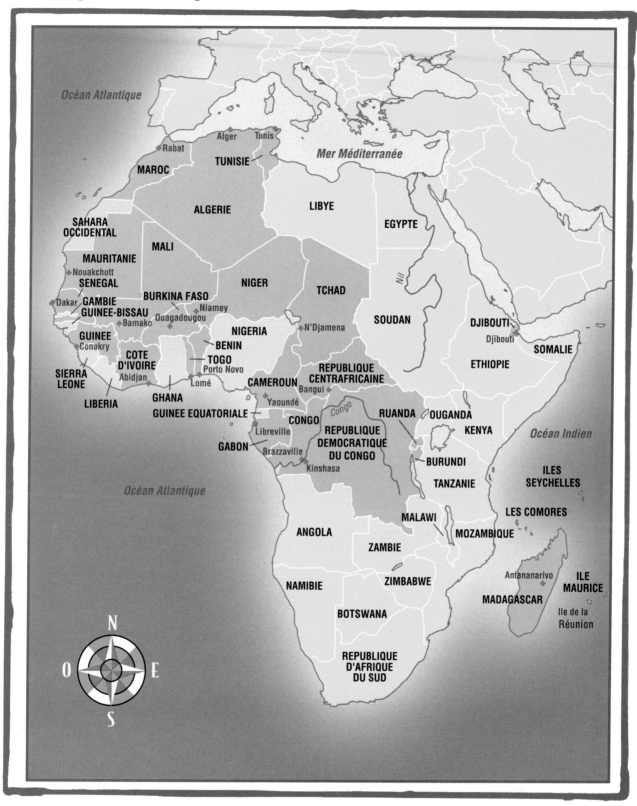

L'Amérique francophone

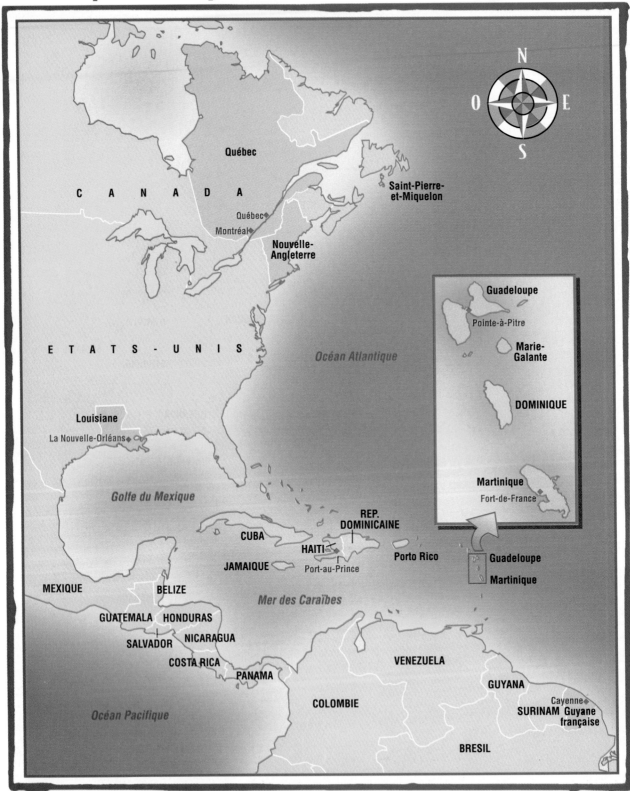

Québec

C A N A D A

Québec◆
Montréal◆

Nouvelle-
Angleterre

Saint-Pierre-
et-Miquelon

E T A T S - U N I S

Océan Atlantique

Louisiane

La Nouvelle-Orléans◆

Golfe du Mexique

CUBA

HAITI
Port-au-Prince

JAMAIQUE

REP.
DOMINICAINE

Porto Rico

Guadeloupe

Pointe-à-Pitre

Marie-
Galante

DOMINIQUE

Martinique
Fort-de-France

Guadeloupe

Martinique

MEXIQUE

BELIZE

GUATEMALA   HONDURAS

SALVADOR   NICARAGUA

COSTA RICA

PANAMA

Mer des Caraïbes

VENEZUELA

GUYANA

Cayenne◆

SURINAM Guyane
française

COLOMBIE

Océan Pacifique

BRESIL

Le Monde francophone

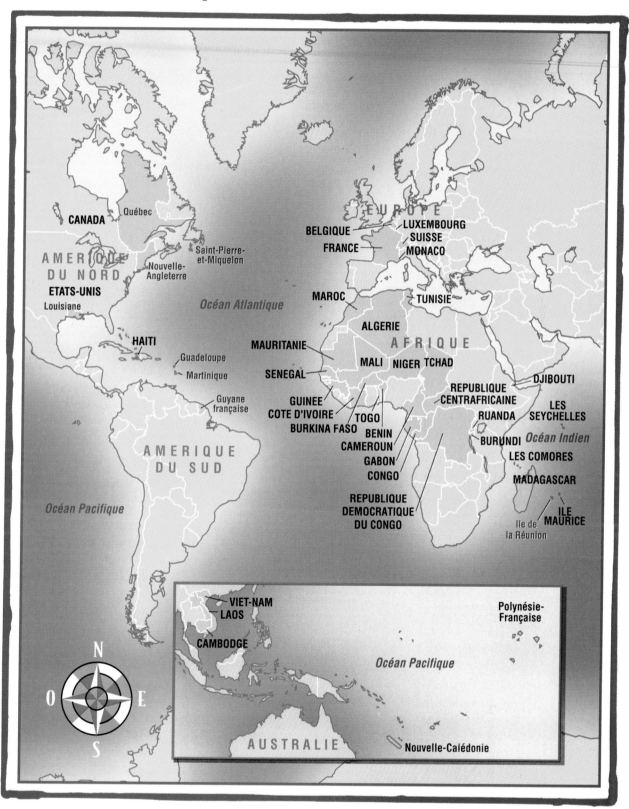

CANADA
Québec
AMÉRIQUE DU NORD
Saint-Pierre-et-Miquelon
Nouvelle-Angleterre
ETATS-UNIS
Louisiane
Océan Atlantique
HAITI
Guadeloupe
Martinique
Guyane française
AMÉRIQUE DU SUD
Océan Pacifique

EUROPE
BELGIQUE
LUXEMBOURG
SUISSE
FRANCE
MONACO
MAROC
TUNISIE
ALGERIE
AFRIQUE
MAURITANIE
MALI
NIGER
TCHAD
SENEGAL
DJIBOUTI
GUINEE
COTE D'IVOIRE
TOGO
BURKINA FASO
BENIN
CAMEROUN
GABON
CONGO
REPUBLIQUE CENTRAFRICAINE
RUANDA
BURUNDI
REPUBLIQUE DEMOCRATIQUE DU CONGO
LES SEYCHELLES
Océan Indien
LES COMORES
MADAGASCAR
Ile de la Réunion
ILE MAURICE

VIET-NAM
LAOS
CAMBODGE
Océan Pacifique
Polynésie-Française
AUSTRALIE
Nouvelle-Calédonie

N O E S

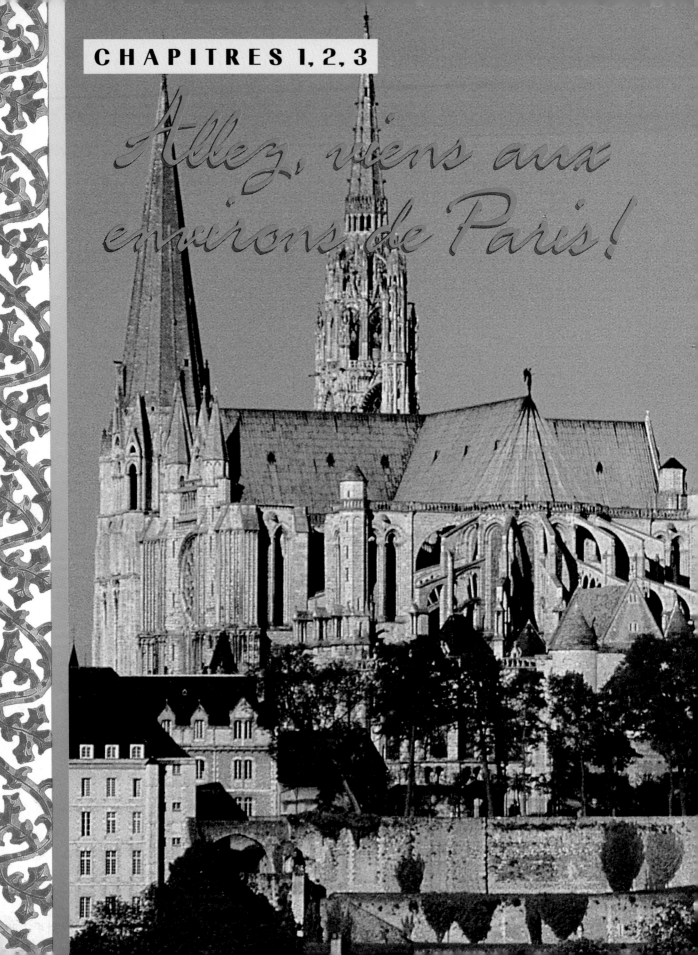

Allez, viens aux environs de Paris!

Les environs de Paris

Population : plus de 11.000.000

Villes : Paris, Chartres, Chantilly, Provins, Rambouillet, Barbizon, Malmaison, Compiègne

Châteaux : Vaux-le-Vicomte, Versailles, Fontainebleau

Points d'intérêt : le Parc Astérix, la cathédrale Notre-Dame-de-Chartres, le centre Georges Pompidou

Parcs et jardins : le bois de Vincennes, le bois de Boulogne, le parc des bords de l'Eure

Ressources et industries : agriculture, tourisme, transports

Personnages célèbres : Claude Monet, George Sand, Simone de Beauvoir, Marcel Proust

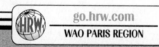

go.hrw.com

WAO PARIS REGION

La cathédrale Notre-Dame-de-Chartres

un

Les environs de Paris

Avec ses nombreux châteaux au milieu des forêts, ses cathédrales gothiques et sa merveilleuse campagne immortalisée par les peintres impressionnistes, la région parisienne est le cœur historique et culturel de la France.

① C'est à partir de **l'Ile de la Cité** que la ville de Paris s'est développée petit à petit.

② En 1886, quand Georges Seurat a fini ce tableau, **Le Dimanche d'été à la Grande Jatte,** cet endroit n'était encore qu'une banlieue où les Parisiens aimaient aller se détendre.

③ Le jardin de Claude Monet à **Giverny**

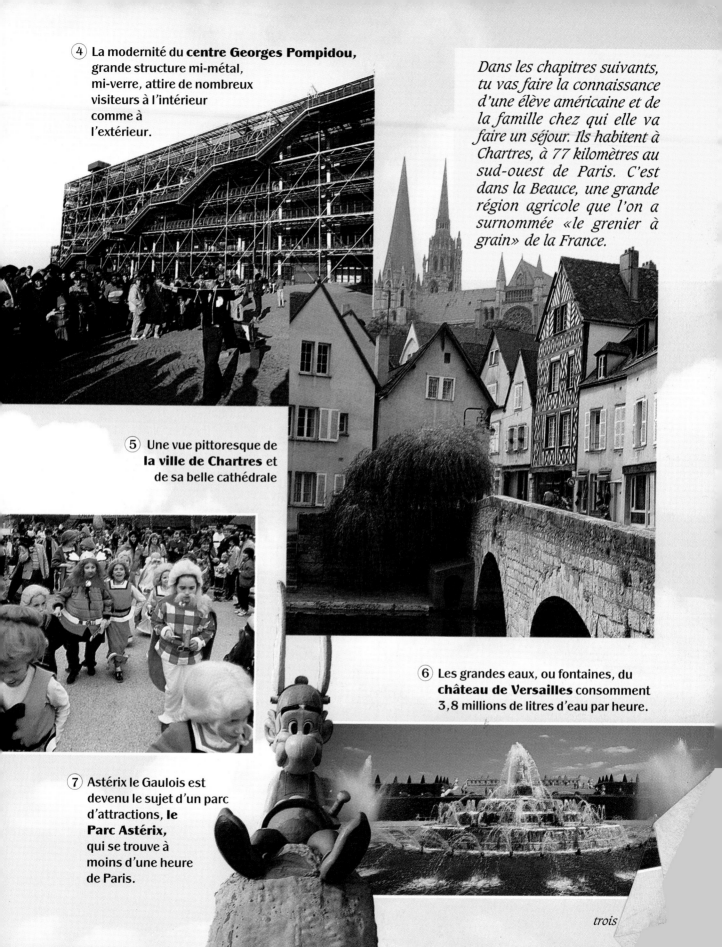

④ La modernité du **centre Georges Pompidou,** grande structure mi-métal, mi-verre, attire de nombreux visiteurs à l'intérieur comme à l'extérieur.

Dans les chapitres suivants, tu vas faire la connaissance d'une élève américaine et de la famille chez qui elle va faire un séjour. Ils habitent à Chartres, à 77 kilomètres au sud-ouest de Paris. C'est dans la Beauce, une grande région agricole que l'on a surnommée «le grenier à grain» de la France.

⑤ Une vue pittoresque de **la ville de Chartres** et de sa belle cathédrale

⑥ Les grandes eaux, ou fontaines, du **château de Versailles** consomment 3,8 millions de litres d'eau par heure.

⑦ Astérix le Gaulois est devenu le sujet d'un parc d'attractions, **le Parc Astérix,** qui se trouve à moins d'une heure de Paris.

trois

1 Bon séjour!

① Tu as envie de voir la France? Allez, viens!

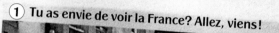

Many students experience other cultures as exchange students. One day you might have the opportunity to visit another country and live with a family. What would you do to get ready? You'd exchange letters with your family, decide what to pack, make plans for your stay . . . and be prepared for anything to happen!

In this chapter you will review and practice

- describing and characterizing yourself and others; expressing likes, dislikes, and preferences; asking for information
- asking for and giving advice
- asking for, making, and responding to suggestions; relating a series of events

And you will

- listen to people talk about their families
- read about French exchange students who've come to the United States
- write a description of yourself
- find out what it's like to be an exchange student in a francophone country

② J'aime bien faire des photos... et j'adore Paris!

③ Qu'est-ce que je dois prendre?

MOORE

DE / from
HOUSTON

A / to
PARIS/C GAULLE

VOL / flight   CLASSE   DATE   DEPART / time
035   Y 13MAR 23H25

EMBARQUEMENT / boarding
22H55

Mise en train

Sandra **M. Lepic** **Mme Lepic**

Une méprise

The Lepic family is going to pick up their exchange student at the airport, but they're having a few problems. Can you guess what these problems might be from looking at the photos?

> Pamela arrive à l'aéroport à dix heures vingt. Dépêchez-vous!

> N'oublie pas que d'abord elle va récupérer ses bagages et puis passer à la douane. Alors, comment est-elle? Brune? Blonde? Grande? Petite?

Chez la famille Lepic à Chartres : Il est 9 h du matin et on est en retard.

1

> Elle a 16 ans. Elle est grande et elle a les cheveux bruns. D'après sa lettre, elle va porter une jupe rouge et elle aura une valise noire.

2

> Si tu veux, je peux vous retrouver ici.

A l'aéroport...

> D'accord. Bonne idée.

> Bien. Allez-y!

3

Quelques minutes plus tard...

> Ah, c'est elle. Brune, une jupe rouge, une valise noire...

4

> Bonjour! Tu n'as pas vu ma femme et ma fille?

122 KYA 75

PEUGEOT

5

Pendant ce temps…

Ça va? Pas trop fatiguée?

Alors, tu as fait bon voyage?

Oui. Excellent.

Non, ça va. Je suis très contente d'être en France! Je l'adore!

6

Je te présente Pamela. Mais, qui est-ce, papa?

Eh, bien,... je suis Patricia. Où est Bertrand?

7

Bertrand? Oh là là! Papa, mais qu'est-ce que tu as fait?

Patricia?

Oui. Tu es bien Bertrand?

Oh, excusez-moi, mademoiselle. C'est une méprise.

8

Alors, tout est bien qui finit bien!

Au revoir, Patricia. Et bon séjour à Paris!

9

Attends, ce n'est pas ma valise!

Eh, monsieur! Arrêtez-vous!

10

MISE EN TRAIN

1 Tu as compris?

1. Why does Sandra tell her family to hurry?
2. How does Sandra describe her friend?
3. When they arrive at the airport, what do Sandra and Mrs. Lepic do?
4. What is Mr. Lepic's first mistake? Why does he make it?
5. What happens at the end of **Une méprise**?

2 Arrange la scène

Choisis la photo qui correspond à chaque phrase. Ensuite, mets les phrases dans le bon ordre d'après **Une méprise.**

1. Pamela arrive à la voiture avec Mme Lepic et Sandra.
2. Mme Lepic, Pamela et Sandra sortent de l'aéroport.
3. M. Lepic voit Patricia.
4. La famille Lepic arrive à l'aéroport.
5. Patricia a la valise de Pamela.

a.

b.

c.

d.

e.

3 Cherche les expressions

According to **Une méprise,** how do you . . .

1. tell what time it is?
2. ask what someone looks like?
3. ask how someone's trip was?
4. express concern for someone?
5. introduce someone?
6. apologize for your mistake?

> Je te présente...   Excusez-moi...
>
> Il est neuf heures du matin.
>
> Ça va? Pas trop fatiguée?   Comment est-elle?
>
> Tu as fait bon voyage?

4 Et maintenant, à toi

With a partner, talk about what might happen next in **Une méprise.**

PREMIERE ETAPE

Describing and characterizing yourself and others; expressing likes, dislikes, and preferences; asking for information

Moi, je m'appelle Sandra. J'ai 15 ans. Je suis brune et j'ai les yeux marron. Et toi, tu es comment? Dans ma famille, on est quatre. Mon père travaille dans l'informatique. Il a 42 ans. Ma mère travaille dans une boutique de souvenirs. Elle a 39 ans. Mon frère Etienne a 17 ans. Pour l'instant, il est au Texas. J'ai aussi un chat. Il s'appelle Félix. Moi, mon truc, c'est le cinéma. Et toi, qu'est-ce que tu aimes faire? J'ai plein de questions à te poser.

5 Ecoute!

Ecoute Sandra qui parle de sa famille. De quelle photo est-ce qu'elle parle?

a.

c.

d.

e.

COMMENT DIT-ON... ?

Describing and characterizing yourself and others

To describe yourself:
> **J'ai** quinze **ans.**
> **J'ai les yeux** bleus.
> *I have . . . eyes.*
> **J'ai les cheveux courts/longs/ noirs/roux.**
> *I have short/long/black/red hair.*
> **Je suis** grand(e)/petit(e).

To characterize yourself:
> **Je suis gourmand(e)!**
> *I love to eat!*

To describe others:
> **Elle a** sept **ans.**
> **Elles ont les yeux** marron.
> **Ils ont les cheveux blonds/bruns/châtain.**
> *I have blond/dark brown/light brown hair.*
> **Elle est** forte.
> **Ils sont de taille moyenne.**
> *They're of medium height.*

To characterize others:
> **Il est** intelligent.
> **Elles sont** sympa.

6 Ecoute!

Match the descriptions of these stars with their photos.

a.

b.

c.

d.

Tu te rappelles ?

Do you remember how to make **liaisons?** You pronounce the final consonant of one word when the following word begins with a vowel sound, as in **les yeux** and **ils ont.**

z   z

GRAMMAIRE   The verbs avoir and être

You may remember that **avoir** and **être** are irregular verbs. They follow different patterns from regular verbs.

	avoir *(to have)*			**être** *(to be)*	
J'	ai		Je	suis	
Tu	as		Tu	es	
Il/Elle/On	a	seize ans.	Il/Elle/On	est	jeune(s).
Nous	avons		Nous	sommes	
Vous	avez		Vous	êtes	
Ils/Elles	ont		Ils/Elles	sont	

---

7 Il est comment?

a. Your pen pal has written to you for the first time. In this paragraph he describes himself and his best friend. Fill in the blanks with the forms of **avoir** or **être** he used.

> Eh bien, moi, j' __1__ quinze ans et Claude __2__ seize ans. Nous ne __3__ ni grands ni petits. Nous __4__ les yeux marron, mais Claude __5__ brun et moi, je __6__ blond. Claude __7__ très intelligent, et moi aussi. Nous __8__ en seconde au lycée, et nous __9__ arts plastiques et espagnol ensemble. Et toi, comment tu __10__ ?

b. Working in small groups, describe your best friend. Use **avoir** and **être** to talk about his or her eye color, hair color, age, and height.

GRAMMAIRE Adjective agreement

As you remember, you often change the forms of adjectives in French according to the nouns they describe.

- You add an **e** to the masculine form of most adjectives to describe feminine nouns or pronouns.

    Il est **intelligent**. Elle est **intelligente**.

- Adjectives that already end in a silent **e** don't change in the singular form.

    Il est **jeune**. Elle est **jeune**.

- You add an **s** to adjectives when you're describing plural nouns, unless the adjectives end in **s** or **x**.

    Ils sont **jeunes**. Elle a les cheveux **gris**. Ils sont **heureux**.

- Some adjectives have different feminine forms.

    Il est **beau**. Elle est **belle**.
    Il est **gentil**. Elle est **gentille**.
    Il est **sportif**. Elle est **sportive**.

- Some adjectives don't change in the plural. How many of these can you find in **Comment dit-on... ?** on page 9?*

8 Ma famille

a. You've just received a letter from your pen pal Karine. Complete the descriptions of her family with the correct form of the adjectives in parentheses.

1. Ma sœur Anne est (pénible), mais elle est (mignon) aussi.
2. Mon frère Alain est très (grand) et (sportif).
3. Ma mère a les cheveux (blond) et mon père a les cheveux (châtain).
4. Ma chatte s'appelle Fifi. Elle est (gentil) et très (intelligent).

b. In your journal, write a paragraph in which you describe yourself and your family or an imaginary family.

COMMENT DIT-ON... ?
Expressing likes, dislikes, and preferences

To tell what you like:
J'adore le sport.
J'aime bien faire de la photo.

To tell what you dislike:
Je n'aime pas le tennis.

To tell what you prefer:
Je préfère jouer au foot.
J'aime mieux faire de la vidéo.

---

* **marron, sympa,** and **châtain**

9 Ecoute!

Listen to Etienne describe his cousins Eric and Caroline. Look at his self-portrait below and decide which cousin has more in common with him.

10 Un auto-portrait

Write a short letter to Etienne telling him about yourself. Be sure to include a physical description, as well as your likes and dislikes. You may look at Etienne's self-portrait for ideas, or use some of the suggestions below.

Nom :	LEPIC
Prénom :	Etienne
Né(e) à :	Dijon
Résidence :	Chartres
Animaux domestiques :	un chat et deux poissons rouges
Sports pratiqués :	le tennis, le vélo, le foot
Plats préférés :	les hamburgers et le bœuf bourguignon
Passions :	le sport, la musique rock, les copains, la lecture
Ambition :	participer au Tour de France

J'ai les cheveux...

Je n'aime pas...   Je suis...

Comme musique, j'aime...

NOTE DE GRAMMAIRE

The interrogative adjective **quel** has four forms: **quel, quelle, quels,** and **quelles.** It can mean *which* or *what,* and it agrees in number and gender with the noun it modifies.

Il a **quel** cours à dix heures?
Quelle jupe est-ce que tu préfères?

COMMENT DIT-ON... ?

Asking for information

Qu'est-ce que tu aimes faire?
Qu'est-ce que tu fais comme sport?
Qu'est-ce que tu aimes comme musique?
Quel(le) est ton groupe/ta classe préféré(e)? *What is your favorite . . . ?*
Qui est ton musicien/ta musicienne préféré(e)? *Who is your favorite . . . ?*

CD-ROM Disc 1

11 Sondage

Using the questions in **Comment dit-on... ?**, interview three class-mates to find the person whose interests most closely match yours.

Si tu as oublié -er verbs va à la page R29.

12 Jeu de rôle

Choose a famous person you and your partner are interested in and stage an interview. One of you is the famous person; the other is the interviewer. When you present your interview to the class, use props, costumes, or music to entertain your audience.

Asking for and giving advice

Ici, le climat est assez doux. Apporte quand même un manteau et deux ou trois gros pulls; il peut faire froid en hiver. Prends aussi un imperméable et des bottes parce qu'il pleut souvent. L'été, il fait chaud mais pas trop. Pense à prendre un maillot de bain. Quand il fait beau, on peut aller se baigner au lac. Pour l'école, on y va le plus souvent en jean et en tee-shirt.

13 Pense à prendre....

D'après la lettre de Sandra, quels vêtements est-ce que Pamela doit mettre...

1. en hiver?   2. quand il pleut?   3. pour se baigner au lac?   4. pour l'école?

a.
b.
c.
d.
e.
f.

Do you recall everything you learned last year? It's easy to forget your French when you don't use it for a while. Here are some tips.

De bons Conseils

• Use the flashcards you've made to review vocabulary. Make new ones for verbs or phrases that you use frequently.

• If you can't remember how to say something in French, look in the glossary or ask someone **Comment dit-on... ?** You can also try using words you **do** know or gestures to explain what you mean.

• Don't be afraid to speak out. Attempting to speak will sometimes jog your memory. Even if you make a mistake, you're still communicating.

VOCABULAIRE

Pour mon voyage, il me faut...

- des baskets
- une écharpe
- un sweat
- mon passeport
- un imperméable
- deux pulls
- un anorak
- des bottes
- deux tee-shirts
- des gants
- mon billet d'avion
- deux jeans
- mon appareil-photo
- des chèques de voyage

NOTE DE GRAMMAIRE

To form the present tense of -ir verbs like **choisir**, drop the -**ir** and add these endings: –**is**, –**is**, –**it**, –**issons**, –**issez**, –**issent**. The past participle of -**ir** verbs ends in -**i**: il a choisi. Some -**ir** verbs you already know are **grandir**, **maigrir**, and **grossir**.

14 Que choisir?

You and your friend Pauline won a contest at a Parisian boutique, so you each get to pick five clothing items in the colors of your choice. Pauline will be going skiing. Tell which items you both choose. Be sure to use **choisir** in your answer.

NOTE CULTURELLE

Travel documents and visa requirements vary depending on the countries involved and the purpose of the stay. Students planning to stay more than three months in a country must have a visa, which can usually be obtained from the embassy or consulate of the country to be visited. Citizens of European Union countries now have the same passport, and they need only their national identity card to travel within Europe.

Communauté Européenne
République Française

PASSEPORT

15 Devinons!

Write down three activities that you'd like to do. Choose one of the activities. Then, tell your group what you're going to wear for the activity without naming it. The person who guesses what you're going to do takes the next turn.

> —Je vais mettre un jean et un gros pull, un anorak, des gants et des bottes.
> —Tu vas faire du ski!
> —Oui, c'est ça.

COMMENT DIT-ON... ?
Asking for and giving advice

To ask for advice:
> **Qu'est-ce que je dois** prendre?
> *What should I . . . ?*

To give advice:
> **Pense à prendre** ton passeport.
> *Remember to take . . .*
> **Prends** un dictionnaire bilingue.
> **N'oublie pas** tes bottes.

NOTE DE GRAMMAIRE

One way to give advice is to use commands.

- When you're talking with a friend, use the **tu** form of the verb without **tu: Prends ton maillot de bain.**
- Don't forget to drop the final **s** when you're using the **tu** form of an **-er** verb as a command: **Pense à moi!**
- To make a command negative, put **ne... pas** around the verb: **N'oublie pas ton billet!**

16 Ecoute!

D'après ces conversations, où est-ce que ces gens vont pour les vacances?

a. à Paris   **b.** à la plage   **c.** à New York   **d.** à la montagne pour faire du ski

17 De bons conseils

Your friends are going on vacation. Tell them what to take on their trip.

> Jérôme, tu vas avoir froid! ...

> Dorothée, il pleut beaucoup dans cette région. ...

> Sabine et Christian, vous voulez faire du sport, non? ..., alors.

> Tu vas sûrement acheter des souvenirs, Julia. ...

> Martin et Léa, ...! Il y a de belles photos à prendre là-bas.

> Vous allez faire de l'équitation, non? Alors, ...

> ..., Alexandre. Tu en as besoin pour prendre l'avion!

> Maxime et Tristan, ...pour les randonnées en ski!

18 A mon avis

Your friends Joseph and Marie-Claire are packing for their vacations, but they've forgotten a few things. Give them advice on what else they should bring.

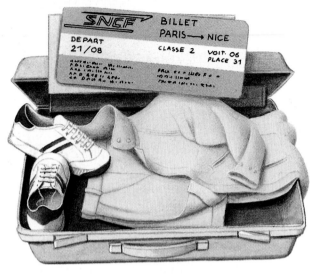

Joseph

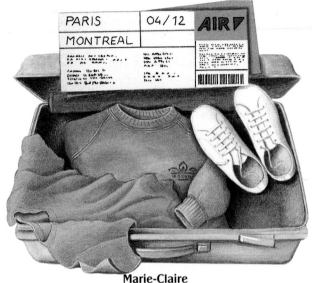

Marie-Claire

19 Qu'est-ce qu'on prend?

Ton ami(e) français(e) va passer une année chez toi. Il/Elle te téléphone pour savoir quoi prendre comme vêtements pour chaque saison. Joue la scène avec un(e) camarade.

—Qu'est-ce que je prends pour l'été?
—Bon... Il fait très chaud ici. Pense à prendre des shorts et des tee-shirts.

20 Des cartes postales

Imagine you're spending some time in one of the places shown on these postcards. A friend is going to join you later. Write a message for the postcard advising your friend what to bring and telling what the weather is like.

PANORAMA CULTUREL

Yvette • Côte d'Ivoire

Jean-Christophe • France

Onélia • France

We talked to some francophone students about traveling and studying abroad. We asked them for advice for students planning to study in their countries. Here's what they had to say.

Quels conseils donnerais-tu à un élève américain qui arrive dans ton pays?

«Si cet élève vient en Côte d'Ivoire pour faire ses études, je lui dirais de bien apprendre le français, de ne pas se décourager si c'est un peu difficile. En tout cas, d'être conscient, sérieux, tout ça... c'est pas facile.»

—Yvette

«Un conseil que je donnerais à un étudiant américain arrivant en France... ce serait de s'incorporer dans une famille pour bien s'habituer à leurs manières, pour travailler avec eux, pour voir comment nous vivons et de sortir parce que les jeunes Français savent s'amuser.»

—Jean-Christophe

«La France est très différente des Etats-Unis. Aux Etats-Unis, on n'a pas le droit de sortir [en boîte] avant 21 ans... [La France,] c'est un peu plus libéral que les Etats-Unis, donc, [il] faut faire attention. [Il ne] faut pas non plus abuser de l'alcool par exemple, et du tabac quand on arrive en France. Donc, voilà. C'est les conseils que je pourrais donner aux Américains.»

—Onélia

Qu'en penses-tu?

1. Are there any exchange students in your school? Where are they from? What languages do they speak?
2. If you were to study in a francophone country, how might your life be different? What kinds of adjustments might you have to make?
3. What advice do you have for foreign students who want to study in your area?

TROISIEME ETAPE

Asking for, making, and responding to suggestions; relating a series of events

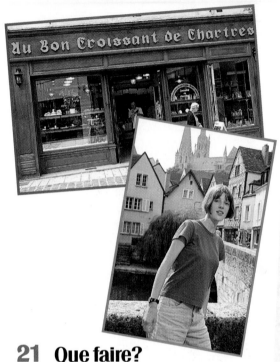

J'ai beaucoup de projets pour cette année avec toi. D'abord, je voudrais te présenter tous mes amis. Ils sont super sympa. Ensuite, tu vas voir Chartres; c'est une très jolie ville et il y a des tas de choses à faire. Si tu veux, on peut aller voir la cathédrale, aller au cinéma, écouter de la musique française... Tu n'as pas envie de manger du bon pain français?... Et pendant les vacances de Noël, on pourrait aller faire du ski avec mes cousins! Écris-nous vite. Pose toutes les questions que tu veux. Vivement ton arrivée! On va bien s'amuser!

Sandra

21 Que faire?

What are some of the things Sandra plans to do when Pamela arrives? What would you like to do if you were visiting France?

COMMENT DIT-ON... ?

Asking for, making, and responding to suggestions

To ask for suggestions:
Qu'est-ce qu'on fait? *What should we do?*

To make suggestions:

Si tu veux, on peut jouer au foot.
If you like, we can . . .

On pourrait aller au fast-food.
We could . . .

Tu as envie de faire les magasins?
Do you feel like . . . ?

Ça te dit de manger de la soupe?
Does . . . sound good to you?

To respond to suggestions:

D'accord.

C'est une bonne/excellente idée.
That's a good/excellent idea.

Je veux bien.

Je ne peux pas.

Ça ne me dit rien.

Non, je préfère... *No, I'd rather . . .*

Pas question!

22 Ecoute!

Sandra et Etienne vont manger au restaurant ce soir. D'abord, lis ces descriptions de restaurants. Ensuite, écoute Sandra et Etienne. Où est-ce qu'Etienne veut aller? Et Sandra? Qu'est-ce qu'ils décident de faire?

Les restaurateurs de la rue de la Porte-Morard

Au cœur du Secteur Sauvegardé, en prolongement du pont St-Hilaire qui offre un beau panorama sur la rivière et la Cathédrale, les cinq restaurants de la rue de la Porte-Morard vous proposent cinq façons différentes d'apprécier une bonne table :

LE MAHARADJA - Spécialités indiennes et pakistanaises - Tél. 02 37 31 45 06.

LE CHENE FLEURI - Hôtel-restaurant avec grande terrasse en saison - Cuisine traditionnelle - Tél. 02 37 35 25 70.

LA CREPERIE DU CYGNE - Galettes de sarrasin - Crêpes - Salades - Grillades - Terrasse en été - Tél. 02 37 21 99 22.

LA NAPOLITAINE - Pizza et plats à emporter - Tél. 02 37 34 30 26.

LE TEMPLE - Restaurant indochinois, spécialités du Sud-Est Asiatique - Tél. 02 37 12 27 30.

Parking gratuit proche, place Morard.

Note Culturelle

As you know, French is spoken in many countries outside of France. People from all over the world come to France to study or work, bringing with them the unique aspects of their cultures. In many French cities, it is common to find restaurants offering diverse ethnic specialties.

marocain   indonésien

cambodgien   mexicain

russe   vietnamien

français traditionnel

indien

libanais   grec

thaïlandais   antillais

23 Qu'est-ce qu'on mange?

Tu es à Paris avec ton ami(e). Vous choisissez un restaurant, mais ce n'est pas facile!

—Tu as envie d'aller dans un restaurant chinois?
—Non, ça ne me dit rien. Je préfère un restaurant...

24 Qu'est-ce qu'on fait?

You, your friends, and a French guest are spending Saturday together. Decide on three things you want to do.

faire la cuisine

aller danser à...

faire les magasins

aller au cinéma pour voir...

aller au match de...

déjeuner au restaurant

faire du roller en ligne

faire un pique-nique au parc

COMMENT DIT-ON... ?

Relating a series of events

D'abord, je vais visiter la tour Eiffel.

Ensuite, je vais manger des escargots
   dans un bon restaurant.

Et puis, je vais voir la Joconde au Louvre.

Finalement/Enfin, je vais acheter des cadeaux
   pour ma famille.

First, . . .

Next, . . .

Then, . . .

Finally, . . .

25 Ecoute!

Tarek raconte ses projets pour samedi. Mets les images en ordre.

a.   b.   c.   d.

26 Les vacances de mes rêves

Choose a vacation destination and tell your partner what you're going to do there, without naming the place. Can your partner guess where you're going?

D'abord, Ensuite, Et puis, Finalement,	je vais je voudrais	manger... visiter... faire la connaissance de... voir... acheter... faire... aller à...

19.05 Turbo
Au sommaire : La toute nouvelle Alfa Roméo 156. - Une MGF à 350 km/h. - Le MX OXBOW. - La Mercedes Classe A. - Gros plans sur les grands designers français. - Un handicapé engagé dans le championnat de France de super-tourisme.

19.40 Warning
Au sommaire : La pollution sonore. - Les fausses idées reçues sur l'ABS. - Les ouvertures d'autoroutes.

19.54 6 minutes/météo

20.00 Mode 6
Jean-Paul Gaultier.
Les collections de prêt-à-porter printemps-été 97/98.

20.05 Hot forme
Au sommaire : La digestion. - Comment bien se nourrir. - Les alicaments.

20.35 Ciné 6

20.45 X-FILES : AUX FRONTIERES DU REEL
David Duchovny....... Fox Mulder
Gillian Anderson....... Dana Scully

Gillian Anderson.

18.20 Friends
Celui qui détestait le lait maternel. Pendant que Carol et Susan sont sorties, Ross et les amis gardent Ben. Phoebe prépare un biberon.

18.45 C'est l'heure
Un invité réagit à des reportages mettant en valeur une actualité divertissante.

19.25 C'est toujours l'heure
Des personnalités livrent leur regard sur l'actualité.

20.00 Journal

20.50 URGENCES
George Clooney.......... Douglas Ross
A. Edwards................. Mark Greene
Eriq La Salle............... Peter Benton
J. Margulies.......... Carol Hathaway

George Clooney.

---

27 Le petit écran

Tu es malade et tu dois rester chez toi. Fais une liste des émissions que tu vas regarder et à quelle heure. Ensuite, compare ta liste avec la liste de ton ami(e).

> D'abord, je vais regarder Friends à 18h20, puis Journal à 20h00. Ensuite,... Finalement,...

Si tu as oublié how to tell time va à la page R13.

28 Qu'est-ce que tu vas faire samedi?

Make a list of four things you're going to do Saturday and at what time you plan to do them. Then, find someone to do them with you by asking some classmates what they plan to do and at what time.

29 Mon journal

You probably have lots of plans for what you're going to do—and not do!—this school year. Make at least five resolutions.

CD-ROM Disc 1

NOTE DE GRAMMAIRE

Use the appropriate form of **aller** followed by an infinitive to say that you're going to do something:

— Tu **vas sortir** ce soir?
— Oui, je **vais manger** au restaurant.

To say that you aren't going to do something, put **ne... pas** around the form of **aller**.

Je **ne vais pas** sortir ce soir.

LISONS!

A. Preview the article. What kind of text do you think it is?

  a. a pamphlet

  b. a pen pal letter

  c. an essay

B. Skim the reading to answer the *W* questions.

  1. Read the major headings. *What* is the article about?

    a. a scholar

    b. an academic year in a high school

    c. a year in France

  2. Look at the photos. *Where* and *why* do you think they were taken?

  3. The major headings talk about **votre année** and the school year being **pour vous.** The headings of the first two paragraphs say "Live the American dream" and "Welcome to the United States." Look at the selections under Guillaume and Sonia's names. *Who* are the intended readers?

STUDENT TRAVEL SCHOOLS

Une année scolaire aux USA

Une année scolaire à l'étranger pour vous qui avez entre 15-18 ans

Vous serez rapidement la mascotte de l'école, tout le monde viendra vous poser des questions sur la France.

Vivez le "rêve américain"

"The American Dream" est un idéal de liberté, de bonheur et la possibilité de décider de son propre avenir. Une année dans une High School est pour vous l'occasion de découvrir "le pays où tout est possible". Celle-ci sera l'une des plus belles de votre vie! Profitez de cette occasion unique pour devenir américain pendant un an. Ce sera passionnant et vous en tirerez le plus grand profit.

Bienvenue aux Etats-Unis

L'Amérique est véritablement le pays de tous les contrastes. Plus de 250 millions d'Américains de toutes origines peuplent les Etats-Unis. S'il est bien difficile de décrire "l'Américain type", aucune confusion n'est possible quant à leur personnalité. Ils sont tous naturellement accueillants, ouverts et sont très positifs au sujet de la vie. Les Américains sont fiers de leur pays et vous le faire mieux connaître est une joie pour eux.

Participez au bal de la High School, le "Prom".

Votre année en High School aux USA

La fête de la "Graduation" restera un jour mémorable dans votre vie.

GUILLAUME

SONIA

"20 août à l'aéroport d'Orly. Ma destination était Binghamton, petit point sur la carte de l'état de New-York. C'était le début d'une merveilleuse aventure. J'allais avoir 18 ans; j'aurais dû entrer en terminale et je découvrais une autre vie. J'étais le fils de ma famille d'accueil. L'école était comme dans les films américains: des profs très proches des élèves, des copains sûrs faisant tout pour m'aider, et ce jour inoubliable de la graduation avec ma robe de "gradué" et mon bonnet carré. Aujourd'hui je crois que j'ai rêvé mais les rêves sont peut-être ce qu'il y a de plus vrai."

"Le Michigan est devenu, après mon année en high school, ma deuxième maison. Avec les amis que je m'y suis faits, j'ai vécu les meilleurs moments de mon année: la graduation, le "bal de prom", les matchs de foot-ball. En cas de problème, les professeurs, devenus eux aussi des amis, étaient toujours là. J'ai également découvert lors de cette année un "nouveau monde", les U.S. mais aussi celui des exchange students. Ils venaient de tous les pays: de la Colombie à l'Australie en passant par les pays scandinaves... Je vous souhaite donc à tous de vivre la même expérience extraordinaire."

4. *Why* was this article written?
   a. to show American students how their schools differ from French schools.
   b. to describe the average American high school.
   c. to persuade a French student to consider a year abroad in an American high school.

Vivez le "Rêve Américain"

C. What are some phrases used to describe "The American Dream"? Do you agree?

Bienvenue aux Etats-Unis

D. If **accueillir** means *to welcome,* someone who is **accueillant** is ___1___.

If **ouvrir** means *to open,* someone who is **ouvert** is ___2___.

If **la fierté** is *pride,* someone who is **fier** is ___3___.

E. Are Americans described favorably? Are all Americans like this? Are you?

Guillaume

F. Guillaume says his host school is like schools he's seen in American movies. In what way? Did Guillaume have a good time as an exchange student? How do you know?

Sonia

G. How does Sonia describe her experience in the States?

H. If you were a French student, would you want to come to the United States after reading this article? Why or why not?

I. Make a pamphlet describing your school to attract French-speaking exchange students. Include events and distinctive features. Add photos or drawings with captions to your pamphlet.

MISE EN PRATIQUE

CD-ROM
Disc 1

1 You're going to host Patrick, a French exchange student, in your home. He wrote to introduce himself and ask some questions. Read his letter and answer the following questions in English.

> Salut!
>
> On m'a dit hier que je vais passer un an chez toi, en Amérique! Je suis fou de joie et j'ai plein de questions.
>
> Mais d'abord, je me présente. Je m'appelle Patrick. J'ai 15 ans et j'habite à Poitiers avec mes parents et mon petit frère Thomas. J'ai un chien aussi. Il s'appelle Léon.
>
> Maintenant, mes questions! Est-ce qu'il fait froid chez toi? Quels types de vêtements est-ce que je dois prendre? Est-ce qu'il y a un stade près de chez toi? A ton avis, j'apporte ma raquette de tennis ou pas? Est-ce qu'on peut jouer au foot dans ta ville? Est-ce que les professeurs sont sévères? Je m'inquiète un peu parce que mon anglais n'est pas très bon.

1. What did Patrick just find out?
2. How would you describe Patrick?
3. Where does he live?
4. How many brothers and sisters does he have?
5. What pets does he have?
6. What sports does he like?
7. Why does he ask about the weather?
8. What does he want to know about teachers? Why?

2 From what you know about life in France and what exchange students expect to find in the United States, what do you think Patrick might have trouble adjusting to? What might surprise him about your home and your school?

3 There's a message on your answering machine from Patrick to let you know when he's arriving, at what time, and on what flight. He also describes himself so you'll recognize him. Jot down the necessary information.

4 Ecrivons!

Answer Patrick's letter from Activity 1. Write about yourself, your home, and your school and tell him what you have planned for his visit. Don't forget to answer all of his questions.

STRATEGIE
Making a writing plan will help make your writing task more manageable. For example, you might want to make a list of the topics you want to cover and jot down a few details related to each topic.

Préparation
After you've made your writing plan, organize your ideas in the order in which you'll talk about them in your letter. Use a cluster diagram to connect each topic with what you want to say about it, or group related topics together.

Rédaction
In Level 1, you learned words such as **et, mais,** and **surtout** to help you make longer, more sophisticated sentences. You also learned **d'abord** and **puis,** words that help you connect a series of events.

As you write to Patrick, use connecting words as effectively as possible to eliminate short, choppy sentences. In addition to the connecting words above, don't forget about the other words for relating a series of events presented on page 20.

Evaluation
After you've read your letter a couple of times, give it to a classmate to evaluate. It's a good idea to tell whoever is reading your letter some of your own concerns about your work. Many times a "fresh eye" can make suggestions you hadn't considered.

When your classmate returns your letter, proofread your work, make any necessary revisions, and complete your final draft.

5

JEU DE ROLE

Patrick has arrived! It's the first day of school, and you're both getting ready. Create a conversation to include the following:

- Advise him on what to wear.
- Ask him what his favorite classes are.
- Describe your principal and your favorite teacher.
- Talk about what you're going to do after school.

Can you describe and characterize yourself and others? p. 9

Can you express likes, dislikes, and preferences? p. 11

Can you ask for information? p. 12

Can you ask for and give advice? p. 15

Can you ask for, make, and respond to suggestions? p. 18

Can you relate a series of events? p. 20

Can you use what you've learned in this chapter?

1 How would you describe and characterize . . .

1. yourself?　　2. your best friend?　　3. a family member?

2 How would you say that you like the following things? How would you say that you dislike them? That you prefer something else?

1.　　　　　2.　　　　　3.

3 How would you ask someone . . .

1. what he or she likes to do?　　3. what type of music he or she likes?
2. what sport he or she plays?　　4. what his or her favorite film is?

4 How would you ask someone what to take on a trip?

5 What would you advise a friend to bring to...

1. the beach?　　2. the mountains in the winter?　　3. Chicago in the spring?

6 How would you . . .

1. ask a friend what to do?
2. suggest that you can go shopping if your friend wants to?
3. suggest that you could play soccer?
4. ask your friend if he or she would like to go to the movies?

7 How would you respond to the following suggestions if you agreed? If you disagreed? If you preferred to do something else?

1. On pourrait faire les magasins.
2. Tu as envie de regarder la télévision?

8 How would your friend tell you that she is going to do these activities in this order?

1.　　　　　2.　　　　　3.

PREMIERE ETAPE

Describing and characterizing yourself and others

avoir... ans *to be . . . years old*
J'ai... *I have . . .*
Il/Elle a... *He/She has . . .*
Ils/Elles ont... *They have . . .*
les yeux marron *brown eyes*
    bleus *blue*
    verts *green*
    noirs *black*
les cheveux blonds *blond hair*
    bruns *dark brown*
    châtain *brown*
    courts *short*
    longs *long*
    noirs *black*
    roux *red*
Je suis... *I am . . .*
Il/Elle est... *He/She is . . .*

Ils/Elles sont... *They are . . .*
beau (belle) *handsome (beautiful)*
de taille moyenne *of medium height*
fort(e) *strong*
gourmand(e) *someone who loves to eat*
grand(e) *tall, big*
intelligent(e) *smart*
jeune *young*
petit(e) *short, small*
sportif (sportive) *athletic*
sympa *nice*

Expressing likes, dislikes, and preferences

J'adore... *I love . . .*
J'aime bien... *I like . . .*

Je n'aime pas... *I don't like . . .*
J'aime mieux... *I prefer . . .*
Je préfère... *I prefer . . .*

Asking for information

Qu'est-ce que tu aimes faire? *What do you like to do?*
Qu'est-ce que tu fais comme sport? *What sports do you play?*
Qu'est-ce que tu aimes comme musique? *What music do you like?*
Quel(le) est ton/ta... préféré(e)? *What is your favorite . . . ?*
Qui est ton/ta... préféré(e)? *Who is your favorite . . . ?*

DEUXIEME ETAPE

Asking for and giving advice

Qu'est-ce que je dois... ? *What should I . . . ?*
Pense à prendre... *Remember to take . . .*
Prends... *Take . . .*
N'oublie pas... *Don't forget . . .*

Clothing and travel items

un imperméable *a raincoat*
un jean *a pair of jeans*
un tee-shirt *a T-shirt*
des bottes (f.) *a pair of boots*
des baskets (f.) *a pair of sneakers*
un anorak *a ski jacket*

un pull *a sweater*
un sweat *a sweatshirt*
une écharpe *a scarf*
des gants (m.) *a pair of gloves*
un appareil-photo *a camera*
un passeport *a passport*
un billet d'avion *a plane ticket*
des chèques (m.) de voyage *traveler's checks*

TROISIEME ETAPE

Asking for, making, and responding to suggestions

Qu'est-ce qu'on fait? *What should we do?*
Si tu veux, on peut... *If you like, we can . . .*
On pourrait... *We could . . .*
Tu as envie de... ? *Do you feel like . . . ?*
Ça te dit de... ? *Does . . . sound good to you?*

D'accord. *OK.*
C'est une bonne/excellente idée. *That's a good/excellent idea.*
Je veux bien. *I'd like to.*
Je ne peux pas. *I can't.*
Ça ne me dit rien. *That doesn't interest me.*
Non, je préfère... *No, I'd rather . . .*
Pas question! *No way!*

Relating a series of events

Qu'est-ce que tu vas faire... ? *What are you going to do . . . ?*
D'abord, je vais... *First, I'm going to . . .*
Ensuite,... *Next, . . .*
Et puis,... *Then, . . .*
Finalement./Enfin,... *Finally, . . .*

2
Bienvenue à Chartres!

① Bienvenue chez nous!

Living with a new family in a foreign country . . . what a change! What do you think you might see in a French home that would be different from your home? How would a French town differ from your town? The contrasts and the similarities might surprise you!

In this chapter you will review and practice

- welcoming someone; responding to someone's welcome; asking how someone is feeling and telling how you are feeling
- pointing out where things are; paying and responding to compliments
- asking for and giving directions

And you will

- listen to people give directions
- read about what you can do in Chartres
- write a description of your room and how to get to your home
- find out about types of homes in the francophone world

② Où est la cathédrale?

③ Il est génial, ce poster.

Mise en train

Une nouvelle vie

Look at the photos. How is this house different from those where you live?

Sandra **Pamela** **M. Lepic**

Mme Lepic

> Voici notre maison. Bienvenue chez nous.

> C'est sympa ici.

> Tu trouves?

> Viens, Pamela, on va visiter la maison.

1

> Ça, c'est l'entrée... Et là, c'est le salon.

> J'aime bien.

2

> Ça, c'est la salle à manger...

3

> Et voilà la cuisine...

4

> Alors, là à droite, ce sont nos toilettes.

5

> Notre salle de bains est à côté.

6

Et voilà ta chambre.

Elle est géniale.

7

Ça va? Pas trop fatiguée?

Non, ça va. J'ai envie de visiter la cathédrale. C'est loin d'ici?

Non, c'est tout près. Tu prends la rue du Soleil d'Or, à gauche. Puis tu tournes à droite. Et la cathédrale est sur ta droite.

8

On peut y aller aujourd'hui?

Euh... d'accord.

9

Bon, fais comme chez toi.

Merci. A tout de suite, alors.

10

Une demi-heure plus tard...

On y va, Pamela? ... Pamela?

11

1 Tu as compris?

1. Which rooms of the Lepic house does Pamela see?
2. What would Pamela like to do?
3. Why don't the girls visit the cathedral?

2 Qui...

1. trouve la maison sympa?
2. montre la maison à Pamela?
3. aimerait bien visiter la cathédrale?
4. explique comment aller à la cathédrale?

3 Cherche les expressions

1. How does . . .

   a. Sandra welcome Pamela?
   b. Mrs. Lepic respond to a compliment?
   c. Sandra ask how Pamela's feeling?
   d. Sandra tell her to make herself at home?

2. How does Pamela . . .

   a. pay compliments?
   b. say how she's feeling?
   c. express a desire to do something?

4 C'est quelle pièce?

Qu'est-ce que Sandra dit pour montrer chaque pièce?

1.

2.

3.

4.

5.

5 Et maintenant, à toi

If you had just arrived in a town in France, what would you want to do?

Welcoming someone; responding to someone's welcome; asking how someone is feeling and telling how you are feeling

6 Qu'en penses-tu?

How does the guest act in the cartoon above? How should he act?

COMMENT DIT-ON... ?

Welcoming someone; responding to someone's welcome

To welcome someone:

Bienvenue chez moi (chez nous).
Welcome to my home (our home).
Faites comme chez vous.
Fais comme chez toi.
Make yourself at home.
Vous avez fait bon voyage?
Tu as fait bon voyage?
Did you have a good trip?

To respond:

Merci.
Thank you.
C'est gentil de votre part.
C'est gentil de ta part.
That's nice of you.
Oui, excellent. *Yes, excellent.*
C'était fatigant! *It was tiring!*

7 Ecoute!

Listen to the following dialogues in which people are being welcomed. Did they have a good trip or a tiring trip?

8 Bienvenue!

How would you welcome the following people to your home and ask about their trip? What would they answer?

NOTE DE GRAMMAIRE

Remember to use **tu** when talking to a friend, a family member, or someone your age or younger. Use **vous** when talking to more than one person or to someone older than you.

As someone gets to know you better, he or she might suggest using the **tu** form: **Alors, on se tutoie?**

Sandra

Thierry

M. Belleau

Mme Ducharme

CD-ROM
Disc 1

COMMENT DIT-ON...?

Asking how someone is feeling and telling how you are feeling

To ask how someone is feeling:

Pas trop fatigué(e)?
 (You're) not too tired?
Vous n'avez pas faim?
Tu n'as pas faim?
 Aren't you hungry?
Vous n'avez pas soif?
Tu n'as pas soif?
 Aren't you thirsty?

To tell how you are feeling:

Non, ça va. *No, I'm fine.*
Si, je suis crevé(e).
 Yes, I'm exhausted.
Si, un peu. *Yes, a little.*
Si, j'ai très faim/soif!
 Yes, I'm very hungry/thirsty!
Si, je meurs de faim/soif!
 Yes, I'm dying of hunger/thirst!

9 Les deux font la paire

Match the question or comment with the appropriate response. Then, arrange the exchanges to make a conversation.

1. Tu as fait bon voyage?
2. Tu n'as pas soif?
3. Fais comme chez toi.
4. Bienvenue!
5. Pas trop fatiguée?
6. Tu n'as pas faim?

a. Non, ça va.
b. Si, j'ai très soif.
c. Merci.
d. C'est gentil de ta part.
e. Si, je meurs de faim!
f. Oui, excellent.

NOTE DE GRAMMAIRE

When you make a statement in French, your voice usually falls at the end.

To ask a yes-or-no question, simply raise the pitch of your voice at the end of a statement.

Tu as fait bon voyage?

You can also add **est-ce que** to the beginning of the question.

Est-ce que tu as fait bon voyage?

10 Ecoute!

Il y a beaucoup de visiteurs chez Robert. Ecoute les conversations et choisis la scène qui représente chaque conversation.

a.

b.

c.

11 Ça ne va pas très bien!

How would you ask these people how they're feeling? How would they answer?

Caroline

Roberto

Mme Prévost

12 Jeu de rôle

An exchange student from Morocco arrives at your home. Welcome the student, ask about the trip, and find out how he or she is feeling. The student should respond appropriately. Continue the conversation. Act out the scene with a partner. Then, change roles.

13 Une bande dessinée

Using magazine cutouts or your own drawings, create a cartoon about a visitor who is very difficult to please. Write what is being said in speech bubbles or in captions below the pictures.

NOTE CULTURELLE

Guests invited to a meal in a French home are expected to bring a gift. Candy or flowers (other than chrysanthemums, which are associated with death) are always acceptable. Guests aren't necessarily expected to arrive on time and the meal probably won't be served right away upon their arrival. When engaging in dinner conversation, there are several topics that are generally considered taboo. These include asking about someone's age, profession, salary, or political affiliation.

DEUXIEME ETAPE

Pointing out where things are; paying and responding to compliments

le 2 septembre

Cher journal,

Quelle journée! C'est aujourd'hui mon premier jour en France. La famille Lepic est super gentille.

Sandra m'a fait voir la maison. Elle est jolie, mais un peu bizarre. Ce n'est pas comme aux Etats-Unis. D'abord, quand on entre dans la maison, on n'est pas au premier étage, on est au rez-de-chaussée. Quand on monte l'escalier, on n'est pas au deuxième étage, on est au premier étage.

En plus, la salle de bains, c'est juste pour se laver. Les toilettes sont à part, de l'autre côté du couloir.

J'ai remarqué que les portes des chambres sont toujours fermées et qu'il faut frapper avant d'entrer. Dans ma chambre, mon lit est très confortable mais un des oreillers a une drôle de forme. Il est aussi large que mon lit. Ils appellent ça un traversin. Il n'y a pas de placard, mais une armoire pour les vêtements.

En tout cas, j'aime beaucoup la vie ici. C'est différent, mais c'est bien.

14 Ce n'est pas comme aux Etats-Unis!

Pamela a pris des photos pour illustrer son journal. Quelle photo correspond à ce qu'elle a écrit?

1. ... c'est juste pour se laver.
2. Quand on monte l'escalier, on n'est pas au deuxième étage, on est au premier étage.
3. Mon lit est très confortable...
4. Il n'y a pas de placard, mais une armoire pour les vêtements.

a.

b.

c.

d.

VOCABULAIRE

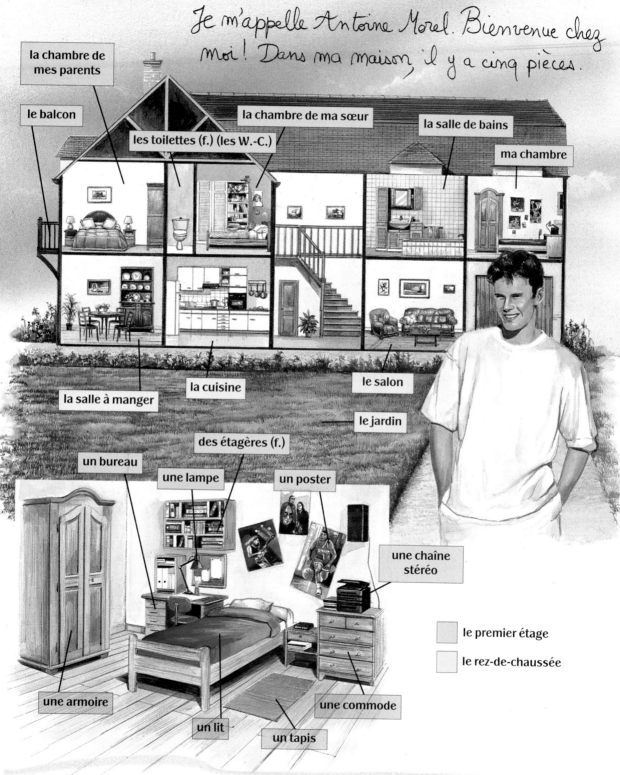

Je m'appelle Antoine Morel. Bienvenue chez moi! Dans ma maison, il y a cinq pièces.

la chambre de mes parents

le balcon

les toilettes (f.) (les W.-C.)

la chambre de ma sœur

la salle de bains

ma chambre

la salle à manger

la cuisine

le salon

le jardin

des étagères (f.)

un bureau

une lampe

un poster

une chaîne stéréo

le premier étage

le rez-de-chaussée

une armoire

un lit

un tapis

une commode

15 Ecoute!

The Morels are moving into their new home. Match the furniture with Mrs. Morel's instructions to the movers.

a.

b.

c.

d.

e.

16 Vive la différence!

Julie and Nicole have some of the same things in their rooms and some different things. Can you name them? Which room is more likely an American teenager's room? Why?

La chambre de Julie

La chambre de Nicole

17 Dessiner, c'est gagner!

Draw a part of a house, a piece of furniture, or a room decoration from the **Vocabulaire** on page 37. The first person in your group to call out the French word makes the next drawing. The group that guesses the most words in five minutes wins.

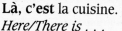

COMMENT DIT-ON... ?

Pointing out where things are

Là, c'est la cuisine.
Here/There is . . .

A côté de la cuisine, il y a la salle à manger.
Next to . . .   *there is . . .*

Ça, c'est la chambre des parents, en face des toilettes.
This is . . .   *across from . . .*

18 Ecoute!

Look at the **Vocabulaire** on page 37 as you listen to a description of the Morel house. Is each statement true or false? Listen again and write down each statement, correcting those that are false.

Tu te rappelles ?

To indicate where things are, you might also want to use **à gauche de** *(to the left of),* **à droite de** *(to the right of),* or **près de** *(near).* Don't forget that after these prepositions, **de** becomes **du** before masculine nouns, and **des** before plural nouns. It doesn't change before feminine nouns or nouns that begin with a vowel.
A gauche **du** salon...
Près **de la** cuisine...
A côté **de l'**étagère...

19 C'est toi, le prof

Write as many statements as you can about the Morel house, some true and some false. Read your statements to a partner, who will tell whether they are **vrai** or **faux**.

GRAMMAIRE   Adjectives that precede the noun

To describe beauty, age, goodness, and size, you use adjectives like **beau, joli, grand, petit, nouveau** *(new),* and **vieux** *(old).* These short adjectives usually go before the nouns they describe: Tu as une **jolie** chambre.

- Some of these adjectives have irregular feminine forms: beau/**belle**, nouveau/**nouvelle**, vieux/**vieille**

- They also have irregular masculine forms that you place before nouns beginning with a vowel sound:

    (beau) un **bel** anorak   (vieux) un **vieil** ami   (nouveau) un **nouvel** hôtel

- To make **beau** and **nouveau** plural, add an -**x** at the end. **Vieux**, however, doesn't change in the plural. To make **belle, nouvelle,** and **vieille** plural, simply add –**s** at the end.

    Tu as vu ces **beaux** tapis?   J'adore les **nouvelles** bottes de Sandrine!

- **Des** changes to **de** when you have an adjective that preceeds a plural noun.

    Il y a **de** jolies fleurs dans ce jardin!

20 La chambre de Félicie

Your French pen pal Félicie wrote to you about her room. Complete her description with the correct form of the adjectives in parentheses.

J'ai une très __1__ (beau) chambre! D'abord, à côté de mon __2__ (joli) lit, il y a une __3__ (vieux) armoire que ma grand-mère m'a donnée. A droite de mon lit, j'ai de __4__ (nouveau) posters. Un __5__ (vieux) ami de mes parents m'a donné un __6__ (petit) bureau. A gauche de mon lit, il y a ma super chaîne stéréo, mes CD et mon __7__ (nouveau) appareil-photo que j'ai eu pour mon anniversaire. Voilà, je crois que je n'ai rien oublié... Ah si, j'ai aussi deux __8__ (beau) tapis de toutes les couleurs!

21 Mon journal

Imagine la chambre idéale. Fais-en une description dans ton journal. N'oublie pas les couleurs! Tu peux aussi faire un dessin.

COMMENT DIT-ON... ?

Paying and responding to compliments

To pay a compliment:

Elle est vraiment bien, ta chambre.
Your . . . is really great.
Elle est cool, ta chaîne stéréo.
Il est beau, ton poster.
      génial(e) *great*
      chouette *very cool*

To respond:

Tu trouves?
Do you think so?
C'est vrai? (Vraiment?)
Really?
C'est gentil!
That's nice of you.

22 Ecoute!

Listen as Solange gives Arnaud a tour of her home. What does Arnaud compliment?

23 Des compliments

Give your group a "tour" of your ideal room by reading the description you wrote for Activity 21. Each person will compliment something. Take turns until everyone has given a tour of his or her ideal room.

NOTE CULTURELLE

When you compliment a French person's home or possessions, the response will be the same as if you complimented the person's clothing or appearance. **Tu trouves? C'est vrai? Vraiment?** or **C'est gentil!** are standard responses to compliments. Remember that **merci** is not the only appropriate response.

24 Elle est géniale, ta chambre!

Suppose Nicole sent you a sketch of her room (see Activity 16 on page 38). Write her a note complimenting some things in the room. Then, describe what you have in your room and how it's similar or different.

PANORAMA CULTUREL

Geneviève • Québec

Sandrine • Martinique

Adèle • Cameroun

We asked some young people to describe their homes. Here's what they said.

Comment est ta maison?

«Il y a le salon, la cuisine. Il y a une salle de jeux. Mon frère a une chambre. J'en ai une. Euh... on a une salle pour nos bureaux. Après ça, il y a la salle de bains, il y a la salle de lavage.»

—Geneviève

«J'habite dans un appartement. Alors, il est assez petit. Il y a une salle à manger, un salon, ma chambre, celle de ma mère, une salle de bains, bien sûr. Et puis la cuisine et un balcon aussi.»

Comment est ta chambre?

«Je pense qu'elle ressemble à la chambre d'à peu près toutes les filles de mon âge. Il y a des posters. J'ai une chaîne hi-fi aussi. Voilà.»

—Sandrine

«Ma chambre, je dirais d'abord qu'elle est assez belle. Ce sont mes goûts. Les murs sont blancs et on a fait des décorations en bleu parce que j'adore le bleu et le rose. Donc, j'ai assez de bleu et de rose dans ma chambre. J'ai d'abord comme meubles... j'ai une commode, mon bureau et c'est presque tout. Il n'y a pas grand-chose.»

—Adèle

Qu'en penses-tu?

1. How do homes in the United States differ from those described in the interviews?
2. What was not mentioned that is commonly found in American teenagers' rooms?

Savais-tu que...?

Homes in France are built of stone or cement blocks. In Quebec, houses are similar to American ones—often made of wood and painted in bright colors. Homes in Martinique and Guadeloupe can be large plantation-style houses or small cement-block houses. The porch is the central gathering place, and kitchens are sometimes separate to keep the rest of the house cool. In Côte d'Ivoire, villages are known for specific kinds of houses: some of clay, some of bamboo, and some built on stilts over lagoons. In cities, you'll see modern houses and apartments.

CD-ROM
Disc 1

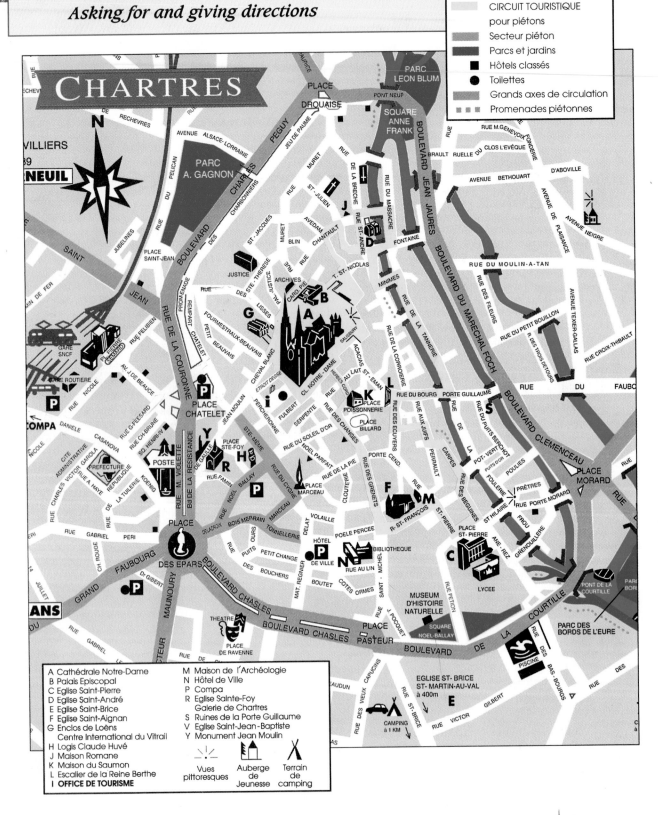

CHARTRES

	CIRCUIT TOURISTIQUE pour piétons
	Secteur piéton
	Parcs et jardins
■	Hôtels classés
●	Toilettes
	Grands axes de circulation
	Promenades piétonnes

A Cathédrale Notre-Dame
B Palais Episcopal
C Eglise Saint-Pierre
D Eglise Saint-André
E Eglise Saint-Brice
F Eglise Saint-Aignan
G Enclos de Loëns
   Centre International du Vitrail
H Logis Claude Huvé
J Maison Romane
K Maison du Saumon
L Escalier de la Reine Berthe
I **OFFICE DE TOURISME**

M Maison de l'Archéologie
N Hôtel de Ville
P Compa
R Eglise Sainte-Foy
   Galerie de Chartres
S Ruines de la Porte Guillaume
V Eglise Saint-Jean-Baptiste
Y Monument Jean Moulin

Vues pittoresques
Auberge de Jeunesse
Terrain de camping

25 Vrai ou faux?

Locate the following places on the map of Chartres on page 42. Then, decide whether these statements are true or false.

1. La bibliothèque est à côté de la cathédrale.
2. La gare est près du parc des Bords de l'Eure.
3. La poste est dans la rue M. Violette.
4. La piscine est près de la cathédrale.
5. Le lycée est à côté de l'église Saint-Pierre.

VOCABULAIRE

Est-ce que tu peux trouver les endroits suivants sur le plan de Chartres?

un terrain de camping

une gare

une église

une piscine

une poste

un office de tourisme

une cathédrale	*a cathedral*	**un lycée**	*a high school*
un musée	*a museum*	**une auberge de jeunesse**	*a youth hostel*
un parc	*a park*	**une bibliothèque**	*a library*
une banque	*a bank*	**un théâtre**	*a theater*

26 Ecoute!

Listen to Patrick and Chantal discuss what they're going to do today. First, choose the places they decide to visit. Then, listen again, and put those places in the order in which they'll visit them.

a. le musée des Beaux-Arts
b. la cathédrale
c. le parc
d. l'office de tourisme
e. la poste
f. la piscine

27 Où vas-tu pour...

1. envoyer une lettre?
2. faire du camping?
3. faire un pique-nique?
4. prendre le train?
5. nager?
6. admirer des œuvres d'art?
7. trouver un plan de la ville?
8. emprunter des livres?
9. voir des acteurs et des actrices?
10. admirer des sculptures?

NOTE DE GRAMMAIRE

When you're talking about going *to* a place, use **au** before masculine nouns, **à la** before feminine nouns, **à l'** before singular nouns that start with a vowel sound, and **aux** before all plural nouns.

28 Que faire?

Ton ami(e) et toi, vous arrivez à Chartres. Qu'est-ce que vous voulez faire le premier jour de votre visite? Choisissez trois choses.

Si tu as oublié making suggestions va à la page 18.

—Tu as envie d'aller au parc des Bords de l'Eure?
—Non, ça ne me dit rien. Je préfère aller à la cathédrale.
—D'accord. Et après, on pourrait aller au théâtre sur la place de Ravenne.

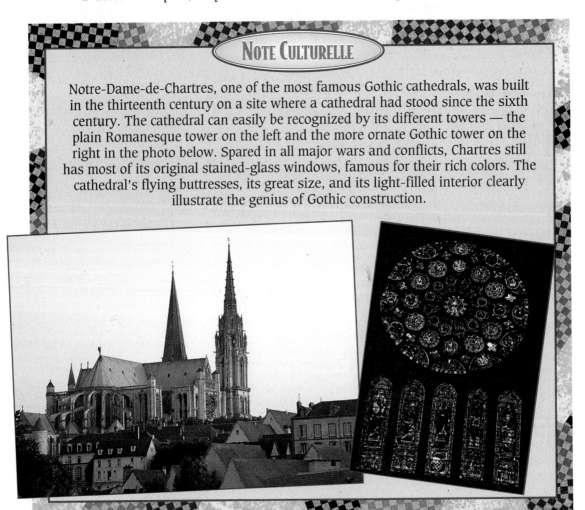

> **NOTE CULTURELLE**
>
> Notre-Dame-de-Chartres, one of the most famous Gothic cathedrals, was built in the thirteenth century on a site where a cathedral had stood since the sixth century. The cathedral can easily be recognized by its different towers — the plain Romanesque tower on the left and the more ornate Gothic tower on the right in the photo below. Spared in all major wars and conflicts, Chartres still has most of its original stained-glass windows, famous for their rich colors. The cathedral's flying buttresses, its great size, and its light-filled interior clearly illustrate the genius of Gothic construction.

CHAPITRE 2 Bienvenue à Chartres!

COMMENT DIT-ON... ?

Asking for and giving directions

To ask for directions:

Où est la gare, **s'il vous plaît?**

To give directions:

Traversez la place Châtelet et **prenez** la rue de la Couronne.
Cross . . .   *take . . .*

Puis, tournez à gauche sur le boulevard de la Courtille.
Then, turn left on . . .

Allez/Continuez tout droit. La gare est **sur la droite** dans la rue Félibien.
Go/Keep going straight ahead.   *on the right . . .*

(handwritten:) dans la rue / l'avenue
sur le boulevard / la place

CD-ROM Disc 1

---

29 Ecoute!

Look at the map of Chartres on page 42. Imagine you're at the **place des Epars.** Listen to the following directions and figure out where they lead.

> à la cathédrale   à la piscine
>
>   à la poste   au lycée
>
> à l'église Sainte-Foy   au parc Gagnon

30 Comment y aller?

Monsieur Dupont is in Chartres in front of the cathedral, near the restrooms. He would like to go to the theater at the Place de Ravenne, but needs directions. Complete the following paragraph to help him reach his destination.

> Allez tout droit jusqu'à la rue Percheronne. Tournez __1__ dans la rue Percheronne. Ensuite, tournez __2__ dans la rue du Soleil d'Or. Continuez __3__ dans la rue Noel Ballay. A la place des Epars, tournez à gauche sur __4__ . Le théâtre est __5__ .

31 Où va-t-on?

With a partner, decide on a starting point on the map of Chartres. Then, give your partner directions to a place you have in mind. Does your partner end up in that place? Take turns.

32 Viens chez moi!

You've invited the French-speaking exchange student at your school to come to your home. Write a note telling him or her how to get there from school.

33 Jeu de rôle

You've just arrived at the train station in Chartres and can't wait to visit the town. Choose two places you'd like to go. Ask directions from people—who might not always send you the correct way! Act out a humorous scene. Use the map on page 42.

Vocabulaire à la carte

Zut!	*Darn!*
Oh là là!	*Oh my!*
Où je suis?	*Where am I?*
Qu'est-ce qui se passe?	*What's going on?*
Et alors?	*So what?*

LISONS!

$\mathcal{W}$hat would you like to do in Chartres?

DE BONS CONSEILS

In Chapter 1 you reviewed the first two steps in reading a new selection: previewing and skimming. What should you do next? *Scan* to look for specific information. When you scan, you should look for key words to guide you to the specific information you want to find.

A. What kind of brochure do you see on these pages? What does the title mean? What kind of photos and art do you see? Who would use this information?

B. Scan each section of the brochure briefly. Match the title of each section to the key word(s) that tell you what the section is about.

1. **La Passacaille**
2. **Le Musée des Beaux-Arts**
3. **Au Plaisir d'offrir**
4. **La Sellerie**
5. **Les Tours de la Cathédrale**

a. les tours, découvrir
b. cuisine traditionnelle
c. cadeaux
d. peintures, sculptures, art
e. pizzeria

C. Now that you have some key words in mind, scan the brochure again to figure out where you would go to . . .

1. take a tour of Chartres.
2. see a house covered with pieces of pottery and glass.
3. learn about making stained-glass windows.

PASSEZ UNE JOURNÉE

A CHARTRES...

VILLE D'ART

LE MUSEE DES BEAUX-ARTS
29, cloître Notre-Dame - 28000 CHARTRES
Tél. 02 37 36 41 39

Etabli dans l'ancien Palais Episcopal, le Musée des Beaux-Arts présente des collections conjuguant richesse et diversité : peintures (Holbein, Zurbaran, Chardin, une importante collection Vlaminck), sculptures, tapisseries, mobilier, émaux (XVIe s.), clavecins, arts décoratifs, art primitif océanien.

Accès : au chevet de la Cathédrale dans les jardins (secteur piétonnier).

Ouvert de 10 h à 12 h et de 14 h à 17 h toute l'année. Fermé mardi. Fermé dimanche matin du 1/11 au 31/03.

Plein tarif musée : 10 FF. Tarif réduit : 3.50 FF

Plein tarif exposition : 20 FF. Tarif réduit exposition : 10 FF.

LA MAISON PICASSIETTE

22, rue du Repos - 28000
CHARTRES - Tél. 02 37 34 10 76

Un univers surprenant : pas un centimètre de mur, pas un meuble qui ne soit tapissé d'éclats de vaisselle, faïence et verre divers. Un témoignage exceptionnel d'art populaire (classé Monument Historique).

Accès : entre la route de Paris et la route d'Orléans, proche du cimetière de Chartres.

Tous les jours sauf mardi 10 h - 12 h et 14 h - 18 h du 1/04 au 31/10.

Prix : 10 F.

LES TOURS DE LA CATHEDRALE

Découvrir Chartres et ses environs des tours de la cathédrale, base du "Clocher vieux" 800 ans d'âge, 103 m de haut et du "Clocher Neuf" élevé à 112 m au 16e s. par Jehan de Beauce.

Amateurs de photos, n'hésitez pas !

Accès : à l'intérieur de la Cathédrale près du portail nord (gauche).

Tous les jours excepté les matinées des dimanches et fêtes religieuses et durant certains offices et les 1/05, 1/11, 11/11, 25/12.

9 h 30 - 11 h 30, 14 h - 17 h 30 du 1/04 au 30/09

10 h 30 - 11 h 30, 14 h - 16 h du 1/10 au 31/03

Plein tarif : 25 FF.
Tarif réduit : 15 FF.

D. Read more closely for the answers to these questions.

1. Where would you go if you wanted Italian food?
2. If you wanted to make a dinner reservation for a large group, which restaurant would you choose?
3. If you were an amateur photographer, would you be allowed to take pictures on the cathedral tours?
4. If you plan to visit Chartres in July, will the train tour of Old Chartres run at night?
5. Would you find the **Musée des Beaux-Arts** open on Tuesday?

E. Choose activities that you can do on a Wednesday at 9:30 A.M., noon, 2 P.M., and 5 P.M.

F. You and your friend Héloïse took photos of your day in Chartres. Complete these captions with information you scan from the brochure.

1. Me voilà à la Sellerie. C'est la première fois que je mange…
2. Nous voilà au Musée des Beaux-Arts. Héloïse regarde…
3. C'est Héloïse et moi devant la cathédrale. On va…
4. C'est moi au Plaisir d'offrir. Si tu veux, on peut…

G. Create a travel brochure for French-speaking tourists about your town, city, or area. Draw and label pictures of places you think they would like to visit, or use photos from the newspaper. Be sure to include important information, such as times and days the places are open, the entrance fees, the type of food available, and so on. Before you make your final brochure, write a rough draft and have two classmates proofread it.

MISE EN PRATIQUE

CD-ROM
Disc 1

Echanges Location

Paris, Ile Saint-Louis : appartement 5 pièces, 3 chambres, 1 bain, 2 W.-C., vue Seine et Notre-Dame. Disponible fin juin-mi août contre logement en Californie. 01.45.15.92.38

Alpes, Brides-les-Bains : chalet en bois, 2 chambres, salon - coin cuisine, près des pistes de ski. Disponible hiver contre logement en Floride. 04.79.55.24.37

Côte d'Azur, Le Lavandou : villa, 7 pièces, cuisine équipée, piscine, jardin, 3 chambres, 2 bains, 2 W.- C., vue mer contre logement côte Est des Etats-Unis. 04.94.05.89.63

Franche-Comté, Marigny : ancienne ferme, 5 pièces, style rustique, cuisine moderne, grand jardin, recherche logement Mid-West. 03.84.25.74.47

Loire, Blois : Maison moderne centre-ville, cuisine, salon-salle à manger, 3 chambres, 1 bain-W.- C., jardin. Contre logement en Louisiane. 02.54.74.27.05

1 French people who would like to exchange homes with people in the United States placed the above ads. Which house would you like to stay in and why?

1. In what order is the following information given?
   a. type of home
   b. where the family would like to exchange
   c. location
   d. phone number
   e. list of rooms

2. Which home(s) would be the best choice for you if . . .
   a. you liked to swim?
   b. you lived in California?
   c. you preferred country living?
   d. you liked newer homes?
   e. you had a large family?
   f. you liked to ski?

2 Look at this map of Paris. You're at the **place St-Michel** in the **Quartier latin** and you're trying to find the museum at the **centre Georges Pompidou.** You ask a passerby who, unfortunately, gives you the wrong directions. Listen to the directions and figure out where they would actually lead you.

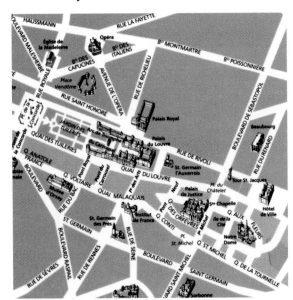

3

Ecrivons!

Imagine you're an adult with your own home. For your vacation, you'd like to exchange houses with a French family, so you're going to place an ad in a French newspaper. Write an ad to encourage people to choose your home.

STRATEGIE
Providing details will make your ad more appealing to prospective families. Sharp, specific details will grab your reader's eye immediately. Think about how you would describe your home to someone who has never seen it. You should include information about the climate where your house is located, the location itself, as well as the rooms in your home.

Préparation
Before you create your ad, you'll also want to think about your audience. Who will read your ad? What things might a French family visiting America look for in a house? Which of these features does your house possess? What other unique features does your house have? Jot down ideas for each of these questions.

Rédaction
Using your notes, write an ad persuading prospective families that your house is the one for them. When you give details, don't forget the adjectives you've learned. Remember also that organization is important in good persuasive writing. Point out what you feel is most appealing first and then progress toward points that are less important. You might refer to the ads on page 48 as a model.

Evaluation
After you've completed the first draft of your ad, read it over several times, but with a different purpose each time. Read through it once just to make sure you included all the important information. Next, make sure your ideas are arranged in a logical order. Finally, read for errors in punctuation, capitalization, and grammar.

4

JEU DE ROLE

An American family has arranged to exchange homes with a French family. The Americans arrive at the French home before the French family leaves for the airport. Play the roles of the two families.

The French family should:
- welcome the American family.
- ask about their trip and how everyone is feeling.
- show the American family around their home.

The American family should:
- respond appropriately to the French family's welcome.
- tell how they are feeling.
- compliment the French family on their home and furnishings.

Can you use what you've learned in the chapter?

Can you welcome someone and respond to someone's welcome? p. 33

1 What would you say to welcome . . .
1. your pen pal Jean-Louis?
2. your mother's friend?

2 How would you respond to your friend's father, who says . . .
1. Bienvenue chez nous.
2. Fais comme chez toi.
3. Tu as fait bon voyage?

Can you ask how someone is feeling and tell how you are feeling? p. 34

3 How would you ask Etienne if he's . . .
1. not too tired?   2. hungry?   3. thirsty?

4 How would you say that you're . . .
1. fine?   2. very hungry?   3. a little thirsty?

Can you point out where things are? p. 39

5 When you're showing someone your home, how would you point out . . .
1. your room?   2. the bathroom?   3. the kitchen?

Can you pay and respond to compliments? p. 40

6 How would you compliment someone on . . . ?

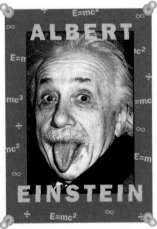

1.   2.   3.

7 How would you respond to a compliment?

Can you ask for and give directions? p. 45

8 How would you ask directions to . . .
1. the train station?   2. the post office?   3. the library?

9 How would you give someone directions from your school to . . .
1. your favorite fast-food restaurant?   2. the nearest movie theater?

PREMIERE ETAPE

Welcoming someone; responding to someone's welcome

Bienvenue chez moi (chez nous). *Welcome to my home (our home).*
Faites/Fais comme chez vous (chez toi). *Make yourself at home.*
Vous avez (Tu as) fait bon voyage? *Did you have a good trip?*
Merci. *Thank you.*

C'est gentil de votre/ta part. *That's nice of you.*
Oui, excellent. *Yes, excellent.*
C'était fatigant! *It was tiring!*

Asking how someone is feeling and telling how you are feeling

Pas trop fatigué(e)? *(You're) not too tired?*
Vous n'avez pas (Tu n'as pas) faim? *Aren't you hungry?*

Vous n'avez pas (Tu n'as pas) soif? *Aren't you thirsty?*
Non, ça va. *No, I'm fine.*
Si, je suis crevé(e). *Yes, I'm exhausted.*
Si, un peu. *Yes, a little.*
Si, j'ai très faim/soif! *Yes, I'm very hungry/thirsty.*
Si, je meurs de faim/soif! *Yes, I'm dying of hunger/thirst!*

DEUXIEME ETAPE

Pointing out where things are

Là, c'est... *Here/There is . . .*
A côté de... *Next to . . .*
Il y a... *There is/are . . .*
Ça, c'est... *This is/are . . .*
en face de *across from*
à gauche de *to the left of*
à droite de *to the right of*
près de *near*

Paying and responding to compliments

Il/Elle est vraiment bien, ton/ta... *Your . . . is really great.*
cool *cool*

beau (belle) *beautiful*
génial(e) *great*
chouette *very cool*
Tu trouves? *Do you think so?*
C'est vrai? (Vraiment?) *Really?*
C'est gentil! *That's nice of you.*

Furniture and rooms

l'armoire (f.) *armoire, wardrobe*
le balcon *balcony*
le bureau *desk*
la chaîne stéréo *stereo*
la chambre *bedroom*
la commode *chest of drawers*
la cuisine *kitchen*
les étagères (f.) *shelves*
le jardin *yard*
la lampe *lamp*

le lit *bed*
la maison *house*
la pièce *room (of a house)*
le poster *poster*
le premier étage *second floor*
le rez-de-chaussée *first (ground) floor*
la salle à manger *dining room*
la salle de bains *bathroom*
le salon *living room*
le tapis *rug*
les toilettes (f.) **(les W.-C.** (m.)) *toilet, restroom*
beau (bel) (belle(s)) (beaux) *beautiful*
nouveau (nouvel) (nouvelle(s)) (nouveaux) *new*
vieux (vieil) (vieille(s)) (vieux) *old*

TROISIEME ETAPE

Asking for and giving directions

Où est..., s'il vous plaît? *Where is . . . , please?*
Traversez... *Cross . . .*
Prenez... *Take . . .*
Puis, tournez à gauche dans/sur... *Then, turn left on . . .*
Allez/Continuez tout droit. *Go/Keep going straight ahead.*

sur la droite/gauche *on the right/left*

Places in town

l'auberge (f.) **de jeunesse** *youth hostel*
la banque *bank*
la bibliothèque *library*
la cathédrale *cathedral*
l'église (f.) *church*

la gare *train station*
le lycée *high school*
le musée *museum*
l'office (m.) **de tourisme** *tourist information office*
le parc *park*
la piscine *pool*
la poste *post office*
le terrain de camping *campground*
le théâtre *theater*

3

Un repas à la française

① C'est vraiment bon !

Buying, preparing, eating, and sharing food are an essential part of life in every culture, and each culture has its own distinct customs concerning food. At your house, are there any special rules you have to follow when you're at the table? When you're a guest at someone's house, what should you do?

In this chapter you will learn

- to make purchases
- to ask for, offer, accept, and refuse food; to pay and respond to compliments
- to ask for and give advice; to extend good wishes

And you will

- listen to people at the grocery store and at the table
- read recipes and restaurant critiques
- write some menus and a card for a special occasion
- find out about typical meals and the behavior of guests in francophone countries

② C'est combien, une tartelette?

③ Je pourrais leur offrir des fleurs.

Mise en train

Une spécialité française

What French specialties do you see in these photos?

Alors, qu'est-ce que vous voulez pour le déjeuner?

Je ne sais pas. J'aimerais manger quelque chose de bien français.

Ah, je sais exactement ce que je vais faire.

Qu'est-ce que ça va être, maman?

C'est une surprise.

Voyons, on n'a plus de pain.

Nous, on peut en acheter.

D'accord. Moi, je vais chercher le reste des provisions.

Mmm... Regarde les pâtisseries!

Elles ont l'air bonnes, mais elles nous couperaient l'appétit.

Voilà une spécialité française : les escargots!

On mange ça vraiment?

Mais oui, c'est délicieux.

Je voudrais faire un cadeau à ta mère. Qu'est-ce que je pourrais lui offrir?

Pourquoi est-ce que tu ne lui achètes pas des fleurs?

Bonne idée.

6

Je voudrais un bouquet d'œillets, s'il vous plaît. C'est combien?

30F.

7

Plus tard chez les Lepic...

Tenez, c'est pour vous.

Oh, c'est trop gentil! Je vais les mettre tout de suite dans un vase.

8

Pamela, tu veux du pain?

Oui, je veux bien.

9

Et maintenant la surprise. Les escargots!

Mmmm! J'adore les escargots!

Allez, sers-toi, Pamela.

?!

Bon appétit!

10

1 Tu as compris?

1. Where are Mme Lepic, Sandra, and Pamela at the beginning of Une spécialité française?
2. What errand do Pamela and Sandra do for Mme Lepic?
3. What does Pamela buy? Why?
4. What is Mme Lepic's surprise?

2 Vrai ou faux?

1. Pamela est allée chez le fleuriste pour acheter du pain.
2. Pamela et Sandra décident d'acheter des pâtisseries.
3. Mme Lepic achète du pain.
4. Le bouquet d'œillets coûte 30 francs.
5. En France, on mange des escargots.

3 C'est qui?

Qui a acheté les choses suivantes? Mme Lepic? Sandra? Pamela? Personne *(Nobody)*?

1.

2.

3.

4.

4 Une journée intéressante

Pamela is writing about her day in her journal, but she forgets a few things. Can you help her?

Aujourd'hui, je suis allée en ville avec Mme Lepic et __1__. On a acheté du __2__ à la boulangerie-pâtisserie, mais on n'a pas acheté de __3__ parce que ça coupe l'appétit. J'ai acheté des __4__ pour offrir à Mme Lepic. Elle était très contente. On a eu une surprise pour le déjeuner. Des __5__ !

5 Cherche les expressions

What do people in Une spécialité française say to . . .

1. ask for advice?
2. make a suggestion?
3. accept a suggestion?
4. ask for a price?
5. offer food?
6. accept food?

6 Et maintenant, à toi

If you were a guest, what would you do if you were offered something you didn't think you'd like?

E.LECLERC

4F90
CAROTTES
le sachet de 2 kg
soit le kg 2,45 F

4F90
RAISINS
Italie, Sicile, le kg

5F90
BANANES
le kg

6F90
ENDIVES
le sachet de 1 kg

10F00
CHOUX-FLEURS
les 2

4F95
TOMATES
le kg

10F00
ANANAS
cat. B, les 2

9F50
POMMES GOLDEN
le sachet de 2 kg
soit le kg 4,75 F

9F90
ORANGES
le sachet de 2 kg
soit le kg 4,95

7 Les fruits et les légumes

1. Which fruits and vegetables do you recognize in this ad? Are there any you haven't seen before?

2. In what quantity are most of the fruits and vegetables sold? Can you guess what **le sachet** means?

3. If you had 25 francs and you had to make a fruit salad to take to a party, which fruits would you buy?

Tu te rappelles ?

Do you remember how items are sold in French-speaking countries? Fruits and vegetables are priced by the pound (**une livre = 500 grammes**) or the kilogram (**un kilo = 2 livres ou 1.000 grammes**). To give a price in French, say the amount of francs first, then the centimes: **7F80 = sept francs quatre-vingts.** To review numbers, practice counting by tens from 10 to 100: **dix, vingt, trente, quarante, cinquante, soixante, soixante-dix, quatre-vingts, quatre-vingt-dix, cent.**

COMMENT DIT-ON... ?

Making purchases

To ask for a price:
C'est combien, s'il vous plaît?
Combien coûtent les pommes?
How much are . . . ?

To ask what quantity someone wants:
Combien en voulez-vous?
How many/much do you want?

To ask for a certain quantity of something:
Je voudrais une livre de tomates.
Je vais prendre un kilo de bananes.
Des pommes? **Je vais en prendre** deux kilos. *I'll take . . . (of them).*

To ask for the total cost:
Ça fait combien?

NOTE DE GRAMMAIRE

The object pronoun **en** means *of them.* You use it to replace the phrase **de(s) + a thing** or **things**.

—Vous voulez **des fraises?**
—Oui, je vais **en** prendre une livre.
—Et avec ça?
—**Des bananes**, s'il vous plaît.
—Combien **en** voulez-vous?
—Un kilo, s'il vous plaît.

8 Ecoute!

Listen to the following conversations to find out what the people are buying at the supermarket. Then, listen a second time for how much they're buying. According to the ad on page 57, how much would each customer pay?

9 Méli-mélo!

Unscramble the following conversation between a grocer and a customer. Act it out with a partner, exchanging roles. Then, repeat the conversation, substituting different foods at different prices.

—Une livre de haricots verts. Ça fait combien?

—Et avec ça?

—2 F le kilo. Combien en voulez-vous?

—C'est combien, les pommes de terre?

—Je vais en prendre trois kilos, s'il vous plaît.

—Ça fait 9 F.

10 A vos Caddies®

Your vegetarian friends are coming to lunch. Make a list of the fruits and vegetables you need and shop at **E. Leclerc.** Act out the scene with a partner. Then, change roles.

NOTE CULTURELLE

In France and in many French-speaking countries, people often do their grocery shopping in small neighborhood stores. Although convenience and lower prices are making supermarkets more popular, many people still prefer specialty shops for fresh food of high quality.

VOCABULAIRE

Où est-ce qu'on va pour acheter à manger?

A **la charcuterie,** on trouve...

du pâté
des saucissons
du jambon

A **la boulangerie,** on achète...

des pains au chocolat
des baguettes
des croissants

A **la crémerie,** on vend...

des œufs
du beurre
du fromage
du lait

A **la pâtisserie,** on se régale avec...

une tarte aux pommes
des religieuses[1]
des mille-feuilles[2]

A **la boucherie,** on peut acheter **de la viande** ou **de la volaille.**

un bifteck
un rôti de bœuf
un poulet

A **la poissonnerie,** on trouve du poisson et **des fruits de mer.**

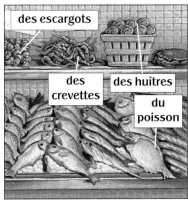

des escargots
des crevettes
des huîtres
du poisson

---

[1]pastries made of two iced cream puffs filled with chocolate or coffee cream
[2]rectangular pastries made of thin layers of puff pastry and cream filling

11 Ecoute!

Listen as some parents tell their children what to buy for dinner. Which store(s) will they have to visit?

a. la poissonnerie **c.** la boucherie **e.** la crémerie
b. la boulangerie **d.** la charcuterie **f.** la pâtisserie

12 L'intrus

Which item does not belong in each group of words? Can you explain why?

du fromage
du lait
du pâté
du beurre

une religieuse
un gâteau
une tarte
un rôti

la volaille
la charcuterie
la poissonnerie
la pâtisserie

des saucissons
des crevettes
du jambon
du pâté

des huîtres
du poisson
du poulet
des escargots

13 Un cordon bleu attentionné

Toute la semaine, M. Lepic fait la cuisine! Qu'est-ce qu'il peut préparer pour les personnes suivantes? Qu'est-ce qu'il ne devrait pas préparer?

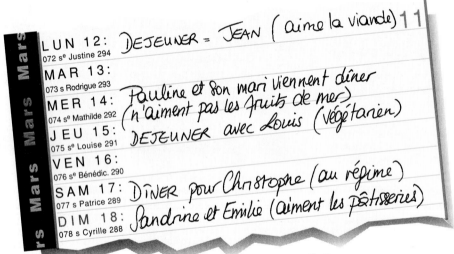

LUN 12: 072 se Justine 294   DEJEUNER = JEAN (aime la viande) 11

MAR 13: 073 s Rodrigue 293

MER 14: 074 se Mathilde 292   Pauline et son mari viennent dîner (n'aiment pas les fruits de mer)

JEU 15: 075 se Louise 291   DEJEUNER avec Louis (végétarien)

VEN 16: 076 se Bénédic. 290

SAM 17: 077 s Patrice 289   DÎNER pour Christophe (au régime)

DIM 18: 078 s Cyrille 288   Sandrine et Emilie (aiment les pâtisseries)

14 Vous en voulez combien?

You and a friend are going shopping for Mme Lepic this afternoon. With a partner, take turns acting out the roles of vendor and shopper at the various stores. Make sure you get the right quantity and buy everything on her list.

une douzaine d'œufs
deux baguettes
un poulet
500 grammes de crevettes
2 litres de lait
1 kilo de pommes de terre
une tarte aux pommes
500 grammes de jambon

15 Une publicité

Pick a specific kind of food store and make your own ad. Cut pictures from a magazine or newspaper or draw your own pictures. Advertise at least six items and remember to include prices.

PANORAMA CULTUREL

Chantal • Martinique

Emmanuel • France

Sandrine • Martinique

What's a typical breakfast, lunch, or dinner where you live? We talked to francophone people around the world about their meals. Here's what they told us.

CD-ROM
Disc 1

Qu'est-ce qu'un petit déjeuner typique ici?

«Au petit déjeuner, je prends du chocolat, un jus de fruit. Je ne mange pas beaucoup, donc c'est tout ce que je prends.»

Quel est ton repas principal?

«Le déjeuner, soit à la cantine, ou bien chez moi, si je ne suis pas au lycée.»

Qu'est-ce que tu prends?

«D'habitude, enfin c'est varié, ça peut être des pâtes... Je ne sais pas... des pâtes, du riz, enfin c'est très varié. Il n'y a pas de trucs précis.»

—Chantal

«Typiquement? Un déjeuner typiquement français, c'est en général [un] chocolat chaud avec des croissants. C'est tout différent des Américains. C'est... avec des croissants, des toasts, du pain, du beurre, de la confiture... Voilà.»

—Emmanuel

«Au petit déjeuner, des tartines. Je prends des tartines au petit déjeuner, avec du chocolat.»

Quel est ton repas principal?

«Pour moi, c'est... le repas principal, c'est celui du midi.»

Qu'est-ce que tu prends?

«Le midi? C'est très varié, le midi. Je peux prendre du poisson, de la viande, du riz, des légumes du pays aussi.»

—Sandrine

Qu'en penses-tu?

1. In what ways are these responses different or similar?
2. How do typical American meals compare with those mentioned in the interviews?
3. How might the area in which people live influence their eating habits?

16 Au Lion d'Or

Look at the menu for **Le Lion d'Or**.
How many categories do you see?
What are they? When you go to a
restaurant, how many courses do you
order? What do you call them?

17 Et au petit déjeuner?

What do people where you live usually
have for breakfast? Is it similar to or
different from the breakfast at **Le Lion
d'Or**?

NOTE CULTURELLE

Meals occupy a central place in French
family and social life. Lunch and dinner
usually consist of several courses: an
appetizer, the main course, a simple green
salad, cheese, and dessert. A special meal
might have as many as nine courses! As
an appetizer, the French might eat cold
cuts, vegetables in a vinaigrette sauce, or
soup. The main course consists of meat or
seafood. The French eat a wide variety of
meats, fowl, and game such as duck,
goose, guinea hen, and rabbit. Potatoes
are very common, and you may be served
a variety of vegetables like turnips,
endive, eggplant, or leeks. For dessert,
fresh fruit is often served. Pastries or ice
cream are usually reserved for special
occasions. The evening meal is generally
lighter and often meatless. Eggs are eaten
at dinner, but rarely at breakfast.

LE LION D'OR

Entrées
Pâté de campagne	20 F
Saucisson sec pur porc	20 F
Sardines à l'huile	20 F
Carottes râpées	20 F
Œuf dur mayonnaise	20 F

Viandes-Volaille
Filet de bœuf	65 F
Carré d'agneau	65 F
Steak au poivre	60 F
Poulet garni	45 F
Daube de lapin	70 F
Filet de canard à l'orange	62 F
Tartare (préparé à la commande)	56 F

**Tous nos plats sont accompagnés de frites
ou de salade verte ou de haricots verts**

Fromages
Camembert, Gruyère	19 F
Yaourt	10 F

Fromages Fermiers Sélectionnés
St.-Nectaire	22 F
Roquefort Papillon (Carte Noire)	25 F
Chèvre	27 F

Desserts
Crème de marrons	12 F
Mont-Blanc	16 F
Tarte aux fruits	26 F
Crème caramel	22 F
Mousse au chocolat	24 F

Boissons
Limonade	20 F
Eau minérale	22 F
Jus de fruits	24 F
Thé ou café glacé	26 F
Cidre	24 F
Milk shake	30 F

Au petit déjeuner
Croissant	12 F
Tartine	9 F
Gâteau Breton	9 F

Petit déjeuner complet à . . . . 50 F
Double express ou crème ou chocolat ou thé,
1 croissant, 1 tartine, 1 orange pressée,
confiture, beurre, miel

VOCABULAIRE

un chocolat chaud

des tartines

Pour le petit déjeuner, on prend un café au lait ou un chocolat chaud avec des tartines ou des croissants. Quelquefois, on prend des céréales.

des céréales

un café au lait

la salade

le plat principal

le fromage

l'entrée

le dessert

Pour le déjeuner et pour le dîner, on commence par une entrée. Ensuite, on sert le plat principal suivi d'une salade verte. A la fin du repas, on passe le plateau de fromages. Et pour terminer, on prend un dessert ou un fruit.

18 Ecoute!

Ecoute ces conversations. Est-ce qu'on parle du petit déjeuner, du déjeuner ou du dîner?

19 A la carte

Tu vas au **Lion d'Or** pour le déjeuner. Qu'est-ce que tu commandes? Joue la scène avec un(e) camarade.

—Qu'est-ce que vous prenez comme entrée?
—Je voudrais le pâté de campagne, s'il vous plaît.

> Qu'est-ce que vous prenez comme plat principal?
>
> Et comme fromage?   Pour le dessert?
>
> Et comme boisson?

20 Ecoute!

Read this list of school menus from Martinique. Then, listen to some students talking about lunch. Which town are the speakers from? Which day's menu are they talking about?

21 Une cantine quatre étoiles

If you were planning meals for a "Francophone Awareness Week" at your school, what would you serve? Write the menus for the week.

> LUNDI Entrée :
> Plat Principal :
> Légume :
> Fromage / Dessert :

CANTINES SCOLAIRES
Les menus de la semaine

VAUCLIN :
Lundi : fromage, lapin chasseur, haricots rosés, mandarines.
Mardi : melon, couscous au mouton, lait gélifié.
Jeudi : salade de laitue, poisson au four, haricots verts et carottes, yaourt.
Vendredi : salade de concombres, steak haché au four, chou vert sauce blanche, cocktail de fruits.

RIVIERE-SALEE :
Lundi : salade de concombres, haricots rosés, poisson grillé, glace.
Mardi : fromage, salade de haricots verts, poisson au four, fruit.
Jeudi : salade de carottes, riz blanc, colombo de cabri, glaces.
Vendredi : salade de tomates, sardines, pâté en pot, île au caramel.

Tu te rappelles ?

Vouloir *(to want)* and **pouvoir** *(can, to be able)* are conjugated alike in the present tense.

veux, veux, veut, voulons, voulez, veulent
peux, peux, peut, pouvons, pouvez, peuvent

COMMENT DIT-ON... ?

Asking for, offering, accepting, and refusing food; paying and responding to compliments

To ask for food:
Je pourrais avoir du pain, **s'il vous plaît (s'il te plaît)?**
May I have some . . . , please?
Vous pourriez (Tu pourrais) me passer le sel?
Would you pass me . . . ?

To respond:
Voilà. *Here it is.*

Tenez (Tiens). *Here you are.*

To offer food or drink:
Vous voulez (Tu veux) de la salade?

Encore du gâteau? *Some more . . . ?*

To accept:
Oui, je veux bien.

To refuse:
Merci, ça va. *Thank you, I've had enough.*
Je n'ai plus faim/soif. *I'm not hungry/thirsty anymore.*

To pay a compliment about food:
C'est vraiment bon!
This is really good!
C'était délicieux!
That was delicious!

To respond:
Ce n'est pas grand-chose.
It's nothing special.
Merci, c'est gentil!

---

22 Ecoute!

Listen to the following conversations at the table. Is the first speaker asking for food, offering food, or paying a compliment?

23 Les deux font la paire

Choisis la bonne réponse.

1. Tu veux encore du poulet?
2. C'était délicieux!
3. Je pourrais avoir du brie, s'il te plaît?
4. Encore de l'eau?
5. Vous pourriez me passer le pain?

a. C'est gentil!
b. Tenez.
c. Non, je n'ai plus soif.
d. Merci, ça va.
e. Tiens.

24 La politesse

Accepte ou refuse ces plats. Si tu reprends quelque chose, fais aussi un compliment!

Encore des escargots?

Tu veux du pâté?

Tu veux de la mousse au chocolat?

Tu veux du jus de carotte?

Encore du poisson?

25 Un menu pour des amis

You've invited some friends for a French lunch. Decide what you're going to serve for each course and write out the menu.

26 Jeu de rôle

The guests you've invited in Activity 25 have arrived. Greet and welcome them, and make sure that they have everything they want. The guests should respond politely, compliment your cooking, and ask for seconds if they want them.

NOTE DE GRAMMAIRE

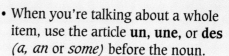

- When you're talking about a whole item, use the article **un, une,** or **des** *(a, an* or *some)* before the noun.
- When you're talking about a portion of an item, use the partitive articles **du, de la,** or **de l'** *(some)* before the noun.

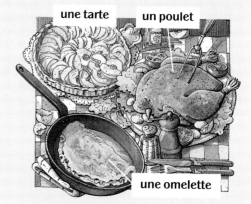

une tarte   un poulet

une omelette

de l'omelette

de la tarte   du poulet

À la française

If you'd like to try eating a meal the French way . . .
- wish everyone **Bon appétit!** before you start to eat.
- keep your hands on or above the table.
- place your bread next to your plate.
- don't change your fork to the other hand after cutting a piece of meat.
- eat French fries, pizza, and fruit with a knife and fork, not with your hands.
- ask for something politely and never point.
- eat slowly and enjoy the conversation.

RENCONTRE CULTURELLE

Imagine that you are living in France and you need to purchase groceries at a nearby market. The francs you have used in the past have now been totally replaced by a new currency, the **euro**. What do you know about the **euro**? How do you think such a change might affect your life?

Qu'en penses-tu?

1. What items are illustrated on the bills and coins? What common element do you see on all the bills and coins?
2. How do these bills compare in design to French francs? To U.S. dollars?
3. If several countries in the Western Hemisphere decided to use a common currency, how do you think it would affect travel, tourism, and banking?

Savais-tu que... ?

The **euro**, the European currency, is intended to strengthen Europe economically. Euro bills, illustrated with architectural elements and bridges, come in 5, 10, 20, 50, 100, 200, and 500 **euro** denominations. What significance do these elements have? **Euro** coins have a common symbol on one face, and unique symbols representing each country on the other. The new currency will not only affect France and other countries in Europe, but many other countries as well. How do you think the new European currency impacts the United States?

TROISIEME ETAPE

Asking for and giving advice; extending good wishes

Salut,

Juste un petit mot pour te demander de venir manger à la maison samedi soir. J'ai invité Jérôme et Béatrice aussi. On va faire une fondue. Ça te dit? Viens vers les sept heures. Tu n'es pas obligé d'apporter quelque chose, mais si tu y tiens, amène un dessert ou quelque chose à boire.

A bientôt!

Sylvie

On fait une petite fête pour l'anniversaire de Gilles dimanche après-midi au parc de la Victoire. Ça va être une surprise, alors surtout ne lui dis rien! On s'occupe du gâteau et des bougies. J'espère que tu vas pouvoir venir. Plus on est de fous, plus on rit. A plus tard.

Jean-Pierre
Céline

27 Tu es invité(e)

Quelles sont les informations données dans chaque invitation?

Qu'est-ce qu'on apporte?

Où?

Qu'est-ce qu'on va faire?

Quand?

Avec qui?

Qu'est-ce qu'on va manger?

NOTE CULTURELLE

In France, a meal is often a way to celebrate friendship or a special occasion. The New Year's dinner is usually spent with friends, while birthday and Christmas dinners are traditionally family celebrations when people exchange gifts and cards. Young people often receive a small gift on their saint's day as well.

COMMENT DIT-ON... ?
Asking for and giving advice

Offre-lui des fleurs!

Bonne idée!

To ask for advice:

**Tu as une idée de cadeau pour
Oncle Omar?** *Have you got a gift
idea for . . . ?*
**Qu'est-ce que je pourrais offrir à
Anne?** *What could I give to . . . ?*

To accept advice:

Bonne idée!
C'est original. *That's unique.*
Tu as raison, elle adore la musique.
You're right . . .
D'accord.
OK.

To give advice:

Offre-lui (-leur) des bonbons.
Give him/her (them). . .
Tu pourrais lui (leur) offrir un CD.
You could give him/her (them) . . .
Un livre, **peut-être. . . .** *maybe.*

To reject advice:

C'est trop cher. *It's too expensive.*
C'est banal. *That's ordinary.*
Ce n'est pas son style.
That's not his/her style.
Il/Elle en a déjà un(e). *He/She
already has one (of them).*

28 Ecoute!

Listen as some students ask for advice about gifts. Do they accept or reject the suggestions?

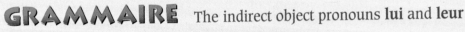

GRAMMAIRE   The indirect object pronouns **lui** and **leur**

The pronouns **lui** *(to/for him, to/for her)* and **leur** *(to/for them)* replace a
phrase that begins with **à** or **pour** followed by a person or persons. **Lui** and **leur**
never refer to things.

- Place **lui** or **leur** before the conjugated verb:
    Tu **leur offres** un cadeau? Je ne **lui parle** pas souvent.
- If there's an infinitive in the sentence, **lui** or **leur** is placed before it:
    Tu pourrais **lui offrir** un bracelet. Je ne vais pas **leur acheter** de fleurs.
- In a positive command, place **lui** or **leur** after the verb, connected to it with a
  hyphen:
    Offre-lui des bonbons! **Achète-leur** un cadeau.
- In a negative command, place **lui** or **leur** before the verb.
    Ne **lui parle** pas!

29 Donne des conseils

Ton ami(e) ne sait pas quels cadeaux offrir à ces gens.
Donne-lui des idées.

1. Iman et Sylvie sont toujours à la
   dernière mode.
2. Catherine fait toujours des photos.
3. Vincent et Paul aiment bien manger.
4. Marc joue au foot tous les jours.
5. Il y a toujours des fleurs sur la
   table chez tante Marie.
6. Eric va étudier l'allemand à
   l'université.

un dictionnaire
un joli album de photos
des boucles d'oreilles
des chocolats
des baskets
un vase

Offre-lui...
Tu pourrais lui offrir...
Offre-leur...
Tu pourrais leur offrir...

VOCABULAIRE

CD-ROM
Disc 1

Oh, là là, c'est l'anniversaire de maman. Il me faut des idées de cadeaux...

Des bonbons?
Une boîte de chocolats?

Des fleurs?

Un cadre?
Un vase?

Un foulard?
Un portefeuille?
Un sac à main?

30 Ecoute!

Qu'est-ce que chaque personne offre
à Mme Lepic pour son anniversaire?

a.   b.   c.   d.   e.

31 Cadeau d'anniversaire

Mardi prochain, c'est l'anniversaire de ton meilleur ami (ta meilleure amie). Fais une
description de ton ami(e), puis demande des conseils à tes camarades.

> — Patrick aime la musique et le tennis. Qu'est-ce que je pourrais lui offrir?
> — Offre-lui des baskets!
> — Non, c'est trop cher.
> — Tu pourrais lui offrir...

32 Au grand magasin

You and a friend are shopping at a department store, and you each have 500 francs to
spend. Make a list of four people to shop for. Then, suggest some gifts for the people on
your lists.

COMMENT DIT-ON... ?

Extending good wishes

Bonne fête! *Happy holiday! (Happy saint's day!)*
Joyeux (Bon) anniversaire! *Happy birthday!*
Bonne fête de Hanoukka! *Happy Hanukkah!*
Joyeux Noël! *Merry Christmas!*
Bonne année! *Happy New Year!*
Meilleurs vœux! *Best wishes!*
Félicitations! *Congratulations!*
Bon voyage! *Have a good trip! (by plane, ship)*
Bonne route! *Have a good trip! (by car)*
Bon rétablissement! *Get well soon!*

33 Qu'est-ce que tu dis?

1. C'est l'anniversaire de ton ami(e).
2. C'est le vingt-cinq décembre.
3. Ton professeur est malade.
4. On allume la menorah.
5. C'est la fête des Pères.
6. C'est le premier janvier.
7. Ton ami(e) part pour la Côte d'Ivoire.
8. C'est le jour du mariage de ta cousine.
9. Tes parents vont faire du camping.
10. Ta mère a une promotion.

34 Les cartes de vœux

Fais une carte de vœux *(greeting card)* humoristique ou sérieuse pour quelqu'un.

35 Mon journal

Choose a couple of special occasions, such as Mother's Day **(la fête des Mères)**, someone's birthday, Kwanzaa, Hanukkah, or Christmas, and write about what you eat, what gifts you give, and what activities you do on these occasions.

GRATIN DE BANANES JAUNES *Martinique*

INGRÉDIENTS

- 1 banane jaune [par personne] coupée en rondelles
- 1 oignon haché fin
- 2 gousses d'ail écrasées
- 50 grammes de beurre
- 3 cuillerées à soupe de farine
- 3/4 de litre de lait
- 110 grammes de fromage râpé
- sel et poivre

PRÉPARATION

1. Faire revenir l'oignon et l'ail dans le beurre, jusqu'à la couleur blonde. Ajouter un peu de sel et poivre.
2. En remuant constamment, rajouter la farine.
3. Hors du feu, ajouter le lait petit à petit.
4. Remettre sur le feu et amener à ébullition.
5. Retirer du feu et mettre la moitié du fromage.
6. Beurrer un plat qui va au four.
7. Alterner des couches de sauce et bananes, terminant avec la sauce.
8. Saupoudrer avec le reste du fromage.
9. Mettre au four à 425 degrés Fahrenheit et laisser dorer.

Servir chaud avec toutes viandes.

Pouding au pain et aux bleuets
Canada

INGRÉDIENTS

- 4 tasses de cubes de pain
- 1 cuillerée à thé de cannelle
- 1/4 tasse de sucre granulé
- 3/4 tasse de beurre fondu
- 2 tasses de bleuets frais
- 1/2 tasse de sucre brun

PRÉPARATION

1. Chauffer le four à 350 degrés Fahrenheit.
2. Placer les cubes dans un grand bol.
3. Ajouter la cannelle et le sucre granulé.
4. Verser le beurre fondu et bien mêler.
5. Mélanger les bleuets et le sucre brun.
6. Dans un plat qui va au four, alterner des rangs de bleuets et pain.
7. Faire cuire au four pendant 30 minutes.

Servir chaud.

---

*D*o you enjoy cooking? Have you ever tried a dish from a foreign country? Based on your own experiences, you should be able to guess what this reading is about with just a glance.

DE BONS CONSEILS

Even if you didn't speak any French at all, you could figure out the meaning of some of the words in the recipes. Become a great guesser! Learn to use visual clues and context to help you guess the meaning of unfamiliar vocabulary. You should try to anticipate the meaning of the words and think about how they fit into the context of what you're reading.

A. From what countries are these recipes? What do you think **soupe arabe** means?

B. Scan the recipes and make a list of at least ten cognates. Which words are related to ingredients? Which words are related to cooking instructions?

C. In what order is the information given?

  a. serving instructions
  b. ingredients
  c. cooking instructions

D. If you were going to make the **Gratin de bananes jaunes,** what are four ingredients that you would need?

E. How long do you need to cook the **Pouding au pain et aux bleuets?** Is it served warm or cold?

STEAK AU POIVRE – France

Ingrédients — par personne

- 1 steak
- 1/2 cuillerée à soupe de grains de poivre concassés
- 1/2 cuillerée à soupe de beurre
- 1/2 cuillerée à soupe d'huile
- 2 cuillerées à soupe de bouillon de bœuf
- 1/4 tasse de crème fraîche

Préparation

1. Répartir le poivre sur le steak.
2. Aplatir avec la main.
3. Saler le steak.
4. Faire cuire dans l'huile et le beurre.
5. Sortir le steak et réserver au chaud.
6. Dans la poêle ajouter le bouillon de bœuf et la crème fraîche.
7. Mélanger la sauce et ajouter un peu de sel.

Servir chaud, la sauce sur le steak.

CHORBA AU POULET
Soupe arabe

INGRÉDIENTS (POUR 4 PERSONNES)

- 1 gousse d'ail hachée
- 2 oignons hachés
- 200 grammes de blancs de poulet en cubes
- 50 grammes de concentré de tomate
- 1 grosse boîte de tomates en morceaux
- 1 petite boîte de pois chiches
- 100 grammes de boulghour
- 1 botte de coriandre fraîche hachée
- 1 botte de menthe fraîche hachée
- 3 cuillerées à soupe d'huile d'olive
- 1,5 dl d'eau
- sel et poivre

PRÉPARATION

1. Faire fondre les oignons dans l'huile avec du sel et du poivre.
2. Ajouter le poulet et faire revenir.
3. Ajouter les tomates, le concentré de tomate et les pois chiches et cuire 10 minutes.
4. Ajouter l'eau, la coriandre, la menthe et le boulghour et laisser mijoter 30 minutes.

SERVIR CHAUD

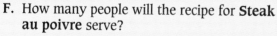

F. How many people will the recipe for **Steak au poivre** serve?

G. How much chicken do you need to purchase to make the **Chorba au poulet** for eight people?

H. Match the following cooking instructions with the appropriate recipe.

1. Stir the sauce and add a little salt.
2. Heat the oven to 350°.
3. Remove from heat and add milk little by little.
4. Add the cinnamon and the granulated sugar.
5. Add the chicken and sauté.

   a. **Gratin de bananes jaunes**
   b. **Pouding au pain et aux bleuets**
   c. **Steak au poivre**
   d. **Chorba au poulet**

I. Which recipe(s) would you choose to make if you . . .

a. loved fruit?
b. were tired of the usual rice and potatoes?
c. had a lot of leftover bread?
d. liked chicken?
e. liked spicy food?
f. liked tomatoes?

J. Imagine that you're an exchange student in France. Select one of the recipes here to serve at a meal for your host family. Decide what you would like to have with the dish and create a menu. Then, write a shopping list for the items you need and tell where you will purchase the items.

MISE EN PRATIQUE

CD-ROM
Disc 1

Le Fou du Roy
★ ★ ★

Adresse : 12, rue de la Pie, Chartres

Les prix : menu à 120 francs (entrée, plat, fromage, dessert), carte

Le cadre : Un joli restaurant dans une ancienne cave. Musique classique et ambiance tamisée au rendez-vous.

La cuisine : Cuisine française traditionnelle. En entrée, le pâté au poulet et aux amandes est délicieux. Les escargots constituent aussi un choix excellent. Comme plats, ce restaurant offre une grande variété de viandes et de volaille. Nous recommandons le rôti de bœuf. Et pour finir, la tarte aux pommes est un vrai délice!

L'Air Marin
★ ★ ★ ★

Adresse : 38, place Saint-Pierre, Chartres

Les prix : menus à 110 francs et 140 francs

Le cadre : Le bleu est la couleur de la maison. Décor original avec toutes sortes d'objets insolites et grande terrasse ombragée en été.

La cuisine : De nombreuses spécialités de poissons et de fruits de mer. Pour 140 francs, vous pourrez déguster deux entrées, un plat principal, un assortiment de fromages et un dessert. Les crevettes au gingembre et les huîtres sont délicieuses. A essayer aussi, les religieuses et les mille-feuilles faits maison.

1 Read the restaurant reviews and answer these questions.

  1. What information do the reviews give about the restaurants?

  2. How many courses would you get if you ordered the menu à 140 francs at **L'Air Marin?**

  3. Which restaurant would you go to if you liked seafood?

  4. What type of food does **Le Fou du Roy** serve?

  5. What are two specialties at **Le Fou du Roy?**

  6. What does the critic recommend you try at **L'Air Marin?**

2 Martin-Alexandre and his sister, Stéphanie, are organizing a birthday party for Claude. Listen to their conversation and answer the following questions.

  1. What meal are they having together?

  2. What is Stéphanie going to buy at the **boulangerie?**

  3. Where is Martin-Alexandre going to buy the dessert?

  4. What does Martin-Alexandre think about Stéphanie's first suggestion?

  5. What does Martin-Alexandre decide to get for Claude?

3 If you were invited to dinner in a French home, which of the following would be appropriate?

  1. eating pizza with your hands

  2. placing your bread next to your plate

  3. pointing to something you'd like

  4. eating with one hand resting in your lap

4 *Ecrivons!*

Imagine that you have been hired as the food critic for a French newspaper. Write an article in which you review the food, service, and atmosphere of a new restaurant, **L'Escargot bleu.**

STRATEGIE
Creating an outline is an effective way to arrange the information for your article in a logical order. A good outline will also help you avoid leaving out important information.

Préparation
First, put your ideas in related groups. In this case, the groups could be the meal (**le déjeuner** or **le dîner**), the service (**le service**), and the atmosphere (**l'ambiance**). Then, put these groups in the order you want to present them. Within each group, add subgroups to develop your ideas in more detail. For example, under **le déjeuner/le dîner,** you should tell what you had for each course and what you thought of the food.

> I. *le déjeuner / le dîner*
>   A. *l'entrée*
>   1.
>   2.
>   B. *le plat principal*
>   1.
>   2.

Rédaction
Using the information from your outline, write your article reviewing your experience at **L'Escargot bleu.** In your writing, try to avoid repetition and wordiness. A good way to do this is to use pronouns such as **en, y, lui,** and **leur** instead of repeating phrases over and over. Also, don't forget **le, la,** and **les,** the direct object pronouns you've learned.

Evaluation
A good way to evaluate your own writing is to read it aloud to yourself. This can often alert you to awkward wording or other problems with the flow of your writing. You might also read your work aloud to a classmate and have him or her point out anything that is unclear or difficult to follow.

5

JEU DE ROLE

The French Club is planning a **soirée francophone.** Create a humorous skit as entertainment for the evening. Choose one of these scenarios or invent your own.
—A guest at a home in France does not act appropriately!
—Someone who knows little about French dining customs eats a meal in an elegant French restaurant.
—Two people meet for the first time, and one asks questions that shock the other.

Can you use what you've learned in this chapter?

Can you make
purchases? p. 58

1 In France, how would you . . .

1. ask how much the shrimp costs?
2. ask for two kilograms (of them)?
3. ask how much all your purchases cost?

2 Where would you go to buy . . .

1. a pastry?   3. snails?   5. chicken?
2. eggs?   4. ham?   6. a croissant?

3 What would you expect to have for a typical French breakfast, lunch, and dinner?

Can you ask for,
offer, accept, and
refuse food?
p. 64

4 How would you . . .

1. ask for more of your favorite dessert?
2. ask someone to pass your favorite main dish?
3. offer someone something to drink?

5 How would you respond if you were offered a second helping?

1. You'd like some more.   2. You just couldn't eat any more.

Can you pay and
respond to compli-
ments? p. 64
Can you ask for
and give advice?
p. 68

6 What would you say to compliment the meal you had just eaten? How would you respond to that compliment?

7 How would you ask for advice about what to give someone for his or her birthday?

8 How would you advise your friend to give his or her grandmother these gifts?

1.   2.   3.

9 At what stores would you buy the gifts in number 8?

10 How would you respond to a gift idea if . . .

1. you didn't like the idea?
2. you did like the idea?

Can you extend
good wishes?
p. 71

11 What would you say to someone who is . . .

1. leaving by car on vacation?
2. having a birthday?
3. not feeling well?

PREMIERE ETAPE

Making purchases

C'est combien, s'il vous plaît? *How much is it, please?*
Combien coûte(nt)... ? *How much is (are) . . . ?*
Combien en voulez-vous? *How many/much do you want?*
Je voudrais une livre (un kilo) de... *I'd like a pound (kilo) of . . .*
Je vais (en) prendre... *I'll take . . . (of them).*
Ça fait combien? *How much does that make?*

Stores and products

la boucherie *butcher shop*
la boulangerie *bakery*
la charcuterie *delicatessen*
la crémerie *dairy*
la pâtisserie *pastry shop*
la poissonnerie *fish shop*
la baguette *long loaf of bread*
le beurre *butter*
le bifteck *steak*
les crevettes (f.) *shrimp*
les croissants (m.) *croissants*
les escargots (m.) *snails*
le fromage *cheese*
les fruits de mer (m.) *seafood*
les huîtres (f.) *oysters*

le lait *milk*
le jambon *ham*
le mille-feuille *layered pastry*
les œufs (m.) *eggs*
le pain au chocolat *croissant with a chocolate filling*
le pâté *paté*
le poisson *fish*
le poulet *chicken*
la religieuse *cream puff pastry*
le rôti de bœuf *roast beef*
le saucisson *salami*
la tarte aux pommes *apple tart*
la viande *meat*
la volaille *poultry*

DEUXIEME ETAPE

Asking for, offering, accepting, and refusing food

Je pourrais avoir..., s'il vous plaît? *May I have some . . ., please?*
Vous pourriez (Tu pourrais) me passer... *Would you pass . . . ?*
Vous voulez (Tu veux)... ? *Do you want . . . please?*
Encore... ? *Some more . . . ?*
Voilà. *Here it is.*
Tenez (Tiens). *Here you are.*

Oui, je veux bien. *Yes, I would.*
Merci, ça va. *No thank you, I've had enough.*
Je n'ai plus faim/soif. *I'm not hungry/thirsty any more.*

Paying and responding to compliments

C'est vraiment bon! *This is really good!*
C'était délicieux! *That was delicious!*

Ce n'est pas grand-chose. *It's nothing special.*
Merci, c'est gentil! *Thanks, that's nice of you!*

Meal vocabulary

la tartine *bread, butter, jam*
le café au lait *coffee with milk*
les céréales (f.) *cereal*
le chocolat chaud *hot chocolate*
l'entrée (f.) *first course*
le plat principal *main course*
le dessert *dessert*

TROISIEME ETAPE

Asking for and giving advice

Tu as une idée de cadeau pour... ? *Have you got a gift idea for . . . ?*
Qu'est-ce que je pourrais offrir à... ? *What could I give to . . . ?*
Offre-lui (-leur)... *Give him/her (them) . . .*
Tu pourrais lui (leur) offrir... *You could give him/her (them) . . .*
..., peut-être *. . . , maybe*
Bonne idée! *Good idea!*
C'est original. *That's unique.*
Tu as raison... *You're right . . .*
D'accord. *OK.*
C'est trop cher. *It's too expensive.*
C'est banal. *That's ordinary.*

Ce n'est pas son style. *That's not his/her style.*
Il/Elle en a déjà un(e). *He/She already has one (of them).*

Gifts and shops

les bonbons (m.) *candies*
la boîte de chocolats *box of chocolates*
le cadre *photo frame*
les fleurs (f.) *flowers*
le foulard *scarf*
le portefeuille *wallet*
le sac à main *purse*
le vase *vase*
la boutique de cadeaux *gift shop*
la confiserie *candy shop*
le fleuriste *florist's shop*

la maroquinerie *leather shop*

Extending good wishes

Bonne fête! *Happy holiday! (Happy saint's day!)*
Joyeux (Bon) anniversaire! *Happy birthday!*
Bonne fête de Hanoukka! *Happy Hanukkah!*
Joyeux Noël! *Merry Christmas!*
Bonne année! *Happy New Year!*
Meilleurs vœux! *Best wishes!*
Félicitations! *Congratulations!*
Bon voyage! *Have a good trip! (by plane, ship)*
Bonne route! *Have a good trip! (by car)*
Bon rétablissement! *Get well soon!*

CHAPITRE 4

Allez, viens à la Martinique!

La plage des Salines et le Rocher du Diamant

La Martinique

Population : 369.000

Points d'intérêt : la Pagerie, le Rocher du Diamant, la plage des Salines, le musée Gauguin du Carbet, la bibliothèque Schœlcher

Parcs et jardins : le jardin de Balata, la Savane, les Ombrages

Martiniquais célèbres : Aimé Césaire, Joséphine de Beauharnais

Ressources et industries : bananes, ananas, canne à sucre

Spécialités : boudin créole, acras de morue, crabes farcis, colombo de mouton

Festivals : la Semaine internationale de voile, le Festival de Sainte-Marie, Mai de Saint-Pierre

Océan Atlantique

Sainte-Marie

Saint-Pierre La Trinité

Mer des Caraïbes

Le Robert

Fort-de-France Le Lamentin

Le François

MARTINIQUE

Rivière-Pilote

Océan Atlantique

go.hrw.com
WAO MARTINIQUE

La Martinique

CD-ROM
Disc 1

La Martinique est une petite île de la mer des Caraïbes que l'on appelle aussi «la perle des Antilles françaises». On y vit au rythme créole : on danse la biguine et le zouk, on mange piquant, mais il ne faut pas oublier que la Martinique est un département de la France. Ses habitants sont français. Ils votent comme s'ils habitaient en France métropolitaine. Le français est la langue officielle et on paie ses achats en francs.

① La Martinique produit surtout de la canne à sucre, des ananas et des bananes qu'on appelle «l'or vert» de l'île.

② La Martinique produit beaucoup d'épices.

③ Ce Martiniquais cueille des feuilles de cocotier pour en faire des objets qu'il vendra au marché.

④ Des milliers d'espèces de fleurs poussent dans **le jardin de Balata.**

❺ Ces bateaux multicolores que l'on appelle des gommiers sont utilisés pour la pêche.

4

Sous les tropiques

① Qu'est-ce qu'on peut faire à la Martinique?
On peut visiter le fort Saint-Louis.

Traveling to a tropical island . . . what images come to your mind? Palm trees, beaches, bright flowers, and turquoise seas? Martinique has all those things, plus a fascinating history, world-renowned music, and, above all, warm, friendly people!

In this chapter you will learn

- to ask for information and describe a place
- to ask for and make suggestions; to emphasize likes and dislikes
- to relate a series of events

And you will

- listen to a radio ad for Martinique and to people making plans
- read the lyrics of a zouk song
- write a description of your daily activities
- find out about Carnival in Martinique and what French speakers like to do in their countries

② Ce qui me plaît, c'est déguster de la cuisine antillaise.

③ D'abord, je veux me baigner.

Mise en train

Un concours photographique

Look at the two photo projects. Can you guess the theme of each one?

Agnès

Stéphane

Jean-Philippe

Lisette

CONCOURS

Reportage Photographique

Le Club Photo vous invite à participer à son concours annuel

**Thème:
Découvrir la Martinique**

Nombreux prix!

Alors, à vos appareils-photos et vive l'imagination!

Pour tous renseignements, contactez M. Lucas, salle 310

C'est une bonne idée, ce concours photographique. Ça te tente de le faire avec moi? J'ai mon nouvel appareil-photo!

Pourquoi pas? Il y a beaucoup de choses à voir.

LA MARTINIQUE...
autrefois appelée Madinina, l'île aux fleurs. Une île parmi tant d'autres, mais si belle, colorée, chaleureuse...

On se promène, on se baigne, on se bronze. La mer, le sable, le soleil, les cocotiers, l'eau couleur turquoise, les sports nautiques... La Martinique — c'est magnifique!

Chez nous, il fait beau, chaud même parfois, mais il y a toujours un peu de pluie. C'est pour ça que notre île est si verte toute l'année. Il y a des fleurs de toutes les couleurs : rouges, jaunes, mauves, bleues, et blanches!

Plus vers le nord, c'est la jungle tropicale, les arbres immenses, le paradis des plantes et des moustiques.

C'est l'éternel printemps. Quand on a vu le soleil se coucher sur la mer ou bien se lever au petit matin, déjà on est amoureux.

Tu sais, la Martinique, c'est plus qu'une île touristique. Pour vraiment l'apprécier, on doit voir comment on vit ici.

Tu as raison. Il vaut mieux montrer la vie de tous les jours à la Martinique.

LES VISAGES DE LA MARTINIQUE

La Martinique, c'est plus qu'un paradis pour les touristes. C'est aussi l'île des Martiniquais...

La vie des jeunes

Pour nous, les jeunes, c'est l'école. Le soir, on apprend les leçons. Parfois, on aide les parents au travail. Mais on préfère, bien sûr, faire du vélo ou aller à la plage.

La vie en famille

Le samedi après-midi ou le dimanche, c'est quand la famille peut être réunie. On aime bien jouer aux jeux de société ou se balader ensemble.

La vie en ville

Beaucoup de gens se lèvent à 4h parce que leur travail commence très tôt. Le soir, on prépare le repas en famille. D'habitude, on se couche de bonne heure, mais on a toujours le temps de s'amuser. Cette employée de banque aime danser, surtout le zouk.

La vie près de la mer

Avec la mer toujours bleue et le climat doux, la Martinique est un paradis pour les pêcheurs. On pêche toute l'année: des daurades, des thons, des poissons rouges... Ça change selon la saison. Puis on va les vendre au marché.

1 Tu as compris?

1. Why are the students taking pictures?
2. What do Agnès and Jean-Philippe take pictures of?
3. What do they emphasize in their presentation of Martinique?
4. What do Stéphane and Lisette take pictures of?
5. What are they trying to show in their photo-essay?

2 Pourquoi?

Complète les phrases suivantes.

1. L'île est verte toute l'année...
2. C'est un paradis pour les pêcheurs...
3. Beaucoup de gens se lèvent à 4h...
4. C'est une île très colorée...
5. On aime se balader ensemble le samedi après-midi ou le dimanche...

a. parce qu'il y a des fleurs de toutes les couleurs.
b. parce que c'est quand la famille peut être réunie.
c. parce que le climat est doux et la mer est toujours bleue.
d. parce qu'il y a toujours un peu de pluie.
e. parce que le travail commence très tôt.

3 A qui, les photos?

Here are some more photos Agnès, Jean-Philippe, Stéphane, and Lisette took. Based on what you know about the themes of their photo essays, who do you think took them?

1.

2.

3.

4.

5.

4 Cherche les expressions

In **Un concours photographique** what do the students say to . . .

1. suggest that they participate in the photo contest?
2. accept a suggestion?
3. describe what's on the island?
4. describe the weather?
5. tell when and how often they do something?

5 Et maintenant, à toi

If you entered a photo contest about your state or hometown, what would you take pictures of?

Asking for information and describing a place

Martinique

Un petit mot de la Martinique où il fait un temps magnifique. Je t'écris de la plage à l'ombre des cocotiers. C'est un vrai paradis ici. On rentre dans l'eau comme dans son bain, et il y a des fleurs incroyables, immenses. Le seul problème, c'est les moustiques. Vous verriez mes jambes! Bisous.

Florence

Imprimé en France

Reproduction interdite

M et Mme LEPOULLAIN
12 Boulevard du Fort
59650 VILLENEUVE D'ASCQ

Salut Norbert!
On visite Saint-Pierre aujourd'hui. La ville a été détruite par une éruption volcanique en 1902. Sur la plage, le sable est noir. Ça fait bizarre. Il fait beau, on passe de bonnes vacances et on t'embrasse très fort,
Paul

Imprimé en France

Reproduction interdite

Norbert ROUQUET
6 RUE PASCAL
85000 LA ROCHE-SUR-YON

ST-PIERRE

6   Les cartes postales

1. Qu'est-ce que Florence pense de la Martinique? Quel est son problème?
2. Paul visite quelle ville? Qu'est-ce qui est arrivé en 1902 dans cette ville?
3. Qu'est-ce que Paul trouve bizarre? Pourquoi?

NOTE CULTURELLE

You know the present-day capital of Martinique is Fort-de-France, but did you know that until 1902 the capital was the city of Saint-Pierre? Saint-Pierre was a very rich and glamorous city, known as **le Petit Paris** of the West Indies. But on the morning of May 8, 1902, Mount Pelée exploded, and in three minutes the entire city of 30,000 people was destroyed. Only one person, a prisoner protected by his cell walls, survived the eruption.

VOCABULAIRE

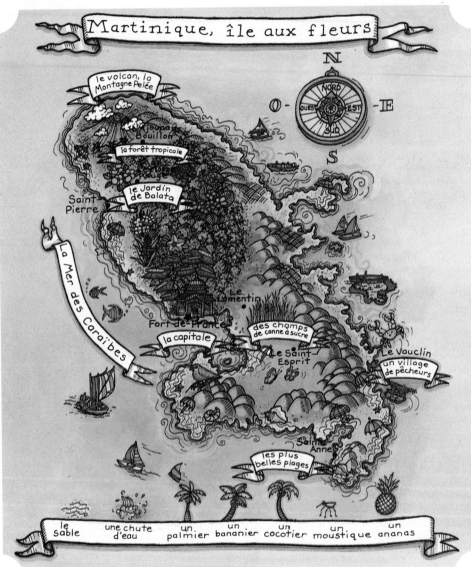

7 Vrai ou faux?

1. La Martinique est dans la mer des Caraïbes.
2. La capitale de la Martinique est la Montagne Pelée.
3. Dans le sud, il y a de belles plages.
4. Dans le nord de la Martinique, il y a une forêt tropicale.
5. Il y a des villages de pêcheurs dans l'ouest de la Martinique.

Tu te rappelles ?

When you want to say *some,* simply use **de** if there's an adjective before a plural noun:

des conseils → **de bons** conseils

des plages → **de belles** plages

8 Ecoute!

While in France, you hear the following ad for Martinique on the radio. Which features of the island are mentioned?

les bananiers

la montagne Pelée

le sable

Fort-de-France

la forêt tropicale

les cocotiers

une chute d'eau

les villages de pêcheurs

les champs de canne à sucre

9 A la Martinique

Complete the following sentences, using the features of Martinique presented in Activity 8. Create your own sentences with the features you don't use.

1. Le volcan qui a détruit l'ancienne capitale s'appelle _____.
2. Si vous adorez le poisson, visitez _____.
3. Il pleut beaucoup dans _____.
4. Attention à ta tête quand tu marches sous _____.
5. A la Martinique il y a des plages où _____ est noir.
6. La capitale de la Martinique s'appelle _____.

10 Vingt questions

Write down a feature of Martinique. Your classmates will ask you questions to try to guess the feature. You can only answer yes or no. When someone guesses correctly, the turn passes to that person.

—C'est un fruit? —Non. —C'est une ville? —Oui.
—C'est un arbre? —Non. —C'est Fort-de-France? —Oui.
—C'est un lieu (a place)? —Oui.

11 Une visite guidée

Your guided tour of Martinique included the sights pictured below. Your friend, who would like to take the same tour, asks about each place. With a partner, take turns asking about and describing each place.

—C'est comment, la plage des Salines?
—C'est magnifique! Le sable est blanc et il y a des palmiers.

la ville de Saint-Pierre

le jardin de Balata

le marché

la forêt tropicale

COMMENT DIT-ON... ?

Asking for information and describing a place

To ask about a place:

Où se trouve la Martinique?
Where is . . . located?

Qu'est-ce qu'il y a à voir?
What is there . . . ?

Il fait chaud?

C'est comment? *What's it like?*

To describe a place:

La Martinique **se trouve** dans la mer des Caraïbes.

Dans le nord, il y a la forêt tropicale et **dans le sud,** il y a de belles plages. La capitale se trouve **dans l'ouest** et il y a des villages de pêcheurs **dans l'est.**

Il fait toujours très chaud et il pleut souvent.

C'est **plus grand que** New York.
. . . bigger than . . .

C'est **moins grand qu'**Oahu.
. . . smaller than . . .

La Martinique est une île **charmante, colorée** et **vivante!**
. . . charming, colorful, lively

12 Ma ville

Complète les phrases pour faire une description de ta ville.

_____ se trouve dans l'état de/d' _____. Dans le nord, il y a _____ et dans le sud, il y a _____. Il fait _____ chez nous. Ma ville est plus grande que _____ et moins grande que _____. C'est une ville _____ et _____.

13 Jeu d'identification

Pense à une ville importante aux Etats-Unis ou ailleurs *(elsewhere)*. Tes camarades de classe vont te poser des questions pour deviner le nom de cette ville.

Où se trouve cette ville?   C'est petit?   Qu'est-ce qu'il y a à voir?   C'est comment?

C'est plus grand que... ?   Il fait froid en hiver?

14 Mon journal

Would you like to travel? Where would you like to go? Write a description of your destination, including what there is to do and see there. You might want to illustrate your entry.

15 Et toi, tu voudrais aller où?

Now, interview a partner about his or her destination. Ask at least five questions about the geography, the weather, and the attractions. Then, reverse roles.

Panorama Culturel

Célestine • Côte d'Ivoire

Thomas • France

Marie • France

We asked some francophone people what there is to see in their area. Here's what they had to say.

Qu'est-ce qu'il y a à visiter dans cette région?

«En Côte d'Ivoire, ce qu'il y a à voir en touriste je dirais... Je pense souvent au niveau de Man, c'est-à-dire, le pays, la ville de Man. Il y a les montagnes et puis, il y a des cascades et ensuite, il y a la ville de Korhogo qui recouvre beaucoup de culture, c'est-à-dire les danses. Et il y a beaucoup de choses à apprendre, surtout pour les étrangers. Il y a les masques à découvrir. Il y en a plein. Il y a trop de choses. On ne peut pas les citer.»

—Célestine

«[Paris,] c'est une ville de touristes quand même. C'est une grande ville parce que c'est la capitale de la France quand même. C'est une des plus belles villes du monde et il y a beaucoup de lieux touristiques. Il y a beaucoup de musées. Il y a des sculptures. Il y a des cinémas, beaucoup de cinémas pour les sorties entre copains. Et il y a la tour Eiffel, la tour Montparnasse, les grands sites.»

—Thomas

«En Provence, il y a surtout la mer. Moi, j'aime bien. C'est pas très loin. C'est à une demi-heure d'ici. Il y a la mer. On peut se baigner. Aussi, il y a toutes les villes de Côte d'Azur qui sont très jolies, où on peut aller se promener. Voilà.»

—Marie

Qu'en penses-tu?

1. Which of the places mentioned would you most like to visit? What makes it attractive to you?
2. What is there to see and do where you live? Are the sights and activities similar to those the interviewees mentioned?
3. Imagine that you're a teenager living in Martinique and you were just asked the question **Qu'est-ce qu'il y a à visiter dans cette région?** Using these interviews as models, write an answer to the question.

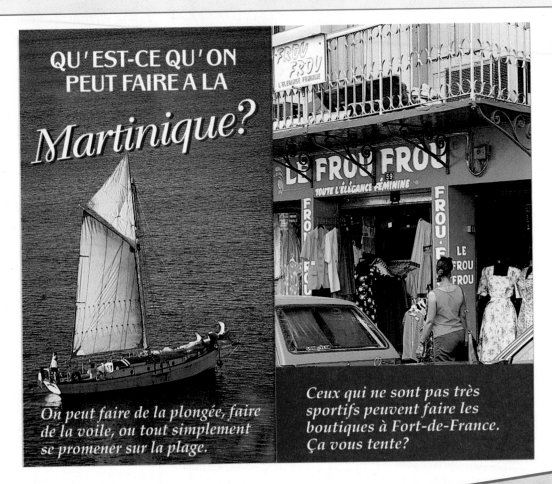

QU'EST-CE QU'ON PEUT FAIRE A LA

Martinique?

On peut faire de la plongée, faire de la voile, ou tout simplement se promener sur la plage.

Ceux qui ne sont pas très sportifs peuvent faire les boutiques à Fort-de-France. Ça vous tente?

16 Tu veux visiter la Martinique?

Would the travel brochure above attract you to Martinique? Why or why not?

NOTE CULTURELLE

Among the most beautiful sights in Martinique are the **yoles rondes,** the traditional fishing boats that are also used for racing. People come from all over the world to watch the "nautical ballet" of these brightly painted boats that are unique to Martinique.

VOCABULAIRE

A la Martinique, on aime bien...

faire de la planche à voile.

faire du deltaplane.

faire de la plongée sous-marine.

aller à la pêche.

faire de la plongée avec un tuba.

danser le zouk.

déguster des fruits tropicaux.

se promener.

se baigner.

s'amuser.

NOTE DE GRAMMAIRE

Did you notice the word **se** before some of the verbs in the **Vocabulaire?** The pronoun **se** tells you that the subject of the sentence receives the action of the verb. Verbs with this pronoun before them are called *reflexive verbs.* You'll learn how to make the forms of the reflexive verbs later in this chapter.

17 Ecoute!

Listen as Magali and César decide what to do today. List two things they suggest. What do they finally decide to do?

18 Qu'est-ce qu'ils aiment?

Regarde les bureaux de José et de Jocelyne. A ton avis, qu'est-ce qu'ils aiment faire?

Le bureau de José

Le bureau de Jocelyne

COMMENT DIT-ON...?

Asking for and making suggestions

To ask for suggestions about what to do:

Qu'est-ce qu'on peut faire?

To make suggestions:

On peut se promener sur la plage.
We can . . .

Ça te dit d'aller manger une glace?
What do you think of going . . . ?

Si on allait se baigner?
How about going . . . ?

NOTE CULTURELLE

In Martinique, people speak French and **créole,** a mixture of French and African languages with some Spanish, English, and Portuguese words. Here's how to respond in Creole to someone's suggestions:

Oui / Non *Ouai / Han-Han*
Chouette! *I bon!*
D'accord. *D'accó.*
C'est une bonne idée. *Ce'an bon bagaï.*

Je ne peux pas. *Mwen pé pa.*
Ça ne me dit rien. *Sa pa ka di mwen ayen.*
Pas question! *Awa!*

---

19 Une journée touristique

Fais des projets pour une journée touristique à la Martinique avec un(e) camarade. Choisissez ce que vous allez faire le matin, l'après-midi et le soir.

déguster des spécialités antillaises

visiter Saint-Pierre

faire des photos des chutes d'eau

écouter de la musique antillaise et danser

aller voir la forêt tropicale

visiter un village de pêcheurs

— ? —

se promener à Fort-de-France

s'amuser sur la plage

20 Qu'est-ce qu'on peut faire?

Imagine that you've lived in Martinique for several months. A friend from your hometown is planning to visit you there. Based on what you know about what there is to do and see in Martinique, write a letter to your friend suggesting at least six activities you might do together during his or her stay.

De bons Conseils

If a writing task seems too complicated, start off by making a list of words and phrases that you might want to use. Then, add adjectives and connectors like **et** and **mais** to make sentences. Using connectors will make you sound more sophisticated in French . . . and in your native language.

> *Ce qui me plaît, c'est jouer au frisbee®!*

COMMENT DIT-ON... ?
Emphasizing likes and dislikes

CD-ROM
Disc 1

To emphasize what you like:

Ce que j'aime bien le week-end, **c'est** me coucher très tard.
What I like is . . .

Ce que je préfère, c'est me promener sur la plage.
What I prefer is . . .

Ce qui me plaît à la Martinique, **c'est** la mer!
What I like is . . .

To emphasize what you don't like:

Ce que je n'aime pas, c'est les maths!
What I don't like is . . .

Ce qui ne me plaît pas, c'est me lever à 6h du matin.
What I don't care for is . . .

Ce qui m'ennuie, c'est rester à la maison le week-end.
What bores me is . . .

NOTE DE GRAMMAIRE

When you're using a reflexive verb to talk about yourself, use **me** before the verb instead of **se**. Can you figure out what **me lever** and **me coucher** mean in **Comment dit-on... ?** if **se lever** means *to get up* and **se coucher** means *to go to bed?*

21 Ecoute!

What activities are these people talking about? Do they like or dislike the activities?

22 Une lettre des tropiques

Mélanie, your new pen pal from Martinique, sent you a letter telling about her likes and dislikes. Complete Mélanie's letter with **ce qui** and **ce que**.

Salut,

Je m'appelle Mélanie et j'habite à Fort-de-France. La Martinique, c'est super! Moi, __1__ j'aime, c'est faire du sport. __2__ me plaît surtout ici, c'est tous les sports nautiques qu'on peut faire. __3__ je préfère, c'est la planche à voile. __4__ je n'aime pas par contre, c'est faire du deltaplane. Avec mes amis, __5__ nous aimons bien, c'est nous promener sur la plage. __6__ ne me plaît pas trop à la Martinique, c'est la pluie; il pleut toujours un peu ici. __7__ m'ennuie aussi, c'est la pêche. Et toi, tu aimes le sport? C'est comment, les Etats-Unis? Ecris-moi vite!

23 Qu'est-ce que tu aimes faire?

Qu'est-ce que tu aimes faire dans les situations suivantes? Pose des questions à un(e) camarade et puis, changez de rôles.

le samedi matin

quand il pleut

après l'école

quand il fait très chaud

quand il neige

—Qu'est-ce que tu aimes faire quand il pleut?
—Ce qui me plaît, c'est lire un roman.

If you look up specific words or phrases in an English-French dictionary, here are a few hints:

- Some words can have several different meanings in English or in French. If you look up the word *pool* for example, do you mean a *swimming pool* or a *billiard game*? Be sure to choose the correct French equivalent.
- Pay attention to the part of speech of the word you're looking for. Are you looking for the noun *snack*, as in *a quick snack*, or the verb *snack*, as in *I snack between meals*?
- To be sure you have the appropriate definition, look up the French word you want to use in the French-English part of the dictionary. Is the English equivalent what you had in mind?

De bons conseils

24 Une publicité

Write a commercial to attract tourists to one of your favorite places. Describe the place and tell what you can do there and what you like most about it. Use props, photos or art, and music to entice people to visit.

Qu'en penses-tu?

1. What celebration is pictured above?
2. What festivals and celebrations do you have in your area?

Savais-tu que... ?

Carnival (**Carnaval**) is a well-known tradition in French-speaking countries. It takes place the week before Lent (**le Carême**), ending on Shrove Tuesday (**Mardi gras**), at the stroke of midnight. In Martinique, however, Carnival lasts until midnight of Ash Wednesday (**Mercredi des cendres**), and is celebrated with parades, music, dancing, feasting, and colorful costumes. Queens are elected to reign over the festivals, and on the Sunday before Ash Wednesday, they parade through the streets of the city to the beat of Creole songs. On Monday, mock weddings are held in which the participants dress in burlesque costumes. On Tuesday, Carnival performers dance wildly in red costumes decorated with mirrors. Finally, on Ash Wednesday, people dress in black and white costumes to mourn the death of the cardboard king, **Roi Vaval**, who symbolizes the spirit of Carnival. At the stroke of midnight, the dancing and music stop, and Lent begins. Other cities famous for their Carnival celebrations are Nice in France, Quebec City in Canada, and New Orleans in Louisiana.

Relating a series of events

SALUT, JE M'APPELLE AGATHE ET JE T'INVITE A PASSER UNE JOURNÉE TYPIQUE AVEC MOI. ALLEZ, VIENS!

D'abord, je me lève à 7h du matin.

Puis, je me lave.

Je me brosse les dents.

Vers 7h30, je m'habille.

Ensuite, je prends mon petit déjeuner et je vais au lycée.

Après l'école, je rentre chez moi. Le mercredi et le vendredi, je vais à un cours de percussions. Après, on mange en famille.

Enfin, en semaine, je me couche assez tôt, vers 9h. Mais le weekend, je me couche beaucoup plus tard.

25 Et toi?

How is your weekday schedule similar to Agathe's? How is it different?

NOTE CULTURELLE

Music and dance are an integral part of life in Martinique. A popular saying is that in Martinique **tout finit par une chanson.** Much of the music arises from the time the first Africans were brought as slaves to work in the sugarcane fields. The rhythms of the songs and the steps of the dances they created are still in existence today in the **biguine, mazurka,** and the internationally popular **zouk.**

VOCABULAIRE

se lever	to get up	Je me lève.	I get up.
se laver	to wash (oneself)	Je me lave.	I wash (myself).
se brosser les dents	to brush one's teeth	Je me brosse les dents.	I brush my teeth.
s'habiller	to get dressed	Je m'habille.	I get dressed.
se coucher	to go to bed	Je me couche.	I go to bed.
		tôt	early
		tard	late

COMMENT DIT-ON... ?
Relating a series of events

To start:
D'abord, je me lève.

To continue:
Ensuite, je me lave.
Et puis, je m'habille.
Vers 8h, je mange.
At about . . .
Après ça, j'attends le bus.
After that, . . .

To end:
Enfin,/Finalement,
je vais au lycée.
Finally, . . .

CD-ROM
Disc 1

26 Ecoute!

André décrit ses préparatifs du matin. Mets les images en ordre.

a.   b.   c.

d.   e.

27 Un matin typique

Which of these activities do you do in the morning? Put them in the order in which you do them, adding any other activities that are part of your morning routine.

Je me brosse les dents.

— ? —

Je me lève.

Je me lave.

Je vais au lycée.

Je prends mon petit déjeuner.

Je m'habille.

GRAMMAIRE   The present tense of reflexive verbs

- To make the forms of a reflexive verb, use the reflexive pronoun that refers to the subject of the verb. The verb forms follow the patterns already familiar to you.

Je **me** lave.	Nous **nous** lavons.
Tu **te** laves.	Vous **vous** lavez.
Il/Elle/On **se** lave.	Ils/Elles **se** lavent.

- The reflexive pronoun changes with the subject, even when you use the infinitive form of a reflexive verb: Je vais **me** promener.

- The reflexive pronouns sometimes have an English equivalent, such as *myself, yourself, herself,* and so on.

Je **m'**habille.	*I dress (myself).*
Tu **te** laves.	*You wash (yourself).*

But often, there is no English equivalent.

Ils **s'**amusent.   *They're having fun.*

- To make a reflexive verb negative, put **ne... pas** around the reflexive pronoun and the verb: Le samedi, je **ne** me lève **pas** à 6h!

- The verbs **se promener** and **se lever** add an **accent grave** in some forms:

Je me promène/lève.	Nous nous promenons/levons.
Tu te promènes/lèves.	Vous vous promenez/levez.
Il/Elle/On se promène/lève.	Ils/Elles se promènent/lèvent.

28 La routine

Yvan, a teenager from Martinique, describes what he and his family and friends generally do on the weekend. Choose the appropriate completion for each of his sentences.

1. Le matin, je...
2. Sophie ne...
3. Mes parents...
4. Pour aller au parc, mon frère...
5. Le dimanche, nous...
6. Et vous,...

a. vous vous couchez vers dix heures.
b. se lève pas tôt le samedi matin.
c. nous amusons sur la plage.
d. se promènent souvent au jardin de Balata.
e. s'habille en jean.
f. me lave vers sept heures.

Tu te rappelles ?

When you're listening to people or reading books and magazines, keep in mind that the unaccented **e** is often dropped:

Je me lave.	Je m'lave.
On se promène.	On s'promène.
Tu te couches?	Tu t'couches?

29 Chez Martine et Maxine

Martine and Maxine are twins, but their routines are different. Complete the following paragraph Martine wrote about their daily activities using the correct form of the verb in parentheses.

En semaine, je __1__ (se lever) vers sept heures, mais Maxine __2__ (se lever) vers huit heures. Moi, je __3__ (se laver) le matin, mais Maxine __4__ (se laver) le soir. En général, Maxine __5__ (s'habiller) très chic pour aller à l'école, mais moi, je __6__ (s'habiller) relax. Ma mère et moi, nous __7__ (se coucher) très tôt, mais Maxine et mon père __8__ (se coucher) plus tard.

30 Nos emplois du temps

a. Qu'est-ce que tu fais en général...

1. à 10h le samedi matin?
2. à 8h le vendredi soir?
3. à midi le dimanche?
4. à 7h le mercredi matin?
5. à 11h le jeudi soir?
6. à 9h le lundi matin?

b. Maintenant, demande à tes camarades de classe ce qu'ils font à ces heures-là. Qui fait les mêmes choses que toi?

NOTE DE GRAMMAIRE

Use adverbs of frequency to tell how often you do something:

✻ d'habitude	*usually*
souvent	*often*
✻ quelquefois	*sometimes*
ne... jamais	*never*
✻de temps en temps	*from time to time*
... fois par semaine	*. . . times a week*

Although adverbs are generally placed after the verb, longer adverbs may be placed at the beginning or end of a sentence. Treat **ne... jamais** just as you would **ne... pas.**

31 Chère Marie-Line, ...

Read this letter from Marie-Line, a student in Martinique. Then, write a reply, telling what you normally do after school and how often. Mention differences you've noticed between life in Martinique and life in the United States.

Après l'école, je rentre chez moi. D'abord, je prends mon goûter : souvent des tartines ou un fruit et quelquefois, de la canne à sucre. Puis, je fais mes devoirs. Comme je ne suis pas très forte en maths, je dois passer beaucoup de temps à faire mes devoirs de maths et je n'aime pas beaucoup ça. Vers 8h, mon père rentre à la maison et toute la famille dîne ensemble. Après, si j'ai le temps, je regarde la télé. J'aime surtout les films américains et les clips vidéo de Zouk Machine, mon groupe préféré. Enfin, vers 10h, je vais me coucher car je dois me lever à 6h les jours de classe. C'est dur!

Et toi, qu'est-ce que tu fais après l'école? Tu as beaucoup de devoirs? C'est comment, ta vie aux États-Unis? Raconte-moi. J'attends ta lettre.

Je t'embrasse,
Marie-Line

LISONS!

KASSAV'

Tékit izi

M usic allows people to express the feelings and ideas closest to their hearts and minds. That's the basis of **zouk,** a music unique to the French West Indies.

DE BONS CONSEILS
Reading in a foreign language can be intimidating. After previewing, skimming, and scanning, look for the main idea of what you're reading. Then, it's easier to figure out the details.

A. What would you write a song about? Your feelings? Global politics? Injustice? Your home? The things you love, or things that bother you? List three things you might write about in a song.

B. What are you going to read here? Can you tell what two languages are represented? Do you think Kassav' sings *An sèl zouk* in French or in Creole? What's the title of the CD? Do you know what it means? (hint: it's from English)

C. Skim the French lyrics. Which of the following do you think is the focus of the song?

   a. the songwriter's feelings about France

   b. Martinique, Guadeloupe, the Caribbean

   c. life as a sailor

D. Where is the songwriter from? How does he feel about his homeland? What words and phrases tell you this?

AN SÈL ZOUK

UN SEUL ZOUK

Fout' sa jéyan / lè mwen Gwadloup' / Mwen a kaze an mwen / Mwen byen kontan / Ké ni bon tan / Tchè mwen souri pou Matinik / Sé kon si sé la mwen wè jou / Bondyé / Sa ou pé di di sa zanmi / Yo tou piti /Sé la nou grandi / Epi mizik an tout' kwen kaÿ la / **An sèl Gwadloup ki ni / Sé an sèl Matinik / Pou an zèl Zouk nou ni /Madikéra /** Pa lé kwè dé bèl péyi kon sa / Fo nou pa viv' kon nou yé a / Rété tou sa / Sa ou ka di ya / Mwen ja réfléchi asou tou sa / Mé pa ka konpwann / éti nou kaÿ épi sa / Yo pa byen gran / Mé yo ni balan / E yo ka ba dousè chalè lov' / **Ki nou la Gwadloup / Ki nou Matinik / Ki nou Guyann / Nou sé karayib /** **An nou mété nou / O dyapazon /** Lésé tchè nou palé / Pou nou pé sanblé / **An sèl Gwadloup ki ni / Sé an sèl Matinik / Pou an zèl Zouk nou ni / Madikéra /** An gran makè té di / Yo kon pousyè lò épi lajan / Ki tonbé dépi zétwal / E pozé an lan mè / Lè an ka sonjé sé la nou vwè jou / Bondyé mèsi / An mété an jounou /I ka fè révé / I ka fè chanté / Bondyé mèsi sé la nou vwè jou /**Woyoyoÿ /** **An nou alé / woyoyoÿ / Bagaÿ la fè zip zip /** **Biten la fè zip zip zip /**

Paroles & Musique César DURCIN

C'est super / Lorsque je suis à la Guadeloupe / Je suis chez moi / Content / Je prends du bon temps / J'ai le cœur qui sourit pour la Martinique / C'est comme si j'y étais né / Qu'en dis-tu / Elles sont petites / C'est là que nous avons grandi / Avec de la musique dans toute la maison / **Il n'y a qu'une seule Guadeloupe / Une seule Martinique / Pour un seul zouk** / **Madikera** / Mais je ne peux admettre / Que nous vivons comme nous le faisons / Il faut que ça change / J'ai déjà pensé à tout ce dont tu parles / Et je ne vois pas / Où cela nous mène / Elles ne sont pas très grandes / Mais elles ont de l'allure / Et elles nous donnent de la douceur, de la chaleur, et de l'amour / **Que nous soyons à la Guadeloupe / à la Martinique / En Guyane / Dans la Caraïbe / Accordons nos violons** / Laissons parler nos cœurs / Pour nous rassembler / **Il n'y a qu'une seule Guadeloupe / Une seule Martinique / Pour un seul zouk** / **Madikera** / Un grand écrivain a dit / Qu'elles sont comme des pièces d'or et d'argent / Tombées de la bourse aux étoiles / Et posées sur la mer / Lorsque je pense que c'est là que nous avons vu le jour / Je me mets à genoux / Pour remercier Dieu /

E. Which lines of the song are the chorus? How do you know? **Madikera** is a word made from **Madinina,** a name for Martinique, and **Karukéra,** a name for Guadeloupe. What is the message of the chorus?

F. Try to pronounce each Creole word below and find its French equivalent. If you can't figure out the word's meaning by its sound, compare the Creole text with the French text. Which Creole word comes from English?

1.	Gwadloup	a.	les étoiles
2.	Matinik	b.	content
3.	kontan	c.	la mer
4.	piti	d.	Guadeloupe
5.	mizik	e.	musique
6.	zétwal	f.	Martinique
7.	lan mè	g.	petites
8.	lov'	h.	l'amour

Try to match these phrases.

1. Mwen byen kontan.   a. Je suis bien content.
2. Pou an zèl Zouk.   b. C'est là que nous avons grandi.
3. Sé la nou grandi.   c. Pour un seul zouk.

G. Write a list of other Creole words you can figure out and pass it to a classmate, who will try to write the French words next to the Creole ones.

H. Looking at all the words and phrases you have decoded, what are the songwriter's feelings about **zouk**? How does the title of the song relate to his ideas?

I. Write a brief song in French about one of the topics you listed in Activity A and set it to a favorite piece of music. Use some of the expressions you've learned in this chapter to express what you like and dislike about your topic.

CD-ROM
Disc 1

Guadeloupe

④

③

②

⑤

L'île de Basse-Terre

⑥

N
O — E
S

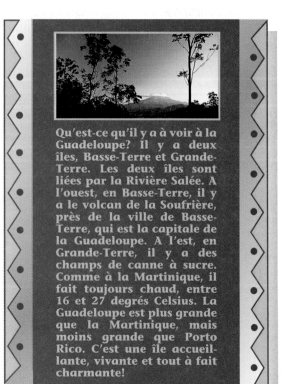

Qu'est-ce qu'il y a à voir à la Guadeloupe? Il y a deux îles, Basse-Terre et Grande-Terre. Les deux îles sont liées par la Rivière Salée. A l'ouest, en Basse-Terre, il y a le volcan de la Soufrière, près de la ville de Basse-Terre, qui est la capitale de la Guadeloupe. A l'est, en Grande-Terre, il y a des champs de canne à sucre. Comme à la Martinique, il fait toujours chaud, entre 16 et 27 degrés Celsius. La Guadeloupe est plus grande que la Martinique, mais moins grande que Porto Rico. C'est une île accueillante, vivante et tout à fait charmante!

1 Like Martinique, Guadeloupe is an island in the French West Indies. What is the island of Guadeloupe like? Read the brochure and then match these features with the numbers on the map.

a. les champs de canne à sucre
b. la mer des Caraïbes
c. la Soufrière
d. la Rivière Salée
e. l'île de Grande-Terre
f. la ville de Basse-Terre

2 A travel agent in Guadeloupe is describing a tour you're interested in taking. As she speaks, write down, in order, what you will do on the tour.

3 *Ecrivons!*

Choose a city in either Martinique or Guadeloupe and create a brochure about it. Describe the city and its inhabitants and make suggestions about things to do and sights to visit. You could also illustrate your brochure with drawings or magazine clippings.

STRATEGIE
Gathering information is an important first step when writing about places and people. Which sources would best provide you with accurate information and authentic illustrations?

Préparation
List the various types of information you need for your brochure and try to think of sources for each specific type of information. Your textbook is a good place to start, but if you're looking for information on sights to visit, you might also look in travel guides or try to find Internet web pages that deal with the area you're writing about.

On a chart like the one below, keep track of where you find each piece of information. If you find something in a book, write down the title and the page number where you found the information. Write down the web address for information you find on the Internet.

Source Name	Type of Information	Page Number/ Web Address	Information
Allez, viens!, Level 2	sights and monuments	p. 81	Des milliers d'espèces de fleurs poussent dans le jardin de Balata.

Rédaction
Once you've gathered all the information you need from your various sources, you're ready to create your brochure. You should include information that you think would be most appealing to your reader as well as eye-catching illustrations or pictures. But remember: while you want to entice your reader, you also want to provide accurate information.

When writing your brochure, don't forget the expressions you know for making suggestions.

Evaluation
When you present information as fact, it's a good idea to go back and double check your work for accuracy. Check the source of every piece of information you've presented in your brochure to make sure it's correct. Then, proofread your work. You might also have a classmate evaluate what you've created.

4

JEU DE ROLE

If you were rich and famous, would you change your daily routine? Imagine that you and your partner have suddenly become rich and famous. Take turns interviewing each other about your new lifestyles. Be sure to ask your partner when he or she gets up and goes to bed, what he or she eats for breakfast, lunch, and dinner, and how he or she spends the rest of the day.

Can you use what you've learned in the chapter?

Can you ask for
information? p. 90

1 How would you ask . . .

1. the location of a place?
2. what it's like?
3. what attractions there are?
4. what the weather is like?

Can you describe a
place? p. 90

2 How would you describe your state? Tell . . .

1. where it's located.
2. what's in the north, south, east, and west.
3. how big it is in relation to others.
4. what there is to do there.
5. what there is to see there.

Can you ask for and
make suggestions?
p. 94

3 How would you ask what there is to do in Martinique?

4 How would you suggest these activities to your friend?

1.

2.

3.

4.

Can you emphasize
likes and dislikes?
p. 95

5 How would you tell someone what you really like to do . . .

1. on Saturday mornings?
2. on weekends?

6 How would you tell someone what you really don't like to do . . .

1. on Sundays?
2. when it's cold?
3. at school?

Can you relate a
series of events?
p. 99

7 How would you tell someone . . .

1. what you do first thing in the morning?
2. what you do after that?
3. what you finally do before leaving for school?

8 Explain what you usually do after school.

PREMIERE ETAPE

Asking for information and describing a place

Où se trouve... ? *Where is . . . ?*
Qu'est-ce qu'il y a... ? *What is there . . . ?*
Il fait...? *Is it . . . ? (weather)*
C'est comment? *What's it like?*
...se trouve... *. . . is located . . .*
dans le nord *in the north*
dans le sud *in the south*
dans l'est *in the east*
dans l'ouest *in the west*
plus grand(e) que... *bigger than . . .*
moins grand(e) que... *smaller than . . .*
charmant(e) *charming*
coloré(e) *colorful*
vivant(e) *lively*

Places, flora, and fauna

un ananas *pineapple*
un bananier *banana tree*
la capitale *capital*
des champs (m.) de canne à sucre *sugarcane fields*
une chute d'eau *waterfall*
un cocotier *coconut tree*
la forêt tropicale *tropical rain forest*
l'île *island*
la mer *sea*
un moustique *mosquito*
un palmier *palm tree*
les plages (f.) *beaches*
le sable *sand*
un village de pêcheurs *fishing village*
le volcan *volcano*

DEUXIEME ETAPE

Asking for and making suggestions

Qu'est-ce qu'on peut faire? *What can we do?*
On peut... *We can . . .*
Ça te dit d'aller... ? *What do you think of going . . . ?*
Si on allait... ? *How about going . . . ?*

Emphasizing likes and dislikes

Ce que j'aime bien, c'est... *What I like is . . .*
Ce que je préfère, c'est... *What I prefer is . . .*
Ce qui me plaît, c'est... *What I like is . . .*
Ce que je n'aime pas, c'est... *What I don't like is . . .*
Ce qui ne me plaît pas, c'est... *What I don't care for is . . .*
Ce qui m'ennuie, c'est... *What bores me is . . .*

Activities

aller à la pêche *to go fishing*
danser le zouk *to dance the zouk*
faire du deltaplane *to hang glide*
faire de la planche à voile *to windsurf*
faire de la plongée sous-marine *to scuba dive*
faire de la plongée avec un tuba *to snorkel*
déguster *to taste, enjoy*
s'amuser *to have fun*
se baigner *to go swimming*
se promener *to go for a walk*

TROISIEME ETAPE

Relating a series of events

D'abord,... *First, . . .*
Ensuite,... *Next, . . .*
Et puis,... *And then, . . .*
Vers... *About (a certain time) . . .*
Après ça,... *After that, . . .*
Enfin,/Finalement,... *Finally, . . .*

Daily activities

se brosser les dents *to brush one's teeth*
se coucher *to go to bed*
s'habiller *to get dressed*
se lever *to get up*
se laver *to wash (oneself)*
tôt *early*
tard *late*

Allez, viens en Touraine!

Le château de Chinon

La Touraine

Population : plus de 500.000

Points d'intérêt : la place Plumereau, la cathédrale Saint-Gatien, l'hôtel Goüin, le musée des Beaux-Arts, l'Historial de Touraine

Châteaux : Amboise, Azay-le-Rideau, Chenonceau, Chinon, Loches, Ussé, Villandry

Fleuves et rivières : la Loire, le Cher, l'Indre, la Vienne, la Creuse

Tourangeaux célèbres : saint Grégoire, Honoré de Balzac, saint Martin, François Rabelais, René Descartes

Spécialités : tarte Tatin, saumon au beurre blanc, crottins de Chavignol, ragoût d'escargots aux cèpes

go.hrw.com

WAO TOURAINE

Carte :

ANGLETERRE — BELGIQUE — ALLEMAGNE — LUXEMBOURG — Lille — Paris — Strasbourg — Chartres — SUISSE — Tours — Poitiers — FRANCE — Lyon — ITALIE — Océan Atlantique — Bordeaux — Nice — Arles — Aix-en-Provence — CORSE — ESPAGNE — Mer Méditerranée

La Touraine

CD-ROM
Disc 2

La Touraine, célèbre pour ses abondantes cultures de fruits et de légumes et pour ses vignes, est souvent appelée «le jardin de la France». C'est aussi une importante région historique. Les rois aimaient y séjourner en raison de son climat doux et de ses forêts abondantes en gibier. Ils y ont construit de merveilleux châteaux que l'on connaît aujourd'hui sous le nom de «châteaux de la Loire».

① **Amboise**

② **Montrésor**

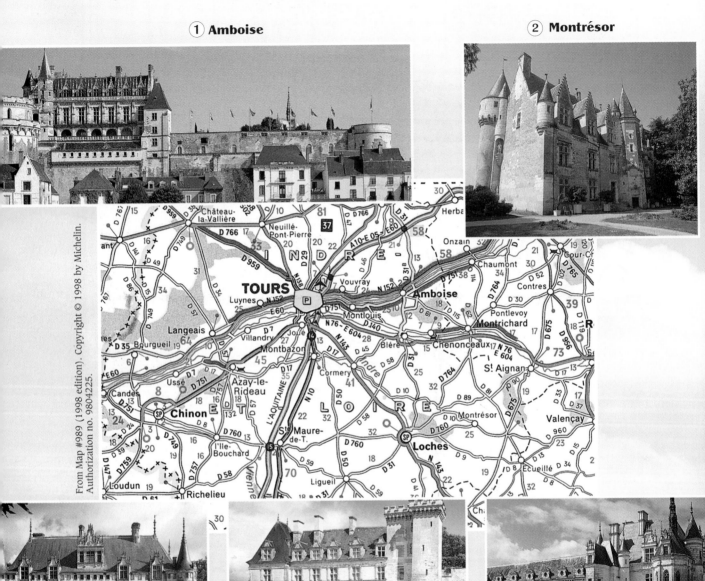

From Map #989 (1998 edition). Copyright © 1998 by Michelin. Authorization no. 9804225.

③ **Azay-le-Rideau**

④ **Villandry**

⑤ **Chenonceau**

⑥ On dit que c'est **le château d'Ussé** qui a inspiré à Charles Perrault l'histoire de *La Belle au bois dormant*.

Tours est une ville historique et c'est aussi une ville très vivante. Il y a des festivals de musique, de théâtre et de cinéma. Viens avec nous faire la connaissance de quatre lycéens qui y habitent. Dans les chapitres 5, 6 et 7, ils vont te faire découvrir la Touraine.

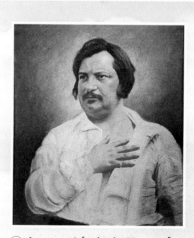

⑦ Léonard de Vinci a habité au manoir du **Clos-Lucé.** C'est aujourd'hui un musée où l'on peut voir ses inventions reconstituées d'après ses plans.

⑧ **La place Plumereau,** située au cœur de la ville de Tours, est un des endroits préférés des étudiants et des élèves.

⑨ Le grand écrivain **Honoré de Balzac** a écrit certains de ses romans au château de Saché, près de la ville de Tours.

① Raconte!

Have you ever had a day when everything goes wrong—or something wonderful happens? At times like that, it's always nice to have a friend who will listen to you and understand how you feel.

In this chapter you will learn

- to express concern for someone
- to inquire; to express satisfaction and frustration; to sympathize with and console someone
- to give reasons and make excuses; to congratulate and reprimand someone

And you will

- listen to students telling what happened earlier and making excuses
- read poems about school
- write a letter about your last vacation
- find out what French-speaking teenagers like and dislike about high school

② C'est pas de chance, ça!

③ Félicitations!

Mise en train

Céline **Hector**

C'est pas mon jour!

What are some unpleasant things that can happen to you on a school day? See if you can relate to what happened to Céline.

C'est mercredi et il est midi et demi. Céline et Hector n'ont pas cours.

Salut, Hector.

Salut, Céline. Désolé d'être en retard.

T'en fais pas.

1

Oh, c'est pas vrai!

Oh, excuse-moi!

T'inquiète pas. C'est pas grave.

2

Tu sais, depuis ce matin, ça n'arrête pas. C'est pas mon jour!

Ah, oui? Qu'est-ce qui s'est passé? Raconte!

Oh, tout a été de travers!

3

Mon réveil n'a pas sonné. Alors, je me suis réveillée en retard...

Je n'ai pas eu le temps de prendre mon petit déjeuner. J'ai pris juste une pomme.

J'ai couru pour attraper le bus, mais je l'ai raté. Alors, bien sûr, je suis arrivée à l'école en retard.

7 h 45 du matin :

1 Tu as compris?

1. What kind of mood is Céline in? Why?
2. Name three unfortunate things that happened to Céline.
3. How does Hector react to Céline's story?
4. What are Céline's plans for the afternoon?

2 Mets en ordre

Mets les phrases dans le bon ordre d'après la journée de Céline dans **C'est pas mon jour!**

1. D'abord,...
2. Ensuite,...
3. Et puis,...
4. Après ça,...
5. Et puis,...
6. Finalement,...

elle n'avait pas ses devoirs.

son réveil n'a pas sonné.

Hector a renversé son verre sur sa jupe.

elle est arrivée à l'école en retard.

elle a raté son bus.

elle a eu dix à son interro de maths.

3 Cherche les expressions

What do Céline and Hector say in each of these situations?

1. Hector apologizes.
2. Céline makes light of an accident.
3. Hector wants to know what happened to Céline.
4. Céline complains about her bad day.
5. Céline is annoyed.
6. Hector consoles Céline.

C'est pas grave.

Tout a été de travers!

Ça va aller mieux!

Ça m'énerve!

Raconte!

Désolé.

4 Ça t'arrive aussi?

If Céline or Hector said the following to you, would you say **Ça m'arrive aussi** *(That happens to me, too)* or **Ça ne risque pas de m'arriver** *(That will never happen to me)*?

Je me suis réveillé(e) en retard.

Je suis arrivé(e) à l'école en retard.

J'ai couru pour attraper le bus.

J'oublie mes devoirs quelquefois.

5 Et maintenant, à toi

Have you ever had a day like Céline's? What happened? How did you react?

Ministère de l'Education Nationale

LYCÉE ALFRED KASTLER
ETABLISSEMENT PUBLIC D'ENSEIGNEMENT GENERAL ET TECHNOLOGIQUE
29 Boulevard QUITTON · Tél: 02.51.36.24.46

carnet
de
correspondance

5
Absent le *11/04 d.*
12.09
MOTIF *hypoglycemie et gastero entérite*
Le Conseiller d'Education ou
Le Directeur Adjoint,

6
Absent le...........
MOTIF ....

Le Conseiller d'Education ou
Le Directeur Adjoint,

BULLETIN D'ABSENCE

L'élève...........
fréquentant la classe de...........
a été absent le........... ou sera absent le...........
ou du........... au...........
MOTIF........... Le...........
Signature des Parents,

BULLETIN D'ABSENCE

BILLET DE RETARD

Elève: *Céline Déroulède*

Classe: *3ème*

Motif: *n'a pas entendu son réveil et a raté son bus*

Signature du proviseur:

Alfred Kastler
Le Surveillant Général

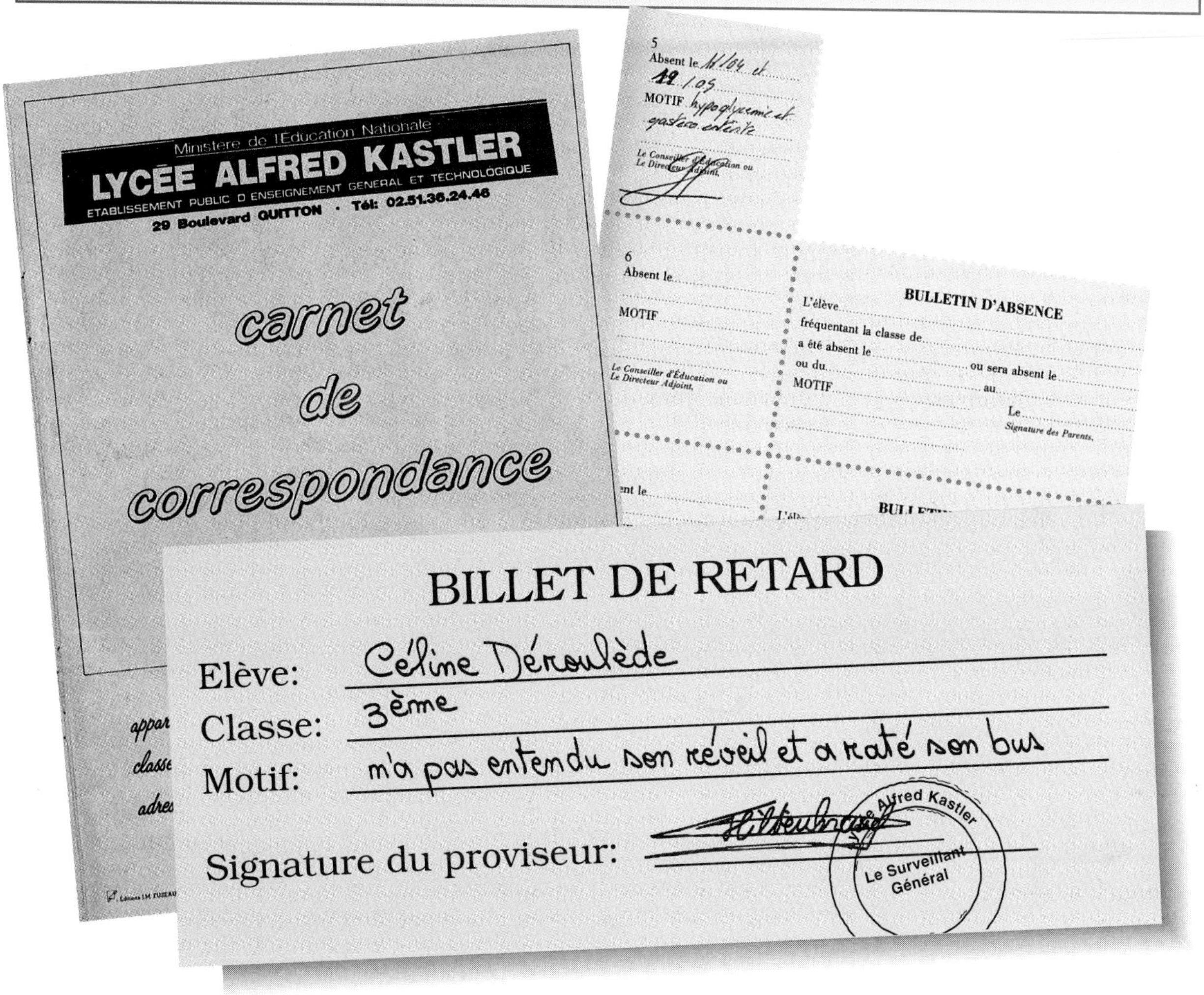

6 Qu'est-ce que c'est?

What do you suppose a **billet de retard** is? What information does it give? What happened to Céline this morning?

NOTE CULTURELLE

If you're late to school in France, you're required to go to the principal's office to explain your tardiness. The person in charge fills out a form in your **carnet de correspondance**, a special notebook in which your behavior is recorded. The **carnet** is used less with older students. Parents must sign any notes written in the **carnet** to show that they are aware of their child's conduct.

CD-ROM
Disc 2

J'ai passé une journée épouvantable!

D'abord, je n'ai pas entendu mon réveil.

Ensuite, j'ai raté une marche. Je suis tombé.

J'ai déchiré ma chemise...

... et j'ai perdu mon livre de maths.

Après ça, j'ai raté le bus et je suis arrivé à l'école en retard.

Ensuite, le prof a rendu les interros et j'ai eu une mauvaise note...

... donc, j'ai été collé.

Finalement, j'ai reçu mon bulletin trimestriel. Quelle journée!

7 Ecoute!

Listen to these dialogues and decide which of the excuses illustrated below is given in each one.

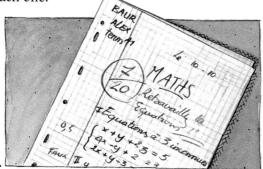

a.

b.

c.

d.

8 La suite

Choose the appropriate completions for these sentences.

1. J'ai déchiré mon jean...
2. J'ai reçu mon bulletin trimestriel...
3. J'ai perdu mes devoirs d'histoire...
4. Je n'ai pas entendu mon réveil...
5. Mon prof n'était pas content...

a. donc, mon prof était furieux, et j'ai eu zéro.
b. parce que j'ai perdu mon livre de français.
c. quand je suis tombé(e).
d. et j'ai eu de très bonnes notes!
e. donc, j'ai raté le bus.

COMMENT DIT-ON... ?

Expressing concern for someone

Ça n'a pas l'air d'aller. *You look like something's wrong.*
Qu'est-ce qui t'arrive? *What's wrong?*
Qu'est-ce qui se passe? *What's going on?*
Raconte! *Tell me!*

9 Ecoute!

Luc is late for his lunch meeting with Francine at a café. Listen to his excuses and decide which of the following happened to make him late.

1. Luc est rentré chez lui à midi.
2. Il a trouvé son livre d'histoire.

3. Il a raté une marche et il est tombé.
4. Il a pris le bus pour aller au café.

10 Qu'est-ce que tu dis?

If you saw Jean, Colette, and Gérard at the end of the day, how would you ask about their day? How do you think they would respond?

Jean

Colette

Gérard

11 Encore en retard!

You're the principal! When your partner arrives at school late, question him or her and write out a **billet de retard**. Don't forget to sign it! Then, reverse roles.

> Ça n'a pas l'air d'aller.
> Vous vous appelez comment?
> Qu'est-ce qui vous est arrivé?
> Vous êtes en quelle classe?
>
> en terminale
> en seconde
> en première

GRAMMAIRE The passé composé

You already know how to say that something happened in the past. For most verbs, you use a form of **avoir** and the past participle of the main verb.

j' **ai mangé**	nous **avons mangé**
tu **as mangé**	vous **avez mangé**
il/elle/on **a mangé**	ils/elles **ont mangé**

- To form past participles of -**er** verbs, drop -**er** from the infinitive and add -**é**:
  J'ai **raté** le bus.
- To form past participles of -**re** verbs, drop -**re** from the infinitive and add -**u**:
  Zut! On a **perdu** le match!
- To form past participles of -**ir** verbs, drop -**ir** from the infinitive and add -**i**:
  Enfin! On a **fini**!
- Many verbs have an irregular past participle, just as they do in English.

Il a **été** collé aujourd'hui. (**être**)	Elle a **pris** un sandwich. (**prendre**)
Vous avez **fait** vos devoirs? (**faire**)	Il a **bu** de l'eau. (**boire**)
On a **eu** une interro. (**avoir**)	Tu as **lu** ce roman? (**lire**)
J'ai **reçu** mon bulletin. (**recevoir**)	On a **vu** un film hier. (**voir**)

- To say that something didn't happen, put **ne... pas** around the form of **avoir**:
  Je **n'**ai **pas** entendu mon réveil.

12 Ecoute!

Listen to these students. Are they talking about something that is happening now or something that happened in the past?

13 Bonne ou mauvaise journée?

Est-ce que ces personnes ont passé une bonne ou une mauvaise journée? Ecris trois phrases pour décrire ce qui est arrivé à chaque personne.

Je	perdre	une bonne note en...
Mes profs	rater	le devoir de...
En français, on	prendre	l'interro de...
	avoir	du deltaplane
Mon (Ma) meilleur(e) ami(e)	faire	le réveil
	ne pas entendre	collé
	rencontrer	20 dollars
?	trouver	un match entre... et...
	regarder	le bus pour aller...
	recevoir	une vedette de cinéma
	voir	un film
	être	?
	?	

14 L'heure de la sortie

Write down four activities you think your classmates do after school. Then, ask a partner if he or she did them yesterday.

—Tu as joué au foot hier?
—Non, j'ai joué au tennis.

15 Qu'est-ce qu'on a tous fait?

In groups of four, try to find three things that everyone did last weekend and three things that no one did. Report your findings to the class, using **On a tous...** and **On n'a pas...** As the groups report, note the activities that most people did and didn't do.

16 Jeux de rôle

With a partner, choose two of these situations and take turns expressing concern for each other and asking and explaining what happened.

1. Tu arrives en maths avec vingt minutes de retard. Le prof n'est pas content!
2. Tu n'étais pas à la boum de ton ami(e) samedi soir. Il/Elle veut savoir ce qui s'est passé.
3. Tu arrives chez toi à onze heures du soir. Ton père (ta mère) est furieux (furieuse).
4. Tu n'es pas allé(e) faire les magasins avec tes copains hier après l'école. Ton ami(e) te téléphone pour savoir pourquoi.

DEUXIEME ETAPE

Inquiring; expressing satisfaction and frustration; sympathizing with and consoling someone

YVES	Oh là là, ça a pas l'air d'aller, toi! Qu'est-ce qui s'est passé?
BENOIT	Ben, j'ai reçu un ballon dans la figure en gym et j'ai dû aller à l'infirmerie! Décidément, c'est pas mon jour, aujourd'hui!
YVES	Ah, bon? Qu'est-ce qui t'est arrivé d'autre?
BENOIT	Tout a été de travers! D'abord, je suis arrivé en retard à l'école. Ensuite, je suis tombé dans l'escalier. Et puis, à la cantine, quelqu'un a renversé une assiette de spaghettis sur mon pantalon.
YVES	Pauvre vieux!
BENOIT	Enfin... Et toi, au fait? J'espère que ta journée s'est mieux passée que la mienne.
YVES	Oui, elle s'est même très bien passée. En géo, j'ai eu 18. Ensuite, en français, j'ai eu 16. Le prof a même lu ma rédaction à la classe! Après, à la récré, Julien m'a invité à son anniversaire. Et finalement, en anglais, on a vu un bon film.

17 C'est Yves ou Benoît?

1. Il a eu une bonne note en géo.
2. Il est allé à l'infirmerie.
3. Il a vu un bon film.
4. Quelqu'un a renversé une assiette de spaghettis sur son pantalon.
5. Il est arrivé en retard à l'école.
6. Il a eu 16 en français.
7. Il va aller à une fête.
8. Il est tombé dans l'escalier.

NOTE CULTURELLE

Many students who do not live close enough to go home for lunch eat in the school cafeteria **(la cantine)**. The meals served follow the French sequence: a first course, a main dish with vegetables, then cheese, fruit, or yogurt. Students might stand in line for their meals, or they might be served at their table. Since the lunch period lasts for about two hours, students usually have time to study, play a game, or go to a café after they eat.

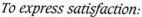

COMMENT DIT-ON... ?

Inquiring; expressing satisfaction and frustration

To inquire:

Comment ça s'est passé? *How did it go?*

Comment s'est passée ta journée? *How was your day?*

Comment s'est passé ton week-end? *How was your weekend?*

Comment se sont passées tes vacances? *How was your vacation?*

To express satisfaction:

C'était... *It was . . .*
  incroyable! *amazing!*
  super!
  génial!

Ça s'est très bien passé!
  It went really well!

Quelle journée (formidable)!
  What a (great) day!

Quel week-end (formidable)!
  What a (great) weekend!

To express frustration:

C'était incroyable!
  It was unbelievably bad!

J'ai passé une journée
  horrible!
  I had a terrible day!

C'est pas mon jour!
  It's just not my day!

Tout a été de travers!
  Everything went wrong!

Quelle journée!/Quel week-end!
  What a (bad) day!/ . . . weekend!

18 Ecoute!

Listen as some friends discuss their weekends.
Did they have a good weekend or a bad one?

19 Sondage

Poll five classmates to find out how their weekends were.
Did more people have good weekends or bad weekends?

20 Et toi, qu'est-ce que tu as fait?

Ask a partner how his or her day went yesterday. Your partner should mention three things
that made the day good or bad. Then, reverse roles.

Tu te rappelles ?

Do you remember how to pronounce the
nasal sound $(\tilde{\varepsilon})$ in **incroyable**? When you
see the letters **in, im, ain, aim,** or **(i)en,**
don't pronounce the *n* sound as in the
English word *fine,* but make a pure nasal
sound where part of the air goes through
the back of your mouth and nose, as in the
French word **fin.** Try pronouncing these
words with the nasal $(\tilde{\varepsilon})$: **bulletin,
bien, faim, soudain.** Remember
that if another vowel follows the **n** or **m,**
(**inadmissible**), there is no nasal sound.

À la française

There are many expressions you can use to show
interest and get someone to continue a story in
English. You can do the same in French. Say **Ah
bon?** or **Ah oui?** *(Really?),* **Et après?** *(And then
what?),* and **Et ensuite?** *(And what next?).*

CD-ROM Disc 2

GRAMMAIRE Introduction to the passé composé with être

You already know how to form the **passé composé** with **avoir** by using the present-tense form of **avoir** and the past participle of the verb you want to use.

However, some verbs use **être** instead of **avoir** as the helping verb in the **passé composé**. Many of the verbs that use **être** in the **passé composé** are verbs of motion, such as **tomber, aller, arriver, sortir,** and **partir.** Notice that when you write these forms, the past participle agrees with the subject of the verb. You'll learn more about this in Chapter 6.

Je **suis tombé(e).**	Nous **sommes tombé(e)s.**
Tu **es tombé(e).**	Vous **êtes tombé(e)(s).**
Il/Elle/On **est tombé(e)(s).**	Ils/Elles **sont tombé(e)s.**

You also use **être** to form the **passé composé** of all reflexive verbs. You'll learn more about reflexive verbs in the **passé composé** in Chapter 7.

Je me **suis levé(e).**	Nous nous **sommes levé(e)s.**
Tu t'**es levé(e).**	Vous vous **êtes levé(e)(s).**
Il/Elle/On s'**est levé(e)(s).**	Ils/Elles se **sont levé(e)s.**

21 Un petit mot incomplet

You were out sick yesterday. Your friend Patrick left a note in your locker telling you what happened at school. Complete Patrick's note with the correct **passé composé** forms of the verbs in parentheses. Be sure to use the appropriate helping verb and to make the past participles agree when necessary.

Moi, hier, je (j') __1__ (passer) une journée formidable! A l'école, je (j') __2__ (avoir) une très bonne note en histoire-géo. L'après-midi, je (j') __3__ (aller) à la bibliothèque et je (j') __4__ (rencontrer) une fille super! Par contre, pour Sophie, tout a été de travers! D'abord, elle __5__ (rater) une marche et elle __6__ (tomber). Et puis, elle __7__ (arriver) à l'école en retard, alors elle __8__ (être) collée. Pauvre Sophie! Le soir, Sophie et moi, on __9__ (sortir) avec Yves, Laura et Aline. On __10__ (voir) un film super au cinéma. Sophie __11__ (partir) tout de suite après le film pour étudier pour son interro de maths, mais nous, nous __12__ (aller) au café. C'était sympa!

22 Comment se sont passées tes vacances?

Ton correspondant Marc te raconte ses vacances dans une lettre. Réponds à sa lettre. Raconte tes vacances, réelles ou imaginaires.

Salut!
Comment ça s'est passé, tes vacances? Nous, on est partis faire du ski dans les Alpes. C'était super! J'ai fait du ski pour la première fois. Je suis souvent tombé. Les montagnes sont magnifiques. Attends de voir mes photos. Et toi? Tu as passé de bonnes vacances? Qu'est-ce que tu as fait?
Raconte-moi!   Marc

23 Devine!

Put the letters you wrote for Activity 22 together face down. Each person selects a letter and reads it silently. The rest of the group asks yes-no questions to determine where the writer went and what he or she did on vacation.

—Cette personne est allée en France?   —Oui.
—Elle est allée à la plage?   —Non.
—Elle a fait du ski?   —Non.
—____?____

COMMENT DIT-ON... ?

Sympathizing with and consoling someone

To sympathize with someone:
Oh là là! *Oh no!*
C'est pas de chance, ça! *Tough luck!*
Pauvre vieux/vieille!
  You poor thing!

To console someone:
Courage! *Hang in there!*
Ça va aller mieux. *It'll get better.*
T'en fais pas. *Don't worry.*
C'est pas grave. *It's not serious.*

CD-ROM
Disc 2

---

24 Les pauvres!

What would you say to sympathize with these people and console them?

1.

2.

3.

---

25 Une mauvaise journée

Make a list of five things that can make your day go wrong.

Ma journée se passe mal si je ne prends pas mon petit déjeuner.
____?____

---

26 La plus mauvaise journée de ma vie

Imagine that all the things you listed in Activity 25 happened to you yesterday. Describe your day to a friend, who urges you to continue telling about your day, reacts sympathetically, and tries to console you. Then, reverse roles.

TROISIEME ETAPE

Giving reasons and making excuses; congratulating and reprimanding someone

Lycée Balzac
Académie de Tours

BULLETIN TRIMESTRIEL

NOM et prénom : PUECH Jean Classe de 2^{de}7

MATIERES D'ENSEIGNEMENT	MOYENNE DE L'ELEVE	APPRECIATIONS
Français	15	Travail sérieux
Mathématiques	12	A fait beaucoup de progrès
Physique-Chimie	15	Bon élève
SVT*	9	Travail moyen.
Histoire-Géographie	16	Bon travail
Anglais	13	Résultats encourageants
Latin	11	A fait beaucoup de progrès
Arts plastiques	10	Peut mieux faire
Education physique	10	Doit s'appliquer davantage

Lycée Balzac
Académie de Tours

BULLETIN TRIMESTRIEL

NOM et prénom : GUY Caroline Classe de 2^{de}7

MATIERES D'ENSEIGNEMENT	MOYENNE DE L'ELEVE	APPRECIATIONS
Français	12	Satisfaisant
Mathématiques	14	A fait beaucoup de progrès
Physique-Chimie	15	Bon travail
SVT	9	Peut mieux faire.
Histoire-Géographie	18	Très bonne élève !
Allemand	15	Travail sérieux
Anglais	11	Assez bien
Musique	17	Elève très sérieuse
Education physique	12	A fait beaucoup de progrès

*SVT is an abbreviation for **sciences de la vie et de la terre,** another name for **sciences naturelles.** The course SVT includes topics in biology, geology, and ecology.

27 Tu comprends?

1. Qui a eu la meilleure note en français? En maths?
2. En quelle matière est-ce que Jean est le plus fort? Et Caroline?
3. En quelle matière est-ce qu'il est le moins bon? Et Caroline?
4. Tu es comme Jean ou comme Caroline?

NOTE CULTURELLE

Report cards come out three times a year: in December, before the Easter break, and at the end of the school year in June or July. Written or oral tests (**les interros écrites ou orales**), (pop) quizzes (**les interros(surprises)**), compositions (**les rédactions**), oral presentations (**les exposés**), and homework (**les devoirs**) are all graded assignments.

COMMENT DIT-ON... ?

Giving reasons and making excuses

To give reasons:

Je suis assez bon (bonne) en français. *I'm pretty good at . . .*
C'est en maths **que je suis le/la meilleur(e).** *I'm best in . . .*
L'anglais, c'est mon fort! *. . . is my strong point.*

To make excuses:

L'histoire, c'est pas mon fort. *. . . isn't my best subject.*
J'ai du mal à comprendre. *I have a hard time understanding.*
Je suis pas doué(e) pour les sciences. *I don't have a talent for . . .*

28 Comment tu trouves tes cours?

Make a list of the classes you have this year and write down your comments about each one. Share them with a friend. Do you have the same opinions?

> Je suis fort(e) en... J'adore...
>
> difficile chouette C'est intéressant!
>
> Le prof est super. facile amusant

29 Le jour des bulletins trimestriels

a. You're the teacher! Make a list of six subjects and give a partner a grade for each one. Don't forget to write your comments **(appréciations)**.

b. You and your partner exchange the report cards you made. Ask each other about your grades, giving reasons or excuses for each one.

> —Combien tu as eu en maths?
> —J'ai eu 15. Je suis assez bon (bonne) en maths. Et toi?
> —Moi, j'ai eu 8. C'est pas mon fort!

COMMENT DIT-ON... ?

Congratulating and reprimanding someone

To congratulate someone:

Félicitations! *Congratulations!*
Bravo! *Terrific!*
Chapeau! *Well done!*

To reprimand someone:

C'est inadmissible. *That's unacceptable.*
Tu dois mieux travailler en classe. *You have to work harder in class.*
Tu ne dois pas faire le clown en classe! *You can't be goofing off in class!*
Ne recommence pas. *Don't do it again.*

30 Ecoute!

Listen as Gilbert's father and friends ask him about his schoolwork. Are they reprimanding or congratulating him?

31 Vraiment, Gilbert...

Regarde les notes de Gilbert. Qu'est-ce que tu peux lui dire à propos de *(about)* ses notes?

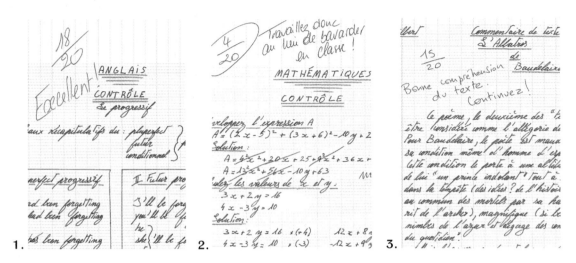

32 Le meilleur et le pire

Write down a good test grade, a bad test grade, and subjects for each. Your partner will play the role of your parent and ask you about your grades. Give reasons or excuses for each one.

—Combien tu as eu à l'interro de géométrie?
—J'ai eu 100! La géométrie, c'est mon fort!
—Chapeau! Et à ton interro d'anglais?
—Euh...

33 Ta semaine à l'école

With a partner, interview each other about your week at school. Be sympathetic, or scold your partner if necessary!

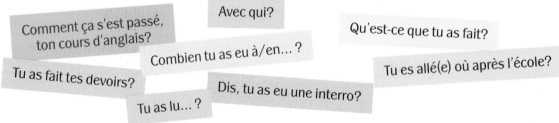

34 Mon journal

In Chapter 1 you wrote your resolutions for the school year in your journal. Reread them now. How are you doing? Report on your progress.

Panorama Culturel

Franck • Martinique

Virginie • France

Emmanuel • France

What do you like and dislike about school? We asked several francophone students for their opinions. Here's what they had to say.

Qu'est-ce que tu aimes à l'école?

«Les mathématiques. J'aime bien. On travaille. Ça permet de réfléchir. J'aime bien.»

Et tes professeurs, ils sont comment?

«En général, assez sympathiques; ils sont très proches de nous. Ils nous comprennent le plus souvent. Ils nous aident si on a des petits problèmes. S'ils voient que ça ne va pas trop, ils nous conseillent. Ils sont très sympathiques.»

—Franck

«Ce que j'aime à l'école? Les récréations... parce qu'on peut se voir entre copains. Ça fait une pause entre chaque heure de cours. Et puis, on peut discuter, se désaltérer, tout ça... Mon cours préféré, c'est l'anglais, parce que j'aime la langue anglaise.»

Qu'est-ce que tu n'aimes pas à l'école?

«Ce que je n'aime pas à l'école? Les sciences physiques. J'aime pas du tout.»

—Virginie

«Ben, à l'école, ce que j'aime en particulier, c'est les copains. C'est tout, hein. Parce que, bon, il y a certains profs qui sont sympa... Autrement le lycée... [ce que j'aime,] c'est les copains, et se retrouver entre nous, j'aime bien.»

Qu'est-ce que tu n'aimes pas à l'école?

«Les surveillants. Je n'aime pas les surveillants à l'école, parce que... bon il y en a qui sont sympa, mais il y en a d'autres qui sont trop stricts, et puis ils sont même pénibles, quoi.»

—Emmanuel

Qu'en penses-tu?

1. What do these students say they like most about school?
2. What complaints do they have?
3. Are your likes and dislikes similar to or different from those mentioned by these students? How?

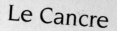

Do you have days when you would rather be anywhere else but in school? If you have, you can relate to these poems by Jacques Prévert.

DE BONS CONSEILS
Sometimes, in order to understand what you've read, you have to understand the separate parts of it first. In a poem, it's helpful to examine the words, images, and symbols before you decide what the main idea or message is.

A. What do you think these poems will be about?

B. What drives you crazy about school? Make a list. What words can you find in the two poems that relate to what you don't like about school?

C. Here's some vocabulary you might need to understand these poems. Write a sentence with each of these words.

le rire	laugh
le visage	face
les chiffres	numbers
le pupitre	desk
la craie	chalk
effacer	to erase
le maître	grade school teacher
faire le pitre	to goof off
ils s'en vont	they leave

Le Cancre

D. Un cancre is *a dunce.* What is a dunce? French schoolchildren who got into trouble used to have to wear donkey ears. What donkey-like quality is the boy in

Le Cancre

Il dit non avec la tête
mais il dit oui avec le cœur
il dit oui à ce qu'il aime
il dit non au professeur
il est debout
on le questionne
et tous les problèmes sont posés
soudain le fou rire le prend
et il efface tout
les chiffres et les mots
les dates et les noms
les phrases et les pièges
et malgré les menaces du maître
sous les huées des enfants prodiges
avec des craies de toutes les couleurs
sur le tableau noir du malheur
il dessine le visage du bonheur

Page d'écriture

Deux et deux quatre
quatre et quatre huit
huit et huit font seize...
Répétez ! dit le maître
Deux et deux quatre
quatre et quatre huit
huit et huit font seize.
Mais voilà l'oiseau-lyre
qui passe dans le ciel
l'enfant le voit
l'enfant l'entend
l'enfant l'appelle :
Sauve-moi
joue avec moi
oiseau !
Alors l'oiseau descend
et joue avec l'enfant
Deux et deux quatre...
Répétez ! dit le maître
et l'enfant joue
l'oiseau joue avec lui...
Quatre et quatre huit
huit et huit font seize
et seize et seize qu'est-ce qu'ils font ?
Ils ne font rien seize et seize

et surtout pas trente-deux
de toute façon
et ils s'en vont.
Et l'enfant a caché l'oiseau
dans son pupitre
et tous les enfants
entendent sa chanson
et tous les enfants
entendent la musique
et huit et huit à leur tour s'en vont
et quatre et quatre et deux et deux
à leur tour fichent le camp
et un et un ne font ni une ni deux
un à un s'en vont également.
Et l'oiseau-lyre joue
et l'enfant chante
et le professeur crie :
Quand vous aurez fini de faire le pitre!
Mais tous les autres enfants
écoutent la musique
et les murs de la classe
s'écroulent tranquillement.
Et les vitres redeviennent sable
l'encre redevient eau
les pupitres redeviennent arbres
la craie redevient falaise
le porte-plume redevient oiseau.

the poem displaying? What lines in the poem tell you this?

E. What else does the boy do to express his negative attitude toward school?

F. These are some expressions that show the poet has the same attitude. Can you match them to their English equivalents?

1. **les phrases et les pièges**
2. **les menaces du professeur**
3. **les huées des enfants prodiges**
4. **le tableau noir du malheur**

   a. *the teacher's threats*
   b. *the blackboard of unhappiness*
   c. *the sentences and the traps*
   d. *the boos of the gifted students*

G. Despite his negative attitude about school, the boy has an essentially positive attitude about life. How do you know? Is he really **un cancre**?

H. Draw **le visage du bonheur** as you imagine it.

Page d'écriture :

I. How does the poem begin? Do you do these kinds of drills in class? What happens to these numbers as the poem goes on?

J. Other classroom objects are transformed at the end of the poem. What quietly falls down? What turns into sand? What does the ink turn into? The desks? The chalk? The pen?

K. What does the student invite into the classroom that causes these transformations? In your opinion, what does this guest in the classroom symbolize?

L. What is the common theme that links these two poems? How does the student in each poem escape from the routine of the classroom?

CD-ROM
Disc 2

DEMANDE DE DISPENSE EXCEPTIONNELLE D'EDUCATION PHYSIQUE
(à remplir par les parents et à remettre au Conseiller d'Education avant le cours)

Nom de l'élève _GARIN_   Prénom _Ginette_   Classe _2nde_

Date du cours _12/11_

Motif de la demande _s'est fait mal à la main –_
dispense d'EPS

Ci-joint certificat médical: (1) Oui - ~~Non~~

Date _12/11_   **Signature,** _Mme Garin_

Lycée Balzac Tours — INFIRMERIE

BILLET DE RETARD

Nom _GARIN_   Le _12/11_

Prénom _Ginette_   élève de _seconde_

arrivé(e) à _8h30_ heures avec _30 min._ de retard

POUR LE MOTIF SUIVANT _n'a pas entendu son réveil et_
a raté le bus

_____Peut être admis(e) en classe.

Lycée Balzac Tours — Le Surveillant Général

1

1. What is the purpose of the first document? What information does it give?

2. What information does the second document give? What happened to Ginette? What does this note excuse her from? At what time did Ginette arrive at school? Why?

3. How was Ginette's day?

2 Ecoute la conversation entre le père de Ginette et son professeur d'histoire-géo. Décide si les phrases suivantes sont vraies ou fausses.

1. Ginette a eu 9 à l'interro d'histoire-géo.

2. La semaine passée, elle est arrivée en classe à l'heure.

3. D'après Ginette, l'histoire est son fort.

4. D'après Ginette, le prof ne l'aime pas.

5. Le prof de Ginette ne l'aime pas.

6. D'après le prof, Ginette ne doit pas faire le clown en classe.

3 How much do you know about French schools? Would you like to attend a French high school? List the reasons why you would or wouldn't.

4 *Ecrivons!*

Imagine that your school is preparing a time capsule to be opened by students in the year 2099. Your French class has been asked to keep a journal describing the lives of teenagers in your time period. Write a journal entry describing the best or worst day of your school year.

STRATEGIE
Effective introductions are important when writing a narrative piece, such as a journal entry. A good introduction will "hook" your reader so that he or she will want to read more.

Préparation
Before you begin to write, recall as many details about the day as you can. List details to include and group them together in categories. Think about the individual events that made up the experience; sensory details like sights, sounds, and feelings, and significant people and places.

Rédaction
An effective introduction in narrative writing generally has three main components: a snappy opening, some background information, and just a hint of the event's importance. You might begin with a thought-provoking question or an exclamation. Then, briefly describe what led to the day's being good or bad. Try to hint at the outcome of the day without giving it away completely.

The body of your writing will contain most of the details of the event. Think of the French words and phrases you know that would best allow your reader to see, feel, and hear your experience. If you don't know the word for a certain thing, think about how you could use what you do know to express it differently.

Finally, conclude your journal entry by explaining the outcome of your day. You might tell whether or not this day changed your life in some way and if you would do anything differently now.

Evaluation
When you evaluate your work, put yourself in your reader's shoes. Consider how a student in the year 2099 might react to your writing and ask yourself: Does the introduction grab my attention? Is there enough background information? Does the order of events make sense?

5

JEU DE ROLE

You've been having problems in one of your classes, so you decide to meet with your teacher after school today. Act out the situation with a partner.

- Be sure to bring up your latest grades, good and bad.
- Give reasons for tardiness, bad grades, or lost homework.
- The teacher may be sympathetic, reprimanding, or both.

QUE SAIS-JE?

Can you use what you've learned in the chapter?

Can you express concern for someone?
p. 119

1 How would you show concern for someone by asking what happened?

2 How would your friend answer you if the following happened to him?

1.   2.   3.

Can you inquire?
p. 123

3 How would you inquire about your friend's . . .

    1. day yesterday?   2. weekend?   3. vacation?

Can you express satisfaction and frustration? p. 123

4 How would you respond to someone's question about your weekend if it went really well?

5 How would you respond to someone's question about your vacation if everything went wrong?

Can you sympathize with and console someone? p. 125

6 What would you say to sympathize with and console these people?

    1. Céline a raté le bus.   3. Henri est arrivé en retard en
    2. Véronique a été collée.   français.

Can you give reasons and make excuses?
p. 127

7 How would you explain the following grades on your report card?

MATIERES	MOYENNE	APPRECIATIONS
Informatique	9	Peu d'effort!
Anglais	16	Bon travail
Français	8	Travail moyen

Can you congratulate and reprimand someone? p. 127

8 What would you say to a friend who . . .

    1. got a good grade in French?   3. received a scholarship to
    2. won an athletic competition?   college?

9 How would you reprimand a friend who . . .

    1. got a low grade in English?   2. is always joking in class?

PREMIÈRE ÉTAPE

Expressing concern for someone

Ça n'a pas l'air d'aller. *You look like something's wrong.*
Qu'est-ce qui se passe? *What's going on?*
Qu'est-ce qui t'arrive? *What's wrong?*
Raconte! *Tell me!*

School day vocabulary

passer une journée épouvantable *to have a horrible day*
entendre le réveil *to hear the alarm clock*
rater le bus *to miss the bus*
rater une marche *to miss a step*
tomber *to fall*
déchirer *to rip, to tear*

arriver en retard à l'école *to arrive late to school*
rendre les interros *to return tests*
avoir une mauvaise note *to get a bad grade*
être collé(e) *to have detention*
perdre *to lose*
recevoir le bulletin trimestriel *to receive one's report card*

DEUXIÈME ÉTAPE

Inquiring; expressing satisfaction and frustration

Comment ça s'est passé? *How did it go?*
Comment s'est passée ta journée? *How was your day?*
Comment s'est passé ton week-end? *How was your weekend?*
Comment se sont passées tes vacances? *How was your vacation?*
C'était incroyable! *It was amazing!/unbelievably bad!*
Ça s'est très bien passé! *It went really well!*

Quelle journée (formidable)! *What a (great) day!*
Quel week-end (formidable)! *What a (great) weekend!*
J'ai passé une journée horrible! *I had a terrible day!*
C'est pas mon jour! *It's just not my day!*
Tout a été de travers! *Everything went wrong!*
Quelle journée! *What a (bad) day!*
Quel week-end! *What a (bad) weekend!*

Sympathizing with and consoling someone

Oh là là! *Oh no!*
C'est pas de chance, ça! *Tough luck!*
Pauvre vieux/vieille! *You poor thing!*
Courage! *Hang in there!*
Ça va aller mieux. *It'll get better.*
T'en fais pas. *Don't worry.*
C'est pas grave. *It's not serious.*

Other expressions

arriver *to arrive*

TROISIÈME ÉTAPE

Giving reasons and making excuses

Je suis assez bon (bonne) en... *I'm pretty good at . . .*
C'est en... que je suis le/la meilleur(e). *I'm best in . . .*
..., c'est mon fort. *. . . is my strong point.*
..., c'est pas mon fort. *. . . isn't my best subject.*
J'ai du mal à comprendre. *I have a hard time understanding.*
Je suis pas doué(e) pour... *I don't have a talent for . . .*

Congratulating someone

Félicitations! *Congratulations!*
Bravo! *Terrific!*
Chapeau! *Well done!*

Reprimanding someone

C'est inadmissible. *That's unacceptable.*
Tu dois mieux travailler en classe. *You have to work harder in class.*
Tu ne dois pas faire le clown en classe! *You can't be goofing off in class!*
Ne recommence pas. *Don't do it again.*

6

A nous les châteaux!

① C'était magnifique, Chenonceau!

After a hard week at school, it's nice to spend the day having fun with your family or friends. Around Tours, people visit the many châteaux of the region to explore them and find out about their history.

In this chapter you will learn

- to ask for opinions; to express enthusiasm, indifference, and dissatisfaction
- to express disbelief and doubt
- to ask for and give information

And you will

- listen to friends tell about their weekends
- read a fairy tale in French
- write about a trip you've taken
- find out about some of the châteaux and the historical figures francophone students learn about in school

② C'est combien, un aller-retour pour Chenonceaux?

③ C'est pas vrai! Tu plaisantes!

DROITS D'ENTRÉE

Date du circuit

Mise en train

Le disparu

Have you ever visited a castle or other historical site? What did you find interesting about it?

Alors, Céline, qu'est-ce que tu as fait pendant le week-end?

Je suis allée visiter le château de Chenonceau avec Hector et Virginie.

C'était comment? Ça t'a plu?

Oui! C'était magnifique! Quelle aventure, je te dis!

1

J'ai retrouvé les autres à la gare routière vers 7 h 55. On a acheté les billets.

C'est combien, un aller-retour pour Chenonceaux?

60 F.

Je voudrais une place, s'il vous plaît.

2

On est arrivés à Chenonceaux à 8 h 55. Ensuite, on a loué des vélos.

Le car est parti à 8 h 10.

3

C'est par là!

4

«Le château a été construit entre 1513 et 1521 par Thomas Bohier». On l'appelle «le château des six femmes». Eh, Hector, tu m'écoutes?

5

Oui, oui... Vous savez, on dit qu'il y a des gens qui disparaissent dans ces châteaux.

Sans blague? Tu plaisantes!

Je ne te crois pas.

6

On a visité le château...

7

Et puis, on a remarqué qu'Hector n'était plus là!

Tiens. Où est Hector?

Je ne sais pas.

8

On a cherché partout, mais on ne l'a pas trouvé.

On l'a perdu?

Il a disparu!

9

MISE EN TRAIN

1 Tu as compris?

1. Where did Céline and her friends go for the day?
2. How did they get there?
3. How did they find out about the history of the château?
4. What did they do at the château?
5. What happens at the end of the story?

2 Qui...

1. n'est pas allé au château?
2. a visité le château?
3. a trouvé Chenonceau magnifique?
4. a lu le guide du château?
5. a dit qu'il y a des gens qui disparaissent?
6. a disparu?
7. a cherché Hector partout?

Virginie

Bruno

Céline

Hector

3 Le journal de Céline

Complète le journal de Céline.

est parti	visiter
des vélos	est arrivés
magnifique	a remarqué
a cherché	a acheté

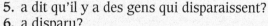

Ce week-end, je suis allée _____ le château de Chenonceau. C'était _____ ! On _____ les billets à la gare et le car _____ à 8 h 10. On _____ à Chenonceaux à 8 h 55. On est allés directement louer _____. J'ai lu mon guide du château à haute voix, mais Hector n'écoutait pas. Il nous a dit que des gens disparaissent dans les châteaux, mais je ne l'ai pas cru.
Après la visite guidée du château, on _____ qu'Hector n'était plus là ! On l'_____ partout, mais il avait disparu sans laisser de traces !
La suite au prochain numéro...

4 Cherche les expressions

What do the teenagers in **Le disparu** say to . . .

1. ask for an opinion?
2. express enthusiasm?
3. inquire about the cost of a round-trip ticket?
4. express disbelief?

5 Et maintenant, à toi

What do you think happened to Hector? What would you do if you were in Céline and Virginie's situation?

Asking for opinions; expressing enthusiasm, indifference, and dissatisfaction

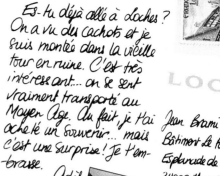

Es-tu déjà allé à Loches ? On a vu des cachots et je suis montée dans la vieille tour en ruine. C'est très intéressant... on se sent vraiment transporté au Moyen Age. Au fait, je t'ai acheté un souvenir... mais c'est une surprise ! Je t'embrasse. Adèle

Jean Brami
Bâtiment Le Fanal n°8
Esplanade de l'Europe
34000 MONTPELLIER

Le château d'Azay-le-Rideau

Si tu voyais Azay-le-Rideau ! C'est incroyable comme château. On s'est promenés dans le parc, puis on a fait un pique-nique. Le spectacle son et lumière sur la vie dans un château de la Renaissance était superbe. C'est vraiment à voir !
Frédéric

Véronique Fabre
8, rue de Liège
75 009 PARIS

NOTE CULTURELLE

Most castles in France are of two types. **Châteaux forts,** such as Loches, were built for protection in the Middle Ages. They are massive buildings with thick walls, often surrounded by a moat and built in a strategic location. **Châteaux de la Renaissance,** such as Chenonceau or Azay-le-Rideau, date from the sixteenth century when more thought was given to comfort than to defense. **Châteaux de la Renaissance** feature large windows, ornate sculptures or stonework, and often highly decorated interiors.

6 C'est Loches ou Azay-le-Rideau?

1. **a.** On peut monter dans une vieille tour.
   b. C'est un château du Moyen Age.
   c. On peut se promener dans le parc ou pique-niquer.
   d. On peut descendre voir les cachots *(dungeons)*.
   e. On l'a construit à l'époque de la Renaissance.
2. Quel château est-ce que tu préfères? Pourquoi?

VOCABULAIRE

Qu'est-ce que tu as fait pendant le week-end?

Perrine

Je suis allée dans un parc d'attractions.

J'ai fait un tour sur les montagnes russes…

et sur la grande roue.

Han

Ce week-end, moi, je suis allée au zoo!

J'ai fait une visite guidée,…

on a fait un pique-nique…

et on a donné à manger aux animaux. Ça m'a beaucoup plu!

Mariyam

Moi, je suis allée faire un circuit des châteaux!

Je suis montée dans des tours…

et après, on a assisté à un spectacle son et lumière. C'était magnifique!

7 Ecoute!

Regarde le **Vocabulaire** à la page 142 et écoute Alain et Monique qui parlent des activités de leurs amies. Est-ce qu'ils parlent de Perrine, d'Han ou de Mariyam?

8 L'album de photos de Fatima

Fatima just got back from a trip. She wanted to show you the photos, but when she opened the album, the pictures fell out. Help her by matching each photo with its caption.

b.

c.

d.

a.

1. On a fait une visite guidée du château et on a vu un spectacle son et lumière le soir. C'était génial!
2. Samedi midi au parc. Comme il faisait beau, on a décidé de faire un pique-nique. Mélanie et Franck ont apporté des fruits et nous, on a fait des sandwiches.
3. Ça, c'est le zoo qu'on a visité. Il y a plein d'animaux super là-bas! Et si on veut, on peut même donner à manger aux singes.
4. Karim et Gina n'ont pas voulu monter sur les montagnes russes. Mais Franck et moi, on s'est beaucoup amusés au parc d'attractions.

9 Alors, tu as fait le circuit...

Imagine you've taken one of the colorful trips advertised on these fliers. Your partner will ask you questions until he or she guesses which trip you took. Then, reverse roles.

—Tu es allé(e) dans un parc d'attractions?   — Oui.
—Tu as fait une visite guidée des châteaux?   — Non.
—Alors, tu as fait le circuit vert!   —   <u>?</u>

Faites le circuit jaune! On va... faire une visite guidée des châteaux, monter dans une tour, aller au zoo et donner à manger aux animaux!

ESSAYEZ LE CIRCUIT BLEU! VOUS POUVEZ... aller au zoo, donner à manger aux animaux, faire un pique-nique et aller dans un parc d'attractions!

Choisissez le circuit rose où vous pouvez... faire un pique-nique, aller au zoo, donner à manger aux animaux et assister à un spectacle son et lumière!

Amusez-vous en faisant le circuit vert! Vous pouvez... aller dans un parc d'attractions, faire un tour sur les montagnes russes, faire un pique-nique et assister à un spectacle son et lumière!

ON VA FAIRE LA FÊTE SUR LE CIRCUIT ORANGE! ALLONS... FAIRE UN PIQUE-NIQUE, ASSISTER À UN SPECTACLE SON ET LUMIÈRE, FAIRE UNE VISITE GUIDÉE DES CHÂTEAUX ET MONTER DANS UNE TOUR!

COMMENT DIT-ON...?

Asking for opinions; expressing enthusiasm, indifference, and dissatisfaction

To ask for an opinion:
C'était comment? *How was it?*
Ça t'a plu? *Did you like it?*
Tu t'es bien amusé(e)?
  Did you have fun?

To express enthusiasm:
C'était... *It was . . .*
  magnifique! *beautiful!*
  incroyable! *incredible!*
  superbe! *gorgeous!*
  sensas! *sensational!*
Ça m'a beaucoup plu.
  I really liked it.
Je me suis beaucoup amusé(e).
  I had a lot of fun.

To express indifference:
C'était... *It was . . .*
  assez bien. *OK.*
  comme ci, comme ça. *so-so.*
  pas mal. *all right.*
Mouais. *Yeah.*
Plus ou moins. *More or less.*

To express dissatisfaction:
C'était... *It was . . .*
  ennuyeux. *boring.*
  mortel. *deadly dull.*
  nul. *lame.*
  sinistre. *awful.*
Sûrement pas! *Definitely not!*
Je me suis ennuyé(e). *I was bored.*

NOTE DE GRAMMAIRE

You've probably noticed that **c'était** *(it was)* uses a form of the verb **être** you haven't studied yet. To describe what things were like in the past, you use a verb tense called the **imparfait** *(imperfect)*. You'll learn more about it in Chapter 8.

Tu te rappelles?

• Two of the most difficult sounds for English speakers to produce in French are the sound (y) in **tu** and the sound (u) in **tout**.

• To produce the (y) sound, start by saying *me* in English, then round your lips, keeping your tongue pressed behind your lower teeth. Practice by saying **Ça t'a plu?** and **Sûrement pas!** There's no equivalent to this sound in English, so it takes some practice to get it right.

• The (u) sound is like the vowel sound in the English word *fool*. Practice this sound by saying **beaucoup** and **un tour**.

• Learning to distinguish between these sounds is important. There's a big difference between a **pull** and a **poule** *(a hen)* in French!

10 Ecoute!

Listen to several friends discuss what they did over the weekend. Are they enthusiastic, indifferent, or dissatisfied? Listen again and write down each response.

11 L'autre moitié

Choisis la suite logique pour compléter chaque phrase.

1. Je me suis beaucoup ennuyé pendant mes vacances. _____
2. La plage? Bof... _____
3. —Tu t'es bien amusé à Paris?
   — _____
4. —C'était comment, le château de Chambord?
   — _____

a. Oui, ça m'a beaucoup plu.
b. C'était magnifique!
c. C'était mortel!
d. C'était comme ci, comme ça.

12 En famille

Ces familles sont parties en week-end. Où est-ce qu'elles sont allées? Qu'est-ce qu'elles ont fait? C'était comment pour chaque personne dans la famille?

1.

3.

2.

4.

13 C'était comment?

Ton ami(e) te pose la question **C'était comment?** Comment est-ce que tu réponds si...

1. tu es allé(e) à une boum chez ton/ta meilleur(e) ami(e) hier soir?
2. tu as fait une visite guidée d'une maison historique?
3. tu as vu un film français avec Gérard Depardieu?
4. tu es allé(e) à un concert de jazz?
5. tu es allé(e) dans un musée d'art moderne?
6. tu as fait un pique-nique à la plage avec ta famille?
7. tu as passé un examen de français?

14 Nos distractions

Make a list of six attractions in your region and ask your classmates if they've been there. Then, ask them how they liked each place. According to your poll, which place is the most popular? The least?

—Tu es déjà allé(e) à Mount Rushmore?
—Oui.
—Ça t'a plu?
—Beaucoup. C'était superbe!

15 Le week-end

Prépare un dialogue avec un(e) camarade de classe. Qu'est-ce que tu as fait ce week-end? Où es-tu allé(e)? Qu'est-ce que tu as fait là-bas? C'était comment? Et ton/ta camarade?

Le 21 avril à Chenonceau...

Hier, avec notre classe, on est allés au château de Chenonceau.

On est arrivés au château de bonne heure. Jean-Claude n'est pas venu avec nous.

Than et Mathieu sont entrés pour la visite guidée. Ali est directement monté au premier étage.

Anaïs est descendue au bord du Cher.

Charlotte est tombée dans le jardin de Diane de Poitiers.

Catherine et Surya sont restées longtemps au café.

Des touristes américains sont partis à vélo.

On est rentrés très contents!

16 Ecoute!

Listen as the teacher tries to locate all the students to head back to the bus. Where are these students?

1. Paul   2. Laurence   3. Ali   4. Guillaume   5. Mireille   6. Marcel

VOCABULAIRE

entrer (entré) *to enter*	naître (né) *to be born*	partir (parti) *to leave*
venir (venu) *to come*	devenir (devenu) *to become*	rentrer (rentré) *to go back (home)*
rester (resté) *to stay*	mourir (mort) *to die*	revenir (revenu) *to come back*
monter (monté) *to go up*	sortir (sorti) *to go out*	retourner (retourné) *to return*
descendre (descendu) *to go down*		

17 Un message de Paris

Your pen pal Loïc and some of his friends spent the day in Paris yesterday. Read the e-mail message he sent you and select the appropriate verb for each blank.

Hier, mes copains et moi, on est allés à Paris. On est __1__ (partis/retournés) de Rouen vers huit heures. A Paris, on est tout de suite allés à la Tour Eiffel. On est __2__ (nés/montés) tout en haut par les escaliers. Yann, lui, il est __3__ (resté/devenu) au deuxième étage parce qu'il était fatigué. Après, on a décidé d'aller au musée, mais Paul n'est pas __4__ (venu/mort). On a pris le bus et on est __5__ (revenus/descendus) à l'arrêt du Louvre. On est __6__ (entrés/sortis) dans le musée et on a fait une visite guidée. Vers quatre heures, on a repris le train et on est __7__ (rentrés/devenus) à la maison.

GRAMMAIRE The passé composé with être

- To form the **passé composé** of some verbs, you use **être** instead of **avoir** as the helping verb. The verbs you've just learned follow this pattern, as do the verbs **aller**, **tomber**, and **arriver** from Chapter 5.

  Je **suis rentré(e)**.   Nous **sommes rentré(e)s**.
  Tu **es rentré(e)**.   Vous **êtes rentré(e)(s)**.
  Il/Elle/On **est rentré(e)(s)**.   Ils/Elles **sont rentré(e)s**.

- When you form the **passé composé** with **être**, the past participle agrees in gender and number with the subject, just as an adjective agrees with the noun it describes. If the subject of the verb is feminine, add an **-e** to the past participle. If the subject is feminine plural, add **-es**. If it's masculine plural, add an **-s**. Don't forget that a compound subject with one masculine element is considered masculine plural.

18 Une journée au château

Tes copains et toi, vous êtes allés au château samedi dernier. Décris ce que chacun de vous a fait.

Je	arriver	au château de __?__
On	aller	à pied/à vélo/en train
Les filles	monter	dans une tour
Les garçons	descendre	dans le jardin
__?__	rester	dans la chambre du roi
__?__ et __?__	tomber	dans la boutique de souvenirs
	retourner	dans l'escalier
	__?__	__?__

> **De bons conseils**
>
> How can you remember when to use **avoir** to form the past tense and when to use **être**? A general rule of thumb is that you often associate **être** with verbs of motion. Think of a house. You use **être** with any verb that will get you *into* the house, *upstairs* and *downstairs* (even by falling!), and *out* of the house. Also, if you *stay* in the house, and are *born* or *die* in the house, you will use **être** with these verbs. Draw a picture to illustrate this and keep it as a study guide.

19 Qu'est-ce qu'il/elle a fait?

a. Choose a famous person and write down three things he or she did. Without giving the person's name, read your list to your group. The first one to guess the person's name takes the next turn.

Elle a trouvé…   Il a chanté…   Elle a joué…   Elle a découvert…

Il a inventé…   Elle est allée… pour…   Il est devenu célèbre grâce à (thanks to)…

b. Find out three additional interesting facts about the famous person you chose. Then, write a short paragraph about this person.

COMMENT DIT-ON... ?

Expressing disbelief and doubt

To express disbelief and doubt:

Tu plaisantes!
You're joking!
Pas possible!
No way!

C'est pas vrai.
You're kidding.
Ça m'étonnerait.
I doubt it.

N'importe quoi!
That's ridiculous!
Mon œil!
Yeah, right!

20 Ecoute!

Listen to Mai as she asks her friends about their weekends. Does she believe what they tell her or not?

21 C'est vrai?

What would you say if a friend made one of the following statements?

1.

«J'ai fait du jogging à 4h ce matin.»

4.

«On doit aller à l'école dimanche.»

2.

«J'ai vu Elvis Presley hier.»

5.

«Hier, j'ai gagné un million de dollars.»

3.

«La France est en Afrique.»

6.

«En Espagne, on parle allemand.»

22 Un jour...

Imagine three extraordinary things that happened to you and tell your partner about them. Your partner will express disbelief and ask for more details. Then, reverse roles.

> —Un jour, je suis arrivé(e) à l'école avec le président de la République française.
> —Tu plaisantes! Pourquoi est-ce qu'il est venu avec toi?
> — ...

23 Mon œil!

In your group, take turns telling tall tales about yourselves. The entire group will respond with expressions of doubt and disbelief. When you have told your stories, choose the best one from your group.

24 Un journal bizarre!

Put together your own newspaper of sensational stories. Each group will write up its best story, adding some details to make the story even more interesting and unbelievable.

PANORAMA CULTUREL

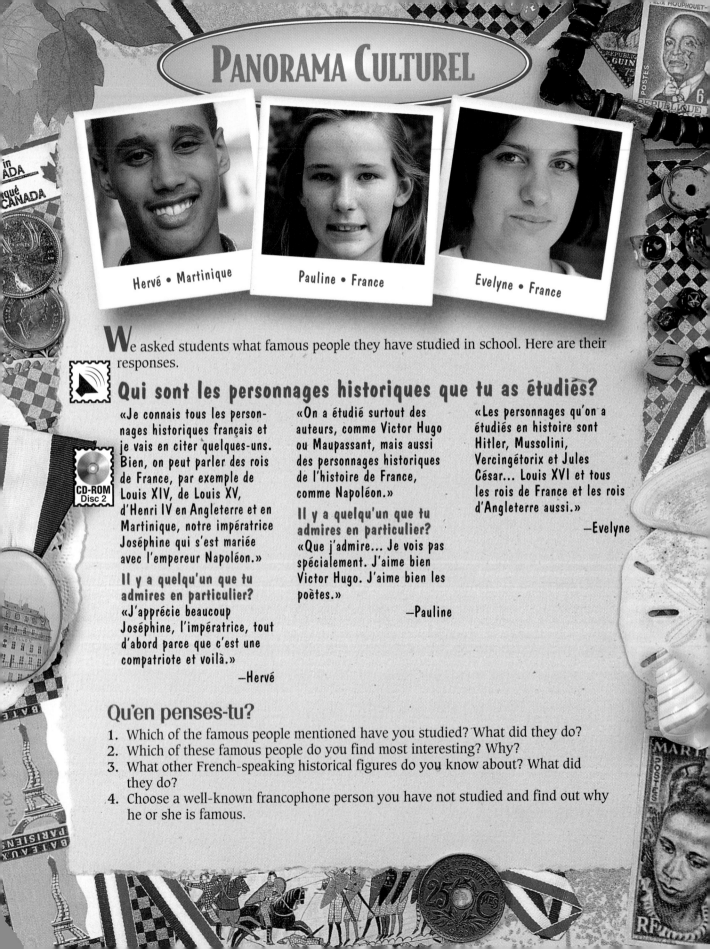

Hervé • Martinique

Pauline • France

Evelyne • France

We asked students what famous people they have studied in school. Here are their responses.

Qui sont les personnages historiques que tu as étudiés?

«Je connais tous les personnages historiques français et je vais en citer quelques-uns. Bien, on peut parler des rois de France, par exemple de Louis XIV, de Louis XV, d'Henri IV en Angleterre et en Martinique, notre impératrice Joséphine qui s'est mariée avec l'empereur Napoléon.»

Il y a quelqu'un que tu admires en particulier?
«J'apprécie beaucoup Joséphine, l'impératrice, tout d'abord parce que c'est une compatriote et voilà.»

—Hervé

«On a étudié surtout des auteurs, comme Victor Hugo ou Maupassant, mais aussi des personnages historiques de l'histoire de France, comme Napoléon.»

Il y a quelqu'un que tu admires en particulier?
«Que j'admire... Je vois pas spécialement. J'aime bien Victor Hugo. J'aime bien les poètes.»

—Pauline

«Les personnages qu'on a étudiés en histoire sont Hitler, Mussolini, Vercingétorix et Jules César... Louis XVI et tous les rois de France et les rois d'Angleterre aussi.»

—Evelyne

CD-ROM
Disc 2

Qu'en penses-tu?

1. Which of the famous people mentioned have you studied? What did they do?
2. Which of these famous people do you find most interesting? Why?
3. What other French-speaking historical figures do you know about? What did they do?
4. Choose a well-known francophone person you have not studied and find out why he or she is famous.

CIRCUITS D'UNE JOURNEE

Départ à 9 h 00, place de la Gare, quai n° 6

10 - TOURS, Cormery, vallée de l'Indre, **LOCHES** (visite, déjeuner libre), **CHENONCEAU** (visite), **AMBOISE** (visite), Montlouis, TOURS (vers 18 h 45).

Les samedis, du 10 avril au 25 septembre.
Les mardis, du 6 juillet au 28 septembre.

Car : **145 F**
Droits d'entrée : **65 F**

11 - TOURS, Amboise (vue sur le château), Chaumont, **BLOIS** (visite, déjeuner libre), Ménars, **CHAMBORD** (visite), **CHEVERNY** (visite), vallée du Cher, TOURS (vers 18 h 45).

Les lundis et vendredis, du 12 avril au 27 septembre.

Car : **145 F**
Droits d'entrée : **65 F**

Les circuits de jour sont accompagnés et commentés par des guides-interprètes de Touraine (français-anglais).

CIRCUITS D'UNE DEMI-JOURNEE

Départ à 13 h 15, place de la Gare, quai n° 6

12 - TOURS, Vouvray, **CHAUMONT** (visite), **LE CLOS-LUCE** à Amboise, demeure de Léonard de Vinci (visite), TOURS (vers 18 h 45).

Les samedis, du 3 juillet au 11 septembre.

Car : **93 F**
Droits d'entrée : **42 F**

13 - TOURS, Savonnières, Villandry, **USSE** (visite), **LANGEAIS** (visite), TOURS (vers 18 heures).

Les mardis, du 6 juillet au 31 août.

Car : **93 F**
Droits d'entrée : **35 F**

SPECTACLES *SON ET LUMIERE*

Départ place de la Gare, quai n° 6

14 - **LE LUDE :** "Les glorieuses et fastueuses soirées au bord du Loir". Départ à 21 heures jusqu'au 31 juillet, à 20 h 30 au mois d'août.

Les samedis, du 26 juin au 21 août.
Les vendredis, du 25 juin au 20 août.

Car et droits d'entrée : **140 F**

15 - **AMBOISE :** "A la Cour du Roy François". Départ à 21 h 30 jusqu'au 31 juillet, à 21 heures à partir du 1er août.

Les mercredis, du 7 juillet au 25 août.

Car et droits d'entrée : **120 F**

25 A lire avec attention

Ces gens choisissent quel(s) tour(s) ?

1. Julien voudrait visiter Chaumont et Clos-Lucé.
2. Francine veut voir un spectacle son et lumière mercredi.
3. Hélène a 128 F pour le car et l'entrée.
4. Cam voudrait assister à un spectacle son et lumière vendredi.
5. Luc veut voir Amboise et visiter Chambord.
6. En avril, Marion voudrait visiter des châteaux.
7. Robert veut faire une visite guidée en anglais.

NOTE CULTURELLE

The intercity bus **(le car)** and the train **(le train)** are two excellent ways to see France. Trains run frequently between larger towns and cities. They are known for running on time. Nearly all train lines are electrified and computerized. The **train à grande vitesse (TGV)**, a high-speed train that covers long distances with only a few stops, is the most popular. At the **gare routière,** usually located at the train station, you can take the bus to the smaller towns in the region you are visiting. Some of the bus stations also offer tours, like the ones you see here in the brochure.

COMMENT DIT-ON... ?

Asking for and giving information

To ask for information:

**A quelle heure est-ce que le train
(le car) pour** Blois **part?**
*What time does the train (the bus)
for . . . leave?*

De quel quai?
From which platform?

**A quelle heure est-ce que vous
ouvrez (fermez)?**
What time do you open (close)?

To ask for prices:

Combien coûte un aller-retour?
How much is a round-trip ticket?

Combien coûte un aller simple?
How much is a one-way ticket?

C'est combien, l'entrée?
How much is the entrance fee?

To respond:

A 14h40.

Du quai 5.

A 10h (à 18h).

To ask for what you want:

Je voudrais un aller-retour.
I'd like a round-trip ticket.

Un aller simple, s'il vous plaît.
A one-way ticket, please.

Trois tickets, s'il vous plaît.
Three (entrance) tickets, please.

---

26 Ecoute!

Nathalie achète un billet à la gare. Ecoute sa
conversation avec l'employé de la gare.
Ensuite, complète les phrases suivantes.

1. Nathalie veut aller à...
2. Le train part à...
3. Elle voudrait un...
4. Ça coûte...
5. Le train part du quai...

NOTE DE GRAMMAIRE

- To ask a question formally, use the
question word(s) followed by **est-ce
que: A quelle heure est-ce que le
train arrive?**
- To ask a question informally, put the
question word(s) at the end of the
question: **Le train arrive à quelle
heure?**

27 Méli-mélo!

Mets en ordre cette conversation entre
l'employée de la gare routière et un
touriste.

Du quai 6.

Alors, je voudrais
un aller-retour.

De quel quai?

C'est 145 F.

Voilà.

A 9h, monsieur.

Bonne route!

Merci, madame.

C'est combien, le car?

A quelle heure est-ce que
le car numéro 10 part?

28 Une excursion

Look at the brochure on page 151. Choose a trip you would like to take and buy your ticket
from the agent. Be sure to ask for all the information you need. Act out the scene with a
partner and then reverse roles.

29 Au château de Fontainebleau

Lis les renseignements pratiques pour Fontainebleau et réponds aux questions suivantes.

1. Les jardins ouvrent à quelle heure?
2. A quelle heure est-ce qu'ils ferment? Pourquoi est-ce que l'heure de fermeture change?
3. Le château ouvre à quelle heure? Il ferme à quelle heure pour le déjeuner?
4. A quelle heure est-ce que le château rouvre? Il ferme à quelle heure le soir?

past participle ; ouvert

> ## NOTE DE GRAMMAIRE
>
> **Ouvrir** *(to open)* ends in **-ir,** but it's conjugated like a regular **-er** verb. Drop the **-ir** and add the endings **-e, -es, -e, -ons, -ez,** or **-ent.**

> ## RENSEIGNEMENTS PRATIQUES:
>
> Les cours et jardins sont ouverts tous les jours dès 8 h du matin et ferment entre 17 et 20 h 30 suivant la saison.
>
> Le château est ouvert tous les jours (sauf mardi) de 9 h 30 à 12 h 30 et de 14 h à 17 h. Fermeture des caisses à 11 h 30 et 16 h.
>
> L'entrée générale pour les grands et petits appartements, le Musée Napoléon et le Musée Chinois se fait au milieu du bâtiment de droite de la cour du cheval blanc.
>
> Renseignements : tél. 01 64 22 27 40.

30 A la boutique de cadeaux

You've decided to open a gift shop near Fontainebleau. Decide what your business hours will be, remembering that it is normal for stores to close for a long lunch. Then take turns with your partner, answering the phone as a tourist calls to ask for your hours.

31 Jeu de rôle

This Saturday you're leaving Tours to see the château at Azay-le-Rideau. Choose the train you'll take. Answer your parent's questions about what you're doing and when you're leaving. Act out the scene with a partner and then reverse roles.

SEMAINE

	CAR	CAR	⬀			⬀	TGV 1	CAR	TGV	⬀ 2	⬀ 3				TGV	CAR		TGV 4		5	6		5	6
Tours (SNCF)			8.05					12.23	12.23						16.36				17.19	17.23				
Tours (Halte Routière)	6.30	6.40				8.35								14.45										
St-Pierre-des-Corps (S						8.51								15.02										
Joué-lès-Tours (SNCF)			8.13					12.31	12.31						16.44				17.27	17.31				
Joué-lès-Tours (Mairie	6.44	6.57																						
Ballan		7.05	8.19					12.38	12.37					15.22	16.51				17.33					
Druye									12.44										17.40					
Azay-le-Rideau (SNCF)								12.51	12.52						17.04				17.50					
Azay-le-Rideau (Mairie		7.22				9.20								15.38										
Rivarennes									12.58										17.57					
St-Benoît-la-Forêt (Hô		7.35																						
Chinon (SNCF)		7.50				9.40		13.10	13.14					16.05				17.23		18.12				

• du lundi au vendredi   ◯ le samedi   ◉ du lundi au samedi   ⬀ INTERLOIRE : TER circulant à 200 km/h.

Source SNCF 1997

32 Mon journal

Write about a real or imaginary trip you've taken. Tell when you left, how you got there, what you did, and whether or not you had a good time.

La Belle au bois dormant

Il était une fois un roi et une reine qui ne pouvaient pas avoir d'enfants. Un jour pourtant, la reine attend un enfant et elle a une fille. On fait alors un beau baptême; on donne pour marraines à la petite princesse les sept fées du pays. Chaque fée doit faire un don à l'enfant. Après les cérémonies du baptême, tout le monde revient au palais du roi, où il y a une grande fête. On met un couvert en or devant chaque fée. Tout à coup, on voit entrer une vieille fée qu'on n'avait pas invitée parce qu'on la croyait morte.

Le roi lui donne un couvert, mais pas en or parce qu'il n'y en avait que sept, pour les sept fées. La vieille croit qu'on la méprise et dit quelques menaces entre ses dents. Une des jeunes fées l'entend. Elle pense que la vieille va faire du mal à la petite princesse. Alors, elle va se cacher derrière la tapisserie, pour parler la dernière et pour pouvoir réparer le mal que la vieille veut faire.

Les huit fées commencent alors à faire leurs dons à la princesse. La plus jeune fée dit que la princesse va être la plus belle personne du monde; la deuxième fée dit qu'elle va être très intelligente; la troisième dit qu'elle va avoir une grâce admirable; la quatrième dit qu'elle va danser parfaitement; la cinquième dit qu'elle va chanter comme un rossignol et la sixième dit qu'elle va jouer de toutes sortes d'instruments de façon parfaite.

Le tour de la vieille fée arrive. Elle dit que la princesse va se percer la main d'un fuseau et qu'elle va mourir. Ce don terrible

Did you read fairy tales when you were little? What is your favorite fairy tale?

A. Think of some fairy tales that you have read. In what type of genre do fairy tales fall? What do most fairy tales have in common? What makes fairy tales unique?

B. Skim the story and the title. What is the English title of this fairy tale? Based on what you already know about this fairy tale, what do you think will happen?

C. How do fairy tales often begin in English? What do you think **Il était une fois** means?

D. Place the following events from *La Belle au bois dormant* in order.

1. Tout le monde dans le palais se réveille.
2. On fait un baptême pour la fille.
3. La princesse se perce la main.
4. Le roi interdit à toutes personnes de filer au fuseau.
5. Le prince passe près du château.

fait pleurer tout le monde. A ce moment, la jeune fée sort de derrière la tapisserie et dit :

« Rassurez-vous, roi et reine, votre fille ne va pas mourir. Je n'ai pas assez de puissance pour défaire entièrement ce que la vieille a fait. La princesse va se percer la main d'un fuseau; mais au lieu de mourir, elle va dormir pendant cent ans. Puis, un beau prince va venir la réveiller. »

Pour essayer d'éviter le malheur annoncé par la vieille, le roi interdit aussitôt à toutes personnes de filer au fuseau et il fait brûler tous les fuseaux qu'on trouve dans le royaume.

Seize ans plus tard, la jeune princesse se promène dans le château. Elle va jusqu'au haut d'un donjon où une bonne dame file au fuseau.

« Que faites-vous là, ma bonne dame? dit la princesse.
—Je file, ma belle enfant, lui répond la dame.
—Ah! Que cela est joli, reprend la princesse. Comment faites-vous? Donnez-moi votre fuseau. Je voudrais essayer de filer. »

Elle prend le fuseau et aussitôt, elle se perce la main et s'endort.

La bonne dame crie au secours. On vient de tous côtés et on essaie de réveiller la princesse, mais elle ne se réveille pas. Alors, le roi se souvient de la prédiction des fées et il ordonne qu'on laisse la princesse dormir pendant cent ans. On appelle une fée. La fée pense qu'à son réveil, la princesse va être bien seule dans ce vieux château. Alors, elle touche tout dans le château avec sa baguette magique. Tout le monde s'endort comme la princesse. Tout d'un coup, une grande forêt pousse tout autour du château.

Cent ans plus tard, un beau prince passe près du château où la princesse dort. Il voit un paysan et il lui demande qui habite dans ce château. Le vieux paysan lui répond :

« Mon prince, on m'a dit qu'il y a dans ce château une très belle princesse qui dort depuis cent ans, et qu'un beau prince va la réveiller. »

Alors, le jeune prince décide tout de suite de voir si c'est vrai. Quand il arrive dans la forêt, tous les arbres s'écartent pour le laisser passer. Il entre dans le château et voit que tout le monde dort. Il va dans une chambre et il voit le plus beau spectacle du monde : une très belle princesse qui dort. Il se met à genoux près de la princesse. Alors, la princesse se réveille et lui dit :

« Est-ce vous, mon prince? Je vous ai attendu longtemps. »

Le prince tombe tout de suite amoureux de la princesse et lui dit qu'il l'aime.

Alors, tout le monde dans le palais se réveille. On organise une grande fête. Et après le dîner, on marie le prince et la princesse dans la chapelle du château.

E. What do the first six fairies give to the princess? What does the old fairy say will happen to the princess?

RAPPEL Remember to use the context to help you guess the meaning of an unfamiliar word.

F. Match the following terms with their English equivalents.

1. **fée**   a. power
2. **se percer**   b. spindle
3. **puissance**   c. fairy
4. **donjon**   d. to prick, pierce
5. **fuseau**   e. tower

G. Why did the fairy put everyone else to sleep when she discovered what happened to the princess?

H. How does *La Belle au bois dormant* end? What do you think will happen to the prince and princess in the future?

I. Act out the story of *La Belle au bois dormant* in groups, assigning one member of your group the role of narrator. You may want to use costumes and props.

J. Now, write the story of *La Belle au bois dormant* in a different genre. Imagine that this story will appear in the newspaper. Tell what happened in the story by adapting it for a newspaper article.

1 When you arrive at Amboise, you buy a pamphlet about the château. Read the information in the pamphlet and answer the questions as best you can.

Un homme de goût

Depuis toujours, les châtelaines recevaient peu de respect et d'attention de la part des hommes de la cour. Mais, sous François Ier, leur rôle dans la société ainsi que la façon dont elles étaient traitées ont commencé à changer. Le roi François aimait les femmes, les respectait et attendait de tous les hommes de sa cour qu'ils en fassent autant. Si un homme disait du mal d'une femme, il était pendu. François Ier dépensait beaucoup pour les vêtements de ses courtisanes. Il voulait qu'elles montrent leur beauté. Sous son règne, la Cour de France est devenue une école d'élégance, de goût et de culture où les arts, les sciences et la poésie étaient célébrés lors des nombreux festivals organisés par le roi lui-même.

1. How were women treated before the reign of Francis I?
2. How did he treat the women in his court?
3. How did their role change when Francis I became king?
4. What did he spend a lot of money on? Why?
5. How did the French court change under his reign?
6. What did he organize?

2 You call the bus station in Tours, but you get a recorded message. Listen carefully and note the times you'll need to catch the bus to and from Amboise and how much your ticket will be.

3 How much cultural information do you remember from this chapter? Match the people, places, and things on the left with the terms on the right.

1. Azay-le-Rideau
2. Joséphine
3. le TGV
4. Victor Hugo
5. Moyen Age
6. le car

a. poète
b. gare routière
c. château de la Renaissance
d. château fort
e. Martinique
f. train à grande vitesse

4

Ecrivons!

You've been hired by a local tourism office to write materials for French tourists who visit your area. Your first assignment is to write a summary of the life and accomplishments of a famous person from your region.

STRATEGIE

A summary is a brief version of the details of an event or of a person's life, told in your own words. A good summary will give your readers the important facts about the famous person you've chosen without including too many unnecessary details.

Préparation

To write your summary, you'll first need to find information on the famous person you've chosen to write about. Narrow down your sources to avoid wasting time. For example, if the person you've chosen was well known only in your region, an American history book probably wouldn't be a good source to consult. Instead, you might try sources that deal strictly with your state or region's history.

Believe it or not, your summary actually begins *before* you start to write. How? It begins with your research, because it's here that you decide which points about this person's life are important enough to include in your summary. As you learn about the person, take notes about events or accomplishments in his or her life that are truly significant.

Rédaction

Using the notes you've compiled, write your summary about the individual you selected. The key to writing a good summary is to be concise; say as much as possible in a few words. Remember, you're not trying to document every fact about your famous person's life; you only want to feature the high points.

Evaluation

When you are writing about historical figures, accuracy is very important. Go back to the sources you consulted and make sure the dates you've cited are correct and that the facts you've presented are accurate.

After you've completed the first draft of your summary, give it to a classmate to read. Have him or her point out any sentences or phrases that are unclear. You might also ask your classmate to point out any details in your summary that he or she feels are unnecessary.

5

J E U   D E   R O L E

While you're at Amboise, one of your friends disappears! Act out the scene with two classmates.

- Make suggestions about what might have happened to your friend.
- React with doubt to the suggestions.
- Resolve the problem.

Can you use what you've learned in the chapter?

Can you ask for opinions? p. 144

1 How would you ask . . .

1. how your friend's weekend was?
2. if your friend liked what he or she did?
3. if your friend had fun?

Can you express enthusiasm, indifference, and dissatisfaction? p. 144

2 You're just back from a trip, and your friend asks you how it was. How would you respond if you had visited these places?

1.

2.

3.

3 How would you tell what you did on your last vacation and how you liked it?

4 How would you respond if your friend told you . . .

Can you express disbelief and doubt? p. 148

1. she got lost in the dungeon while visiting a castle?
2. he saw the ghost of Francis I arguing with Leonardo da Vinci?
3. she found 100 gold coins in the gardens at Chenonceau?
4. he just inherited the château of Azay-le-Rideau?

5 How would you find out . . .

Can you ask for and give information? p. 152

1. the cost of a round-trip ticket to your destination?
2. which platform the train leaves from?
3. at what time the train leaves?
4. when a place opens and closes?
5. how much it costs to get into a place?

6 Can you ask someone . . .

1. at what times this museum opens?
2. at what time it closes in the spring?
3. what the regular entrance fee is?
4. what the fee for teenagers is?

7 Can you give the information above?

> **TOURS** (Musée Archéologique de l'Hôtel Goüin) 25 rue de Commerce - Tél. 02.47.66.22.32
> Du 1er février au 14 mars et du 1er octobre au 30 novembre de 10h à 12h30 et de 14h à 17h30, fermé le vendredi. Tous les jours du 15 mars au 14 mai de 10h à 12h30 et de 14h à 18h30. Du 15 mai au 30 septembre de 10h à 19h. Entrée : Plein tarif : 18 F - Groupes + 15 pers. et 3e âge : 15 F - Enfants de 7 à 18 ans : 12 F - Scolaires : 5 F.

PREMIERE ETAPE

Asking for opinions; expressing enthusiasm, indifference, and dissatisfaction

C'était comment? *How was it?*
C'était... *It was . . .*
  magnifique *beautiful*
  incroyable *incredible*
  superbe *gorgeous*
  sensas *sensational*
  assez bien *OK*
  comme ci, comme ça *so-so*
  pas mal *all right*
  ennuyeux *boring*
  mortel *deadly dull*
  nul *lame*
  sinistre *awful*
Ça t'a plu? *Did you like it?*

Ça m'a beaucoup plu. *I really liked it.*
Mouais. *Yeah.*
Sûrement pas! *Definitely not!*
Tu t'es amusé(e)? *Did you have fun?*
Je me suis beaucoup amusé(e). *I had a lot of fun.*
Plus ou moins. *More or less.*
Je me suis ennuyé(e). *I was bored.*

Activities

assister à un spectacle son et lumière *to attend a sound and light show*
donner à manger aux animaux *to feed the animals*

faire un circuit des châteaux *to tour some châteaux*
faire un pique-nique *to have a picnic*
faire un tour sur la grande roue *to ride on the ferris wheel*
faire un tour sur les montagnes russes *to ride on the roller coaster*
faire une visite guidée *to take a guided tour*
monter dans une tour *to go up in a tower*
visiter un parc d'attractions *to visit an amusement park*
visiter un zoo *to visit a zoo*

DEUXIEME ETAPE

Expressing disbelief and doubt

Tu plaisantes! *You're joking!*
Pas possible! *No way!*
Ça m'étonnerait. *I doubt it.*
C'est pas vrai! *You're kidding!*
N'importe quoi! *That's ridiculous!*
Mon œil! *Yeah, right!*

Verbs

entrer *to enter*
venir *to come*
rester *to stay*
monter *to go up*
descendre *to go down*
partir *to leave*
sortir *to go out*
rentrer *to go back (home)*
revenir *to come back*

retourner *to return*
naître *to be born*
devenir *to become*
mourir *to die*

TROISIEME ETAPE

Asking for and giving information

A quelle heure est-ce que le train (le car) pour... part? *What time does the train (the bus) for . . . leave?*
De quel quai? *From which platform?*
Du quai... *From platform . . .*

A quelle heure est-ce que vous ouvrez (fermez)? *What time do you open (close)?*
Combien coûte... ? *How much is . . . ?*
un aller-retour *a round-trip ticket*

un aller simple *a one-way ticket*
C'est combien, l'entrée? *How much is the entrance fee?*
Je voudrais... *I'd like . . .*
Un..., s'il vous plaît. *A . . . , please.*
...tickets, s'il vous plaît. *. . . (entrance) tickets, please.*

7
En pleine forme

1 Tu devrais faire du sport!

Staying in good health and physical condition is important. Although you can't avoid getting sick from time to time, you can stay healthy and energetic by eating right and exercising while still having fun with your friends!

In this chapter you will learn

- to express concern for someone; to complain
- to give, accept, and reject advice; to express discouragement; to offer encouragement
- to justify your recommendations; to advise against something

And you will

- listen to friends giving advice about health and sports
- read about healthful foods
- write a health brochure
- find out what people in francophone countries do to stay in shape

② C'est bon pour toi!

③ Je suis tout raplapla.

161

Mise en train

Trop de conseils

What do you do when you're feeling out of sorts? Look at the photos
and read the story to see what kind of advice Bruno gets from his friends.

Eh bien, qu'est-ce que tu as, Bruno? Tu n'as pas l'air en forme.

Je ne sais pas. Je me sens tout raplapla. Je suis fatigué. J'ai mal dormi.

1

A quelle heure tu t'es couché hier soir?

Vers minuit, comme d'habitude.

Mais, c'est beaucoup trop tard!

2

Tu as pris le petit déjeuner ce matin?

Ben, non. J'étais pressé.

Tu ne dois pas sauter les repas.

3

Il est important de bien se nourrir. Mange des fruits et des légumes. Il faut surtout manger des choses variées, manger équilibré. C'est bon pour toi.

4

Et est-ce que tu fais du sport?

Non, rarement.

Tu ferais bien de t'entraîner. Tu devrais faire de l'exercice.

5

1 Tu as compris?

1. How does Bruno feel at the beginning of the story?
2. What three things do Céline and Hector ask him about?
3. What do they suggest to help him feel better?
4. Where do Hector and Bruno go? What do they do there?
5. How does Bruno feel at the end of the story?

2 Fais ton choix

Complète ces phrases d'après **Trop de conseils.**

1. Bruno s'est couché vers...
   a. dix heures.
   b. onze heures et demie.
   c. minuit.

2. Au petit déjeuner, Bruno...
   a. a mangé une pomme.
   b. a mangé des céréales.
   c. n'a rien mangé.

3. D'après Céline, il est important de...
   a. se coucher tard.
   b. bien se nourrir.
   c. sauter des repas.

4. Bruno fait du sport...
   a. rarement.
   b. souvent.
   c. de temps en temps.

5. D'après Hector, pour élever le rythme cardiaque, il faut...
   a. s'échauffer.
   b. tonifier les muscles.
   c. faire de l'aérobic.

6. Bruno s'est fait mal...
   a. à la main.
   b. à la cheville.
   c. à la tête.

3 Cherche les expressions

What does Céline or Hector say to . . .

1. find out what is wrong with Bruno?
2. give him advice?
3. justify their advice?
4. offer encouragement?

What does Bruno say to . . .

5. tell how he's feeling?
6. express his discouragement?
7. complain about an injury?
8. express his annoyance with his friend?

4 Qu'est-ce qu'ils disent?

 1.
 2.
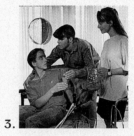 3.
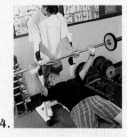 4.

a. «Il est important de bien se nourrir.»
b. «Je me sens tout raplapla.»
c. «J'ai sauté le petit déjeuner ce matin.»
d. «Il faut tonifier ses muscles.»

5 Et maintenant, à toi

What do you think of the advice Bruno's friends gave him? What would you advise Bruno to do? How do you react when your friends give you advice about your health?

PREMIERE ETAPE

Expressing concern for someone; complaining

COMMENT DIT-ON... ?

Expressing concern for someone; complaining

To express concern for someone:

Quelque chose ne va pas? *Is something wrong?*

Qu'est-ce que tu as? *What's wrong?*

Tu n'as pas l'air en forme. *You don't look well.*

To complain:

Je ne me sens pas bien. *I don't feel well.*

Je suis tout(e) raplapla. *I'm wiped out.*

J'ai mal dormi. *I didn't sleep well.*

J'ai mal partout! *I hurt all over!*

QU'EST-CE QUE TU AS?

TU N'AS PAS L'AIR EN FORME

JE NE ME SENS PAS BIEN... J'AI MAL PARTOUT!

VOCABULAIRE

ATCHOUM!!

A tes souhaits!

Je suis malade. *I'm sick.*

J'ai mal au cœur. *I'm sick to my stomach.*

J'éternue beaucoup. *I'm sneezing a lot.*

J'ai... *I have . . .*

un rhume. *a cold.*

la grippe. *the flu.*

des allergies. *allergies.*

mal à la tête/à la gorge. *a headache/sore throat.*

le nez qui coule. *a runny nose.*

de la fièvre. *fever.*

6 Ecoute!

Listen to Lucien's friends complain about how they feel. Match the person's name with his picture. What would the person in the remaining picture say?

1. Edouard   2. Jérôme   3. Jean-Claude

a.

b.

c.

d.

7 Tu n'as pas l'air en forme!

Tu n'as pas l'air en forme aujourd'hui et ton ami(e) te demande ce que tu as. Qu'est-ce que tu réponds si...

1. tu t'es couché(e) à deux heures du matin?
2. tu es allergique aux chats?
3. tu es fatigué(e)?
4. tu as besoin d'aspirine?
5. tu éternues et tu as le nez qui coule?
6. tu es allé(e) au championnat de foot hier soir et tu as beaucoup crié?
7. tu as la grippe?

8 C'est pas de chance, ça!

You came to school sick today. Your friend responds sympathetically to your complaints and tells you what to do. Act out the scene, and then reverse roles.

Pauvre vieux (vieille)!

Oh là là!   Tu devrais dormir!

Bois du jus de fruit!

C'est pas de chance, ça!

Prends des médicaments!

J'ai mal partout!
J'ai mal...

à l'oreille (f.)
au cou
au bras
aux dents (f.)
au dos
au ventre
à la main
au genou
à la jambe
au pied

9 Ecoute!

Listen as several students talk to the pharmacist. Where are their aches and pains?

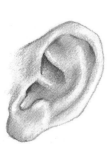

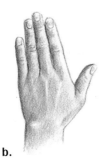

a.   b.   c.   d.

10 J'ai mal à...

Qu'est-ce qui te fait mal si...

1. tu as mangé trop de pizza?
2. tu as joué au volley-ball toute la journée?
3. tu as fait cent abdominaux *(sit-ups)*?
4. tu as passé deux heures à faire du jogging?

5. tu as dansé jusqu'à minuit?
6. tu as passé la nuit à étudier?
7. tu es allé(e) chez le dentiste?
8. tu es assis(e) tout près des enceintes *(speakers)* à un concert de rock?

11 Jacques a dit

Your group leader tells you where you ache: **Vous avez mal au dos.** The group acts it out, but only if the leader begins by saying **Jacques a dit.** You're out if you act out a pain when the leader doesn't begin by saying **Jacques a dit.** The winner becomes the next leader.

12 Aïe! J'ai mal partout!

You worked out last night and now you're sore all over. When your friend asks how you are, complain about all that hurts. Your friend should react sympathetically. Then, reverse roles.

^A_{la} française

When you hurt yourself accidentally, say **Aïe!** *(Ow!)* or **Ouille!** *(Ouch!)*. When you've finished doing something physically difficult, say **Ouf!** *(Whew!)*.

VOCABULAIRE

Qu'est-ce qui t'est arrivé?

CD-ROM Disc 2

FATIMA: JE ME SUIS FAIT MAL AU COUDE!

GUY: JE ME SUIS CASSÉ LA JAMBE!

VERONIQUE: JE ME SUIS FOULÉ LA CHEVILLE!

TRANH: JE ME SUIS COUPÉ LE DOIGT!

13 Ecoute!

You're helping out the nurse at a **colonie de vacances** this summer. Listen as she tells you about the patients who have come in this morning. Which of the people in the **Vocabulaire** on page 167 is she talking about? Fatima? Guy? Véronique? Tranh?

14 Comme la vie est dure!

Accidents will happen! Complete these sentences in as many ways as you can.

1. Quand mes amis et moi sommes allés faire du ski, je n'ai pas eu de chance! Je me suis cassé ___?___.

2. Mon amie faisait la cuisine et elle s'est coupé ___?___.

3. A la fin de la soirée, mon meilleur ami s'est foulé ___?___.

4. En rentrant chez moi, je me suis fait mal ___?___.

NOTE DE GRAMMAIRE

CD-ROM Disc 2

- Many of the verbs you use to tell about injuries are reflexive. They follow the same pattern in the past tense as other reflexive verbs you've learned:

    Je **me suis cassé** la jambe.
    Nous **nous sommes cassé** la jambe.
    Tu **t'es cassé** le doigt.
    Vous **vous êtes cassé** le bras.
    Elle **s'est cassé** la cheville.
    Ils **se sont cassé** les doigts.

- When a direct object follows a reflexive verb, as in the sentences above, the past participle does not change:

    Elle s'est **coupée**. *but*
    Elle s'est **coupé** le doigt.

---

15 Le maladroit

Ton ami Pascal a passé un mauvais week-end. Qu'est-ce qui lui est arrivé? Complète ce paragraphe.

J'ai passé un week-end épouvantable! D'abord, vendredi,

je ____ , donc je n'ai pas pu aller faire du ski avec mes copains. Ensuite, samedi

après-midi, je faisais un sandwich quand je ____ . Et c'est

pas tout! Samedi soir, en entrant dans ma chambre,

je ____ . Dimanche, j'allais répondre au téléphone quand je suis

tombé dans l'escalier et je ____ . Je craque, moi!

16 Qu'est-ce qui s'est passé?

You phone a friend to find out why he or she didn't meet you after school. Your friend says he or she is hurt and tells you what's wrong. React with sympathy, or express disbelief if you think your friend is making excuses. Make your conversation humorous or serious. Then, reverse roles.

Si tu as oublié **how to express doubt** va à la page 148.

RENCONTRE CULTURELLE

1. Elle a un chat dans la gorge.

2. Il a pris ses jambes à son cou!

3. Ça coûte les yeux de la tête!

4. Tu me casses les pieds!

Qu'en penses-tu?

1. How would you translate these expressions literally? Can you figure out what the expressions mean figuratively? What would the English equivalents be?
2. Think of expressions like these in English. Then, find out what they are in French.

Savais-tu que... ?

Different cultures sometimes use very different images to convey the same idea. Did you figure out the English equivalents of the French expressions above?

1. Literal meaning:
   She's got a cat in her throat.
   English equivalent:
   She's got a frog in her throat.
2. Literal meaning:
   He took his legs to his neck.
   English equivalent:
   He ran like the wind.
3. Literal meaning:
   It costs the eyes from the head.
   English equivalent:
   It costs an arm and a leg.
4. Literal meaning:
   You're breaking my feet!
   English equivalent:
   You're a pain in the neck!

DEUXIEME ETAPE

Giving, accepting, and rejecting advice; expressing discouragement; offering encouragement

Musculation • Circuit training
Plans d'entraînement individuels

COMPLEX SPORTIF RASPAIL
68, boulevard Raspail 75006 Paris
tel : 01.45.79.32.56
ouvert tous les jours de 8h à 22h

Piscine • Sauna • Hammam
Bains à remous

	CULTURE PHYSIQUE	RELAXATION	DANSE	ARTS MARTIAUX	SPORTS DE COMBAT	SPORTS AQUATIQUES
Lundi	Abdominaux : 11h15, 13h et 19h30 Aérobic : 8h30, 15h 18h30 et 20h	Yoga : 9h, 12h30 et 18h45 Gym douce : 10h15, 15h45 et 19h45	Modern'jazz : 19h30 Danse africaine : 18h45	Judo : 19h Karaté : 20h15	Boxe américaine : 20h30 Self-défense : 20h45	Gym aquatique : 9h, 12h30 et 18h30
Mardi	Stretching : 12h30 et 18h15 Abdominaux : 11h, 15h et 20h30	Yoga : 9h, 12h30, 16h45 et 18h45	Modern'jazz : 18h30 Danse de salon : 20h45	Aïkido : 18h45	Boxe anglaise : 18h45 Self-défense : 20h45	Gym aquatique : 15h et 19h30
Mercredi	Abdominaux : 11h15 et 19h30 Aérobic : 8h30, 15h, 18h30 et 20h	Yoga : 8h, 12h30 et 19h30 Gym douce : 12h, 15h45 et 20h	Modern'jazz : 19h45 Danse africaine : 20h45	Judo : 19h Aïkido : 18h45		
Jeudi	Abdominaux : 11h15, 15h et 20h30 Aérobic : 9h30, 16h, 18h30 et 21h		Rock : 18h45 Danse africaine : 19h45 et 21h	Judo : 19h	Boxe américaine : 18h30 Self-défense : 19h45	Gym aquatique : 10h45 et 20h30
Vendredi	Aérobic : 8h30, 15h, 18h30 et 20h Step : 9h, 16h et 19h45	Yoga : 11h45, 13h30 et 19h45 Gym douce : 10h15, 15h45 et 20h45	Danse de salon : 20h30 Danse africaine : 18h45	Karaté : 20h15 Aïkido : 18h45	Boxe américaine : 19h30 Self-défense : 19h45	
Samedi	Abdominaux : 11h45, 14h et 19h30 Aérobic : 10h30, 15h, 18h30 et 19h30	Yoga : 9h, 12h30, 15h45, 17h et 18h45 Gym douce : 10h15, 13h, 17h15 et 19h45	Modern'jazz : 14 h et 19h30 Danse africaine : 14h et 18h45	Judo : 10h45, 14h, 16h et 19h Aïkido : 12h, 15h45, 16h30 et 18h45	Boxe américaine : 11h45 et 20h30 Boxe anglaise : 10h, 18h45 et 21h	Gym aquatique : 8h45, 10h45, 13h, 15h45 et 18h30
Dimanche	Aérobic : 9h30, 15h, 18h45 et 20h Step : 9h, 16h et 19h45	Yoga : 8h, 14h30 et 18h45 Gym douce : 10h15, 15h45	Rock : 19h30 Danse africaine : 18h45	Judo : 19h30 Karaté : 20h45	Boxe américaine : 18h30 Self-défense : 19h45	Gym aquatique : 9h, 10h45, 12h et 18h30

17 A lire avec attention

1. What's the purpose of this brochure?
2. How many major categories are there? What are they?
3. In the courses listed, find at least four words that come from English. Can you guess what the other courses are?
4. What do you think **Plans d'entraînement individuels** means?

18 Qu'est-ce qu'on choisit?

1. Au Complex Sportif Raspail, quels cours est-ce qu'on choisit...
   a. pour se tonifier les muscles?   b. si on aime la piscine?   c. si on est stressé(e)?
2. Tu choisis quelles activités? Quels jours? Pourquoi?

There has been a growing interest among French teenagers in both individual and team sports. Although there are no athletic teams that represent the **lycées,** students can join informal teams in their town or city. Many students have some sort of regular athletic activity, and some belong to private sports clubs like **Gymnase Club.** People can also take a variety of dance, martial arts, and weight-training classes at the **Maison des jeunes et de la culture (MJC).**

"Adieu mon stress..."

16 piscines
49 tennis
11 squash
2 golfs

Gymnase Club
Rendez-vous ou club !

VOCABULAIRE

CD-ROM
Disc 2

Qu'est-ce que tu fais pour te mettre en condition?

Quelquefois, **je fais de l'exercice. J'aime faire des pompes.**

Moi, **je fais de la musculation.**

Moi, **je fais des abdominaux** tous les jours!

Moi, **je fais** souvent **de la gymnastique.**

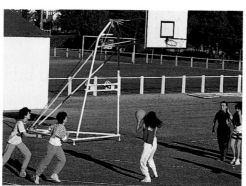

Moi, **je m'entraîne au** basket.

Je fais de l'aérobic deux fois par semaine.

19 Ecoute!

a. Simone asked her friends Josée, Christelle, and Khalid what they do to keep in shape. What does each person do?

b. Listen again to Josée, Christelle, and Khalid and write down how often they do each activity.

20 Sportif ou pas?

Décris ce que ta famille, tes amis et toi, vous faites comme sports. Choisis un mot ou une expression dans chaque boîte et fais des phrases.

Je Ma mère/Mon père Ma meilleure amie Mon meilleur ami Ma sœur/Mon frère Avec l'équipe de..., on... ?	faire de la musculation faire de l'aérobic faire du jogging faire des abdominaux faire de la gymnastique faire de l'exercice s'entraîner au/à la... ?	tous les jours deux fois par semaine ne... jamais le week-end le matin l'après-midi le soir ?

21 Les sportifs

Qu'est-ce qu'ils doivent faire pour se mettre en condition?

1.

2.

3.

NOTE DE GRAMMAIRE

You can use **en** to replace a phrase beginning with **de la, du, de l'**, or **des** that refers to an activity:

—Tu fais **de la natation?**

—Non, je n'**en** fais pas. Et toi?

—Moi, j'**en** fais souvent.

22 Tu en fais souvent?

Est-ce que tes camarades de classe sont sportifs? Fais une liste de cinq sports et activités. Ensuite, demande à trois de tes camarades s'ils en font et s'ils en font souvent. Qui est le plus sportif?

— Tu fais de la gymnastique?

— Oui.

— Tu en fais souvent?

— Ben... deux fois par semaine.

COMMENT DIT-ON... ?

Giving, accepting, and rejecting advice

To give advice:

Tu dois te mettre en condition.
You've got to . . .

Tu devrais faire du sport.
You should . . .

Tu ferais bien de t'entraîner au basket.
You would do well to . . .

Tu n'as qu'à te coucher plus tôt.
All you have to do is . . .

Pourquoi tu ne fais **pas** de la gymnastique?
Why don't you . . . ?

To accept advice:

Tu as raison.

Bonne idée!

D'accord.

To reject advice:

Je ne peux pas.

Non, je n'ai pas très envie.

Non, je préfère faire de la musculation!

Pas question!

Je n'ai pas le temps.
I don't have time.

Ce n'est pas mon truc.
It's not my thing.

---

23 Ecoute!

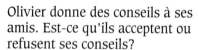

Olivier donne des conseils à ses amis. Est-ce qu'ils acceptent ou refusent ses conseils?

NOTE DE GRAMMAIRE

Devoir is an irregular verb that means *must, to have to.*

Je **dois**
Tu **dois**
Il/Elle/On **doit**
Nous **devons**   } faire du sport.
Vous **devez**
Ils/Elles **doivent**

• The past participle of **devoir** is **dû.**

• **Tu devrais** *(You should)* is a polite form of **devoir.**

---

25 Tu ferais bien de...

Donne des conseils à tes amis.

1. Jean-Paul s'est endormi en maths.
2. Cam ne peut pas porter ses gros livres.
3. Arnaud a grossi pendant l'hiver.

Tu te rappelles ?

When you're pronouncing the French **r**, keep the tip of your tongue pressed against your lower front teeth. Arch the back of your tongue upward, almost totally blocking the passage of air in the back of your throat. Practice by saying **tu ferais** and **tu devrais.** Then try **tu as raison, très envie,** and **mon truc.**

24 Vive le sport!

Using the words and expressions in the boxes below, write six sentences that tell what you and your friends need to do to get in shape. Be sure to use the verb **devoir** in each sentence.

nous	faire de la musculation
tu	faire des abdominaux
Luc et Stéphanie	faire des pompes
vous	s'entraîner au football
Martine	faire de l'aérobic
je	faire de la gymnastique

4. Mireille est crevée à la fin de la journée.
5. Raoul a des difficultés à monter l'escalier.
6. André ne peut pas toucher ses pieds.

COMMENT DIT-ON... ?

Expressing discouragement; offering encouragement

To express discouragement:	*To offer encouragement:*
Je n'en peux plus!	**Allez!** *Come on!*
I just can't do any more!	**Courage!** *Hang in there!*
J'abandonne. *I give up.*	**Encore un effort!** *One more try!*
Je craque! *I'm losing it!*	**Tu y es presque!** *You're almost there!*

26 Ecoute!

Sabrina et Emile sont au gymnase. Qui encourage qui?

27 Qu'est-ce qu'ils disent?

1.

2.

3.

28 Allez-y, allez-y!

Write a cheer for your favorite team.

29 Les copains d'abord

Chaque personne dans ton groupe est découragée pour une des raisons suivantes. Les autres l'encouragent et lui donnent des conseils. Joue la scène avec trois de tes camarades.

Vocabulaire à la carte

Allez, les bleus!	*Go, blue team!*
A bas les verts!	*Down with the green team!*
Vive les rouges!	*Hurray for the red team!*
Ecrasez-les!	*Crush them!*
gagner	*to win*
l'équipe	*the team*
marquer un (des) point(s)	*to score*
marquer un but	*to make a goal*

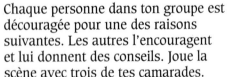

Je me sens tout(e) raplapla et je n'arrive pas à dormir.

Mon équipe de football ne gagne jamais.

Je voudrais être en forme mais je n'aime pas le sport.

Je suis toujours en retard pour l'école le matin et mes notes ne sont pas très bonnes.

PANORAMA CULTUREL

Mélanie • Québec

Patricia • Québec

Sébastien • France

We asked some francophone people what to do to stay in shape. Here's what they had to say.

Qu'est-ce qu'il faut faire pour être en forme?

«Pour être en forme, il faut faire beaucoup d'exercice. Il faut bien manger. C'est important. Et après ça, il faut... Moi, je fais un régime alimentaire... Il faut faire très attention à ce qu'on mange et puis il faut se coucher de bonne heure. Il faut dormir.»

—Mélanie

«Alors, il faut pratiquer au moins un sport ou une activité physique trois fois par semaine, à raison d'une heure à la fois et de façon assez intensive.»

Qu'est-ce qu'il faut éviter de manger?

«Eh bien, des chips, du chocolat, des liqueurs, des choses comme ça. Il faut surtout s'alimenter avec des fruits, des légumes, manger de la viande en portion réduite, etc.»

—Patricia

«Pour être en forme, je fais beaucoup de sport. Surtout du basket, du foot et du tennis. Sinon, je mange bien, le petit déjeuner surtout, et voilà.»

—Sébastien

Qu'en penses-tu?

1. What do these people do to stay healthy?
2. What else might someone do to stay in shape?
3. In your opinion, what is a healthy lifestyle?

DES ASTUCES POUR BIEN SE NOURRIR

| **Chaque jour tu devrais consommer :** | **Tu devrais aussi éviter de :** |

Chaque jour tu devrais consommer :

- de la viande, du poisson ou des œufs.
- des pommes de terre, des pâtes, du riz.
- de l'eau (au moins 1,5 litre par jour).
- des fruits et des légumes.
- du lait.
- du pain.

Tu devrais aussi éviter de :

- grignoter entre les repas des produits riches en matières grasses (chips) ou en sucre (confiseries, gâteaux, pâtisseries).

- sauter des repas.
- rajouter du sel à tous les plats.

30 A lire avec attention

1. Look at the pictures in **Des astuces pour bien se nourrir.** What is the pamphlet about?
2. Now look at the list under **Chaque jour tu devrais consommer...** What English title would you give to this list?
3. What English title would you give to the list in the second category?

VIVE L'EAU

- boire 1,5 l d'eau par jour.
- c'est la seule vraie boisson zéro calorie.
- elle facilite l'élimination des toxines.
- elle contribue au fonctionnement du transit intestinal.
- certaines eaux minérales apportent des éléments indispensables au bon fonctionnement de l'organisme : magnésium, calcium,... ce qui limite les risques de carence en cas de régime.

NOTE CULTURELLE

Drinking mineral water has long been part of the French way of life. If you ask for mineral water in a restaurant, you have a choice of either carbonated (**gazeuse**) or non-carbonated (**plate**). You will also find that beverages are usually served without ice. If you want ice, ask for **des glaçons.**

VOCABULAIRE

On doit...	Everyone should . . .		Evitez de...	Avoid . . .
bien se nourrir.	*eat well.*		grignoter entre les repas.	*snacking between meals.*
manger des légumes.	*eat vegetables.*		sauter des repas.	*skipping meals.*
manger des pâtes.	*eat pasta.*		consommer trop de sucre,	*eating too much sugar,*
manger du riz.	*eat rice.*		de sel,	*salt,*
boire de l'eau.	*drink water.*		de matières grasses.	*fat.*
			suivre un régime trop strict.	*following a diet that's too strict.*

CD-ROM Disc 2

31 Le test super-forme

Est-ce que tu te nourris bien? Essaie ce petit test.

Test Super-Forme!

Est-ce que tu connais les habitudes alimentaires et le style de vie qui sont bons pour la santé? Réponds par «vrai» ou par «faux», puis compare avec les réponses données à la fin du test.

 Il te faut au moins quatre portions de féculents par jour (pain, riz, pâtes...).

 Il y a plus de matières grasses dans les fruits secs que dans les noix (amandes, noix de pacane, cacahuètes...).

 Il te faut au moins cinq portions de légumes et de fruits par jour.

 Il faut boire un litre d'eau par jour.

 Le lait, le fromage et les yaourts sont de bonnes sources de calcium.

C'est mieux de grignoter des bretzels que des chips.

RÉPONSES: 1. vrai 2. vrai 3. faux (Il te faut 6-11 portions) 4. faux 5. faux (Il te faut au moins 1,5 litre) 6. vrai

32 Ecoute!

André is asking his friends Marie-Ange, Ali, and Philippe about their eating habits for a class project. Who has good habits? Who has bad ones? Who is the most healthy?

NOTE DE GRAMMAIRE

The verb **se nourrir** is a regular **-ir** verb. It follows the same pattern as **choisir** and **finir**. It's also a reflexive verb.

Je **me nourris** bien, mais mes amis **se nourrissent** mal.

33 Mes habitudes

Charlotte's dance instructor had her write a paragraph about her eating and exercise habits. Read the paragraph first. Then, fill in the blanks.

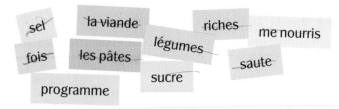

sel — la viande — riches — me nourris — fois — les pâtes — légumes — saute — sucre — programme

Je ne __1__ pas toujours très bien. Je n'aime pas __2__, donc, je ne mange pas trop souvent de bifteck; je préfère __3__: les spaghettis, par exemple. Je mange rarement des fruits et des __4__; je préfère les chips. Je suis souvent pressée, donc, je __5__ parfois le petit déjeuner ou le dîner. Mais au déjeuner, je prends toujours du poulet ou du poisson et je ne rajoute jamais de __6__ aux plats. Je n'aime pas trop les produits __7__ en __8__: les confiseries, les gâteaux. Mon faible, c'est les chips et les frites. Je suis assez sportive. Je fais de la natation deux __9__ par semaine et je joue quelquefois au foot avec des copains. Je n'ai jamais fait de danse, mais j'ai très envie de commencer un nouveau __10__ sportif!

34 Mon journal

Describe your own health and eating habits and tell what you would like to change about them.

> Je fais de la natation deux ou trois fois par mois. Je voudrais en faire plus souvent.

COMMENT DIT-ON... ?

Justifying your recommendations; advising against something

To justify your recommendations:
C'est bon pour toi. *It's good for you.*
C'est bon pour la santé. *It's healthy.*
Ça te fera du bien. *It'll do you good.*
C'est meilleur que de manger dans un fast-food. *It's better than . . .*

To advise against something:
Evite de fumer.
 Avoid...
Ne saute pas de repas. *Don't skip . . .*
Tu ne devrais pas te faire bronzer.
 You shouldn't . . .

---

35 Ecoute!

Julie et David sont au café. Ecoute leur conversation. Qu'est-ce que Julie conseille à David?

36 A toi de donner des conseils

Donne des conseils à ces gens. Qu'est-ce qu'ils devraient éviter de faire? Qu'est-ce qu'ils devraient faire?

1.

2.

3.

37 En pleine forme!

Make your own health brochure! Draw pictures or use cutouts from magazines to show what people should do and what they should avoid.

Vocabulaire *à la carte*

se ronger les ongles	*to bite one's nails*
mâcher du chewing-gum	*to chew gum*
boire de l'alcool	*to drink alcohol*
fumer	*to smoke*
se faire bronzer	*to get a tan*

Sans tabac ça va!

Alcool, ras-le-bol.

Céréales, on se régale
Légumes et fruits, c'est oui!

Il n'y a pas de tabac sans dégâts!

Jeu de vin, jeu de vilains

Je mange, donc je suis!

38 Jeu de rôle

Write down three habits that could harm an athlete's performance. Then, with a partner, act out a scene between an athlete who has those habits and his or her coach. The coach should advise the athlete against the three bad habits, suggest how the athlete can change, and justify the recommendations he or she makes.

Pourquoi manger?

Pour grandir, pour réfléchir, pour avoir du tonus, pour vivre, nous avons besoin de manger. Car les aliments contiennent des substances qui nous sont nécessaires : ce sont les nutriments, les vitamines, les minéraux... Découvrez où se cachent ces éléments indispensables à notre santé...

Le sucre, le chocolat et la confiture contiennent des glucides rapides, qui donnent de l'énergie et du tonus.

La viande, mais aussi le poisson, les œufs, le lait et le fromage contiennent des protéines, indispensables à la croissance et à l'entretien des muscles et d'organes comme le cœur ou le cerveau.

Les pommes de terre et les légumes verts contiennent de la vitamine K, dont notre sang a besoin pour coaguler.

Le poisson, comme les œufs et le foie, contient de la vitamine A, recommandé pour avoir une bonne vue et une peau en bon état. La vitamine A est très utile pour la croissance.

La salade et les céréales contiennent des fibres, qui facilitent le transit intestinal.

Le pain, le riz, et les pâtes contiennent des glucides lents. Nous en avons besoin pendant l'effort sportif.

*D*o you eat healthful foods? Do you try to eat a variety of things?

DE BONS CONSEILS
Background knowledge is the information you already know about a subject. Before you read something, take a minute to think about what you already know about the topic. Doing this will make it easier to guess the meanings of unfamiliar words or phrases.

A. What would be your answer to **Pourquoi manger**? What do you expect the article to be about?

B. Make a short list of the foods you think are healthful. Now, scan the article. How many of the food items from the article appear on your list?

C. What vegetables are mentioned in the article? What fruit and dairy products are mentioned?

D. Which food items contain vitamins and/or minerals that help muscles?

E. What should you avoid eating at night? Why?

F. Look at the section titled **Le saviez-vous?** Which contains more protein in 100 grams: ham or tuna? Which cheeses would you probably not eat if you were trying to lose weight?

Les noix, les légumes secs et le foie contiennent de la vitamine B 1 : elle favorise l'attention et le calme et elle permet un bon fonctionnement musculaire.

L'eau constitue les trois quarts de notre corps. Elle s'élimine par la sueur, l'urine et les larmes. L'eau est indispensable pour la circulation du sang et pour l'hydratation des cellules. Ce sont les reins qui régulent l'eau dans le corps; ils filtrent aussi les minéraux dont nous avons besoin.

Les oranges, les kiwis, le persil et la salade contiennent de la vitamine C, qui lutte contre des infections, notamment les rhumes. La vitamine C est un excitant : il faut éviter de la consommer le soir!

Les céréales complètes, comme les légumes secs et la viande rouge, contiennent de la vitamine B 6, qui aide au bon fonctionnement des muscles et du système nerveux.

Les légumes verts, comme les épinards, contiennent du fer. Le fer est un des constituants des globules rouges, dont le rôle est de transporter l'oxygène dans le sang. La vitamine B 12 contenue dans le foie et les coquillages intervient dans la fabrication des globules rouges.

Le lait ainsi que le fromage et les yaourts contiennent du calcium, indispensable à la construction de notre corps. Le calcium est particulièrement important pour la constitution des os et la solidité des dents. Pour bien fixer ce calcium, nous avons besoin de vitamine D, contenue dans le poisson, la viande.

- Dans 100 grammes de cacahuètes ou d'amandes grillées, il y a environ 50 grammes de lipides (graisses).
- Dans une meringue de 100 grammes, il y a 90 grammes de glucides (sucres).
- Dans une tranche de jambon cuit de 100 grammes, on trouve 30 grammes de protéines, autant que dans 100 grammes de thon en conserve.
- Le camembert, le brie, l'emmental sont des fromages plus gras que les pâtes fondues (La Vache qui rit®) ou le fromage de chèvre.
- Dans 100 grammes de chips, il y a 49 grammes de glucides et 35 grammes de lipides.

Source : "Le guide du bien maigrir en gardant la santé", par le docteur Jacques Fricker, aux Éditions Odile Jacob-guide.

G. Match each of the following foods with its health benefit, according to the article.

1. **le poisson**   a. gives energy
2. **le chocolat**   b. hydrates cells
3. **l'eau**   c. contains vitamin A
4. **le lait**   d. builds strong teeth
5. **la salade**   e. contains fiber

H. Look back at the article and use the context to define the following words.

1. «... pour avoir du *tonus*...»

2. «... indispensable à la construction de notre *corps*.»

3. «... dont notre *sang* a besoin pour *coaguler*.»

4. «... les kiwis, le *persil* et la salade contiennent...»

I. Look at the illustrations of the food items. Are the items similar to what you would see in the United States? Which ones are different? If this article were to be printed in the United States, would the same food items be included? Why or why not?

J. Now, create your own response to the question **Pourquoi manger?** Choose three or four items that you feel are important and write your own article. You may want to illustrate your selection.

1 Lis cet article et réponds aux questions suivantes.

Gare au régime!

Si vous vous sentez "mal dans votre peau" à cause de quelques kilos en trop, ne commencez jamais un régime sans prendre l'avis d'un médecin.
À votre âge, le poids n'est pas stable. Patientez. Tout se mettra bientôt en place.
En attendant, faites la chasse aux graisses : éliminez les chips ou les sauces au beurre, évitez les pains au chocolat au goûter (ils contiennent des sucres et des graisses et la combinaison des deux fait particulièrement grossir!).
Perdez aussi l'habitude de grignoter entre les repas, et n'abusez pas des boissons sucrées.
Facile non?

1. Based on the title and the illustration, what do you think this article will be about?
2. What do you think the word **graisses** means?
3. Which food items does the article recommend that you avoid?
4. What are some habits you should avoid, according to the article?

2 Listen to a radio commercial for the health spa **Centre Equilibre Santé** and answer the following questions.

1. What exercise activities are offered?
2. What is available after you work out?
3. What special excursions are offered?
4. What do you have to do to get the excursions in the package?

3 If you were in France, . . .

1. where would you go to have a prescription filled?
2. what symbol would you look for to find that place?
3. where could you go to take an aerobics class?
4. what two kinds of mineral water could you order in a restaurant?
5. when would you tell someone **J'ai un chat dans la gorge!**?
6. when would you say **Aïe!** and **Ouf!**?

4 Ecrivons!

You've been hired as a fitness advisor by a French health clinic. Your first duty is to create a brochure that provides general fitness guidelines for new clients. Your brochure should mention exercise, diet, and healthful habits.

STRATEGIE

Identifying your audience is a primary consideration when you do any type of writing. Having a good idea of who will read what you've written will help you to determine its length, content, and tone.

Préparation

Begin by brainstorming a list of suggestions that you might make to someone who wants to pursue a healthful lifestyle. Group your ideas by categories, such as **exercice** *(exercise)*, **alimentation** *(diet)*, and **habitudes** *(habits)*.

Now, consider who will be reading your guidelines. Will your audience be people who are already fit or individuals who may be in poor physical condition? Will they be more likely to respond positively to a few good suggestions or to a lot of information? The answers to these questions should help you tailor your brochure to your reader's needs.

Rédaction

After you've decided what to include in your brochure, you're ready to design it. You may want to group your guidelines in separate categories like the ones you created earlier. Also, to make it more attractive, illustrate your brochure with your own drawings or pictures cut from magazines.

Before creating your final draft, make a mock-up of your brochure. Pencil in your guidelines where you want them to go. Then, attach any illustrations you plan to use with paper clips or tape. This will allow you to evaluate your work without being committed to a set style.

Evaluation

Set your mock-up aside for awhile before you evaluate your brochure. It's much easier to be objective about your work after a little time away from it. After evaluating your work, have a classmate look at it. Ask your classmate to imagine that he or she is a new client at the health clinic and to give you feedback on the strengths and weaknesses of your brochure.

When you're satisfied with the layout and content of your brochure, proofread it, make any necessary corrections, and then create the final product.

5 JEU DE ROLE

Play the role of a whining (or accident-prone!) patient who comes to a doctor with several ailments or injuries, thinking that everything is extremely serious. The doctor asks what happened and what is wrong, then gives advice on what the patient should and shouldn't do.

Can you use what you've learned in this chapter?

Can you express concern for someone and complain?
p. 165

1 What would you say to a friend if . . .
1. he didn't look well?
2. something seemed to be wrong?
3. she were on crutches?

2 How would you respond to a friend's concern if . . .
1. you were very tired?
2. you weren't feeling well?
3. your arm were in a sling?
4. you had a cold?
5. you'd cut your finger?
6. you'd lifted weights for the first time?

Can you give advice?
p. 173

3 How would you suggest that your friend do the following?

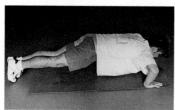  

1.   2.   3.

4 How would you respond to the suggestions you made in number 3?

Can you accept and reject advice? p. 173

Can you express discouragement and offer encouragement?
p. 174

5 How would you express discouragement if you were . . .
1. on the last mile of a marathon?
2. studying for final exams?
3. in the final minutes of your aerobics class?

6 How would you encourage someone who . . .
1. can't go on?
2. is almost finished?
3. is discouraged about grades?

Can you justify your recommendations and advise against something? p. 178

7 How would you tell someone what he or she should do on a regular basis and explain why?

8 If a friend were trying to lead a healthy lifestyle, what are three things you would advise him or her to avoid?

VOCABULAIRE

PREMIERE ETAPE

Expressing concern for someone; complaining

Quelque chose ne va pas? *Is something wrong?*

Qu'est-ce que tu as? *What's wrong?*

Tu n'as pas l'air en forme. *You don't look well.*

Je ne me sens pas bien. *I don't feel well.*

Je suis tout(e) raplapla. *I'm wiped out.*

J'ai mal dormi. *I didn't sleep well.*

J'ai mal partout! *I hurt all over!*

Illnesses, aches, pains, and injuries

J'éternue beaucoup. *I'm sneezing a lot.*

A tes souhaits! *Bless you!*

Je suis malade. *I'm sick.*

J'ai mal au cœur. *I'm sick to my stomach.*

J'ai le nez qui coule. *I've got a runny nose.*

J'ai un rhume. *I've got a cold.*

J'ai la grippe. *I've got the flu.*

J'ai des allergies. *I have allergies.*

J'ai de la fièvre. *I have fever.*

J'ai mal... *My . . . hurts.*
   à la gorge *throat*

à la tête *head*

au dos *back*

au genou *knee*

au pied *foot*

au bras *arm*

à la main *hand*

au ventre *stomach*

à l'oreille (f.) *ear*

aux dents (f.) *teeth*

au cou *neck*

à la jambe *leg*

se faire mal à... *to hurt one's . . .*

se casser... *to break one's . . .*

se fouler la cheville *to sprain one's ankle*

se couper le doigt *to cut one's finger*

DEUXIEME ETAPE

Giving, accepting, and rejecting advice

Tu dois... *You've got to . . .*

Tu devrais... *You should . . .*

Tu ferais bien de... *You would do well to . . .*

Tu n'as qu'à... *All you have to do is . . .*

Pourquoi tu ne... pas... ? *Why don't you . . . ?*

Tu as raison. *You're right.*

Bonne idée! *Good idea!*

D'accord. *OK.*

Je ne peux pas. *I can't.*

Non, je n'ai pas très envie. *No, I don't feel like it.*

Non, je préfère... *No, I prefer . . .*

Pas question! *No way!*

Je n'ai pas le temps. *I don't have time.*

Ce n'est pas mon truc. *It's not my thing.*

Expressing discouragement; offering encouragement

Je n'en peux plus! *I just can't do any more!*

J'abandonne. *I give up.*

Je craque! *I'm losing it!*

Allez! *Come on!*

Courage! *Hang in there!*

Encore un effort! *One more try!*

Tu y es presque! *You're almost there!*

At the gym

se mettre en condition *to get into shape*

faire des abdominaux *to do sit-ups*

faire de l'aérobic *to do aerobics*

faire de l'exercice *to exercise*

faire de la gymnastique *to do gymnastics*

faire de la musculation *to lift weights*

faire des pompes *to do push-ups*

s'entraîner à... *to train for*

TROISIEME ETAPE

Justifying your recommendations; advising against something

C'est bon pour toi. *It's good for you.*

C'est bon pour la santé. *It's healthy.*

Ça te fera du bien. *It'll do you good.*

C'est meilleur que de... *It's better than . . .*

Evite de... *Avoid . . .*

Ne saute pas... *Don't skip . . .*

Tu ne devrais pas... *You shouldn't . . .*

Eating right

On doit... *Everyone should . . .*
   bien se nourrir *eat well*
   manger des légumes/des pâtes/du riz *eat vegetables/pasta/rice*

Evitez de... *Avoid . . .*
   suivre un régime trop strict *following a diet that's too strict*
   consommer trop de sucre *eating too much sugar*
   de sel *salt*
   de matières grasses *fat*
grignoter entre les repas *snacking between meals*
sauter des repas *skipping meals*
devoir *to have to, must*

Allez, viens en Côte d'Ivoire!

Un village Sénoufo

La République de Côte d'Ivoire

Population : plus de 14.000.000

Villes principales : Abidjan, Yamoussoukro, Bouaké, Korhogo

Peuples ethniques : Baoulé, Agni, Bété, Yacouba, Sénoufo, Malinké

Points d'intérêt : le parc national de Taï, la basilique Notre-Dame-de-la-Paix, le parc national de la Comoë

Ivoiriens célèbres : la reine Abla Pokou, Félix Houphouët-Boigny, Alpha Blondy, Désiré Ecaré

Ressources et industries : café, cacao, bois, bananes

Festivals : la Fête des ignames, la Fête de génération, la Fête des masques

go.hrw.com
WAO COTE D'IVOIRE

La République de Côte d'Ivoire

Au XVe siècle, des navigateurs français sont arrivés sur la côte ouest de l'Afrique, une région riche en ivoire, et l'ont baptisée Côte d'Ivoire. La Côte d'Ivoire a été une colonie française de 1893 à 1960, puis elle est devenue un pays indépendant sous le nom de République de Côte d'Ivoire. Le cacao, le café et les bananes sont des ressources importantes pour l'économie ivoirienne. La Côte d'Ivoire est aussi un grand exportateur de bois précieux comme l'ébène et l'acajou.

① Les artisans de Côte d'Ivoire font beaucoup de produits originaux comme **les batiks.**

② **Les danseurs yacoubas** sont réputés pour leurs talents d'acrobates.

③ La pêche est une activité traditionnelle et les pêcheurs tiennent à leur indépendance.

④ **Abidjan** est un des grands centres commerciaux de l'Afrique occidentale.

⑤ **La cascade du mont Tonkoui** est une des merveilles de la Côte d'Ivoire.

⑥ **Ce pont de liane** se trouve près de la ville de Man.

⑦ **La plage d'Assinie** est un des endroits préférés non seulement des touristes étrangers mais aussi des Ivoiriens.

⑧ **La basilique Notre-Dame-de-la-Paix** à Yamoussoukro est la plus grande église du monde.

C'était comme ça

① Si on parlait du bon vieux temps?

In Côte d'Ivoire, students have to leave their home villages to go to a large town to attend high school. Life is suddenly different for them. What about you? What was life like when you were younger? Did you have different friends, go to a different school, or live in another city, state, or country?

In this chapter you will

- tell what or whom you miss; reassure someone; ask and tell what things were like
- reminisce
- make and respond to suggestions

And you will

- listen to a grandmother reminisce about her childhood
- read a folktale from West Africa
- write about what you were like as a child and what you miss about your childhood
- learn about villages in Côte d'Ivoire and how francophone people feel about living in the city and the country

② La vie était plus tranquille au village.

③ On était contentes!

Mise en train

Sandrine   Koffi

La Nostalgie

Look at the title, photos, and captions of this story. What do you think Sandrine is talking to Koffi about? Does she seem happy or sad?

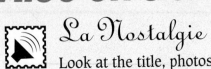

Koffi et Sandrine sont camarades de classe. Sandrine est née dans un village en Côte d'Ivoire. Ça fait trois semaines qu'elle habite à Abidjan.

> C'était comment, là-bas dans ton village?

> Oh, c'était tellement mieux. J'avais beaucoup d'amis. Ils me manquent beaucoup.

1

> J'allais au collège de Sakassou. C'était un petit collège. Nous étions une cinquantaine d'élèves.

2

> Après l'école, j'avais des responsabilités. On travaillait…

3

> mais on s'amusait aussi. On ne faisait pas grand-chose, mais c'était bien. On se promenait ensemble. On écoutait de la musique…

4

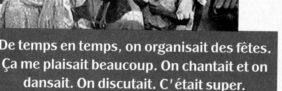

5 De temps en temps, on organisait des fêtes. Ça me plaisait beaucoup. On chantait et on dansait. On discutait. C'était super.

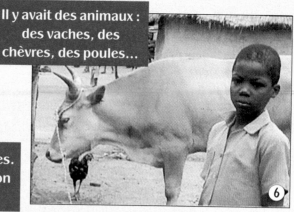

Il y avait des animaux : des vaches, des chèvres, des poules…

6

On se réunissait souvent : les cousins, les oncles et les tantes, les grands-parents. C'était merveilleux.

7

Ici à Abidjan, j'ai l'impression que les gens sont plus seuls qu'en brousse. On vit dans des appartements. On ne se connaît pas autant.

8

Ici, c'est tellement plus grand! Si on veut aller voir quelqu'un, il faut prendre le bus. Là-bas, tout le monde se connaît dans le village.

9

Ici à Abidjan, c'est pas si mal. Tu vas voir… Eh! Si on visitait la ville ensemble? Si tu veux, je vais te faire voir tout. Je suis sûr que dans quelques semaines tu en tomberas amoureuse!

10

1 Tu as compris?

1. Where did Sandrine move from? Where does she live now?
2. Where does Koffi live? Does he like it there?
3. What was it like where Sandrine used to live? What did she do there?
4. According to Sandrine, what is Abidjan like?
5. What does Koffi offer to do?

2 Ville ou village?

Est-ce que Sandrine parle de son village ou d'Abidjan?

1. «Il y avait des chèvres.»
2. «On organisait des fêtes.»
3. «C'est tellement grand!»
4. «Nous étions une cinquantaine d'élèves.»
5. «On vit dans des appartements.»
6. «Les gens sont plus seuls.»

3 C'était le bon vieux temps

Sandrine parle de quelle image?

1. «On se promenait ensemble.»
2. «On chantait et on dansait.»
3. «On se réunissait souvent.»

a.

b.

c.

4 Cherche les expressions

1. What does Sandrine say to . . .
   a. tell what she thinks of her life in the village?
   b. recall what she used to do?
   c. give her impressions of Abidjan?

2. What does Koffi say to . . .
   a. ask how life was in Sandrine's village?
   b. reassure Sandrine?

5 Et maintenant, à toi

Have you ever moved from one place to another? What do you miss about where you used to live? How would you feel if you had to move now?

What can you tell about everyday life in an African village from these photos?

Qu'en penses-tu?

1. What are these people from different villages in Côte d'Ivoire doing?
2. How does this differ from the way things are done in the United States?

Savais-tu que... ?

Small villages in Côte d'Ivoire are plentiful and rich in local culture. Certain regions of Côte d'Ivoire, as well as individual towns, villages, and ethnic groups, are known for their particular customs, crafts, and costumes. The town of Korhogo is famous for its painted woven fabrics; the Sénoufo are known for their weaving; the people in Katiola are noted for their pottery. In areas where electricity and machinery are not available, everyday life requires many physical tasks. Life is simpler; people cook over open fires, carry water, use large communal bowls in place of table settings and silverware, and walk instead of riding in cars.

PREMIERE ETAPE

Telling what or whom you miss; reassuring someone; asking and telling what things were like

ADJOUA	Alors, ça va, Adama? Tu te débrouilles dans notre grande ville?
ADAMA	Oui, mais je regrette mon village. Il me manque beaucoup.
ADJOUA	Je comprends. Dis-moi, il se trouve où, ton village?
ADAMA	Koni est dans le nord, près de Korhogo.
ADJOUA	C'était tellement différent là-bas?
ADAMA	Oui, la vie était plus tranquille, on était moins pressés. Il y avait des coutumes, des cérémonies avec des danses traditionnelles.
ADJOUA	Mais il y a des danses ici aussi! Et il y a tant d'autres choses à voir... et beaucoup de monde!
ADAMA	Là-bas, j'avais un tas d'amis. On jouait au foot... on jouait aux cartes... et à l'awalé, j'étais le champion!
ADJOUA	T'en fais pas! Tu vas avoir des amis ici aussi. Et c'est bien de vivre en ville. Tu vas voir, c'est plus animé ici.

6 Tu as compris?

1. Adama est d'où? *Korhogo*
2. Qu'est-ce qu'Adama regrette *(miss)*? *village*
3. Comment était la vie là-bas? *peaceful*
4. Qu'est-ce qu'on faisait là-bas? *soccer*
5. D'après Adjoua, comment est la vie à Abidjan? *likes it*

NOTE CULTURELLE

Most high schools in West Africa are in large cities or towns, so students have to leave their home village if they want to continue their studies beyond the junior high level. Students who go to a big city to study usually live with a relative or friend from the same village who will take them in as a family member. People from the same ethnic group often live in the same neighborhood. You can usually tell a person's ethnic group from his or her name: **Adjoua** and **Koffi** are Baoulé names, and **Adama** is a Sénoufo name. French West Africans often have both an African and French first name. They give their family name first, followed by their African first name and then their French first name: **TRAORE Adama Eric** or **KOUASSI Adjoua Désirée.**

COMMENT DIT-ON... ?

Telling what or whom you miss; reassuring someone

To tell what or whom you miss:

Je regrette la campagne. *I miss . . .*

Mon école **me manque.** *I miss . . .*

Mes copains **me manquent.**

Ce qui me manque, c'est mon
   ancienne maison.
   What I really miss is . . .

To reassure someone:

Tu vas t'y faire. *You'll get used to it.*

Fais-toi une raison.
   Make the best of it.

Tu vas te plaire ici.
   You're going to like it here.

Tu vas voir que tout le monde est
   sympa ici. *You'll see . . .*

7 Ecoute!

Ecoute ces élèves. Qu'est-ce qui leur manque?

1. Sylvie
2. Emile
3. Francine
4. Bertrand

8 Qu'est-ce que tu as?

a. Your friends want to know what's wrong. What would you tell them if . . .

1. your best friend had just moved away?
2. your dog ran away?
3. the snow had melted and you loved to ski?
4. your mom were away on a long trip?
5. your favorite teacher had moved to a different school?

b. What would you like your friends to say to make you feel better?

9 Ils ont le mal du pays   *They're homesick.*

There are new students in your school.
Write what you think each student
misses. You should mention at least
three things for each person.

   Philippe : Ce qui me manque,
   c'est la nature...

Lisa est de Tours.

Philippe vient de Québec.

Karine est de Paris.

José vient de la Martinique.

10 Fais-toi une raison

You've just moved to Abidjan. Tell your new Ivorian friend three things you miss about your home, and he or she will reassure you. Act out the scene with a partner and then change roles.

—Qu'est-ce que tu as?
—Ma ville me manque.
—Ah, bon? Pourquoi?
— ...

la cuisine américaine

ma meilleure amie

___?___

mon chat

la neige

mon lycée

les fêtes

mon chien

mon meilleur ami

COMMENT DIT-ON...?
Asking and telling what things were like

To ask what things were like:

C'était comment? *What was it like?*
C'était tellement/si différent? *Was it really so different?*

To tell what things were like:

C'était beau. *It was . . .*
Il y avait de jolies maisons. *There were . . .*
La vie était plus simple, **moins** compliquée! *Life was more . . . , less . . .*

CD-ROM
Disc 2

VOCABULAIRE

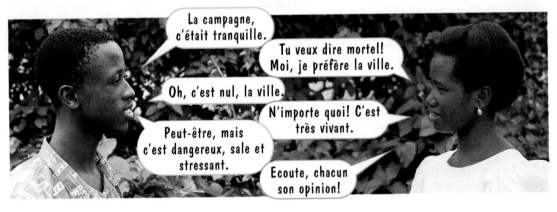

La campagne, c'était tranquille.

Tu veux dire mortel! Moi, je préfère la ville.

Oh, c'est nul, la ville.

N'importe quoi! C'est très vivant.

Peut-être, mais c'est dangereux, sale et stressant.

Ecoute, chacun son opinion!

génial(e)	*great*	nul (nulle)	*worthless*
calme	*calm*	très vivant(e)	*very lively*
tranquille	*peaceful*	bruyant(e)	*noisy*
propre	*clean*	sale	*dirty*
relaxant(e)	*relaxing*	stressant(e)	*stressful*
mortel (mortelle)	*deadly dull*	animé(e)	*lively*
		dangereux (dangereuse)	*dangerous*

11 Ecoute!

Listen to the conversation between Justin and his cousin Mamadou, who has just moved to Abidjan to go to school. List three things Mamadou misses about his village. What do he and Justin decide to do?

12 La vie en ville

Adjoua is comparing her life in the city to life in the country. Agree or disagree with her statements, adding your own opinion.

—La vie en ville, c'est super.
—Oui, c'est génial. *ou* Mais non, c'est nul.

1. La ville, c'est super.
2. La vie à la campagne, c'est tranquille.
3. La ville, c'est toujours bruyant.
4. La campagne, c'est relaxant.

GRAMMAIRE   The imparfait of être and avoir

To describe what things were like in the past or how they used to be, you'll use the imperfect tense (**l'imparfait**) of **être** and **avoir**. You've already seen two forms, **c'était** and **il y avait**. Here are the imperfect forms of **être** and **avoir**:

être		avoir	
j'**étais**	nous **étions**	j'**avais**	nous **avions**
tu **étais**	vous **étiez**	tu **avais**	vous **aviez**
il/elle/on **était**	ils/elles **étaient**	il/elle/on **avait**	ils/elles **avaient**

To make an imperfect form negative, place **ne... pas** around the verb: La vie en ville **n'**était **pas** tranquille. You'll learn how to form other verbs in the **imparfait** later in this chapter.

13 La nouvelle vie d'Adama

Read the conversation between Adjoua and Adama on page 196 again and list the forms of **être** and **avoir** that are in the **imparfait**.

14 Un week-end à la campagne

Monique est allée faire du camping. Complète son journal avec l'imparfait du verbe être ou du verbe avoir.

Ce week-end, je suis allée faire du camping. Quand on est arrivés au terrain de camping, on __1__ très faim, alors on a fait un pique-nique. Ensuite, comme nous __2__ nos vélos de montagne, on s'est promenés dans la forêt. Mes parents __3__ leur appareil-photo, alors ils ont fait des photos. Le soir, nous __4__ très fatigués, alors on s'est couchés tôt. Ma sœur et moi, on a rencontré deux autres filles. Elles __5__ très sympa. Moi, j' __6__ très contente de mon week-end!

15 Tu vas t'y faire

Your pen pal from Abidjan, who will be spending a year at your school, is worried about moving to your town and going to your school. Write a letter reassuring your friend. Tell him or her the advantages of your town and school.

Reminiscing

VOCABULAIRE

Yapo

je faisais la sieste tous les jours.

Je faisais toujours des bêtises.

Je taquinais mon frère...

et je conduisais une voiture super.

J'ennuyais ma mère.

Je n'avais pas de responsabilités, pas de soucis.

16 Moi aussi!

Est-ce que tu étais comme Yapo quand tu étais enfant? Avec un(e) camarade, lis ce qu'il a dit dans le **Vocabulaire** à la page 200 et réponds **Moi aussi! Moi, non! Moi non plus!** ou **Moi, si!** à chaque phrase. Est-ce que toi et ton/ta camarade, vous aviez le même caractère quand vous étiez jeunes?

17 Ecoute!

Yapo interviewe son professeur sur son enfance. Ecoute l'interview. Ensuite, lis ses notes. Sont-elles correctes? Corrige les erreurs s'il y en a.

> Elle était pénible; elle ennuyait sa mère.
> Elle aidait sa mère; elle faisait la cuisine avec elle.
> Elle taquinait ses deux frères.
> Elle ne faisait jamais de bêtises.

NOTE CULTURELLE

Some families in Côte d'Ivoire may only be able to send one child to high school, so being a student like Yapo is a respected privilege. High school is very competitive, and students devote most of their time to their studies. When they do have free time, they often visit relatives and friends, play soccer, or get together to listen to music and discuss the latest family events, such as marriages, initiations, and baptisms.

COMMENT DIT-ON... ?

Reminiscing

Quand j'étais petit(e), j'étais très pénible! *When I was little, . . .*
Quand ma meilleure amie **était petite,** elle était gentille. *When . . . was little, . . .*
Quand j'avais deux **ans,** je n'étais pas facile! *When I was . . . years old, . . .*

CD-ROM
Disc 2

18 La vie à cinq ans

A reporter for your school paper is interviewing you about your childhood. Answer the questions.

1. Quand tu avais cinq ans, tu étais comment?
2. Tu avais un ou une meilleur(e) ami(e)?
3. Il ou elle était comment?
4. Comment était ta vie quand tu avais cinq ans?

Vocabulaire à la carte

rigolo	*funny*
polisson (polissonne)	*naughty*
toujours mal luné(e)	*always in a bad mood*
capricieux (capricieuse)	*temperamental*
coquin(e)	*mischievous*
sage	*well-behaved*
timide	*shy*
calme	*calm*
un petit diable	*a little devil*
un petit ange	*a little angel*

GRAMMAIRE The imperfect

You've already learned to use the imperfect of **être** and **avoir** to tell what things were like in the past or how they used to be. You also use the imperfect when you're talking about *what used to happen* in the past.

- To form the imperfect, you add the appropriate ending to a verb stem.
- The stem of most verbs is the **nous** form of the verb in the present tense without **-ons**. All verbs use the same imperfect endings: **-ais, -ais, -ait, -ions, -iez,** and **-aient**.

faire   ⟶   nous faisons   ⟶   **fais-**
aller   ⟶   nous allons   ⟶   **all-**

Je fais**ais** ⎫
Tu fais**ais** ⎬ de la natation.
Il/Elle/On fais**ait** ⎭

Nous fais**ions** ⎫
Vous fais**iez** ⎬ de la natation.
Ils/Elles fais**aient** ⎭

- To make an imperfect form negative, place **ne... pas** around the verb:
  Quand j'étais petit, je **ne** faisais **pas** la sieste.

19 Ecoute!

Ecoute la grand-mère de Sandrine qui parle de son enfance. Est-ce que ces phrases sont vraies ou fausses?

1. According to Sandrine's grandmother, life was easier when she was young.
2. Girls went to school.
3. Girls worked harder.
4. She misses her childhood.

De bons Conseils

When you're learning the forms of a new verb or verb tense, it often helps to look for patterns to help you remember how to spell the verbs. For example, to remember the endings of the imperfect tense, notice that the **nous** and **vous** stems have the familiar present tense endings with just one difference: an added **i** for **i**mperfect. How could you remember the other endings? Taking a minute to analyze verb forms makes it easy to recall them when you want to communicate in French.

20 L'enfance d'Aimé

Aimé, an Ivorian teenager, wrote your class a letter describing what it was like growing up in a village in Côte d'Ivoire. Complete his letter using the verbs from the box in the **imparfait**.

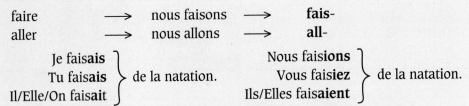

lire   avoir   préférer   aimer   rentrer   devoir
être   jouer   aller   préparer   faire   aimer

Quand je (j') __1__ cinq ans, la vie __2__ beaucoup plus facile! Je (J') __3__ aller à l'école le matin seulement. A midi, mon frère et moi, on __4__ à la maison pour manger. Ma mère __5__ le déjeuner. Après, nous __6__ la sieste. Moi, je (j') __7__ beaucoup dormir, mais mon frère, il __8__ s'amuser. L'après-midi, mon frère et ses amis __9__ au foot. Le soir, nous __10__ souvent chez nos grands-parents. Ma grand-mère nous __11__ toujours des histoires passionnantes. Et vous, est-ce que vous __12__ votre vie quand vous étiez petits?

21 Que faisait Yapo?

Qu'est-ce que Yapo faisait quand
il était plus jeune?

Tu te rappelles ?

Do you remember how to pronounce the (ɛ) sound
represented by the letters **ais**, **ait**, **ê** and **è**? It sounds
like the *e* in *pet*. Don't let the sound glide; keep it tense
and short. Practice saying this sentence: **Il faisait
des bêtises et ennuyait sa mère.**

1. 2. 3. 4.

22 Tu avais une vie facile?

L'année dernière, qu'est-ce que tu faisais chez toi? Pose des questions à un(e) camarade
pour savoir quelles responsabilités il/elle avait. Il/Elle va répondre avec **jamais,
quelquefois, d'habitude,** ou **toujours.** Qui avait la vie la plus facile?

1. Tu faisais la vaisselle?
2. Tu gardais ton frère ou ta sœur?
3. Tu lavais la voiture?
4. Tu promenais le chien?
5. Tu sortais la poubelle?

6. Tu faisais la lessive *(washed clothes)*?
7. Tu rangeais ta chambre?
8. Tu passais l'aspirateur?
9. Tu faisais la cuisine?
10. Tu tondais le gazon?

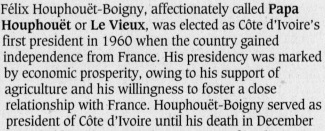

NOTE CULTURELLE

Félix Houphouët-Boigny, affectionately called **Papa
Houphouët** or **Le Vieux**, was elected as Côte d'Ivoire's
first president in 1960 when the country gained
independence from France. His presidency was marked
by economic prosperity, owing to his support of
agriculture and his willingness to foster a close
relationship with France. Houphouët-Boigny served as
president of Côte d'Ivoire until his death in December
1993. His funeral was held in Yamoussoukro. Because of its distinction
as the native village of the president, Yamoussoukro has been built up more than
any other town in Côte d'Ivoire, with the exception of Abidjan. Some impressive
sights in Yamoussoukro are the Presidential Palace, **la basilique Notre-Dame-
de-la-Paix** (the largest basilica in the world), and large four-lane highways lined
with towering street lights and trees for miles in both directions.

23 Devine!

Find the following words in the quiz below. What do you think they mean in English? Then, answer the questions in the survey.

la nourriture   agité   un jouet   imaginaire   un surnom   dessins animés

Connais-tu bien ton passé?

Tu étais comment quand tu étais enfant... mignon(ne)? pénible? Fais ce jeu-test pour te rappeler ton enfance. Est-ce que tu t'en souviens bien?

1. Quelle était ta nourriture préférée quand tu étais bébé?

2. Tu étais calme ou agité(e) comme bébé?

3. A deux ans, est-ce que tu avais un jouet préféré? Lequel?

4. Est-ce que tu avais un surnom quand tu étais petit(e)? Lequel?

5. Est-ce que tu avais un(e) ami(e) imaginaire? Comment s'appelait-il ou elle? Qu'est-ce qu'il ou elle faisait?

6. Tu lisais des bandes dessinées ou tu regardais des dessins animés? Lesquels? Quels étaient tes personnages préférés?

24 Une enquête

Poll four of your classmates, using the quiz in Activity 23. Make a list of the most popular answers for each question.

25 Mon journal

Comment étais-tu quand tu étais enfant? Qu'est-ce que tu faisais? Comment était ta vie? Qu'est-ce que tu regrettes de ton enfance?

On m'appelait...

Je mangeais...

Je n'aimais pas...

Je faisais...   ?   J'aimais surtout...

Vocabulaire à la carte

un tricycle	a tricycle
un nounours	a teddy bear
une couverture	a blanket
un bac à sable	a sandbox
une poupée	a doll
un train électrique	a train
un ballon	a ball
des cubes (m.)	blocks
des billes (f.)	marbles

PANORAMA CULTUREL

Jacques • Québec

Onélia • France

Céline • Viêt-nam

We asked some French-speaking people whether they would prefer to live in the city or the country and why. Here's what they had to say.

Est-ce que tu préfères la vie en ville ou à la campagne? Pourquoi?

«J'aime les deux. J'aime bien vivre à la ville à cause de toutes les commodités qu'on y retrouve, mais j'aime bien partir les fins de semaines, ou durant les vacances, pour me rendre à la campagne.»

—Jacques

«[En ville,] on peut sortir quand on veut. On n'a pas besoin des parents qui nous emmènent et nous ramènent en voiture. C'est plus pratique. On peut inviter des amis et sortir ensemble. Je trouve que c'est un avantage.»

—Onélia

«[A la campagne,] il n'y a pas de pollution. C'est plus... C'est mieux pour respirer. C'est plus agréable et, par exemple, il n'y a pas de bruit comme tout à l'heure là. Et on est plus au calme et il y a moins de voleurs, aussi.»

—Céline

Qu'en penses-tu?

1. According to these people, what are the advantages and disadvantages of living in the city? In the country?
2. Do you agree or disagree with the interviewees? Why?
3. Which of these advantages or disadvantages apply to where you live? Which don't?
4. Can you think of other reasons why you might prefer living in the country or in the city?
5. How might your life be different if you lived in a small town, a big city, or an African village?

CD-ROM
Disc 2

Chers Papa et Maman,

J'espère que vous allez bien. Ici, tout va bien. Abidjan, c'est pas mal comme ville et je commence à m'y faire. J'ai pensé que ça vous ferait plaisir si je vous envoyais quelques photos pour vous donner une idée de ce que je fais. Ici, c'est très animé comme vous pouvez le remarquer et il y a des tas de choses à voir. Je n'ai vraiment pas le temps de m'ennuyer, mais je pense quand même beaucoup à vous, et je dois dire que notre petit village me manque un peu. Bon, je dois vous quitter. Tante Adela m'appelle pour le dîner. Donnez mon bonjour à tout le monde.

A bientôt. Grosses bises.
Sandrine

- la rivière du Banco
- le marché de Cocody
- le stade
- la cathédrale Saint-Paul
- le pont Houphouët-Boigny
- La lagune Ebrié
- le marché de Treichville

Abidjan

A Abidjan, il y a des mosquées dont l'architecture est très traditionnelle.

On voit aussi des bâtiments super modernes comme cette cathédrale, par exemple.

Ça, c'est le marché de Treichville. On peut y acheter toutes sortes de choses.

A Cocody, on vend surtout des tissus. Il y en a de toutes les couleurs.

D'ailleurs, j'y ai acheté un pagne. Comment vous le trouvez?

Ça, c'est un maquis. Quand il fait chaud, c'est agréable d'y boire une boisson rafraîchissante.

C'est un marché d'artisans. J'adore la poterie, les paniers et les masques.

26 Qu'est-ce qu'il y a?

Qu'est-ce qu'il y a sur les photos de Sandrine? Qu'est-ce que tu voudrais voir à Abidjan? Réponds en anglais.

une mosquée

des tissus (m.)

un pagne *

un masque

un maquis

des poteries (f.)

des tam-tams (m.)

des paniers (m.)

* a $2\frac{1}{2}$-meter piece of Ivorian cloth used to make skirts, shirts, head wraps, or baby slings

27 Ecoute!

Justin is giving Mamadou a tour of Abidjan. Listen to the following conversations. Where is each one taking place?

a. devant un maquis   **b.** devant une mosquée   **c.** près d'un marché d'artisans

d. à la cathédrale   **e.** près du marché de Cocody

28 Bienvenue à Abidjan!

You and your family have just arrived in Côte d'Ivoire for a vacation. Using the words from the box, complete this brochure given to you at the tourist bureau in Abidjan.

> les masques   la mosquée   un panier   des pagnes
> la poterie   un maquis   des tissus   des tam-tams

Voici quelques attractions à ne pas manquer : si vous aimez les monuments, allez visiter __1__. Au marché de Treichville, on peut trouver toutes sortes d'objets : __2__ pour faire de la musique; __3__ de toutes les couleurs pour faire des vêtements; des vases, si vous aimez __4__. N'oubliez pas d'aller admirer __5__ en bois qu'on porte pendant les fêtes. A Treichville, les dames qui veulent s'habiller à l'ivoirienne peuvent aussi acheter __6__. Et pour porter tous les magnifiques cadeaux que vous avez trouvés au marché, achetez __7__. Finalement, allez déguster des spécialités ivoiriennes dans __8__.

29 Des souvenirs

Thomas, a student from Paris, is visiting Abidjan. Imagine that you are Thomas and write home to your mother to tell her where you have gone, what you have done and the souvenirs you have bought for people.

COMMENT DIT-ON... ?

Making and responding to suggestions

To make suggestions:

Si on allait au stade pour voir un match de foot?

Si on achetait un pagne au marché?

Si on visitait la mosquée?

Si on jouait du tam-tam?

To respond to suggestions:

D'accord.

C'est une bonne idée.

Bof.

Comme tu veux. *It's up to you.*

Non, je préfère...

Non, je ne veux pas.

NOTE DE GRAMMAIRE

Notice that you can use the imperfect tense to make suggestions. To say *How about . . . ?,* use the phrase **si on** + the verb in the imperfect tense.

Si on allait au marché?

30 Si on...?

Propose ces activités à ton ami(e). Il/Elle va accepter ou refuser. Ensuite, changez de rôle.

1.   2.   3.   4.

31 Que faire en ville?

Aujourd'hui, tu vas visiter Abidjan avec ton correspondant ivoirien (ta correspondante ivoirienne). Choisissez ce que vous allez faire le matin, l'après-midi et le soir.

32 Jeu de rôle

Upon your return to France after living in Abidjan for several months, you find that you really miss Africa. Role-play the situation with two friends. Your friends ask you what Abidjan was like and what you did there. Your friends also reassure you.

LISONS!

L. SENGHOR & A. SADJI

LA BELLE HISTOIRE DE LEUK-LE-LIÈVRE

Cours Élémentaire des écoles d'Afrique Noire

HACHETTE · EDICEF

$\mathcal{W}$hat folktales do you know?

DE BONS CONSEILS

If you drive a car, you know that signs are important. Signs tell you when and where to go, what streets you're looking for, and how fast you may drive. When you're reading, look for *linking words* and *pronouns*. These signs help you understand a story. Linking words indicate when events occur, and pronouns help you keep track of who's doing what.

A. Preview the pictures, titles, and organization of the reading.

  1. What kind of book is this?
     a. a textbook about rabbits
     b. a reading book for young students
     c. an African history book

  2. What is the hare's name?
     a. Senghor   c. Leuk
     b. Sadji

  3. What is the purpose of the activities at the end of the story?

B. Paraphrase the definitions in the **Que signifie?** activity by choosing synonyms for the words or phrases in italics in the following sentences. Based on these words, can you guess what the story will be about?

  1. **Un philtre** est *un breuvage* qui possède un pouvoir extraordinaire.
     a. une boisson b. un homme

  2. **Un prétendant** est celui qui veut *épouser* une jeune fille.
     a. rencontrer
     b. se marier avec

78. – Les questions difficiles (suite)

« Trois jeunes hommes aimaient une même jeune fille et chacun d'eux voulait l'épouser. Tous trois possédaient un savoir très étendu.

« Le premier pouvait voir ce qui se passait à des milliers de kilomètres. Son regard traversait les forêts les plus épaisses, passait par-dessus la montagne la plus haute et rien ne pouvait l'arrêter.

« Le deuxième possédait une peau de mouton qui, rapide comme l'éclair, vous transportait d'un lieu à un autre, instantanément. Sur cette peau, pouvait prendre place un nombre considérable de personnes.

« Le troisième avait un philtre• qui redonnait la vie aux morts. Il suffisait d'en verser quelques gouttes dans leurs narines.

« Les trois jeunes hommes partirent ensemble pour rendre visite à la belle jeune fille. Chacun d'eux cachait aux autres le pouvoir qu'il détenait. Chacun croyait qu'à leur arrivée il triompherait de ses camarades. En chemin, ils causaient comme de bons amis, lorsque, tout à coup, le prétendant• qui avait la vue longue et perçante déclara :

« — Tiens, tiens, la jeune fille vers qui nous allons est décédée. Je vois qu'on l'a emmenée au cimetière. La fosse est déjà creusée, le cortège• est debout et les fossoyeurs• s'apprêtent à l'enterrer. Quel malheur, les amis! Je vois cela, mais nous n'avons aucun moyen, ni vous ni moi, d'arracher cette jeune et belle personne à la mort.

« — J'ai, dit le second, le moyen de vous

transporter immédiatement à ce cimetière. Mais à quoi bon puisque nous ne pourrons que regarder enterrer la jeune fille? Aucun de nous, en effet, n'est capable de la ressusciter.

" — Emmène-nous toujours, si tu le peux, jusqu'au cimetière, dit le troisième. Nous verrons bien. "

" L'homme tire, de son vêtement, la peau de mouton sur laquelle les trois compagnons prennent place. En un clin d'œil, les voilà arrivés au cimetière, près de la fosse ouverte où la jeune fille doit être ensevelie.

" Alors le troisième prétendant prend le philtre magique, le philtre qui ressuscite les morts. Il en verse quelques gouttes dans les narines de la morte. Aussitôt celle-ci se redresse, éternue trois fois, et regarde tout le monde, l'air étonné. Elle est sauvée.

" On demande, dit encore Leuk, quel est, de ces trois prétendants, celui qui méritait d'épouser la jeune fille. "

Que signifie? philtre : breuvage qui possède un pouvoir extraordinaire — **prétendant :** celui qui veut épouser une jeune fille — **cortège :** ensemble des personnes qui accompagnent un vivant ou un mort — **fossoyeur :** homme chargé de creuser la tombe d'un mort.

Pourquoi et comment?
1. Dites quel pouvoir possédait chacun des trois prétendants.
2. Pourquoi chacun cachait-il son secret?
3. Quel est celui des trois que la jeune fille va épouser et pourquoi?

Ecrivez. — Grammaire : Accord du sujet avec le verbe. Les pronoms personnels du singulier sont : je, tu, il ou elle, moi, toi, lui ou elle.

Exercice : Accorder, à l'indicatif présent, les verbes avec les pronoms sujets. — Je (partir) pour un long voyage — Tu (vouloir) épouser la belle fille — Elle (habiter) très loin — Il (posséder) un philtre magique — Tu (avoir) une vue perçante — C'est moi qui (voir) la jeune fille morte — C'est toi qui (offrir) la peau.

3. **Un cortège** est **l'ensemble** des personnes qui accompagnent un vivant ou un mort.

    a. plusieurs   b. le groupe

4. **Un fossoyeur** est un homme chargé de **creuser** la tombe d'un mort.

    a. faire   b. acheter

C. In **Les questions difficiles,** three suitors vie for the hand of a beautiful girl. Read the story and make a chart of the powers and actions of each suitor.

D. Look for the following linking words in the story and figure out what's happening at the point they appear.

  en chemin *on the way*
  lorsque *when*
  en effet *in fact, indeed*
  en un clin d'œil *in the wink of an eye*
  aussitôt *right away*

E. Find the following sentences in the story. Then, identify what the italicized pronouns refer to.

1. Trois jeunes hommes aimaient une même jeune fille et chacun d'eux voulait *l'*épouser.

    a. chacun des hommes
    b. la jeune fille

2. Emmène-*nous* toujours...

    a. le troisième jeune homme et la jeune fille
    b. les trois jeunes hommes

3. Aussitôt *celle-ci* se redresse...

    a. la peau   b. la morte

4. ... quel est, de ces trois prétendants, *celui* qui méritait d'épouser la jeune fille.

    a. le prétendant b. la fille

F. Answer the questions in the **Pourquoi et comment?** activity. Take a poll to find out who the class thinks will marry the girl.

MISE EN PRATIQUE

CD-ROM
Disc 2

L'HISTOIRE DE MAMY WATA

Mamy Wata, reine des eaux, était très généreuse. Elle laissait les animaux boire dans tous les points d'eau et les hommes avaient en plus le droit de pêcher partout où ils le désiraient.

Un jour, quand Mamy Wata nageait paisiblement dans une rivière avec quelques gros poissons, on est venu l'avertir qu'à plusieurs kilomètres de là, un horrible monstre terrorisait les habitants des villages riverains.

Mamy Wata a décidé d'aller voir ce qui se passait. On lui a indiqué la grotte dans laquelle le monstre se retirait la nuit pour dormir. Elle s'est cachée dans un coin. Lorsque le monstre est rentré se coucher, elle s'est mise à l'observer. Le monstre ne pouvait pas dormir. Il pleurait et grondait beaucoup, et faisait beaucoup de bruit en respirant.

Mamy Wata a compris que le monstre était malheureux. Elle a inventé des jeux. Elle lui a appris à jouer du tam-tam. Elle lui a appris à chanter et à danser. Le monstre était tellement content d'avoir une amie qu'il s'est mis à rire.

Soudain, alors qu'il riait encore, il s'est aperçu qu'il avait complètement changé. Il était redevenu le jeune homme d'avant! C'était en réalité un jeune homme qu'une méchante sorcière avait un jour changé en monstre!

1 Read *L'histoire de Mamy Wata* and answer the questions.

   1. Who was Mamy Wata? What was she like? What did she do for animals? And for people?

   2. When Mamy Wata first sees the monster, what is he like? What is he doing in his cave?

   3. What does Mamy Wata do for the monster? What had happened to the monster?

2 Adamou just moved from Abidan to a small village. Listen as he talks about what life was like in the city and what it's like now that he lives in a village. Then, list three things in English that Adamou used to do in Abidjan and two things he mentions about the village.

3 From what you know about the culture of Côte d'Ivoire, answer the following questions.

1. How can you tell to which ethnic group someone belongs?
2. If you were a high school student, how would you spend your free time?
3. What are Ivorian villages like?

4 *Ecrivons!*

You've just returned from a trip back in time to a culture very different from your own. Write a brief account of what your visit to a different time and place was like.

STRATEGIE
Point of view is a major consideration in describing your experiences. The narrator who tells your story can make a difference in how it's received.

Préparation
You'll first want to choose a time and place for your story and jot down what your visit was like. What was there? What were the people like? Consider which would make more sense, grouping similar ideas together or telling the story in chronological order.

Rédaction
Whom will you choose to tell your story? In the first person point of view, your narrator would most likely be you. You'd use the first person **je** and speak directly to your reader. In the third person point of view, your narrator would be an "outsider looking in" on your story. Characters would be referred to with third person pronouns like **il, elle, ils,** and **elles.** Whichever point of view you choose, make sure you're consistent throughout your story.

Evaluation
To help you decide on an appropriate point of view, you might write two first drafts: one in the first person and one in the third person. Ask a classmate to read both versions or read both versions aloud to a group of classmates and ask them which version is more believable. Based on their comments, you can decide which is better for your story.

5

JEU DE ROLE

With a partner, act out a scene in which a travel agent tries to convince a customer who knows nothing about Africa to visit Abidjan.

- The travel agent suggests Abidjan and describes its advantages.
- The customer asks what there is to see, do, and buy there.
- The customer has false, preconceived notions about the city and Côte d'Ivoire. The agent corrects the customer's false impressions.

Can you use what you've learned in this chapter?

Can you tell what or whom you miss? p. 197

1 If you moved to a new city, how would you say you missed . . .

1. 2. 3.

Can you reassure someone? p. 197

2 How would you reassure someone who had just moved to your town and was homesick?

Can you ask and tell what things were like? p. 198

3 How would you ask your homesick friend what his or her former town was like?

4 How would you describe how things were . . .
1. in medieval times? 2. when you were five?

Can you reminisce? p. 201

5 How would you tell what these people used to do when they were young?

1. Yapo 2. Tes amis et toi 3. Yapo et son frère

6 How would you tell what you usually did after school when you were ten years old?

Can you make and respond to suggestions? p. 209

7 How would you suggest . . .
1. visiting a place in Abidjan?
2. buying something from the market?
3. playing your favorite game or sport?

8 How would you respond if a friend invited you to . . .
1. play tennis? 2. eat barbecue? 3. visit a museum?

PREMIERE ETAPE

Telling what or whom you miss

Je regrette...   *I miss . . .*
... me manque.   *I miss . . . (singular)*
... me manquent.   *I miss . . . (plural)*
Ce qui me manque, c'est...   *What I really miss is . . .*

Reassuring someone

Tu vas t'y faire.   *You'll get used to it.*
Fais-toi une raison.   *Make the best of it.*

Tu vas te plaire ici.   *You're going to like it here.*
Tu vas voir...   *You'll see . . .*

Asking and telling what things were like

C'était comment?   *What was it like?*
C'était tellement/si différent?   *Was it really so different?*
C'était...   *It was . . .*
Il y avait...   *There were . . .*
La vie était plus..., moins...   *Life was more . . . , less . . .*

Describing places

animé(e)   *exciting*
bruyant(e)   *noisy*
calme   *calm*
dangereux (dangereuse)   *dangerous*
génial(e)   *great*
mortel (mortelle)   *deadly dull*
nul (nulle)   *worthless*
propre   *clean*
relaxant(e)   *relaxing*
sale   *dirty*
stressant(e)   *stressful*
tranquille   *peaceful*
très vivant(e)   *very lively*

DEUXIEME ETAPE

Reminiscing

Quand j'étais petit(e),...   *When I was little, . . .*
Quand il/elle était petit(e),...   *When he/she was little, . . .*
Quand j'avais... ans,...   *When I was . . . years old, . . .*

Activities

avoir des responsabilités   *to have responsibilities*
avoir des soucis   *to have worries*
conduire une voiture   *to drive a car*

faire des bêtises   *to do silly things*
faire la sieste   *to take a nap*
ennuyer   *to bother*
taquiner   *to tease*

TROISIEME ETAPE

Making and responding to suggestions

Si on allait... ?   *How about going . . .?*
Si on achetait... ?   *How about buying . . . ?*
Si on visitait... ?   *How about visiting . . . ?*
Si on jouait... ?   *How about playing . . . ?*
D'accord.   *OK.*
C'est une bonne idée.   *That's a good idea.*
Bof.   *(expression of indifference)*

Comme tu veux.   *It's up to you.*
Non, je préfère...   *No, I prefer . . .*
Non, je ne veux pas.   *No, I don't want to.*

Things to see and buy in Abidjan

un maquis   *popular Ivorian outdoor restaurant*
un masque   *mask*
une mosquée   *mosque*

un pagne   *piece of Ivorian cloth*
des paniers (m.)   *baskets*
des poteries (f.)   *pottery*
un tam-tam   *African drum*
du tissu   *fabric, cloth*

Allez, viens en Provence!

Un paysage provençal typique

La Provence

Population : plus de 4.000.000

Villes principales : Marseille, Aix-en-Provence, Arles, Avignon, Toulon, Saint-Tropez, Nice, Cannes, Nîmes

Ressources et industries : parfum, lavande, olives, herbes provençales

Provençaux célèbres : Paul Cézanne, Marcel Pagnol, Le Corbusier

Spécialités : bouillabaisse, soupe au pistou, daube provençale, aïoli, pissaladière, saucissons, fruits confits, calissons

go.hrw.com

WAO PROVENCE

La Provence

CD-ROM
Disc 3

La Provence offre une grande variété de paysages : la Côte d'Azur a de belles plages, la Haute-Provence a les Alpes et la Camargue a des chevaux sauvages et des flamants roses. En Provence, on peut aussi voir des forêts de pins et des champs de lavande. Depuis les années 1900, les touristes viennent en grand nombre y passer leurs vacances. Chaque été, des centaines de festivals de toutes sortes attirent aussi un grand nombre de personnes.

① La Côte d'Azur est célèbre pour ses plages, ses hôtels et ses boutiques de grand luxe. **La Promenade des Anglais** à Nice est un lieu touristique très connu.

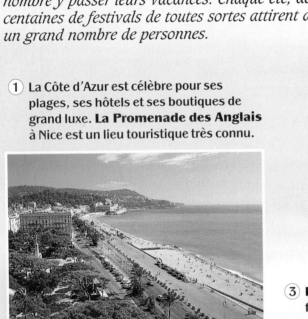

② La plupart des villages perchés comme Gordes ont été construits il y a 500 ans à cause de fréquentes attaques de maraudeurs.

③ **Les gorges du Verdon** sont le *Grand Canyon* français. A 700 mètres plus bas se trouve la rivière où l'on fait du canoë.

④ **Le pont du Gard** est un aqueduc de 49 mètres de haut construit par les Romains il y a 2.000 ans.

Depuis l'époque des Romains, Aix-en-Provence est la capitale de la Provence. Aujourd'hui, c'est surtout une ville d'art, peuplée d'étudiants en raison de sa célèbre université. Dans les chapitres 9, 10 et 11, quelques élèves d'Aix-en-Provence vont te montrer leur belle ville.

⑤ A Aix-en-Provence, les jeunes aiment bien se retrouver dans les cafés du cours Mirabeau. Haute de 1.011 mètres et située à l'est de la ville, **la montagne Sainte-Victoire** attire beaucoup de monde le week-end.

⑥ A trente minutes de Marseille, **les calanques de Cassis** offrent un total dépaysement : falaises blanches plongeant dans l'eau turquoise.

9

Tu connais la nouvelle?

① A propos, tu sais qui j'ai vu hier?

When you get together with friends, what do you talk about? Yourselves, of course! What you've been doing, whom you've talked to . . . and what your friends who aren't there are doing, too.

In this chapter you will learn

- to wonder what happened; to offer possible explanations; to accept or reject explanations
- to break some news; to show interest
- to begin, continue, and end a story

And you will

- listen to friends discuss what happened at a party
- read a scene from a play
- write about your personality
- find out about friendship in the francophone world

② Je me demande pourquoi elle a l'air fâchée!

③ Tu ne devineras jamais ce qui s'est passé!

8
9 FRANÇAIS   14 MATHS
10   15
11
                 HIST-GÉO   VENDRED..
                                 (04) Avril
     ...ÉPHANE

     Rendre dissert
     ..e La fontaine

     INTERRO !!!

     Exposé sur
     Guerre de

19H RENDEZ-VOUS AVEC STEPHAN..
     Ciné Le Ga..

Mise en train

Have you ever made assumptions about people or situations and then discovered they were all wrong? How many different ways can you interpret the photo on the right?

 Cédric

 Arlette

 Odile

 Charlotte

 Pascale

ODILE   Devine qui j'ai vu ici dans le parc.
CHARLOTTE   Aucune idée... Dis un peu!
ODILE   Cédric et Arlette.
CHARLOTTE   Et alors?
ODILE   A mon avis, ça cache quelque chose.
CHARLOTTE   J'ai du mal à le croire. Toi, tu vois des histoires d'amour partout.
ODILE   Ils avaient l'air de bien s'entendre.
CHARLOTTE   Je n'y crois pas. Tu sais bien que Cédric est le petit copain de Pascale.
ODILE   Mais, je t'assure que c'est vrai.
CHARLOTTE   En tout cas, ça ne nous regarde pas...
ODILE   Mais, je les ai vus. Ils se parlaient tendrement et puis, Cédric lui a embrassé la main.

1

Ecoute, il ne faut pas se fier aux apparences.

Bon, comme tu veux... Pauvre Pascale!

Chut! La voilà!

2

Super. Qu'est-ce que vous avez à me regarder comme ça? Qu'est-ce que j'ai?

Bonjour! Comment vas-tu?

Rien du tout.

3

PASCALE	Allez, quoi! Dites-le-moi!
ODILE	On a vu Cédric et Arlette dans le parc...
CHARLOTTE	...en train de se parler.
PASCALE	Et alors?
CHARLOTTE	Alors, rien.

4

5

Mais quoi? Je ne comprends rien. Qu'est-ce que vous racontez? Ah, je commence à comprendre. Vous voulez dire que Cédric et Arlette...

Mais non, pas du tout!

Tiens, le voilà, Cédric!

Eh bien, au revoir! J'ai du travail à faire. A lundi. Salut.

6

Salut. Où est-ce que Pascale est partie? Elle va revenir?

Non, elle est rentrée chez elle.

Elle avait du travail à faire.

Pourquoi? Elle est fâchée? Elle ne m'a même pas dit bonjour.

7

Pascale!!

Moi, j'adore quand ça se complique!

8

1 Tu as compris?

1. What did Odile see in the park?
2. What does Odile think is going on?
3. What does Charlotte think is going on?
4. Why does Pascale leave so quickly?
5. How does Odile feel about what happened?

2 Mets en ordre

Mets l'histoire dans le bon ordre.

Cédric part.

Charlotte ne croit pas Odile.

Pascale part.

Odile voit Cédric et Arlette au parc.

Pascale arrive.

Odile et Charlotte parlent à Pascale.

Odile parle à Charlotte.

Pascale est fâchée.

3 Qui suis-je?

Arlette

Odile

Charlotte

Cédric

Pascale

1. «Moi, j'adore quand ça se complique!»
2. «Je vois des histoires d'amour partout.»
3. «Nous avions l'air de bien nous entendre.»
4. «J'ai embrassé la main d'Arlette.»
5. «Je suis fâchée.»
6. «Je suis le petit copain de Pascale.»
7. «Je ne crois pas que Cédric et Arlette flirtaient.»
8. «J'ai dit que j'avais du travail à faire.»

4 Cherche les expressions

What do the people in **Il ne faut pas se fier aux apparences** say to . . .

1. break some news?
2. show interest in hearing some news?
3. reject explanations for what might have happened?
4. ask what's going on?

5 Et maintenant, à toi

If you were Pascale, what would you have done?

Wondering what happened; offering possible explanations; accepting or rejecting explanations

A mon avis, il est amoureux d'elle.

Je crois que ça cache quelque chose. Pascale va être furieuse!

Mais non! Je parie que Cédric s'amuse!

Peut-être que Pascale et Cédric se sont disputés... alors, Cédric s'est trouvé une nouvelle copine!

6 A ton avis...

What explanations do their friends give for Cédric and Arlette's behavior? How would you explain the situation?

NOTE CULTURELLE

Where do you go to see and talk about what's happening in your town? In Aix-en-Provence, the **cours Mirabeau** provides entertainment and refreshment to tourists and inhabitants alike. Often called one of the most beautiful streets in Europe, the **cours Mirabeau** is the main street in Aix. Plane trees and fountains run the length of the broad boulevard, making it a cool place even in the summer when the **provençal** sun is strong. One side of the street has banks and mansions (**hôtels particuliers**) from the seventeenth and eighteenth centuries, while the other side of the street is famous for its shops and sidewalk cafés. One of these, the **Deux Garçons**, is the place in Aix to see and be seen.

VOCABULAIRE

Comment sont les clients des Deux Garçons aujourd'hui?

NOTE DE GRAMMAIRE

Remember that you use the **imparfait** to tell what people were like in the past.

Il **était** triste.

You can also use the expression **avoir l'air** + an adjective to tell how people *seem(ed)* to be.

Ils **ont l'air** furieux.
Elle **avait l'air** fâchée.

The adjective agrees with the person you're describing.

7 Ecoute!

Ecoute Raoul et Philippe qui sont au café Les Deux Garçons en train de parler de la fête d'hier soir. D'après leur conversation, comment étaient leurs amis?

1. Kim
2. Serge
3. Maria
4. Maud
5. Victor
6. Guillaume

a. énervé(e)
b. mal à l'aise
c. inquiet (inquiète)
d. gêné(e)
e. de bonne humeur
f. déprimé(e)
g. furieux (furieuse)
h. de mauvaise humeur

8 Qu'est-ce qui s'est passé?

Décris les réactions de tes amis dans ces situations. Complète chaque phrase avec un adjectif qui convient.

1. Pierre est tombé devant son prof d'histoire. Il était ＿＿＿.
2. Marion est allée à une boum où elle ne connaissait personne. Elle était ＿＿＿.
3. Jean a eu 20 à l'interro d'anglais. Il était ＿＿＿.
4. Le chat d'Alice est mort soudainement. Alice avait l'air ＿＿＿.
5. Li est sortie avec un beau garçon. Elle avait l'air ＿＿＿.
6. Jean-Michel n'a pas pu trouver son portefeuille ce matin. Il était ＿＿＿.
7. On a fait une surprise-partie pour Eric. Il était vachement ＿＿＿!

9 Mon journal

Complète les phrases suivantes pour décrire ta personnalité.

Je suis ＿1＿ quand je rate le bus. Quand mes amis ne m'invitent pas à sortir avec eux, je suis ＿2＿. Quand j'ai une mauvaise note à une interro, je suis ＿3＿. Quand mon chien est malade, je suis ＿4＿. Quand je vais manger dans un restaurant très élégant, je suis un peu ＿5＿. Et quand je suis en vacances, je suis ＿6＿.

10 Alors, raconte!

Avec qui as-tu parlé hier? Fais une liste et décris l'humeur de ces personnes.

Melissa était de bonne humeur mais Manuel avait l'air plutôt déprimé. Sheryl était vachement inquiète parce qu'elle ·it en ret-

À la française

To better describe people and things, you can use words like **assez** (sort of) and **plutôt** (rather) to modify adjectives. When you're talking to people your own age, you can use the informal expressions **vachement** (really) and **super** (really, ultra-) before adjectives for emphasis: Elle était **vachement énervée.** Il est **super sympa.**

COMMENT DIT-ON... ?

Wondering what happened; offering possible explanations; accepting or rejecting explanations

CD-ROM Disc 3

To wonder what happened:
Je me demande pourquoi elle parle comme ça. *I wonder. . .*

To offer possible explanations:
A mon avis, elle est amoureuse. *In my opinion, . . .*
Peut-être qu'elle a passé une bonne journée. *Maybe . . .*
Je crois qu'elle a gagné cent francs. *I think that . . .*
Je parie qu'elle a mangé trop vite. *I bet that . . .*

To accept an explanation:
Tu as peut-être raison. *Maybe you're right.*
C'est possible. *That's possible.*
Ça se voit. *That's obvious.*
Evidemment. *Obviously.*

To reject an explanation:
A mon avis, tu te trompes. *In my opinion, you're mistaken.*
Ce n'est pas possible. *That's not possible.*
Je ne crois pas. *I don't think so.*

11 Ecoute!

Listen as Cédric asks his friends why Pascale doesn't talk to him. Does he accept or reject the explanations they offer?

12 Je me demande pourquoi!

Qu'est-ce qui est arrivé à Nora, à Thierry et à Didier? Imagine trois événements qui peuvent expliquer leur humeur. Parles-en avec un(e) camarade qui va te dire s'il/si elle est d'accord avec toi ou pas.

—Je me demande pourquoi Nora a l'air fatiguée aujourd'hui.
—Peut-être qu'elle a mal à la tête.
—Non, je ne crois pas. Je parie qu'elle...

Nora

Thierry

Didier

13 Un petit mot

You were supposed to meet your best friend to go hiking yesterday, but everything went wrong, and you never made it there. Write your friend a note to apologize. Be sure to explain what happened and tell your friend how you felt.

Excuse-moi pour hier. Tu sais, tout a été de travers. Mon réveil n'a pas sonné et je me suis réveillé(e) en retard. Alors, j'étais de mauvaise humeur...

CHAPITRE 9   Tu connais la nouvelle?

Panorama Culturel

Marius • Côte d'Ivoire

Yannick • Martinique

Jennifer • France

We talked to some French-speaking teenagers about friendships. Here's what they had to say.

Comment est l'ami idéal?

«Pour moi, un ami idéal, c'est l'ami qui sait t'écouter, qui sait te comprendre et puis qui a beaucoup d'attentions pour toi. Et aussi, cet ami-là cherche toujours à t'aider quand tu as des problèmes... et qui ne trahit pas tes secrets et puis aussi c'est un ami qui te soutient toujours. Voilà.»

—Marius

«L'amie parfaite, eh bien, c'est celle qui ne sera pas fayot, c'est-à-dire, enfin, fayotte, du moins c'est celle qui n'ira pas répéter à tout bout de champ «Mais oui, tiens, elle a tel et tel problème.» C'est l'idéal à la fin.

Moi, je crois que, l'idéal comme amie, c'est, enfin, qu'elle me ressemble un peu.»

—Yannick

Quelle est la différence entre un copain et un ami?

«Eh ben, une copine, c'est par exemple... je ne sais pas, elle est dans la même classe. On discute avec elle des cours... je sais pas, moi... des bobards qu'on raconte à tout le monde. Et l'amie, on lui confie plus ce qui se passe dans l'intimité, ce qu'on ne veut pas dire à sa mère ou à quelqu'un d'autre.

Si on a envie, je ne sais pas, de se confier vraiment, on irait plutôt vers l'amie que vers la copine.»

—Yannick

«Je pense qu'un copain, c'est quelqu'un qu'on voit un peu tous les jours, à qui on dit bonjour, mais sans vraiment se confier. Alors qu'une amie, on lui confie beaucoup de choses, on reste souvent avec elle, on est très proches.»

—Jennifer

Qu'en penses-tu?

1. What are the qualities of a good friend according to these people?
2. What characteristics do you look for in a friend?
3. According to these people, what is the difference between **un copain** and **un ami**?

Breaking some news; showing interest

Qu'est-ce qui t'est arrivé ce week-end?

J'avais rendez-vous avec une copine, mais j'ai eu un petit accident de vélo. Pendant que je réparais mon vélo, j'ai trouvé un billet de 100 F! Super, non?

Marie

Ne m'en parle pas! Je me suis disputé avec ma copine et nous avons cassé.

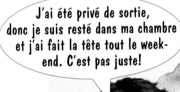

J'ai été privé de sortie, donc je suis resté dans ma chambre et j'ai fait la tête tout le week-end. C'est pas juste!

Romain

Thibaut

Je lisais un roman au parc quand j'ai rencontré Elodie et je suis tombé amoureux d'elle! C'était un véritable coup de foudre!

On allait rendre visite à mes grands-parents quand la voiture est tombée en panne. On a réussi à la réparer mais après, on s'est perdues!

Amina

Didier

14 Tu as compris?

Qui a passé un bon week-end? Un mauvais week-end?

VOCABULAIRE

avoir un accident	to have an accident
avoir (prendre) rendez-vous (avec quelqu'un)	to have a date/make an appointment (with someone)
se disputer (avec quelqu'un)	to have an argument (with someone)
casser (avec quelqu'un)	to break up (with someone)
être privé(e) de sortie	to be "grounded"
faire la tête	to sulk
tomber en panne	to break down (in a vehicle)
se perdre	to get lost
rencontrer	to meet
tomber amoureux(-euse) (de quelqu'un)	to fall in love (with someone)

15 Ecoute!

Regarde les images à la page 230. Ecoute Catherine qui décrit ses amis. De qui parle-t-elle?

16 Et toi?

Le week-end de ton ami ne s'est pas très bien passé! Complète sa carte postale avec des expressions du Vocabulaire. Utilise le passé composé dans tes réponses.

Mon week-end à Lyon ne s'est pas très bien passé. Pour commencer, on __1__ sur la route. Alors, on a dû faire réparer la voiture. Après ça, on n'a pas trouvé la gare Perrache et on __2__. Tu sais, c'est une très grande ville, Lyon. On avait rendez-vous avec mes cousins à dix heures, mais bien sûr, on était en retard. Quand on est enfin arrivés, ils étaient très fâchés et ils __3__ tout le week-end! Ensuite, Sophie et Martin __4__ parce que Martin ne voulait pas venir au musée. Sophie était furieuse et elle __5__ avec Martin! Quel week-end horrible!

COMMENT DIT-ON... ?

Breaking some news; showing interest

To break some news:

Tu connais la nouvelle? *Did you hear the latest?*
Tu ne devineras jamais ce qui s'est passé.
  You'll never guess what happened.
Tu sais qui j'ai vu? *Do you know who . . . ?*
Tu sais ce que Robert a fait? *Do you know what . . . ?*
Devine qui Marion a vu! *Guess who . . .*
Devine ce que j'ai fait! *Guess what . . .*

To show interest:

Raconte!   **Aucune idée.** *No idea.*
Dis vite! *Let's hear it!*

Si tu as oublié ce qui and ce que va à la page 96.

17 Ecoute!

Ecoute ces conversations et choisis l'image qui correspond à chaque conversation.

a.

b.

c.

d.

18 Tu connais la nouvelle?

With a partner, take turns breaking and responding to the news in **Sur le vif!**

SUR LE VIF

LE «KING» PARMI NOUS

Une habitante d'Aix-en-Provence a eu la surprise de sa vie ce matin. Elle promenait son chien au centre-ville quand elle a aperçu Elvis Presley en personne qui sortait d'une boulangerie. Elle a dit que le roi du rock avait un sac plein de pains au chocolat.

UNE VRAIE HISTOIRE MARSEILLAISE

Plusieurs habitants de la région provençale déclarent avoir vu un OVNI vers 17 heures hier après-midi. Un témoin a dit : « J'ai vu un énorme objet dans le ciel. Je savais que ce n'était pas un avion parce qu'il y avait des lumières vertes, jaunes et violettes qui clignotaient. C'était comme un ballon de football! C'était un spectacle incroyable! »

NOTE CULTURELLE

In France, exaggerated stories, or "tall tales", are called **des histoires marseillaises.** Just as people from certain parts of the United States have a reputation—true or not—for exaggerating stories, people from Provence, particularly from the city of Marseille, are known for their improbable tales.

GRAMMAIRE The passé composé vs. the imparfait

To tell what took place in the past, you often need to use both the **passé composé** and the **imparfait**.

You use the **passé composé** to tell *what happened.*

> Elle **a eu** un accident. Nous **avons joué** au tennis.

- Words that indicate a specific moment in the past, like **soudain** *(suddenly)*, **tout à coup** *(suddenly)*, and **au moment où** *(just when)*, usually signal the **passé composé**.

> Tout à coup, on **est tombés** en panne.

- Words that tell in what order events happened, like **d'abord, puis,** and **ensuite**, often signal the **passé composé** as well.

> D'abord, on **a rencontré** l'étudiant américain.

You use the **imparfait** . . .

—to describe *how people or things were* in the past.

> Quand elle **avait** cinq ans, elle **était** pénible.

—to talk about repeated actions in the past, to tell *what used to happen.*

> Quand j'**avais** huit ans, je **faisais** toujours des bêtises.

—to describe general conditions in the past, to *set the scene.*

> Il **était** deux heures de l'après-midi; il **faisait** beau.

- Words that indicate a repeated action, like **toujours, d'habitude, tous les jours, souvent,** and **de temps en temps**, usually signal the **imparfait**.

> On **allait** souvent au théâtre.

19 Passé composé ou imparfait?

Read Nora's account of a rainy day and tell whether each underlined verb is in the **passé composé** or the **imparfait** and why?

> Il faisait gris et il pleuvait. J'étais de mauvaise humeur; ma mère travaillait et mon frère, qui était privé de sortie, faisait la tête. Soudain, j'ai pris une décision: pourquoi ne pas aller au cinéma? Je suis allée au Bino 4 voir le nouveau film de Gérard Depardieu. Après, j'ai rencontré des copains et on est allés au café. Bref, j'ai passé une bonne journée!

DEUXIEME ETAPE *deux cent trente-trois* **233**

20 Sur le vif

Finish the following reporter's story for **Sur le vif** by putting the verbs in the **passé composé** or the **imparfait**.

Patrick Bruel continue sa tournée de concerts dans le sud de la France. Hier, le chanteur __1__ (être) à Montpellier où des centaines de jeunes __2__ (aller) l'applaudir. A leur grande joie, quelques-uns __3__ (avoir) la chance de le rencontrer en personne. Il __4__ (être) environ minuit au restaurant La Côte à l'Os quand tout à coup, Patrick lui-même __5__ (entrer). Il __6__ (être) accompagné de quelques-uns de ses musiciens. Il __7__ (demander) la carte au serveur qui n'en croyait pas ses yeux. Bruel __8__ (sembler) très content et il __9__ (rire) beaucoup. Il a dit au serveur que les concerts le __10__ (mettre) toujours de bonne humeur mais lui __11__ (donner) aussi très faim. Il __12__ (regarder) la carte que le serveur lui avait apportée, puis il __13__ (commander) des escargots et un steak au poivre. Après le repas, il __14__ (boire) un café. Ensuite, Bruel __15__ (payer) l'addition et il __16__ (partir) après avoir donné son autographe au serveur qui __17__ (ne pas regretter) d'avoir travaillé ce soir-là.

21 Tu plaisantes!

Take turns telling some **histoires marseillaises** to a partner. Try the following suggestions.

> rencontrer le président
> à Washington
> visiter la Maison Blanche
> dîner avec lui

—Tu sais qui j'ai rencontré?
—Non, raconte!
—J'ai rencontré le président des Etats-Unis!
—Mon œil! Tu étais où?
—J'étais à Washington, évidemment!
—Mais qu'est-ce que tu faisais?
—Je visitais la Maison Blanche.
—Alors, qu'est-ce que tu as fait?
—J'ai dîné avec lui.

22 Mon œil!

Write down three activities, a place, and an emotion. Then, exchange papers with a partner and write **une histoire marseillaise,** using the information your partner gave you.

> rencontrer un extra-terrestre
> manger une boîte de chocolats
> faire du ski nautique
> à la boulangerie
> déprimé(e)

1. voir un extra-terrestre chez moi
   regarder la télé
   visiter sa planète

2. rencontrer le loup du Gévaudan (*the Bigfoot of France*)
   dans la forêt
   faire du camping
   prendre une photo

3. trouver 500 F dans le parc
   promener le chien
   faire du shopping

4. avoir rendez-vous avec ta star préférée
   sur le cours Mirabeau
   écouter de la musique
   demander son autographe

Antoine

Pascale téléphone à Antoine . . .

— A propos, Antoine, qu'est-ce que tu as fait hier soir?

— Je m'ennuyais chez moi, alors, j'ai décidé d'aller au cinéma. A ce moment-là, le téléphone a sonné. C'était Arlette. Elle s'ennuyait aussi et voulait faire quelque chose avec moi.

— Donc, vous êtes allés au cinéma!

— Eh bien... c'est-à-dire que... je suis timide.

— Tu veux dire que tu ne l'as pas invitée?!

— Je n'ai pas eu le courage!

— Mais tu es dingue!

— Attends! Elle m'a proposé d'aller voir *Germinal* au Cinéma Cézanne.

— Heureusement!

— Oui, mais tu vois, ce cinéma est à l'autre bout d'Aix.

— Et alors?

— Ben, on a décidé de s'y retrouver une demi-heure plus tard. Alors, j'ai pris le bus, mais à cette heure-là, il y avait beaucoup de circulation et je suis arrivé très en retard. Arlette était déjà partie.

— Pauvre vieux! Maintenant, c'est à toi de l'inviter quelque part.

— Tu crois?

Pascale

23 Tu as compris?

Qu'est-ce qui est arrivé à Antoine hier soir? Pourquoi n'a-t-il pas invité Arlette? A ton avis, qu'est-ce qu'il va faire maintenant?

COMMENT DIT-ON... ?

Beginning, continuing, and ending a story

CD-ROM
Disc 3

To begin a story:
A propos,...
   By the way, . . .

To continue a story:
Donc,... *Therefore, . . .*
Alors,... *So . . .*
A ce moment-là,...
   At that point, . . .
Bref,... *Anyway, . . .*
C'est-à-dire que...
   That is, . . .
... quoi. *. . . you know.*
... tu vois. *. . . you see.*

To end a story:
Heureusement,...
   Fortunately, . . .
Malheureusement,...
   Unfortunately, . . .
Enfin,/Finalement,...

24 Ecoute!

Ecoute l'histoire de Caroline. Remets les images suivantes en ordre d'après son histoire.

a.   b.   c.   d.

25 Qu'est-ce qu'ils disent?

Complète la conversation entre Odile et Arlette.

> heureusement   à ce moment-là
>   à propos   aucune idée
> dis vite   bref
>   devineras   malheureusement

— Salut, Odile.
— Salut, Arlette. Tu sais ce qui m'est arrivé hier?
— ___1___. Raconte!
— Je faisais mes devoirs chez moi quand Pascale m'a téléphoné. Elle s'ennuyait chez elle et elle voulait aller faire du roller en ligne. Moi, j'étais d'accord. Simple, tu vois? Mais non! J'ai pris le bus pour aller au parc, mais Pascale n'était pas là.
— Vraiment? Mais elle est toujours à l'heure!
— Exactement! Donc, j'ai attendu vingt minutes...
— Vingt minutes!
— ___2___, elle n'est jamais arrivée et j'étais fâchée. J'ai essayé de lui téléphoner, mais elle n'était pas là.
— Et alors?
— ___3___, j'ai décidé de rentrer chez moi. Après ça, tu ne ___4___ jamais ce qui s'est passé!
— ___5___!
— Le téléphone a sonné. C'était Pascale!
— Qu'est-ce qu'elle t'a dit?
— Euh... tu vois, c'était de ma faute. Elle était au Jardin Rambot, et moi, je suis allée au Parc Joseph Jourdan! ___6___, elle n'était pas trop fâchée contre moi. ___7___, on s'est donné rendez-vous pour demain au Jardin Rambot.
— Tout est bien qui finit bien!

26 Le jeu du cadavre exquis

In your group, choose a main character for a story. One person begins by writing the first sentence or two of the story, folds the paper to cover all but the last line, and passes it to the next person who writes another sentence, folds the paper again, and passes it on. Remember, anything can happen! When you've finished, read the story to the class.

Caroline a m...
Donc, elle a cassé avec Martin.

NOTE DE GRAMMAIRE

- Sometimes you have to use both the **imparfait** and the **passé composé** in the same sentence. For example, you might want to say that one action *was going on* (imparfait) when another action *happened* (passé composé).

  Je **faisais** mes devoirs quand le téléphone **a sonné.**

- To emphasize that you were *in the middle of* or *busy doing* something, you can use the imperfect of the expression **être en train de** with an infinitive.

  J'**étais en train de** faire mes devoirs quand le téléphone **a sonné.**

27 Qu'est-ce qu'on faisait quand... ?

Make at least ten sentences using the **passé composé** and the **imparfait** in each one.

—Je faisais mes devoirs quand un extra-terrestre est entré dans ma chambre.

faire mes devoirs	rencontrer...
danser le zouk	avoir un accident
manger de la pizza	décider de...
se disputer avec...	voir...
visiter...	recevoir...
faire la tête	tomber amoureux
conduire la voiture	(amoureuse)
faire la sieste	de...
faire des pompes	perdre...
être collé(e)	casser (avec...)
être à...	se casser...
se promener	déguster...
?	?

quand

28 Quelle surprise!

Imagine an unexpected guest paid you a surprise visit at home last night. Tell what everyone was doing when the guest arrived. Then, describe the guest and tell why he or she came to your home.

Tu ne devineras jamais ce qui s'est passé hier soir! Mon père regardait la télé et moi, j'écoutais mon CD préféré de Céline Dion quand elle est entrée dans...

29 Jeu de rôle

Choose a well-known fairy tale. Each person plays the role of a character in the tale and tells the story from his or her point of view. Present your versions to the class, and see if they can guess what tale you are telling. You might refer to page R15 for additional fairy tale vocabulary.

Cendrillon (Cinderella)

La belle et la bête (Beauty and the Beast)

Blanche-Neige (Snow White)

la pantoufle de verre (glass slipper)
le bal (dance)   tuer (to kill)
la marraine (godmother)
              se cacher (to hide)
la citrouille (pumpkin)
les souris (mice)
              la sorcière (witch)
transformer en (to turn into)
se marier (to get married)
              embrasser (to kiss)
les sept nains (the seven dwarfs)

LISONS!

isunderstandings can occur between friends. What do you think of the misunderstanding in this scene from the play *La Cantatrice chauve*?

DE BONS CONSEILS

Before you read, make some theories about what the reading will be about or what's going to happen. Remember what you've learned about how the genre of a text can give you clues about what you're going to read. You'll understand and remember much more if you read with a purpose.

A. Before you read the play carefully, skim the scene to guess what the reading will be about. Who are the main characters? What are they doing when the scene begins? Do you think this will be a humorous scene or a sad one? Why?

B. Have you ever had the experience of saying something over and over and suddenly realizing that what you were saying seemed completely meaningless? The playwright Eugène Ionesco had just such an experience in the late 1940s and wrote about it in *La Cantatrice chauve*. When you read this scene from the play, keep in mind that this is an example of the theater of the absurd. Then, reread the scene to see if you think Ionesco has made his point: the endless repetition of common, polite words and phrases makes them sound absurd.

SCENE IV

Mme et M. Martin, s'assoient l'un en face de l'autre, sans se parler. Ils se sourient, avec timidité.

M. MARTIN (le dialogue qui suit doit être dit d'une voix traînante, monotone, un peu chantante, nullement nuancée).
— Mes excuses, Madame, mais il me semble, si je ne me trompe, que je vous ai déjà rencontrée quelque part.

Mme MARTIN. — A moi aussi, Monsieur, il me semble que je vous ai déjà rencontré quelque part.

M. MARTIN. — Ne vous aurais-je pas déjà aperçue, Madame, à Manchester, par hasard?

Mme MARTIN. — C'est très possible. Moi, je suis originaire de la ville de Manchester! Mais je ne me souviens pas très bien, Monsieur, je ne pourrais pas dire si je vous y ai aperçu, ou non!

M. MARTIN. — Mon Dieu, comme c'est curieux! moi aussi je suis originaire de la ville de Manchester, Madame!

Mme MARTIN. — Comme c'est curieux!

. . .

M. MARTIN. — Depuis que je suis arrivé à Londres, j'habite rue Bromfield, chère Madame.

Mme MARTIN. — Comme c'est curieux, comme c'est bizarre! moi aussi, depuis mon arrivée à Londres j'habite rue Bromfield, cher Monsieur.

M. MARTIN. — Comme c'est curieux, mais alors, mais alors, nous nous sommes peut-être rencontrés rue Bromfield, chère Madame.

Mme MARTIN. — Comme c'est curieux; comme c'est bizarre! c'est bien possible, après tout! Mais je ne m'en souviens pas, cher Monsieur.

M. MARTIN. — Je demeure au n° 19, chère Madame.

Mme MARTIN. — Comme c'est curieux, moi aussi j'habite au n° 19, cher Monsieur.

M. MARTIN. — Mais alors, mais alors, mais alors, mais alors, mais alors, nous nous sommes peut-être vus dans cette maison, chère Madame?

Mme MARTIN. — C'est bien possible, mais je ne m'en souviens pas, cher Monsieur.

M. MARTIN. — Mon appartement est au cinquième étage, c'est le n° 8, chère Madame.

Mme MARTIN. — Comme c'est curieux, mon Dieu, comme c'est bizarre! et quelle coïncidence! moi aussi j'habite au cinquième étage, dans l'appartement n° 8, cher Monsieur!

M. MARTIN, *songeur.* – Comme c'est curieux, comme c'est curieux, comme c'est curieux et quelle coïncidence! vous savez, dans ma chambre à coucher j'ai un lit. Mon lit est couvert d'un édredon vert. Cette chambre, avec ce lit et son édredon vert, se trouve au fond du corridor, entre les water et la bibliothèque, chère Madame!

Mme MARTIN. – Quelle coïncidence, ah mon Dieu, quelle coïncidence! Ma chambre à coucher a, elle aussi, un lit avec un édredon vert et se trouve au fond du corridor, entre les water, cher Monsieur, et la bibliothèque!

M. MARTIN. – Comme c'est bizarre, curieux, étrange! alors, Madame, nous habitons dans la même chambre et nous dormons dans le même lit, chère Madame. C'est peut-être là que nous nous sommes rencontrés!

Mme MARTIN. – Comme c'est curieux et quelle coïncidence! C'est bien possible que nous nous y soyons rencontrés, et peut-être même la nuit dernière. Mais je ne m'en souviens pas, cher Monsieur!

M. MARTIN. – J'ai une petite fille, ma petite fille, elle habite avec moi, chère Madame. Elle a deux ans, elle est blonde, elle a un œil blanc et un œil rouge, elle est très jolie, elle s'appelle Alice, chère Madame.

Mme MARTIN. – Quelle bizarre coïncidence! moi aussi j'ai une petite fille, elle a deux ans, un œil blanc et un œil rouge, elle est très jolie et s'appelle aussi Alice, cher Monsieur!

M. MARTIN, *même voix traînante, monotone.* – Comme c'est curieux et quelle coïncidence! et bizarre! c'est peut-être la même, chère Madame!

Mme MARTIN. – Comme c'est curieux! c'est bien possible cher Monsieur.

Un assez long moment de silence... La pendule sonne vingt-neuf fois.

M. MARTIN, *après avoir longuement réfléchi, se lève lentement et, sans se presser, se dirige vers Mme Martin qui, surprise par l'air solennel de M. Martin, s'est levée, elle aussi, tout doucement; M. Martin a la même voix rare, monotone, vaguement chantante.* – Alors, chère Madame, je crois qu'il n'y a pas de doute, nous nous sommes déjà vus et vous êtes ma propre épouse... Elisabeth, je t'ai retrouvée!

Mme MARTIN *s'approche de M. Martin sans se presser. Ils s'embrassent sans expression. La pendule sonne une fois, très fort. Le coup de la pendule doit être si fort qu'il doit faire sursauter les spectateurs. Les époux Martin ne l'entendent pas.*

Mme MARTIN. – Donald, c'est toi, darling!

C. What phrases do you find in the first few lines that indicate the Martins are strangers when the scene begins, in spite of the fact they are married?

D. In the first 20 lines, find two things that Mr. and Mrs. Martin have in common. Based on what you've just read, what do you think will happen in the scene?

E. Find examples of phrases that are repeated throughout this scene. What is the effect of the repetition of these phrases?

F. Why are the remarks **Comme c'est curieux** and **Quelle coïncidence** ridiculous as used here by the Martins? What is curious and bizarre about their conversation?

G. Reread the last lines of Mr. Martin and Mrs. Martin. What is the significant change in their attitude toward each other? How is this change signaled in their language? Give two examples.

H. Reread the stage directions. Why does Ionesco want the characters to present their lines in this way? Find the lines punctuated with an exclamation point. Practice reading them aloud with a monotone, singsong, expressionless voice. How easy is this to do?

I. What is the main point that Ionesco is trying to make? Can you find enough evidence to prove that the play is about the absurdity of daily life? Do you think that Ionesco has successfully created a scene that convinces you of this absurdity?

J. Using some of the small talk and polite phrases you noted in Activity B, write a brief, absurd dialogue with a partner. Then, perform your scene for the class.

UN LYCÉEN VOYAGE DANS LE TEMPS

Paul Daquin, le lycéen lyonnais qui avait disparu la semaine dernière, vient d'être retrouvé sain et sauf dans le parc de la Tête d'Or. Une interview avec des journalistes a révélé une histoire incroyable : Paul Daquin a peut-être voyagé dans le temps!

Tout a commencé jeudi dernier. Paul avait rendez-vous avec des amis du lycée. Mais il n'est jamais arrivé à son rendez-vous. D'après Paul, il a eu un petit accident de vélo dans le parc. Ensuite, il ne sait pas ce qui s'est passé. Il raconte que tout à coup, il s'est réveillé dans un château magnifique. Il s'est levé, puis il s'est promené dans le château. Il était mal à l'aise parce que les gens étaient habillés comme au Moyen Age et ils le regardaient d'une façon bizarre. Il est entré dans une très grande

salle à manger où il y avait une fête. A ce moment-là, Paul a rencontré une très belle jeune fille, Mylena, la fille du roi. Paul et Mylena ont dansé toute la soirée et Paul est tombé amoureux de Mylena. Après ça, Paul a oublié ce qui s'est passé. Tout ce qu'il sait, c'est que les policiers l'ont retrouvé dans le parc de la Tête d'Or. Il dormait sous un arbre.

Cette histoire incroyable intéresse beaucoup de monde. Des experts du monde entier sont venus à Lyon pour essayer de comprendre ce qui est arrivé au jeune Paul Daquin. Beaucoup pensent que toute cette histoire incroyable n'est qu'un rêve. Mais si c'est un rêve, il reste un mystère : quand la police a retrouvé Paul, il avait un foulard en soie autour du cou. Plus étrange encore, le nom "Mylena" était écrit sur le foulard...

1 Read *Un lycéen lyonnais voyage dans le temps* and answer the questions below.

1. Where was Paul Daquin going last Thursday?
2. What happened to him on his way there?
3. Where was he when he woke up? How did he feel about the situation?
4. Who is Mylena?
5. What do experts think really happened to Paul?
6. According to the journalist who wrote the article, what proof is there that Paul's story is true?

2 Manon and Tristan are discussing what happened to their friend Eléonore yesterday. Listen to their conversation, and then answer the questions below.

1. What happened to Eléonore on her way to meet Laurent?
2. Was Laurent in a good mood at the café? Why or why not?
3. What happened when Eléonore finally arrived at the café?
4. Why does Manon think Laurent reacted the way he did? What explanation does she give?
5. Does Tristan agree with Manon in the end?

Ecrivons!

A French literary magazine is show-casing the works of American students learning French language and culture. You've been asked to write your own **histoire marseillaise** for publication in the magazine.

STRATEGIE

Setting is one of the first considerations when writing any type of story. Once you've decided what the subject of your **histoire marseillaise** will be, think about where and when it will take place.

Préparation

To help you get started, ask yourself the following questions: Will the setting be just a backdrop or will it play a more important role in the story? Can the setting be used to create a particular atmosphere? What details about the setting will you need to describe?

Based on your answers to the questions, select the time and place that would be best suited to your **histoire marseillaise.**

Rédaction

Once you've chosen the setting, begin to construct your story. When writing your **histoire marseillaise,** there are several points that you'll want to keep in mind. First, make sure that the events in your story follow a logical order. Also, be sure to remain consistent with verb tenses; try not to switch between the past and the present in your story. Next, try to help your reader "see" the story. In other words, use specific and vivid details when telling your story. Finally, try to use language you know. You may not know all the French words and phrases you'll need, but chances are there's a way to use what you do know to get your story across. You might also want to add illustrations to your story.

Evaluation

A good way to catch all the mistakes when you proofread is to create a checklist of things to look for. This can make the editing less overwhelming, and it allows you to focus on one aspect of your writing at a time. Some items to include on your checklist are punctuation, capitalization, spelling, and use of the **passé composé** and the **imparfait.**

4

JEU DE ROLE

With your classmates, create an informal television news broadcast about the happenings in your school. Break the top news stories for your class. You might assign "correspondents" who report from the scene. Be sure to:
- break the news to the class.
- begin, continue, and end the stories.
- offer possible explanations for anything strange that happened.

Can you use what you've learned in this chapter?

Can you wonder what happened and offer possible explanations? p. 228

1 If you didn't know why your friend was late for your meeting after school, how would you say that you wonder what happened?

2 What possible explanations could you give for each of these situations?
1. Ton ami(e) était déprimé(e).
2. Tes parents avaient l'air fâchés aujourd'hui.
3. Ton prof était de bonne humeur.
4. Tes amis étaient étonnés.

Can you accept and reject explanations? p. 228

3 How would you respond if your friends made these remarks?
1. «A mon avis, il va faire beau aujourd'hui.»
2. «Je crois que Paris est la plus grande ville de France.»
3. «Je parie que j'ai raté mon interro d'anglais.»
4. «Peut-être que notre prof est en retard.»
5. «J'ai vu un extra-terrestre dans le jardin.»

Can you break some news? p. 231

4 How would you break the following news to a friend?

 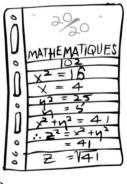 

1.   2.   3.

Can you show interest? p. 231

5 How would you respond if your friend said **Devine ce qui s'est passé hier!**?

Can you begin, continue, and end a story? p. 235

6 What would you say to begin a story you'd like to tell?

7 What would you say to continue the story you began in number 6?

8 What would you say if your story ended well? Badly?

VOCABULAIRE

PREMIERE ETAPE

Wondering what happened; offering possible explanations

Je me demande... *I wonder . . .*
A mon avis,... *In my opinion, . . .*
Peut-être que... *Maybe . . .*
Je crois que... *I think that . . .*
Je parie que... *I bet that . . .*

Accepting or rejecting explanations

Tu as peut-être raison. *Maybe you're right.*
C'est possible. *That's possible.*

Ça se voit. *That's obvious.*
Evidemment. *Obviously.*
A mon avis, tu te trompes. *In my opinion, you're mistaken.*
Ce n'est pas possible. *That's not possible.*
Je ne crois pas. *I don't think so.*

Feelings

amoureux (amoureuse) *in love*
de bonne humeur *in a good mood*
de mauvaise humeur *in a bad mood*
déprimé(e) *depressed*

énervé(e) *annoyed*
étonné(e) *surprised*
fâché(e) *angry*
furieux (furieuse) *furious*
gêné(e) *embarrassed*
inquiet (inquiète) *worried*
mal à l'aise *uncomfortable*

Other useful expressions

assez *sort of*
plutôt *rather*
vachement *really*
super *really, ultra-*
avoir l'air *to seem*

DEUXIEME ETAPE

Breaking some news; showing interest

Tu connais la nouvelle? *Did you hear the latest?*
Tu ne devineras jamais ce qui s'est passé. *You'll never guess what happened.*
Tu sais qui... ? *Do you know who . . . ?*
Tu sais ce que... ? *Do you know what . . . ?*
Devine qui... *Guess who . . .*
Devine ce que... *Guess what . . .*

Raconte! *Tell me!*
Aucune idée. *No idea.*
Dis vite! *Let's hear it!*

Personal happenings

avoir un accident *to have an accident*
avoir (prendre) rendez-vous (avec quelqu'un) *to have a date/make an appointment (with someone)*
être privé(e) de sortie *to be "grounded"*

faire la tête *to sulk*
casser (avec quelqu'un) *to break up (with someone)*
rencontrer *to meet*
se disputer (avec quelqu'un) *to have an argument (with someone)*
se perdre *to get lost*
tomber amoureux (amoureuse) (de quelqu'un) *to fall in love (with someone)*
tomber en panne *to break down (vehicle)*

TROISIEME ETAPE

Beginning, continuing, and ending a story

A propos,... *By the way, . . .*
Donc,... *Therefore, . . .*
Alors,... *So, . . .*
A ce moment-là,... *At that point, . . .*

Bref,... *Anyway, . . .*
C'est-à-dire que... *That is, . . .*
... quoi. *. . . you know.*
... tu vois. *. . . you see.*
Heureusement,... *Fortunately, . . .*
Malheureusement,... *Unfortunately, . . .*

Enfin,/Finalement,... *Finally, . . .*
être en train de *to be in the process of (doing something)*

10

Je peux te parler?

SUR

RPRISE

PARTIE

C'est
L'ANNIVERSAIRE
de _Manu_ !

Si vous voulez faire

avec nous, ven

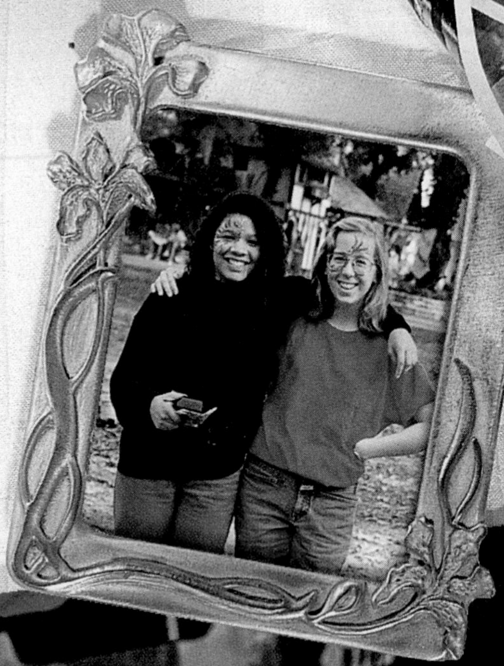

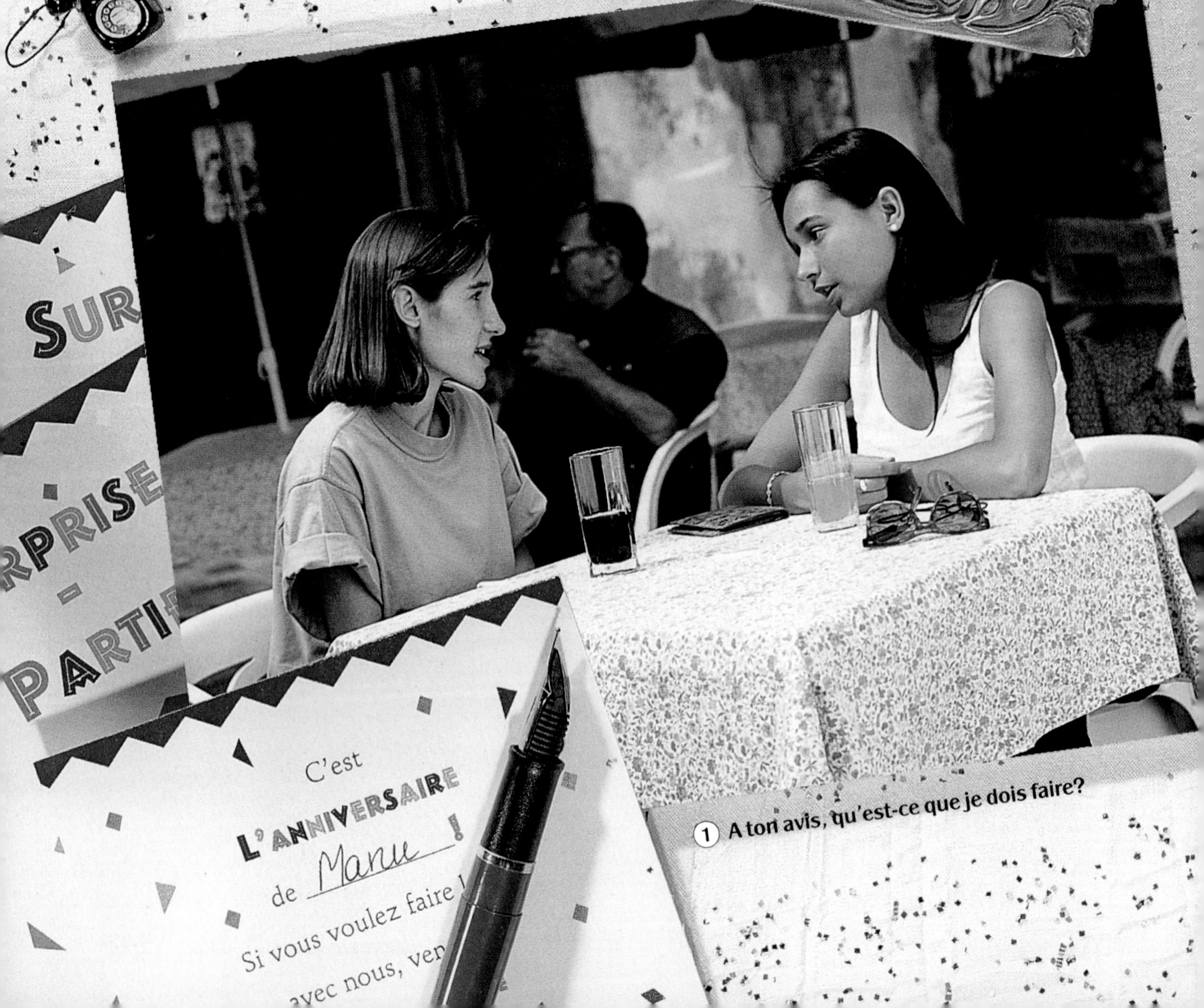

1 A ton avis, qu'est-ce que je dois faire?

To whom do you go for advice when you have a problem? When you need a favor? Friends can help you plan a party, then give advice if things don't go well. And if you should make a mistake, a friend is always ready to accept an apology and move on!

In this chapter you will learn

- to share a confidence; to ask for and give advice
- to ask for and grant a favor; to make excuses
- to apologize and accept an apology; to reproach someone

And you will

- listen to people planning a party and asking for advice
- read an article about friendship
- write an advice column
- find out in whom francophone teenagers are likely to confide

2 Je suis désolé. Tu ne m'en veux pas?

3 Tu pourrais venir déguisé?

Mise en train

Arlette **Pascale** **Antoine**

Qu'est-ce que je dois faire?

Sometimes it helps to ask friends for advice when you have a problem. Scan the story to find out what kinds of problems Arlette, Pascale, and Antoine are discussing.

1 — Ecoute, j'aimerais inviter des amis pour mon anniversaire. Qu'en penses-tu?
— C'est une excellente idée! J'adore les fêtes.
— Je n'ai jamais organisé de fête. Tu as des conseils?

2 — D'abord, n'oublie pas d'envoyer des invitations. Ensuite, je te conseille d'acheter des assiettes en carton. C'est pratique. Tu n'as pas à faire la vaisselle. Et tu devrais demander à chacun d'apporter quelque chose.
— C'est pas bête, ça...

3 — Euh, je peux te parler?
— Oui. Je t'écoute.
— Est-ce que tu crois que je devrais inviter Cédric?
— Bien sûr. Pourquoi pas?

4 — Tu sais, on a eu une dispute. C'était tellement bête, un malentendu. Qu'est-ce que je dois faire?
— C'est ridicule. Téléphone-lui et invite-le.
— Tes conseils sont toujours bons!

5 — Alors, qu'est-ce que tu vas mettre pour ta soirée?
— Je n'ai pas encore réfléchi. Voyons, je ne sais pas quoi mettre.

1 Tu as compris?

1. Why is Pascale having a party?
2. What advice does Arlette offer her?
3. What favor does Pascale ask? Does Arlette agree to help?
4. What does Arlette ask Antoine for advice about? What does he suggest?
5. What decision does Arlette have to make at the end of **Qu'est-ce que je dois faire?**

2 Complète les phrases

1. Pascale n'a jamais...
   a. organisé de fête.
   b. demandé de conseils.
   c. écouté de musique.
2. Pascale et Cédric...
   a. se sont réconciliés.
   b. se sont disputés.
   c. se sont rencontrés.

3. Pascale va mettre...
   a. une robe rose.
   b. une jupe bleue.
   c. un anorak vert.
4. Comme cadeau, Antoine suggère...
   a. du parfum.
   b. des fleurs.
   c. un poster.

5. Antoine invite Arlette à...
   a. une fête.
   b. un concert.
   c. faire les magasins.

3 Qui dit quoi?

Pascale

Arlette

Antoine

Téléphone-lui et invite-le.

Je ne sais pas quoi lui offrir. Tu as une idée?

J'ai deux places pour aller au concert des Vagabonds.

Tu devrais lui offrir un poster de Cézanne.

Qu'est-ce que je ferais sans toi!

Je devrais inviter Cédric?

4 Cherche les expressions

What do the people in **Qu'est-ce que je dois faire?** say to . . .

1. ask for advice?
2. share a confidence?
3. give advice?
4. ask for a favor?
5. invite someone?
6. make excuses?

5 Et maintenant, à toi

If you were Arlette, what decision would you make? Why?

NOTE CULTURELLE

Paul Cézanne, one of the most influential post-impressionist painters, was born in Aix-en-Provence in 1839. He made **la Montagne Sainte-Victoire,** just a few kilometers from Aix, famous by painting it dozens of times. In Aix, you can follow bronze markers in the sidewalks to trace **les pas de Cézanne,** a two-hour walk through the city that passes by Cézanne's birthplace, the cathedral where he worshiped, and his studio, which remains as he left it when he died in 1906.

Sharing a confidence; asking for and giving advice

QU'EN PENSES-TU?

Amitiés, amours, parents, études... Chaque semaine, posez votre question aux lecteurs.

VOICI LA QUESTION DE FERDINAND

(Aix-en-Provence)

J'ai un petit problème. Dans ma classe, il y a une fille que j'aime bien. Elle s'appelle Myriam. Elle est toujours avec ses copines et je ne sais pas comment l'aborder. Je suis bien embêté. J'ai l'impression qu'elle m'aime bien, mais je n'ose pas lui parler. Je suis très timide. Qu'est-ce que vous me conseillez? Aidez-moi!

ET VOICI LES RÉPONSES DE...

MATHILDE

(Pointe-à-Pitre, Guadeloupe)

A mon avis, tu devrais lui proposer d'aller au café après l'école. Parle-lui. Demande-lui si elle aime aller au cinéma. Ensuite, invite-la à voir un film. Si elle accepte, c'est parfait. Si elle refuse, tu devrais l'oublier.

FABIEN

(Biarritz, Pyrénées-Atlantiques)

Si tu n'oses pas lui parler, écris-lui un petit mot. Sois sincère. Peut-être qu'elle est timide, elle aussi. C'est une bonne façon de faire connaissance avec elle.

IRÈNE

(Dijon, Côte-d'Or)

Ce que tu devrais faire, c'est organiser une fête. Comme ça, tu as un prétexte pour l'inviter. Ensuite, ça va être plus facile de faire connaissance. Si tu ne sais pas quoi dire, tu peux l'inviter à danser!

LÉONARD

(Toulouse, Haute-Garonne)

A mon avis, tu devrais faire l'indifférent. Ne lui montre pas que tu es amoureux et fais semblant de t'intéresser à une de ses copines. Tu vas voir, elle va tout de suite te remarquer!

6 Les conseils

1. Quel est le problème de Ferdinand?
2. Quels conseils est-ce que chaque personne lui a donnés?
   a. Mathilde   **b.** Fabien   **c.** Irène   **d.** Léonard

Sois sincère.

Tu devrais faire l'indifférent.

Ecris-lui un petit mot.

Invite-la au café.

Si elle refuse, tu devrais l'oublier.

Tu peux l'inviter à danser!

Ce que tu devrais faire, c'est organiser une fête.

3. A ton avis, quels sont les meilleurs conseils?

COMMENT DIT-ON...?

Sharing a confidence

To share a confidence:

Je ne sais pas quoi faire. *I don't know what to do.*

J'ai un problème.

Tu as une minute?

Je peux te parler?

To respond:

Qu'est-ce qu'il y a? *What's wrong?*

Qu'est-ce que je peux faire?
What can I do?

Je t'écoute.

7 Ecoute!

Mohammed's friends all come to him with their problems. Choose the picture that illustrates each friend's problem. Then, imagine the dialogue about the remaining picture.

a.

b.

c.

d.

COMMENT DIT-ON...?

Asking for and giving advice

To ask for advice:

A ton avis, qu'est-ce que je dois faire? *In your opinion, what should I do?*

Qu'est-ce que tu ferais, toi?
What would you do?

Qu'est-ce que tu me conseilles?

To give advice:

Invite-le/-la/-les.
Invite him/her/them.

Parle-lui/-leur.
Talk to him/her/them.

Dis-lui/-leur que tu es fâché.
Tell him/her/them that . . .

Ecris-lui/-leur.
Write to him/her/them.

Explique-lui/-leur.
Explain to him/her/them.

Excuse-toi. *Apologize.*

Téléphone-lui/-leur.

Oublie-le/-la/-les.

Tu devrais lui écrire un petit mot.

8 Les deux font la paire

Choisis les meilleures réponses à chaque phrase ou question.

1. J'ai cassé avec ma petite amie!
   A ton avis, qu'est-ce que je dois faire?
2. J'ai rencontré un garçon très
   sympa et je veux le revoir.
3. J'ai de mauvaises notes en maths
   et je ne comprends pas le prof.
   Qu'est-ce que tu ferais, toi?
4. J'ai été collé et mes parents m'ont privé
   de sortie. Mais ce n'était pas de ma faute!
5. J'ai un problème et je ne sais pas quoi faire.
6. Je suis tombé amoureux d'une
   fille qui habite à la Martinique.
7. Tu as une minute? Je peux te parler?

a. Explique-leur.
b. Dis-lui bonjour.
c. Bien sûr. Je t'écoute.
d. Invite-le au cinéma.
e. Oublie-la!
f. Invite-les chez toi.
g. Qu'est-ce qu'il y a?
h. Excuse-toi!
i. Parle-lui.
j. Ecris-lui une lettre.
k. Téléphone-leur.
l. Tu devrais leur dire que
   tu es fâché.

9 Jeu de conseils

Think of a problem and write it down in French on a sheet of paper. Then, select one of the problems you wrote and read it aloud to your group. The other group members have one minute to come up with as many solutions in French as possible. Who has the most answers? The craziest? The worst advice?

VOCABULAIRE

lui expliquer ce qui s'est passé.

lui demander pardon.

lui offrir un cadeau.

lui dire que tu l'aimes.

te réconcilier avec elle.

téléphoner (à quelqu'un)	*to call (someone)*
s'excuser	*to apologize*
pardonner (à quelqu'un)	*to forgive (someone)*
écouter ce qu'il/elle dit	*to listen to what he/she says*

10 Ecoute!

Lucie s'est disputée avec son copain Luc et elle demande des conseils à ses amis. Qu'est-ce que chaque personne lui conseille de faire? Qu'est-ce que toi, tu lui conseillerais de faire?

11 Un sondage

Lis ce sondage et choisis les conseils que tu donnerais à chaque personne. Puis, fais le sondage auprès de cinq camarades. Est-ce que vous êtes tous d'accord? Finalement, pense à deux autres conseils pour chaque problème.

DONNE TES CONSEILS!

1 Mon copain Thomas ne me parle plus. Qu'est-ce que tu me conseilles?
a. Oublie-le.
b. Ecris-lui un petit mot.
c. Téléphone-lui et demande-lui de t'expliquer pourquoi.

2 Je voudrais faire une fête pour mon anniversaire, mais je ne sais pas par où commencer. Tu as une idée?
a. Tu devrais envoyer des invitations, puis faire les courses. Et n'oublie pas de faire le ménage et de choisir la musique!
b. Tu devrais plutôt sortir seul(e). Tu seras plus tranquille.
c. C'est facile. Tu devrais téléphoner à tous tes amis. Ils pourraient t'aider.

3 Je vais faire une fête mais je ne sais pas si je dois inviter Pascale. On s'est disputés, mais c'était un malentendu. A ton avis, qu'est-ce que je dois faire?
a. Téléphone-lui et excuse-toi.
b. Téléphone-lui et invite-la à ta fête.
c. Oublie-la et amuse-toi bien!

4 Mes parents sont fâchés contre moi parce que j'ai cassé la chaîne stéréo. Qu'est-ce que je peux faire?
a. Achète-leur une autre chaîne.
b. Parle-leur et explique-leur ce qui s'est passé.
c. Fais la tête dans ta chambre. Ce n'est pas de ta faute!

GRAMMAIRE   Object pronouns and their placement

You've already seen the pronouns **le, la, l'**, and **les** *(him, her, it,* or *them)* and **lui** and **leur** *(to/for him/her/them)*. Here are some new pronouns: **me** *(me, to/for me);* **te** *(you, to/for you);* **nous** *(us, to/for us);* **vous** *(you, to/for you).*

- You usually place these object pronouns before the conjugated verb.

  Tu **me** parles?   Il **le** mettait tous les jours.

  Je **lui** ai parlé.   Ne **nous** parle plus!

- In affirmative commands, put all pronouns after the verb, connected with a hyphen. In this position, **me** and **te** change to **moi** and **toi**.

  Invite-**le**!   Parle-**moi**!   Excuse-**toi**!

- If a pronoun is the object of an infinitive, put the pronoun before the infinitive.

  Tu devrais **lui** parler.

12 Un malentendu

Complète l'histoire de Van avec les pronoms qui conviennent.

Hier après-midi, j'ai vu ma copine Lien avec un autre garçon! Et moi qui voulais __1__ inviter au cinéma!

Parle-lui!

J'étais vraiment fâché! J'ai téléphoné à Emmanuel qui __2__ a conseillé de __3__ parler.

Mais pourquoi?

Alors, je suis allé chez Lien. Je __4__ ai dit que c'était fini entre nous. Elle n'a pas compris. J'ai commencé à __5__ expliquer.

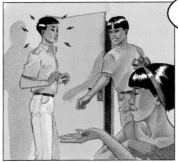

Enfin, devine qui est entré dans le salon! Le nouveau copain de Lien! Je ne pouvais pas __6__ croire!

Je te présente mon cousin Tuan.

Oh! Je pensais que...

Quel imbécile! C'était le cousin de Lien! Je __7__ ai expliqué que je __8__ avais vus au café ensemble.

Excuse-moi, Lien.

Alors, Lien a compris pourquoi j'étais fâché. Je __9__ ai demandé pardon. Elle __10__ a pardonné et elle a même dit qu'elle __11__ aimait malgré tout!

13 Pauvre Ferdinand!

Ferdinand, who wrote about his problem in **Qu'en penses-tu?** on page 249, finally asked Myriam out, but everything went wrong on their first date. For each problem, suggest two things Ferdinand could do, using the object pronouns you've learned.

1. J'ai invité Myriam au restaurant, mais elle n'aime pas sortir au restaurant.
2. J'ai raté le bus et je suis arrivé à notre rendez-vous en retard. Myriam était déjà partie.
3. Le lendemain, j'ai téléphoné à Myriam pour m'excuser, mais son père m'a dit qu'elle était partie en vacances chez ses grands-parents en Belgique.
4. Finalement, je lui ai parlé, mais elle était très fâchée et elle ne veut plus me voir.

14 J'ai un problème...

Make up a problem you're having about school, with your friends, or with your family. Tell a classmate about it. He or she will sympathize and offer advice. Take turns.

DEUXIEME ETAPE

Asking for and granting a favor; making excuses

Hélène,
Tu es libre demain après-midi? J'ai
un grand service à te demander. Ma
mobylette est en panne. J'ai passé
le week-end à essayer de la réparer,
mais tu sais la mécanique, c'est
pas mon truc. Tu peux me
donner un coup de main?
Ça serait sympa de ta part.
Patrick

Cher Patrick,
Je n'ai rien à faire mercredi
après-midi. A vrai dire, j'allais
te demander si tu voulais aller
au cinéma avec moi! Oui, je sais
que toi et la mécanique, ça fait
deux. Bien sûr que je peux
t'aider à réparer ta mobylette,
ça ne m'ennuie pas du tout. Tu
sais que j'adore mettre le nez dans les
moteurs! Et ensuite, si on a le
temps, on pourrait aller au
cinéma. Qu'est-ce que tu en dis?
Hélène

Très, très chère Monique,
J'ai rendez-vous avec Patrick au parc des
Thermes demain après-midi. On va faire le
tour des ruines. Enfin! Notre premier rendez-vous! J'étais tellement contente que j'ai
complètement oublié que j'avais promis à
Mme Dumont de garder ses enfants. Tu
pourrais le faire à ma place? Les enfants
sont mignons et c'est bien payé. Ça ne
t'embête pas, dis? Dis-moi que c'est possible!
Je t'aiderai à faire tous tes devoirs de
maths jusqu'à la fin de l'année. Promis.
Réponds-moi vite. Merci mille fois!
Danielle

NOTE CULTURELLE

Le parc des Thermes, where the Romans
originally built their baths and where you
can now see the remains of Roman villas,
is one of many scenic meeting places in
Aix-en-Provence. The thermal springs that
first drew the Romans to the town in the
first century B.C. still feed dozens of public
fountains.

15 Tu as compris?

1. What does Patrick need help with?
   Does Hélène agree to help him?
   Why or why not?
2. What favor is Danielle asking?
   Why?
3. What problem do you anticipate?

COMMENT DIT-ON... ?

Asking for and granting a favor; making excuses

To ask for a favor:

Tu peux m'aider? *Can you help me?*
Tu pourrais inviter Michel?
Ça t'ennuie de téléphoner à Léonard?
  Would you mind . . . ?
Ça t'embête de ranger le salon?
  Would you mind . . . ?

To grant a favor:

Avec plaisir. *With pleasure.*
Bien sûr.
Pas de problème. *No problem.*
Bien sûr que non. *Of course not.*
Pas du tout.

To make excuses:

Désolé(e).
J'ai quelque chose à faire. *I have something (else) to do.*
Je n'ai pas le temps. *I don't have time.*
Je suis très occupé(e). *I'm very busy.*
C'est impossible. *It's impossible.*

16 Ecoute!

Caroline is asking her family to help her get ready for her party tonight. Do they say they'll help or do they make excuses?

17 Tu peux m'aider?

How would you respond to the note from Danielle on page 254? Write a short note granting the favor or making an excuse.

VOCABULAIRE

CD-ROM
Disc 3

Je voudrais faire une boum, mais je ne sais pas quoi faire.

C'est facile! Pour faire les préparatifs, tu dois...

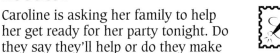

fixer la date.

demander la permission à tes parents.

envoyer les invitations.

choisir la musique.

préparer les amuse-gueule.

faire le ménage.

18 Ecoute!

Pascale et Jean-Claude font des préparatifs pour la fête de Pascale. Qu'est-ce que Pascale va faire? Et Jean-Claude?

Tu te rappelles ?

Remember that the nasal sound (ã) that you hear in **parents**, **envoyer**, and **embête** is a pure nasal sound, with no trace of the *n* or *m* sound as in English. You usually pronounce (ã) whenever you see the letters **an**, **am**, **en**, and **em** in French.

19 Tu devrais...

Patrick demande des conseils à Monique pour savoir comment organiser une boum. Qu'est-ce qu'elle lui conseille de faire?

20 Quand tu fais une boum...

Réponds aux questions suivantes, puis pose ces questions à un(e) ami(e). Est-ce que vous faites les mêmes préparatifs? Fais la liste des réponses que vous avez en commun.

1. Quand tu veux faire une boum, est-ce que tu demandes la permission à tes parents?
2. Est-ce que tu envoies des invitations, ou est-ce que tu téléphones à tes copains?
3. Qui est-ce que tu invites?
4. Est-ce que tu fais le ménage avant ta boum?
5. Qu'est-ce que tu prépares comme amuse-gueule?
6. Qu'est-ce que tu choisis comme musique?
7. Qu'est-ce qu'on fait à tes fêtes préférées? On discute? On écoute de la musique? On regarde des vidéos?
8. A ta boum idéale...
    — qui sont les invités?   — quel groupe joue?   — qu'est-ce qu'on mange?

21 Jeu!

You're helping prepare for a French Club party at your house, and you need help. List four preparations from the **Vocabulaire** on page 255 that you don't feel like doing and ask some classmates to do each chore. If the person you ask has the same chore on his or her list, he or she must refuse to do the favor for you. If the task isn't on his or her list, the person you ask must grant your favor. Write the name of the person who can do the task on your paper. The first person to find four different people to do the party preparations wins.

CD-ROM Disc 3

NOTE DE GRAMMAIRE

When you use the direct object pronouns **le, la, l', les, me, te, nous,** or **vous** in the **passé composé,** the past participle agrees with the direct object pronoun. Add **-e** if the pronoun is feminine, **-s** if the pronoun is masculine and plural, and **-es** if the pronoun is feminine and plural.

> **La poubelle?** Je l'ai sorti**e**.
> **Les chiens?** Je **les** ai promené**s**.
> Il **nous** a oublié(**e**)**s**.
> Mais, Cécile, il **t'**a invité**e**!

22 La boum de Joël

Your friend Joël is organizing a party for his girlfriend's birthday. Using the expressions from the boxes below, write a conversation between Joël and his sister, who wants to make sure everything is going to be ready for the party.

> —Est-ce que tu as fait les préparatifs?
> —Oui, je les ai tous faits!

demander
fixer
inviter
préparer
faire
envoyer
choisir

Sophie et Julie
les invitations
la musique
la permission à Maman
le ménage
la date
les amuse-gueule

NOTE CULTURELLE

If you were to go to Provence, you would have the opportunity to try **provençale** cuisine. For an **amuse-gueule,** you might be served olives or **tapenade,** an aromatic paste of olives, garlic, and anchovies. At a dinner party, a typical **hors-d'œuvre** would be **pissaladière,** a type of pizza made with onions, anchovies, and olives. With fish, you would be likely to try **aïoli,** made of egg yolk, olive oil, and garlic. **Ratatouille** is a casserole of eggplant, tomatoes, zucchini, green peppers, and onions in a spicy tomato sauce. As you can tell, **provençale** cuisine uses a lot of garlic, olives, onions, tomatoes, and eggplant, all of which grow well in the soil of Provence.

---

23 Une soirée provençale

Some exchange students from Aix are coming to your school. The French Club is going to have a party to welcome them. With several classmates, create a skit about getting ready for the party. You should discuss all the preparations, including when the party should take place, whom to invite, what kind of music you'll play, and what type of food you should serve. (Remember! Your guests probably enjoy Provençale cuisine!) Then, divide the tasks among the members of your group. Some should agree to help, others come up with all kinds of excuses. Act out the skit for the class.

STEPHANE Aurélie? Excuse-moi pour hier.

AURELIE Pourquoi?

STEPHANE Je suis vraiment désolé. Je voulais aller à ta boum, mais...

AURELIE Mais c'est pas grave.

STEPHANE Je sais que j'aurais dû te téléphoner. Tu ne m'en veux pas?

AURELIE Mais non. T'en fais pas. Isabelle m'a dit que tu ne venais pas.

STEPHANE Isabelle? Ouf, ça me rassure!

AURELIE Bon, alors, ça sera pour la prochaine fois.

24 La boum manquée

1. Why did Stéphane call Aurélie?
2. Why is he worried?
3. Why isn't she mad?

COMMENT DIT-ON... ?
Apologizing and accepting an apology; reproaching someone

To apologize:

C'est de ma faute. *It's my fault.*
Excuse-moi. *Forgive me.*
Désolé(e).
Tu ne m'en veux pas? *No hard feelings?*
J'aurais dû vous téléphoner. *I should have . . .*
J'aurais pu attendre dix minutes de plus. *I could have . . .*

To accept an apology:

Ça ne fait rien. *It doesn't matter.*
C'est pas grave.
Il n'y a pas de mal. *No harm done.*
T'en fais pas.
Je ne t'en veux pas. *No hard feelings.*

To reproach someone:

Tu aurais pu m'écouter. *You could have . . .*
Tu aurais dû leur téléphoner. *You should have . . .*

25 Ecoute!

Listen to the following conversations you overhear in the hall. Why is each person apologizing? Does the other person accept the apology or reproach him or her?

26 Qu'est-ce qu'ils disent?

1.

2.

3.

27 Tu aurais pu...

Dis à René ce qu'il aurait pu faire au lieu de faire la sieste cet après-midi. Fais-lui des reproches en utilisant ces images.

1.

2.

3.

4.

5.

NOTE DE GRAMMAIRE

Remember that when a conjugated verb is followed by an infinitive, all object pronouns come before the infinitive.

—J'ai invité les voisins.
—Tu n'aurais pas dû **les** inviter.
—Je n'ai pas parlé à Lucien.
—Tu aurais dû **lui** parler.

28 Une catastrophe

Your friend Denis is upset because he did everything wrong last night. Read his note and then answer it. Reproach him by telling what he could have or should have done instead.

> Tu aurais pu faire tes devoirs. Et tu n'aurais pas dû sortir...

29 Jeu de rôle

Avec un(e) camarade, choisissez une des scènes suivantes et jouez-la. Tu vas t'excuser et ton/ta camarade va te pardonner ou te faire un reproche. Puis, choisissez une autre scène et inversez les rôles.

1. Tu as perdu le livre de maths de ton ami(e).
2. Tu rentres chez toi à minuit et ton père (ta mère) n'est pas content(e)!
3. Tu as oublié de rendre le CD que ton ami(e) t'a prêté.
4. Tu n'es pas allé(e) à la boum de ton ami(e) parce que tu étais privé(e) de sortie.

30 Mon journal

In your journal, describe what happened the last time you had a misunderstanding or a disagreement with someone. Write about everything that happened and tell how you resolved it.

31 A nos lecteurs/lectrices...

In groups, create an advice column for a magazine. Invent several "problems" and write responses to them. Be sure to take several different approaches in your responses—you can be comforting, matter-of-fact, reproachful, optimistic, or pessimistic. Use photos and art to make the column more eye-catching.

Hier soir, j'avais des devoirs à faire, mais je suis quand même sorti avec des copains. Je suis parti sans avertir mes parents - j'ai oublié de leur dire à quelle heure j'allais rentrer. En route, j'ai vu Caroline, une amie de ma copine Elodie. Je lui ai parlé pendant quelques minutes. Donc, j'étais en retard pour le film et je n'ai pas pu trouver mes amis au ciné. J'ai décidé d'attendre la séance suivante. Le film était super, mais je suis rentré chez moi très tard. Mes parents étaient furieux et ils m'ont privé de sortie pendant deux semaines. Ensuite, le téléphone a sonné. C'était Elodie, ma copine, qui n'était pas contente parce qu'elle m'avait vu en tête-à-tête avec Caroline! Je lui ai dit que je ne savais pas de quoi elle parlait et de me rappeler plus tard. Tout le monde est fâché contre moi mais, en fait, je n'ai rien fait de mal!

Tu te rappelles ?

You already know how to make excuses, and sometimes you have to use them in the past tense.

J'avais quelque chose à faire.
Je n'ai pas eu le temps.
J'étais très occupé(e).
Je voulais le faire, mais j'ai dû...

PANORAMA CULTUREL

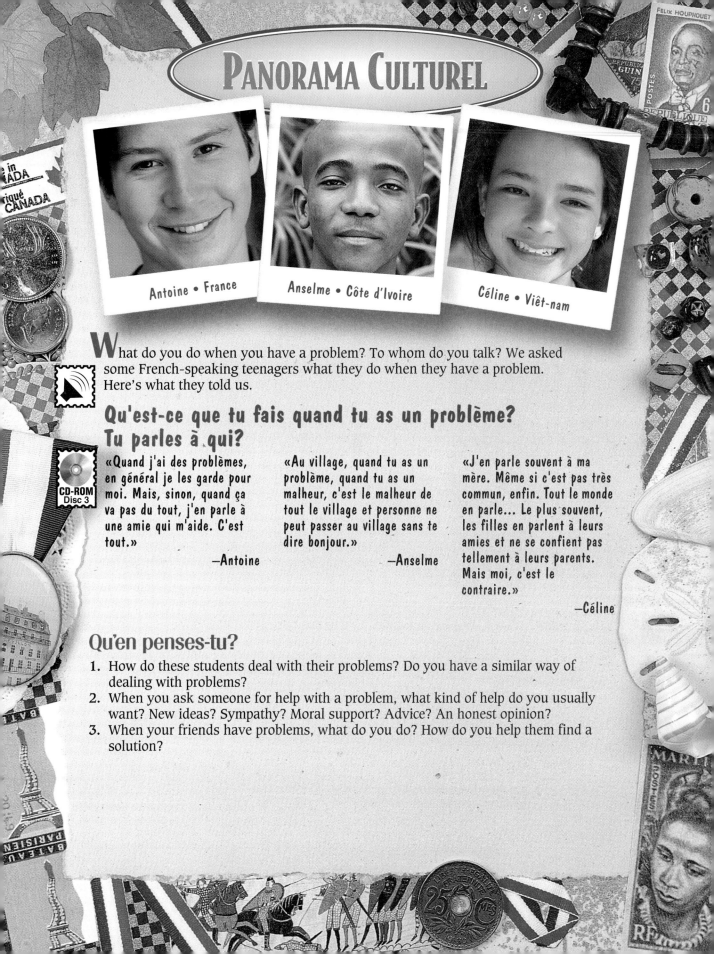

Antoine • France

Anselme • Côte d'Ivoire

Céline • Viêt-nam

What do you do when you have a problem? To whom do you talk? We asked some French-speaking teenagers what they do when they have a problem. Here's what they told us.

CD-ROM
Disc 3

Qu'est-ce que tu fais quand tu as un problème? Tu parles à qui?

«Quand j'ai des problèmes, en général je les garde pour moi. Mais, sinon, quand ça va pas du tout, j'en parle à une amie qui m'aide. C'est tout.»

—Antoine

«Au village, quand tu as un problème, quand tu as un malheur, c'est le malheur de tout le village et personne ne peut passer au village sans te dire bonjour.»

—Anselme

«J'en parle souvent à ma mère. Même si c'est pas très commun, enfin. Tout le monde en parle... Le plus souvent, les filles en parlent à leurs amies et ne se confient pas tellement à leurs parents. Mais moi, c'est le contraire.»

—Céline

Qu'en penses-tu?

1. How do these students deal with their problems? Do you have a similar way of dealing with problems?
2. When you ask someone for help with a problem, what kind of help do you usually want? New ideas? Sympathy? Moral support? Advice? An honest opinion?
3. When your friends have problems, what do you do? How do you help them find a solution?

l'amitié

C'est quoi au juste, un meilleur ami? Un grand écrivain français, Michel de Montaigne, qui pourtant avait la plume facile, quand on lui demandait de dire pourquoi il était ami avec son ami La Boétie, répondait tout simplement *"parce que c'était lui, parce que c'était moi... "* comme s'il n'avait rien d'autre à dire. Il n'y a rien d'autre à dire, en effet. Parce que chez l'ami, le plus important, c'est son existence même, c'est le fait qu'il existe et qu'il soit qui il est. On n'aime pas un ami parce qu'il fait vos devoirs de maths ou qu'il vous paie le ciné, parce qu'il a une super Nintendo® ou un chalet à la montagne, parce qu'il a une sœur canon ou un frère si mignon...

On l'aime pour rien, pour lui, pour elle

Alors il y a autant de définitions de meilleur ami que de meilleurs amis sur cette terre. Mais ce qu'on peut dire c'est qu'avec l'amitié on va découvrir des choses très importantes. On découvre d'abord qu'on est libres. Libres de choisir ses amis. Cela ne va d'ailleurs pas sans mal. En effet, quand on est petit, en général on est "ami" avec celui ou celle qui est assis à côté de nous en classe ou celui ou celle qu'on voit souvent parce que ses parents sont amis avec les nôtres.

> " *Moi, ma meilleure copine est tout le contraire de moi : je suis petite, elle est grande, elle aime Céline Dion, pas moi... Ça ne nous empêche pas d'être des super copines.* "
>
> **Geneviève,**

A. Skim the title and quotes to get the gist of the article. What type of information do you think you will find?

B. What word do you recognize in the word **amitié**? What do you think **amitié** means?

C. Read the article and decide whether the following statements are true or false, according to the information presented in the article.

1. Friends must share the same interests.
2. We are free to choose our friends.
3. Friends are important because of what they can do for you.
4. Friendship should be easy.

L'amitié, ça nous engage, ça nous bouscule

Mais à l'adolescence, on choisit réellement ses amis. On remarque ce garçon ou cette fille qui vient d'arriver dans la classe ou au club de foot ou à la danse. On a envie de le connaître mieux, on est attiré. Choisir un(e) ami(e), c'est souvent un des premiers actes que l'on réalise sans demander leur avis aux parents...

On va ensuite découvrir de mieux en mieux qui on est. On ressent des sentiments tellement différents pour les personnes qui nous entourent. Certaines nous énervent sans qu'on puisse dire pourquoi, d'autres nous attirent au contraire. Réaliser petit à petit qu'on préfère les jeunes qui aiment le sport ou les voyages ou les jeux vidéos ou l'astronomie, cela nous fait comprendre ce que, nous aussi, on aime ou, au contraire, ce qu'on déteste. Cela ne veut pas dire non plus qu'on s'assemble uniquement avec ce qui nous ressemble. C'est vrai qu'un ami c'est quelqu'un avec qui on partage tout, alors si on n'a pas grand-chose à partager, ça va être difficile. Mais souvent, avec l'amitié, on découvre "l'autre" justement. L'autre qui a beaucoup de choses en commun avec nous, mais qui a quand même des goûts parfois très différents. Quelle idée de se passionner pour les trains, comment peut-on passer trois heures par semaine à répéter des mouvements de gym, ou des heures chaque jour devant un écran!? Chacun ses goûts.

On découvre encore que nos sentiments sont complexes et changeants. Parfois très beaux et très forts, comme la fidélité, la confiance, l'estime, parfois violents, contradictoires, comme la jalousie, l'envie... Ce n'est pas toujours facile à vivre : si nos parents ne veulent pas voir notre meilleur ami, on se sent écartelé; quand on rencontre une nouvelle amitié, comment la faire accepter par les amis qu'on a déjà, et quand un ami s'éloigne comment ne pas lui en vouloir... L'amitié, ça nous fait prendre des risques, ça nous engage, ça nous bouscule, ça nous fait grandir en somme.

Montaigne avait raison. Un véritable ami on ne peut pas dire pour "quoi" on l'aime, maintenant, on sait très bien pourquoi...

> *L'amitié, c'est essentiel pour être heureux dans une vie. Ce qu'il y a de bien dans l'amitié, c'est qu'on peut se confier à son ami(e) en toute sécurité. Une bonne amitié doit durer toute la vie.*
> **Julie**

> *Avec ma meilleure amie, on parle de tout. Quand une de nous deux a un coup de blues ou quelque chose qui ne va pas, l'autre est toujours là pour l'écouter, l'aider. Ça pour moi, c'est vraiment de l'amitié.*
> **Catherine**

> *Je pense qu'on a besoin d'amis pour nous soutenir dans les moments difficiles et pour bien rigoler avec nous. On se confie à eux, on leur fait confiance et même chose pour eux envers nous.*
> **Séverine**

D. Match each of the following statements with the person who is most likely to make each one.

| Geneviève | Catherine |
| Séverine | Julie |

1. Friends are there for you during hard times.
2. You can safely confide in a good friend.
3. Friends are always there to listen.
4. Friendship should last forever.
5. You can be different from your friend and still be good friends.

E. What does **On l'aime pour rien, pour lui, pour elle** mean? What does the article say to support this statement?

F. According to the article, what can make friendship difficult at times?

G. Lis l'article encore une fois et puis écris trois idées sur l'amitié qu'on trouve dans l'article. Essaie de trouver des mots et des phrases dans le texte pour soutenir tes idées.

H. Maintenant, écris ton propre essai sur l'amitié. Demande à quelques camarades de classe ce qu'ils pensent de l'amitié et écris leurs réponses. Après, en utilisant leurs réponses, écris un paragraphe sur l'amitié. Si tu veux, tu peux trouver des images ou des photos pour illustrer ton essai.

MISE EN PRATIQUE

CD-ROM
Disc 3

1 Listen as several teenagers call in to a radio talk show for advice. Match the host's responses to the problems. What other advice would you give?

a. Tu devrais aller la chercher au parc.

b. D'abord, tu aurais dû étudier! Maintenant, tu devrais leur dire combien tu as eu à ton interro.

c. Explique-leur ce qui s'est passé.

d. C'est ridicule! Va à la fête et parle-lui.

PARLONS-EN!

OCCUPÉ

Je téléphone
Occupé
«Plus tard, peut-être»
Encore occupé
J'ai un problème
Je peux te parler?
«J'ai trente-six choses...
Désolé...
Occupé.»
Je dois te parler!
Mon copain
est occupé.
Que faire?
Tu peux t'occuper de
moi?

-- Pierre, Arles

LA CHIPIE

Ma petite sœur est une chipie
Qui fait toujours des bêtises.
Est-ce qu'on la punit?
Mais non! Elle est «trop petite,
    trop jeune», bien sûr!

Hier, dans ma chambre
Mon lieu sacré
Elle a écouté ma musique à moi
Pourquoi? Pour m'énerver.

Mes CD partout, par terre,
    une catastrophe,
J'entre, incrédule, elle me sourit
Je suis furieux, sans recours,
Parce qu'elle sait qu'elle est
    «trop petite».

Que faire? Vraiment, que faire?
Je suis tellement énervé
Ce n'est pas juste, cette petite,
    trop petite.
Amis, avez-vous une idée?

-- Jean-Paul, Avignon

IMPOSSIBLE

Je devrais l'oublier
Le rayer de ma mémoire,
Mais je pense toujours à lui
Toute la journée, tous les
    jours, tous les soirs.

Sa nouvelle petite amie
Est blonde, sympa, super.
De l'avis de tout le monde,
Ces deux-là, "Ils font la
    paire!"

Tout le monde me dit
Que je dois le détester
Mais je souffre, souffre tant
Que je ne peux pas l'oublier.

D'un regard je suis tombée
    amoureuse
Je l'aimais, je l'aime toujours.
Je ne sais vraiment plus quoi
    faire
Pour oublier ce chagrin
    d'amour.

-- Félicité, Aix-en-Provence

2 1. What is the problem for the writer of **Occupé?** What does he want?

2. Who is **la Chipie?** Why is she named this? How does the author of the poem feel?

3. Look through the poem **Impossible** to find words that you recognize. What is the poem about? Read the first line and the last two lines. What is Félicité's problem? What advice have her friends given her?

3 If you were to go to a restaurant in Provence, what local specialties could you order?

4 *Ecrivons!*

A foreign-exchange program in France is holding its annual poetry contest for American and French students. All American students' entries must be in French. This year's theme is **C'est toute une affaire!** *(It's such a big deal!).* Write a poem to enter in the contest that describes a problem or misunderstanding that is common among teenagers.

STRATEGIE

Tone reveals a speaker's or writer's attitude toward his or her subject. Think of some ways you might be able to convey a particular attitude or emotion in your poem.

Préparation

First, list several problems or misunderstandings you might write about. Once you've decided on a topic for your poem, think about your own attitude towards the topic. Does it make you angry or sad? Do you find anything humorous about it? What other emotions does it stir in you?

Next, decide which of the emotions you listed you want to convey in your poem. This decision will determine the tone of your poem (humorous, sad, and so on). Jot down any French words and expressions you know that will help you convey that tone to the reader.

Rédaction

There are several techniques that can help you communicate your attitude. First, the images you use can affect the tone of your poem; for example **ma chambre** conveys a different feeling than **la boîte où je dors.** Choice of imagery goes hand in hand with diction, or word choice **(mon professeur** vs. **mon prof).** Repetition of certain words, alliteration (repetition of an initial consonant sound), and assonance (repetition of similar vowel sounds) can also greatly affect tone. Finally, rhythm and rhyme (or lack of rhyme) can make a big difference in the tone.

Evaluation

Read aloud the first draft of your poem to a classmate. Have your partner tell you his or her impression of the tone of your poem. If your partner's impression is different from the tone you were aiming for, ask what you might change to achieve the expected tone.

5

JEU DE ROLE

Create a soap opera episode about a group of friends who are preparing a surprise party for a famous guest. Be sure to . . .

- decide whom to invite.
- ask for and give advice about the preparations.
- include some type of misunderstanding, like a lost invitation or an old grudge.

Can you use what you've learned in the chapter?

Can you share a confidence? p. 250

Can you ask for and give advice? p. 250

Can you ask for a favor? p. 255

1 How would you approach your friend if you had a problem?

2 How would you respond if a friend approached you with a problem?

3 How would you ask a friend for advice about doing better in one of your classes?

4 How would you advise your friend to. . .
  1. apologize? 2. forgive her boyfriend? 3. telephone his parents?

5 How would you ask a friend to do these tasks for you?

1.   2.   3.

Can you grant a favor and make excuses? p. 255

6 How would you respond if your friend asked you for the following favors?
  1. «Ça t'embête de téléphoner à Catherine?»
  2. «Tu pourrais sortir la poubelle, s'il te plaît?»
  3. «Ça t'ennuie de me prêter 200 F?»

Can you apologize and accept an apology? p. 258

7 How would you apologize to a friend with whom you had a misunderstanding?

8 How would you respond if your friend said . . .
  1. «J'ai perdu ton livre. C'est de ma faute.»
  2. «Je suis désolée de ne pas être venue à ta fête hier soir.»
  3. «Tu ne m'en veux pas?»

Can you reproach someone? p. 258

9 How would you reproach a friend who was late meeting you at the movies?

PREMIERE ETAPE

Sharing a confidence

Je ne sais pas quoi faire. *I don't know what to do.*

J'ai un problème. *I have a problem.*

Tu as une minute? *Do you have a minute?*

Je peux te parler? *Can I talk to you?*

Qu'est-ce qu'il y a? *What's wrong?*

Qu'est-ce que je peux faire? *What can I do?*

Je t'écoute. *I'm listening.*

Asking for and giving advice

A ton avis, qu'est-ce que je dois faire? *In your opinion, what should I do?*

Qu'est-ce que tu ferais, toi? *What would you do?*

Qu'est-ce que tu me conseilles? *What do you think I should do?*

Invite-le/-la/-les. *Invite him/her/them.*

Parle-lui/-leur. *Talk to him/her/them.*

Dis-lui/-leur que... *Tell him/her/them that . . .*

Ecris-lui/-leur. *Write to him/her/them.*

Explique-lui/-leur. *Explain to him/her/them.*

Excuse-toi. *Apologize.*

Téléphone-lui/-leur. *Phone him/her/them.*

Oublie-le/-la/-les. *Forget him/her/them.*

Tu devrais... *You should . . .*

Apologetic actions

un petit malentendu *a little misunderstanding*

expliquer ce qui s'est passé (à quelqu'un) *to explain what happened (to someone)*

demander pardon (à quelqu'un) *to ask (someone's) forgiveness*

se réconcilier (avec quelqu'un) *to make up (with someone)*

dire (à quelqu'un) que... *to tell (someone) that . . .*

téléphoner (à quelqu'un) *to call (someone)*

s'excuser *to apologize*

pardonner (à quelqu'un) *to forgive (someone)*

offrir (à quelqu'un) *to give (to someone)*

écouter ce qu'il/elle dit *to listen to what he/she says*

DEUXIEME ETAPE

Asking for and granting a favor; making excuses

Tu peux m'aider? *Can you help me?*

Tu pourrais... ? *Could you . . . ?*

Ça t'ennuie de... ? *Would you mind . . . ?*

Ça t'embête de... ? *Would you mind . . . ?*

Avec plaisir. *With pleasure.*

Bien sûr. *Of course.*

Pas du tout. *Not at all.*

Bien sûr que non. *Of course not.*

Pas de problème. *No problem.*

Désolé(e). *Sorry.*

J'ai quelque chose à faire. *I have something (else) to do.*

Je n'ai pas le temps. *I don't have time.*

Je suis très occupé(e). *I'm very busy.*

C'est impossible. *It's impossible.*

Party preparations

faire une boum *to give a party*

faire les préparatifs *to get ready*

demander la permission à tes parents *to ask your parents' permission*

fixer la date *to choose the date*

envoyer les invitations *to send the invitations*

choisir la musique *to choose the music*

préparer les amuse-gueule *to make party snacks*

faire le ménage *to do housework*

TROISIEME ETAPE

Apologizing and accepting an apology; reproaching someone

C'est de ma faute. *It's my fault.*

Excuse-moi. *Forgive me.*

Tu ne m'en veux pas? *No hard feelings?*

J'aurais dû... *I should have . . .*

J'aurais pu... *I could have . . .*

Ça ne fait rien. *It doesn't matter.*

C'est pas grave. *It's not serious.*

Il n'y a pas de mal. *No harm done.*

T'en fais pas. *Don't worry about it.*

Je ne t'en veux pas. *No hard feelings.*

Tu aurais pu... *You could have . . .*

Tu aurais dû... *You should have . . .*

11
Chacun ses goûts

① Qu'est-ce qu'on joue comme film?

What kind of music, movies, and books do you like? From rap to country, from action films to comedies, from poetry to spy novels, everyone has different tastes.

In this chapter you will learn

- to identify people and things
- to ask for and give information
- to give opinions; to summarize

And you will

- listen to people talk about the music that they like
- read book and movie reviews
- write a movie review
- find out about Minitel and music in francophone countries

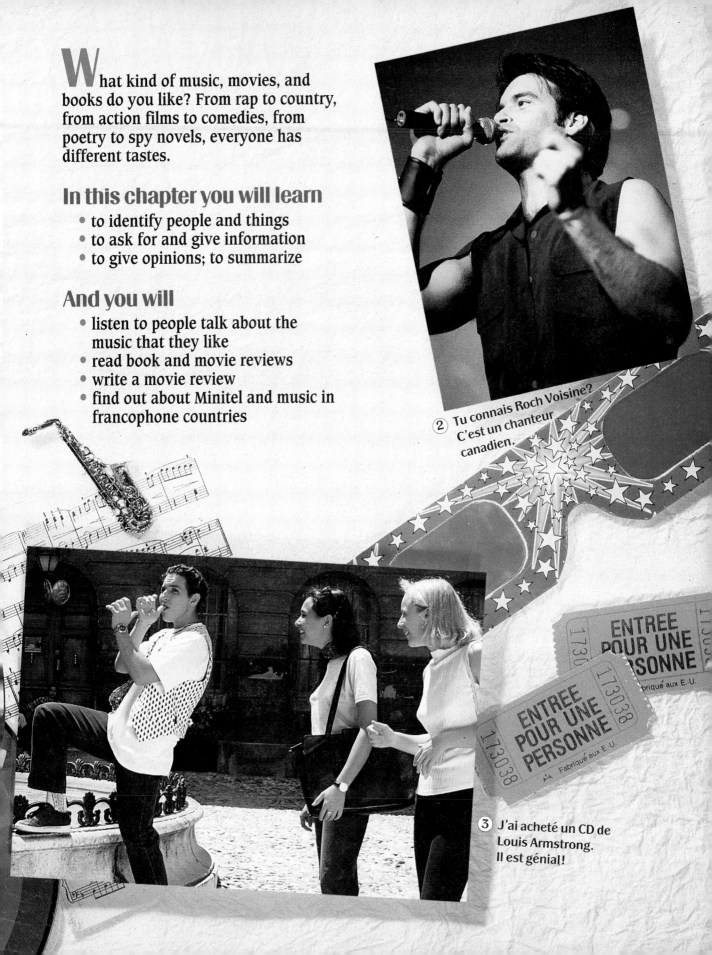

② Tu connais Roch Voisine? C'est un chanteur canadien.

③ J'ai acheté un CD de Louis Armstrong. Il est génial!

ENTREE POUR UNE PERSONNE
173038
Fabriqué aux E.U.

ENTREE POUR UNE PERSONNE
173038
Fabriqué aux E.U.

Mise en train

 Bientôt la Fête de la musique!

What kind of decision do you think Pascale, Cédric, and Odile are trying to make?

Alors, c'est bientôt la Fête de la musique. Qu'est-ce que vous voulez faire?

Moi, je n'ai rien de prévu.

J'ai des courses à faire, mais à part ça, je suis libre. Qu'est-ce que tu veux faire?

1

On pourrait faire quelque chose ensemble. Ça vous dit?

Oui, qu'est-ce que tu proposes?

J'ai entendu dire qu'on va faire la fête sur le cours Mirabeau. Il y aura des tas de groupes musicaux. Qu'est-ce que vous en pensez?

Ça, c'est nul.

2

J'aimerais bien aller voir un concert de jazz.

3

Mouais... Moi, j'ai envie d'aller voir un groupe de rock.

4

Ce qui me plaît, moi, c'est la musique classique. On va jouer la symphonie numéro cinq de Beethoven.

5

1 Tu as compris?

1. What event are the teenagers discussing?
2. What are they trying to decide?
3. What do they do to help them decide?
4. What is the problem at the end of **Bientôt la Fête de la musique?**

2 Qu'est-ce qu'ils aiment comme musique?

Pascale

Odile

Cédric

3 Vrai ou faux?

1. Odile est libre pour la Fête de la musique.
2. Pascale veut faire la fête sur le cours Mirabeau.
3. Cédric voudrait aller voir un groupe de blues.
4. Les jeunes achètent *Aix en musique.*
5. Ils décident d'aller voir l'Affaire Louis Trio.
6. Pascale n'est jamais contente.

4 Cherche les expressions

What do the people in **Bientôt la Fête de la musique!** say to . . .

1. make a suggestion?
2. emphasize what they like?
3. give unfavorable opinions?
4. give favorable opinions?
5. refuse a gift?
6. accept a gift?
7. express annoyance with someone?

NOTE CULTURELLE

La Fête de la musique is a world-renowned music festival that takes place on the first day of summer in France. Diverse performers share their music in the streets of every village and town. Spring and summer are the times for all sorts of festivals in every part of France. Probably the most famous festival of all is the Cannes Film Festival, where directors, producers, and stars from all over the world come to Cannes to show their new films and compete for awards.

5 Et maintenant, à toi

If you were helping these friends decide what to do, would you agree with Odile, Cédric, or Pascale, or would you make another suggestion?

CHAPITRE 11   Chacun ses goûts

PREMIERE ETAPE

Identifying people and things

AIX - en - PROVENCE
Fête de la Musique
21 juin

Café Concert du Cours
Cours Mirabeau

17h - 18h30	**TRIO CLASSIQUE** Cantates de Bach
19h - 20h30	**Groupe MARACAS** Jazz Brésilien
21h - 22h30	**DIABOLO** Rock Blues

Toute la nuit
De nombreux autres groupes

Rap
Heavy Metal
Reggae
Zouk
Rock
Jazz
Funk
Soul
Blues

6 Tu as compris?

Quels genres de groupes est-ce qu'il y a? A quel concert est-ce que tu voudrais aller?

COMMENT DIT-ON... ?

Identifying people and things

To identify people and things:

Tu connais le groupe Maracas? *Are you familiar with . . . ?*
Bien sûr! C'est un groupe brésilien. *Of course! They are (He/She/It is) . . .*
Non, **je ne connais pas.** *I'm not familiar with them/him/her/it.*

7 Ecoute!

Romain and his friend Djé Djé, who is visiting from Côte d'Ivoire, are trying to decide which concert to go to during the **Fête de la musique.** Which singers and groups is Djé Djé familiar with?

- Patrick Bruel   Céline Dion
- Zouk Machine   Vanessa Paradis

8 C'est qui?

Ecris le nom de trois de tes professeurs et demande à un(e) camarade s'il/si elle les connaît. S'il/Si elle ne les connaît pas, explique-lui qui c'est.

—Tu connais M. Miller?
—Bien sûr! C'est un prof de maths. *ou* Non, c'est qui?
—C'est mon prof de maths.

VOCABULAIRE

une chanteuse canadienne (un chanteur canadien)

un groupe antillais

une chanson américaine

un musicien africain (une musicienne africaine)

9 C'est à qui?

Some of the performers for a benefit concert left their things backstage. What type of performer do the items belong to?

1. C'est la musique…

2. C'est le tam-tam…

C'est la guitare <u>d'un musicien américain.</u>

3. Ce sont les instruments…

4. C'est la musique…

10 Tu les connais?

Tu connais les chanteurs, les groupes ou les chansons suivants? Identifie-les!

1. Zouk Machine
2. MC Solaar
3. *An sèl zouk*
4. Jean-Jacques Goldman
5. George Strait
6. *Alouette*

CD-ROM
Disc 3

NOTE DE GRAMMAIRE

Remember that in French you can use **il est** or **c'est** to mean *he is,* and **elle est** or **c'est** to mean *she is,* depending on the situation.

- You can identify someone by profession or nationality with **il est/elle est** followed by a noun or adjective. In this case, you do not use an article before the noun.

  Roch Voisine **est** chanteur.
  Marie-José Pérec? **Elle est** française.

- You can also use **c'est** followed by an article and a noun.

  Marie-José Pérec? **C'est une** Française.

- Whenever you use <u>both</u> a noun and adjective, use **c'est**.

  Roch Voisine? **C'est un** chanteur canadien.

11 Qu'est-ce que tu voudrais écouter?

Complète la conversation entre Marc et Ali avec **c'est, il est** ou **elle est**.

MARC Dis, qu'est-ce que tu voudrais écouter comme musique? J'ai plein de CD!

ALI Euh… attends. Tu connais Jeanne Mas?

MARC Non, pas très bien. Qui c'est?

ALI __1__ une chanteuse. Elle chante *En rouge et noir.*

MARC __2__ française?

ALI Non, je crois qu' __3__ italienne. En tout cas, c'est pas important.

MARC Tu connais Patricia Kaas?

ALI Mais bien sûr que je connais! Mais moi, je préfère Patrick Bruel. __4__ un chanteur formidable et __5__ acteur aussi!

MARC Oui, __6__ super! J'ai son dernier CD. Tu veux l'écouter?

VOCABULAIRE

—Qu'est-ce qui te plaît comme musique?
—Ce qui me plaît, c'est...

la musique classique   le jazz   le rock   le rap

le blues   le country/le folk   le pop   le reggae

12 Ecoute!

Listen as Pascale asks her friends what music they like. What type(s) of music does each one like best?

13 Qu'est-ce qui vous plaît comme musique?

Comment est-ce que chaque personne répondrait à la question **Qu'est-ce qui vous plaît comme musique**?

1.   2.   3.

14 Sondage

Demande à tes camarades ce qu'ils aiment comme musique. Quel genre de musique est le plus populaire? Le moins populaire?

15 Jeu

Draw a grid of nine squares, three across and three down. Write the name of one of your favorite groups, singers, musicians, or songs in each square. Find someone in your class who's familiar with one of the artists or songs in your grid. Have that person sign the appropriate box and write the type of music associated with the artist or song. The first person to get five different signatures that form an **X** or a **+** wins.

—Tu connais Le Ann Rimes?
—Non. *ou* Oui, c'est une chanteuse de country.
—Tu connais *Beethoven's 9th?*
—Non. *ou* Oui, c'est de la musique classique.

16 Post-express

Write a response to one of the letters in **Post-Express**. Be sure to tell what types of music you like and don't like, which singers, groups, and musicians you listen to, and who each person is. Remember that French teenagers may not be familiar with the same music you are.

17 Bientôt la Fête de la musique!

With a friend, plan your own **Fête de la musique.** Make suggestions until you agree on several different groups to feature. You may want to mention specific songs or albums to support your suggestions.

Si tu as oublié making and responding to suggestions va à la page 209.

POST-EXPRESS

Tu cherches des amis, des disques, des posters? Cette rubrique est pour toi!

Recherche tout sur...

LE COUNTRY.

Je voudrais correspondre avec des F. de 13 à 15 ans. J'aime le country et je recherche des posters et des photos de musiciens et de chanteurs. J'aime aussi le rock et un peu le blues. Contre tout sur Roch Voisine, Vanessa Paradis et Paula Abdul.
Jérôme LEGER, 13 allée Paul Eluard, 44400 REZE.

LA MUSIQUE CLASSIQUE ET LE BLUES.

Je suis fan de Patrick Bruel et de Harry Connick Jr. Mais je recherche tout sur tout. Faites éclater ma boîte aux lettres! Réponse assurée à 100%!
Florence PANIER, 200 rue de la Cité, 62370 SAINT FOLQUIN.

LE ROCK, LE POP.

Je m'appelle Damien. J'adore écrire, j'adore le sport, Elsa, le rock et surtout les animaux, la nature... Je suis fan de Mariah Carey et de toute la musique des U.S. Réponse assurée. A vos plumes!
Damien JARRE, 78 allée Bayard, 93190 LIVRY-GARGAN.

PANORAMA CULTUREL

Marco • Québec

Flaure • Côte d'Ivoire

Catherine • Québec

We asked some francophone people what kind of music they like to listen to. Here's what they had to say.

Qu'est-ce que tu aimes comme musique?

«J'aime beaucoup le rock-n-roll. J'aime beaucoup les groupes comme U2, Duran [Duran], Bon Jovi. Maintenant, depuis quelques années, la musique française est rendue beaucoup meilleure. On a maintenant de la bonne musique en français. Il y a de bons groupes qui sont sortis, comme Vilain Pingouin, mais la musique américaine est très populaire ici.»

—Marco

«La musique que j'aime, euh... J'aime à peu près toutes les musiques et puis, j'aime les musiques qui font danser, quoi.»

—Flaure

«J'ai bien des misères à classifier les sortes de musique, mais je crois que j'aime le rock, le rock folk, le québécois. J'aime beaucoup de sortes de musique.»

Qui est ton chanteur préféré?
«Mon chanteur préféré, j'en ai beaucoup. J'aime beaucoup Renaud mais j'aime aussi un groupe : Jethro Tull. J'aime Edie Brickell, Brenda Kane et des chanteurs des Etats-Unis, du Québec et de la France surtout.»

—Catherine

CD-ROM
Disc 3

Qu'en penses-tu?

1. What kind of music do these people like?
2. Which person shares your tastes in music?
3. What French musical artists have you heard?
4. Where can you go in your area to hear or buy music from foreign countries?

DA LE BOSSU DE NOTRE-DAME. The Hunchback of Notre-Dame. 1996. 1h30. Dessin animé américain en couleurs de Gary Trousdale et Kirk Wise.

Paris, en l'an de grâce 1482. Le bossu Quasimodo, sonneur de Notre-Dame, vit reclus dans la tour depuis sa naissance sous la surveillance de son maître, le cruel Frollo. Jusqu'au jour où, se mêlant à la foule pour la fête des Fous, il brave ce dernier et vole au secours de la belle gitane Esméralda qui a osé prendre sa défense. Une version musicale du «Notre-Dame de Paris» de Victor Hugo, spéciale enfants. ✦ **Studio Galande 21 v.f.** ✦ **Denfert 82 v.f.** ✦ **Le Grand Pavois 94 v.f.** ✦ **Saint Lambert 96 v.f.**

CO LES RANDONNEURS. 1996. 1h35. Comédie française en couleurs de Philippe Harel avec Benoît Poelvoorde, Karin Viard, Geraldine Pailhas, Vincent Elbaz, Philippe Harel.

Les kilomètres à pied, ça n'use pas que les souliers : les nerfs aussi parfois. C'est ce que découvrent trois garçons et deux filles, sur un chemin de grande randonnée corse, quand se mêlent les problèmes de cœur et les rivalités. La meilleure façon de marcher : celle, rigolote, du réalisateur de «Un été sans histoires». ✦ **Studio Galande 21** ✦ **Denfert 82** ✦ **Le Grand Pavois 94**

WS GERONIMO. An American Legend. 1h55. Western américain en couleurs de Walter Hill avec Jason Patrick, Wes Studi, Robert Duvall, Gene Hackman, Matt Damon.

En 1885, un seul guerrier, le célèbre chef apache Géronimo, tient tête à l'armée américaine qui veut parquer dans des réserves les dernières tribus indiennes. Toute la panoplie du western pour le portrait d'un rebelle devenu légende. ✦ **Saint Lambert 96 v.f.**

AV LES TROIS MOUSQUETAIRES. 1993. 1h45. Film d'aventures américain en couleurs de Stephen Herek avec Chris O'Donnell, Charlie Sheen, Kiefer Sutherland, Oliver Platt, Tim Curry, Rebecca de Mornay.

Arrivant de sa Gascogne natale, le jeune et fringant d'Artagnan rêve d'entrer dans la célèbre compagnie des mousquetaires du roi. Hélas! Le fourbe Richelieu vient de la dissoudre... D'Artagnan, en compagnie d'Athos, Porthos et Aramis, saura néanmoins prouver son courage au cours d'une mission très périlleuse... Nouvelle version librement adaptée du roman d'Alexandre Dumas. ✦ **Le Grand Pavois 94 v.f.**

SF UNE BREVE HISTOIRE DU TEMPS. A Brief History of Time. 1992. 1h20. Film de science-fiction américain en couleurs de Errol Morris.

L'univers a-t-il eu un commencement? Le temps s'achèvera-t-il un jour ? Adapté du best-seller de Stephen Hawking, le réalisateur de «Dossier Adams» met en images des théories scientifiques au cours d'un voyage en compagnie d'un savant d'exception, que certains comparent à Einstein. ✦ **Denfert 82 v.o.**

CO EMMA. L'entremetteuse. 1996. 1h55. Comédie américaine en couleurs de Douglas MacGrath avec Gwyneth Paltrow, Toni Collette, Alan Cumming, Jeremy Northam, Ewan MacGregor, Greta Scacchi.

Dans l'Angleterre du XIXème siècle, une délicieuse jeune fille décide de s'occuper en jouant les marieuses. D'erreurs en catastrophes, de gaffes en maladresses, elle apprend à se connaître et à aimer les autres... D'après le roman de Jane Austen, une comédie qui mêle humour et romantisme. ✦ **Le Grand Pavois 94 v.o.**

18 Si on allait au ciné?

Look at the movie listings and answer these questions.

1. What information is given in the first paragraph of every entry? How can you tell the type of film?
2. What information is given in the second paragraph of every entry?
3. What information is given at the end of every entry after the diamond symbol?
4. Which film(s) would you like to see or have you already seen?

COMMENT DIT-ON... ?

Asking for and giving information

To ask about films:

Qu'est-ce qu'on joue comme film?
What films are playing?
C'est avec qui?
Ça passe où?
Where is it playing?
Ça commence à quelle heure?

To respond:

On joue *Profil bas.*
. . . is showing.
C'est avec Patrick Bruel.
Ça passe au Gaumont.
It's playing at the . . .
À 18h30.

---

19 Ecoute!

Ecoute la conversation entre Béatrice et Fabien qui essaient de décider quel film aller voir. Puis, complète les phrases suivantes.

1. On joue...
   a. *Astérix chez les Bretons, Germinal, Jules et Jim.*
   b. *Astérix chez les Bretons, Le fugitif, Germinal.*
   c. *Astérix chez les Bretons, Profil bas, Germinal.*
2. *Germinal,* c'est avec...
   a. Patrick Bruel.
   b. Isabelle Adjani.
   c. Gérard Depardieu.

3. Ça passe au...
   a. Gaumont Gobelins, Gaumont Les Halles, 14 Juillet.
   b. Gaumont Les Halles, 14 Juillet, Gaumont Alésia.
   c. Gaumont Alésia, Gaumont Gobelins, UGC Georges V.
4. Ça commence à...
   a. 18h20 et à 20h50.
   b. 18h15 et à 19h50.
   c. 17h20 et à 20h30.

---

20 Méli-mélo!

Trouve la bonne réponse pour chaque question, puis mets le dialogue dans le bon ordre. Ensuite, lis le dialogue avec un(e) camarade.

Ça passe où?
C'est avec qui?
Qu'est-ce qu'on joue comme film?
Ça commence à quelle heure?

Camille Claudel.
Euh... à 17h05 ou à 20h10.
A l'UGC Triomphe et au Gaumont Opéra.
Gérard Depardieu et Isabelle Adjani.

---

21 Qu'est-ce qu'on joue comme film?

Choisis un des films de la page 279. Un(e) camarade va te demander quel film on joue, dans quels cinémas et qui sont les acteurs principaux. Ensuite, changez de rôles.

VOCABULAIRE

—Tu aimes quel **genre** de film?
—Moi, je préfère...

les westerns — Le Train sifflera trois fois

les films comiques — Trois Hommes et un couffin

les films d'horreur — Frankenstein

les films de science-fiction — Le Monde perdu

les films d'amour — Entre Chiens et chats

les films policiers — Demain ne meurt jamais

les films classiques — La Belle et la bête

les films d'aventures — Titanic

les films d'action — Mission Impossible

22 Ecoute!

Ecoute Nadège et Emile qui essaient de décider quel film aller voir. Quels genres de films est-ce qu'Emile suggère?

23 Le Hit-Parade

Fais une liste de tes dix films préférés. Ensuite, classe-les par genre. D'après ta liste, quel genre de films préfères-tu?

24 Ça te dit?

You're arranging a video night to show your favorite film. Invite several classmates to watch it with you. If they refuse or aren't familiar with the movie, tell them what kind of film it is, who's in it, and your opinion of it.

25 Au Gaumont Alésia

a. Look at the first paragraph in the movie listings at the right. Find four types of information given.

b. Now look at the movie listings.
1. How much is the full price for *L'Enfant lion?* How much is the reduced price for students?
2. Is *Aladdin* in French or in English?
3. At the 2:00 P.M. showing of *Grosse Fatigue,* what time does the feature film actually begin?
4. Which of the movies listed here are dubbed in French?

26 Qu'est-ce qui passe au Gaumont?

Un(e) camarade et toi, vous avez envie de voir un film mercredi soir au Gaumont Alésia. Choisissez quel film vous voulez voir et à quelle heure.

27 C'est toi, le critique

Ecris une critique de ton film préféré. N'oublie pas de préciser de quel genre de film il s'agit et qui sont le réalisateur *(director)* et les acteurs principaux, puis donne ton opinion sur le film.

NOTE CULTURELLE

Before you go to the movies in France, check the local newspaper or movie guide. You'll notice that you can see many foreign films. Look for **v.o. (version originale)** to see a film in the original language with French subtitles, and **v.f. (version française)** to see a film dubbed in French. Look for ticket prices. Most theaters offer a discount **(tarif réduit)** for students and a lower ticket price for everyone on Mondays and/or Wednesdays. Check the time of the showing **(séance),** and be aware that there are 10–20 minutes of commercials before the movie actually starts.

---

84 GAUMONT ALESIA. 73, avenue du Général Leclerc. 01.43.27.84.50; Résa : 01.40.30.30.31 **(#114)** M° Alésia. Perm de 14h à 24h. Pl : de 43 à 46 F. Mer, tarif unique : 36 et 35 F ; Etud, CV : 36 et 35 F (Du Lun au Ven 18h) ; -12 ans : 30 F. Carte Gaumont : 5 places : 175 F (valables 2 mois, tlj à toutes les séances). Carte bleue acceptée. Rens : 3615 Gaumont. 1 salle équipée pour les malentendants et deux salles pour les handicapés.

L'Incroyable Voyage v.f. Dolby stéréo. Séances : 13h35, 15h45, 17h55, 20h05, 22h15. Film 10 mn après.

J'ai pas sommeil Dolby stéréo Séances : 13h35, 15h45, 17h55, 20h05, 22h15. Film 10 mn après.

L'Enfant lion Dolby stéréo. (Pl : 48 et 37 F). Séances : 14h, 17h20, 21h. Film 25 mn après.

Aladdin v.f. Séances : Mer, Sam, Dim 13h25, 15h35. Film 15 mn après.

Une Pure Formalité Séances : Mer, Sam, Dim 17h50, 20h, 22h10 ; Jeu, Ven, Lun, Mar 13h30, 15h40, 17h50, 20h, 22h10. Film 15 mn après.

Le Jardin secret v.f. Séances : 14h, 16h40, 19h20, 21h55. Film 20 mn après.

Les Aristochats v.f. Dolby stéréo Séances : Mer, Sam, Dim 19h15, 21h50. Jeu, Ven, Lun, Mar 13h55, 16h30, 19h15, 21h50. Film 15 mn après. Salle Gaumontrama (Pl : 45 et 37 F):

Grosse Fatigue Dolby stéréo. Séances : 14h, 16h, 18h, 20h, 22h. Film 20 mn après.

Look at the Minitel screens below. What do you think Minitel is used for?

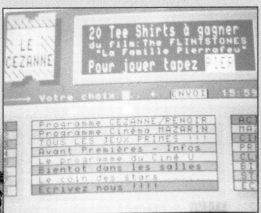

Qu'en penses-tu?

1. What services are being offered on the Minitel screens above?

2. Are there similar information systems available in your area? What kinds of services are available through them?

Savais-tu que... ?

Minitel is France's highly successful online information service. Subscribers gain access to Minitel from a computer terminal, and there is no installation fee for telephone subscribers. Numerous services are available. You can shop from your favorite catalogue, buy movie and concert tickets, make travel reservations, read magazine articles, or research colleges and technical schools. The most frequently used service is the electronic phone book, which allows you to look up any one of millions of subscribers.

S.F.

DAIREN
Alain Paris (J'ai Lu).

S'appuyant sur des structures sociales très hiérarchisées, l'humanité du XVIIe millénaire pratique une politique galactique conquérante. Mais cette expansion musclée est freinée par la résistance des Zyis sur la planète Uyuni et par une légende, celle de la Terre mythique, qui prône l'entente entre toutes les races de l'univers. Daïren est un solide «Space Opera» relevé d'un zeste de mysticisme, qui a parfaitement assimilé les leçons de son glorieux modèle, *la Guerre des étoiles.*

Denis Guiot

B.D.

CALVIN ET HOBBES
Bill Waterson (Hachette)

Calvin, c'est le garçon dynamique, intrépide, insupportable. Hobbes, c'est son faire-valoir… un tigre en peluche! Waterson, un des plus célèbres dessinateurs de presse américain, utilise seulement deux à quatre images par gag. Un trait simple et nerveux, un humour sympathique. Voilà une B.D. bien agréable et une traduction excellente, puisqu'elle est due au scénariste Frank Reichert.

Yves Frémion

28 Tu as compris?

1. How many categories of books are presented? What are they?
2. Look at the review of *La Leçon* and *La Cantatrice chauve.* List the words that you recognize.
3. Scan the commentary on *Daïren.* What is this book about?
4. How does Yves Frémion describe the heroes of *Calvin et Hobbes?*

DECOUVRIR DES LIVRES POUR RIRE

LA LEÇON, LA CANTATRICE CHAUVE, de Eugène Ionesco

Ionesco a composé la tragédie du langage. En rire majeur. Chez lui tout s'effondre : ses héros énoncent doctement des lieux communs éculés, entassent des axiomes absurdes dans leur conversation. Jusqu'au délire. De cette cacophonie burlesque naît l'image d'un monde en miettes, dérisoire et comique. (Folio.)

S.F.

COMMENT DIT-ON... ?
Giving opinions

Favorable:

C'est drôle/amusant. *It's funny.*

C'est une belle histoire.
  It's a great story.

C'est plein de rebondissements.
  It's full of plot twists.

Il y a du suspense. *It's suspenseful.*

On ne s'ennuie pas.
  You're never bored.

C'est une histoire passionnante.
  It's an exciting story.

Je te le/la recommande.
  I recommend it.

Unfavorable:

C'est trop violent/long.
  It's too violent/long.

C'est déprimant. *It's depressing.*

C'est bête. *It's stupid.*

C'est un navet. *It's a dud.*

C'est du n'importe quoi.
  It's worthless.

Il n'y a pas d'histoire.
  It has no plot.

C'est gentillet, sans plus.
  It's cute (but that's all).

Ça casse pas des briques.
  It's not earth-shattering.

VOCABULAIRE

Ton livre préféré, c'est quel genre? C'est...

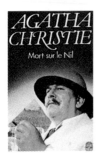

un roman policier
(un polar)?

une
autobiographie?

un roman d'amour?

un roman de
science-fiction?

une bande dessinée
(une B.D.)?

un livre de poésie?

un (roman) classique?

une pièce de théâtre?

29 Ecoute!

Ecoute Luc et Perrine parler de *La Cantatrice chauve*, *Daïren* et *Calvin et Hobbes*. Qu'est-ce que Luc aime? Et Perrine?

30 A mon avis

Fais une liste des trois derniers livres (ou pièces de théâtre) que tu as lus. Fais une description de ces livres. Utilise les phrases du **Comment dit-on... ?** à la page 284.

31 Ecoute!

Ecoute ces clients demander des livres au vendeur d'une librairie. Quel est le genre de chaque livre?

1. un roman de Simenon
2. *La Reine Margot*
3. les œuvres de Rimbaud
4. *La Florentine*
5. les œuvres complètes de Tintin

   a. une B.D.
   b. un roman d'amour
   c. un polar
   d. un livre de poésie
   e. un classique

32 Une interview

Tu dois faire la critique d'un livre pour ton cours de français. Demande à un(e) camarade quel livre il/elle a lu récemment, de quel genre de livre il s'agit et son opinion sur ce livre.

—Qu'est-ce que tu as lu récemment?
—On a lu *Huckleberry Finn* pour le cours d'anglais.
—C'est quel genre de livre?
—C'est un classique.
—Tu as aimé?
—Oui, c'est une belle histoire et en plus, c'est très amusant.

COMMENT DIT-ON... ?

Summarizing

To ask what something is about:

De quoi ça parle? *What's it about?*

Qu'est-ce que ça raconte? *What's the story?*

To tell what something's about:

Ça parle d'une femme qui devient actrice. *It's about . . .*

C'est l'histoire d'un chien qui cherche son père. *It's the story of . . .*

TROIS HOMMES ET UN COUFFIN
(FRANCE - 1985)
(couleurs)   1 h 40
Comédie de Coline Serreau
avec Roland Giraud, Michel Boujenah, André Dussollier

Jacques, Michel et Pierre sont des célibataires endurcis qui chérissent leur indépendance... jusqu'au jour où ils trouvent un bébé de six mois sur leur paillasson! Peu à peu, les trois hommes apprennent leur nouveau rôle de pères, pour le meilleur et pour le pire. Bientôt ils ne peuvent plus se passer de la petite Marie. Que feront-ils quand sa mère reviendra?

AU REVOIR LES ENFANTS
(FRANCE - 1987)
(couleurs)   1 h 42
Comédie dramatique de Louis Malle
avec Gaspard Manesse, Raphael Fejto

Pendant la Deuxième Guerre Mondiale, deux adolescents français se rencontrent et deviennent amis. Julien, le personnage principal, découvre l'absurdité du monde adulte à travers la triste histoire de son ami Jean qui est persécuté par les Allemands. Julien, enfant de bonne famille, et Jean, enfant prodige, vivent ensemble quelques aventures qu'on n'est pas près d'oublier.

NOTRE-DAME DE PARIS
(FRANCE-ITALIE - 1956)   **CINÉ CINÉMAS**
(couleurs)   1 h 40
Drame parisien de J. Delannoy d'après V. Hugo
avec G. Lollobrigida, A. Quinn, A. Cuny, R. Hirsch

C'est la fête des fous sur le parvis de Notre-Dame. Tout le monde y remarque Esmeralda, la danseuse gitane. Le capitaine Phœbus en tombe amoureux ainsi que Quasimodo, le bossu monstrueux qui habite la cathédrale. Mais le perfide Frollo a décidé d'enlever Esmeralda et est prêt à toutes les bassesses pour la conquérir.

L'ÉTERNEL RETOUR
(FRANCE - 1943)   **RTL**
(noir et blanc)   1 h 45
Drame de Jean Delannoy
avec J. Marais, M. Sologne, J. Murat, A. Rignault.

C'est le mythe de Tristan et Yseult revisité par Jean Delannoy, et par Jean Cocteau qui a signé le scénario. Les héros de la légende sont devenus Patrice et Nathalie, deux jeunes gens contemporains qui tombent amoureux l'un de l'autre sous l'effet d'un élixir magique qu'ils n'auraient jamais dû boire. Car Nathalie est mariée à l'oncle de Patrice.

---

33 De quoi ça parle?

Lis les critiques des quatre films ci-dessus. Puis, lis les phrases suivantes et choisis le film qui correspond à chaque phrase.

1. C'est l'histoire de deux jeunes qui tombent amoureux.
2. Ce film parle de trois hommes qui tombent amoureux d'une danseuse gitane.
3. Ce film parle de trois hommes qui doivent s'occuper d'un bébé.
4. C'est l'histoire d'une amitié entre deux garçons.

De bons Conseils

When you summarize the plot of a book or movie, you use the present tense instead of the past tense, just as you do in English.

C'est l'histoire d'un jeune homme français qui veut être mousquetaire. Il va à Paris pour devenir mousquetaire du roi et en route, il prend part à trois duels.

GRAMMAIRE The relative pronouns qui and que

You can use clauses that begin with **qui** or **que** *(that, which, who, or whom)* to describe something or someone you've already mentioned.

- **Qui** is the subject of a clause and is followed by a singular or plural verb, depending on the subject of the main clause that **qui** represents.

  C'est l'histoire d'un garçon **qui tombe** amoureux d'une fille.

  Ça parle de deux garçons **qui tombent** amoureux de la même fille.

- **Que (qu')** is the direct object of a clause. It's always followed by a subject and a verb.

  Il aime une fille **que sa mère déteste.**

  Le film **qu'elle a vu était intéressant?**

- When the **passé composé** follows **que**, the past participle always agrees with the noun **que** represents.

  La pièce que j'ai vue était amusante.

34 Un livre passionnant

Lis cette critique d'un nouveau livre et complète les phrases avec **qui** et **que**.

L'Agent secret est un livre plein de rebondissements __1__ j'ai beaucoup aimé. C'est un roman policier __2__ parle d'un détective __3__ aide une jeune fille à retrouver son père. Le détective découvre __4__ le père de la fille est un agent secret __5__ travaille sur un projet très dangereux. La fille reçoit une lettre __6__ dit que son père est en France, mais le détective pense __7__ c'est un piège *(trap)*. Alors, c'est lui __8__ va en France... Une histoire passionnante à lire absolument!

35 Qu'est-ce que tu as lu ce week-end?

Lisa read a good comic book this weekend, and she wrote about it for her French class. She could summarize it more smoothly by combining sentences, using **qui** or **que**. Combine each pair of sentences below into one sentence. You may have to add some words such as **mais** or **et**, or not use some of the words.

1. Ce week-end j'ai lu une B.D.
   J'ai adoré cette B.D.
2. C'est une des aventures de Tintin.
   Tintin est un personnage très connu en France.
3. C'est un reporter.
   Il voyage dans tous les pays du monde.
4. Il a deux très bons amis.
   Ils s'appellent Capitaine Haddock et Professeur Tournesol.

36 Devine!

Write a short summary of the last book you read. Then, give your group clues about the plot, the genre, and the characters. The person who correctly identifies the book takes the next turn.

37 Mon journal

Quel est le meilleur ou le plus mauvais livre que tu as lu? Résume l'histoire, décris les personnages principaux et explique pourquoi tu as aimé ou détesté ce livre.

LISONS!

𝒟o you enjoy the movies? **Le cinéma** is very popular in France.

A. Read the first and last sentences in the black box. What will the reading be about?

1. special effects in films
2. some important films from the first 100 years of film-making
3. the history of filmmaking since 1895

B. Examine the organization of the descriptions of the five films.

1. What does the information following the first star tell you about the film?

   a. country of origin
   b. director
   c. date of film
   d. principal actors
   e. all of the above

2. What do you find after the second star?

   a. a critique of the film
   b. a summary of the plot
   c. an interview with the star

3. After the third star?

   a. importance of the film in the history of filmmaking

Le cinéma est né en 1895 : "le 7e art" s'apprête à fêter un siècle d'existence. **En cent ans, que de progrès, que d'évolutions techniques, que de films !** Voici quelques-uns des films, qui, chacun à leur manière, ont marqué un tournant dans l'histoire du cinéma.

5 FILMS QUI ONT FAIT DATE

2001, L'ODYSSEE DE L'ESPACE

★ Grande-Bretagne-Etats-Unis, 1968. De Stanley Kubrick. Avec Keir Dullea, Gary Lockwood.
★ Une tribu de singes découvre l'usage des armes. Quatre millions d'années plus tard, dans un vaisseau spatial, des hommes sont confrontés à l'ordinateur HAL.
★ Kubrick a réalisé une fable sur l'Homme face au progrès et à l'Univers. Ce film est aussi l'une des premières œuvres importantes en matière de science-fiction.

IL ETAIT UNE FOIS DANS L'OUEST

★ Italie, 1968. De Sergio Leone. Avec Henry Fonda, Charles Bronson.
★ Le film se passe dans l'Ouest américain, à la fin du siècle dernier. *« Il était une fois dans l'Ouest est, sous le prétexte d'une histoire presque nulle, avec des personnages de convention, une tentative pour reconstruire l'Amérique de cette époque»,* explique le réalisateur italien Sergio Leone.
★ Jusqu'alors, les westerns étaient la chasse gardée des Américains. Sergio Leone renouvela complètement le genre, avec ce que l'on a appelé, le "western-spaghetti", une parodie du western classique. Avec des bons et des méchants. Mais sans réelle authenticité historique. Ce film, particulièrement célèbre pour la musique d'Ennio Morricone, fait partie d'une longue série, dont le premier, *Pour une poignée de dollars,* fut réalisé en 1964.

E.T., L'EXTRA-TERRESTRE

★ Etats-Unis, 1982. De Steven Spielberg. Avec Dee Wallace, Henry Thomas, Peter Coyote.

★ Eliott, un jeune Américain de 10 ans, se prend d'amitié pour E.T., un extra-terrestre égaré sur Terre et qui cherche à regagner sa planète.

★ La fable est belle ; le message de Steven Spielberg est simple mais essentiel : apprenez à respecter autrui, en dépit des différences...

STAR WARS: UN NOUVEL ESPOIR

★ Etats-Unis, 1977. De George Lucas. Avec Harrison Ford, Carrie Fisher, Mark Hamill.

★ La princesse Leia est tenue en otage par les forces Impériales malfaisantes qui veulent réprimer une révolte contre l'Empire Galactique. Luke Skywalker et le Capitaine Han Solo s'allient avec Obi-wan Kenobi et les androïdes R2D2 et C3PO pour sauver la belle princesse et rétablir la justice dans la Galaxie.

★ "Le feuilleton de l'espace" de Lucas décrit l'opposition classique entre le bien et le mal, le jour et les ténèbres. C'est aussi un pionnier dans l'art des

effets spéciaux. Avec ce mélange de symbolisme mythologique et historique, le film transporte les spectateurs dans un monde fantastique tout en rappelant le temps passé.

CYRANO DE BERGERAC

★ France, 1989. De Jean-Paul Rappeneau. Avec Gérard Depardieu, Anne Brochet.

★ Cyrano aime sa cousine Roxane, qui lui préfère Christian, un jeune soldat. Le premier écrira pour le second les lettres d'amour qui séduiront la belle...

★ Qui aurait cru qu'on puisse tirer un film de la pièce en vers d'Edmond Rostand ? Pourtant, c'est un film plein de vie et de panache. Cyrano a fait découvrir les œuvres classiques à beaucoup !

---

    b. the evolution of film techniques

    c. a biography of the director

C. Read the information after the first star.

  1. How many of these films were made in the United States? In France?

  2. How many were joint productions?

  3. What other two countries were involved in these films?

D. Read the information after the second star. Where and when does the story take place in *Il était une fois dans l'Ouest?*

E. Complète les phrases suivantes avec les descriptions correctes.

  1. *Star Wars* est...

  2. *Il était une fois dans l'Ouest* est...

  3. *2001, l'Odyssée de l'espace* est...

  4. *Cyrano de Bergerac* est...

    a. une parodie du western classique.

    b. une fable sur l'homme face au progrès.

    c. tiré d'une pièce en vers.

    d. célèbre pour ses effets spéciaux.

F. Trouve dans un journal une annonce *(ad)* pour un film que tu aimes et que tu trouves important. Ensuite, écris un article sur ce film. Donne les mêmes informations que celles qui se trouvent dans les présentations des cinq films de gauche. Deux ou trois élèves vont lire ton article et le corriger avant de le donner au professeur. Ta classe peut aussi faire un journal avec tous les articles que les élèves ont faits.

MISE EN PRATIQUE

CD-ROM
Disc 3

Guide de l'été

Expositions
Concerts
Musées
Festivals

EXPOSITIONS

● Nice

2 juillet - 30 octobre
**Marc Chagall, 1945-1985 :
les années méditerranéennes.**
L'exposition est une
manière de saluer l'importance de la couleur dans
l'œuvre du maître.

*Musée national du message biblique - Marc
Chagall. 36, avenue du
Docteur-Ménard, 06000
Nice.*
℡ **04.93.81.75.75.**

● Saint-Paul-de-Vence

2 juillet - 15 octobre
Braque : rétrospective.
Pour fêter son trentième
anniversaire, la Fondation
ne pouvait mieux choisir :
Braque, au travers de plus
de cent vingt œuvres.

*Fondation Maeght, 06570
Saint-Paul-de-Vence.*
℡ **04.93.32.81.63.**

● Vence

2 juillet - 30 octobre
**Marc Chagall, 1945-1985:
les années méditerranéennes.**

*Château de Villeneuve.
Fondation Emile Hugues.
3, place du Frêne, 06140
Vence.*
℡ **04.93.58.15.78.**

JAZZ

● Juan-les-Pins

19 - 27 juillet
**Festival international de jazz
d'Antibes-Juan-les-Pins.**
Pour sa trente-quatrième
édition, le célèbre festival
permettra de retrouver Pat
Metheny, Dee Dee
Bridgewater, Gilberto Gil,
Steve Grossman...

*Pinède Gould, 06160 Juan-
les-Pins.*
℡ **04.92.90.53.00.**

THEATRE

● Avignon

8 juillet - 1er août
Festival d'Avignon.
In ou *off,* c'est le roi des festivals, la fête totale du théâtre
avec ses beautés et ses
dérives. En officiel, on
pourra voir, entre autres,
l'*Andromaque* d'Euripide
monté par Jacques Lasalle et
le très remarquable *Henry VI*
de Shakespeare, que Start
Seide reprend ici après son
périple parisien.

PROVENCE-CÔTE-D'AZUR

35

1
1. Look at this page from the *Guide de l'été* on Provence-Côte d'Azur. What information is given for each event? Name four things.

2. Where would you go to see a Shakespeare play?

3. Which artists are exhibited in Provence in July?

4. Which musicians will be playing at Juan-les-Pins? What type of music do they play?

5. If you were in the Provence-Côte d'Azur area on July 4, what could you go see?

6. If you had five days to spend in the Provence-Côte d'Azur area this summer, when would you go and what would you see?

2 Listen as Martin and Janine, two radio film reviewers, give their opinions of *La Rue Cases-Nègres,* which is playing at the **Festival français de musique de films.** Then, answer the questions.

1. Where does the film take place?

2. What happens in the movie?

3. Did Martin like the film? Did Janine? Why or why not?

3 *Ecrivons!*

You've been hired by a French movie studio to submit proposals for books that you feel would make good screenplays. You've just finished a book that you feel could be a blockbuster movie. Write a proposal in which you briefly describe the plot and the main characters and tell why this book would make a great movie.

STRATEGIE
Characterization is the way an author or playwright reveals the personality of the characters in a story or play. Think about what types of personalities the characters in the book have and how you might describe them.

Préparation
Before you write your proposal, jot down all the basic information you'll need to include about your book: the genre, the basic plot, and the time and place of the action. You might organize your information in an outline format.

Now think about the main characters. What does the author tell you directly about each of them? What are their physical characteristics? What do they do and say that reveals their personalities? A good way to organize your notes is to create a character map of each character using cluster diagrams.

Rédaction
After you've completed your character maps, you'll be ready to write the first draft. You should describe the plot of the story in as few words as possible; try to avoid unnecessary details.

As you write your character descriptions, recall from Chapter 1 the French words and phrases you've learned to describe and characterize others. The key to good characterization is to accurately describe a character's mental and emotional states, as well as how he or she looks. A character's mental state will often dictate how he or she appears on the outside. You might review the vocabulary for describing emotions in Chapter 9. Suggest actors and actresses who would be good for the roles and tell convincingly why you think this book would be a great movie.

Evaluation
Once your first draft is complete, read each part separately. Are your reasons for recommending the book convincing? Is your plot summary accurate and informative? Do you adequately describe the appearance and personality of each of the main characters? Make any changes that you feel are necessary. Be sure to proofread your work before you write the final draft.

4

JEU DE ROLE

You have received an interview about the screenplay you wrote with the movie director. Act out this conversation, and then change roles. In your conversation, you should . . .

- discuss the book you wrote about in your screen play. Talk about the plot, the characters, and why you like it. Decide where the movie will take place and who will be the actors.
- make plans for a sequel to the movie you're making.

Can you use what you've learned in the chapter?

Can you identify people and things?
p. 273

1 How would you ask a friend if she's familiar with your favorite singer? If she isn't, how would you identify the person?

2 How would you respond if someone asked you if you were familiar with . . .

1. *La vie en rose*?
2. Téléphone?
3. Jeanne Mas?
4. Kassav'?

Can you ask for and give information?
p. 280

3 How would you ask a friend . . .

1. what movies are playing?
2. where a movie is playing?
3. who stars in a movie?
4. what time something starts?

4 According to this movie listing, how would you tell a friend what is playing tonight, where, and at what time?

LE PLUMEREAU 10, place Plumereau. Pl : 38 F. Mer et Lun : 28 F ; -26 ans, 26 F. Séances sur réserv. Salle accessible aux handicapés.

Aladdin v.f. 15h30 ; 17h30 ; 20h10

Beaucoup de Bruit pour rien v.o. Séances : 19h25 ; 21h40. Film 15 min après.

Les Quatre Cents Coups Dolby stéréo Séances : 14h15 ; 18h15 ; 21h25. Film 10 min après.

Les Trois Mousquetaires v.f. Dolby stéréo. Séances : 14h ; 15h45 ; 18h30; 20h45. Film 15 min après.

Au revoir les enfants Séances : 14h ; 16h ; 18h ; 20h. Film 10 min après.

Can you give opinions? p. 284

5 What's your opinion of . . .

1. the play *Romeo and Juliet*?
2. romance novels?
3. westerns?
4. *To Kill a Mockingbird*?
5. classical music?
6. *La Cantatrice chauve*?

6 What would you say about the last book you read that you liked? The last movie you saw that you didn't like?

Can you summarize?
p. 286

7 How would you summarize the plot of . . .

1. your favorite film?
2. your favorite book?

PREMIERE ETAPE

Identifying people and things

Tu connais... ?   *Are you familiar with . . . ?*
Bien sûr. C'est...   *Of course. They are (He/She/It is) . . .*
Je ne connais pas.   *I'm not familiar with them/him/her/it.*

Music

une chanteuse (un chanteur)   *singer*
un musicien (une musicienne)   *musician*
un groupe   *(music) group*
une chanson   *song*
la musique classique   *classical music*
le jazz   *jazz*
le rock   *rock*
le rap   *rap*
le blues   *blues*
le country/le folk   *country/folk*
le pop   *popular, mainstream music*
le reggae   *reggae*

Adjectives

canadien(ne)   *Canadian*
africain(e)   *African*
antillais(e)   *from the Antilles*
américain(e)   *American*

DEUXIEME ETAPE

Asking for and giving information

Qu'est-ce qu'on joue comme film?   *What films are playing?*
On joue...   *. . . is showing.*
Ça passe où?   *Where is it playing?*
Ça passe à...   *It's playing at . . .*
C'est avec qui?   *Who's in it?*
C'est avec...   *. . . is (are) in it.*
Ça commence à quelle heure?   *What time does it start?*
A...   *At . . .*

Types of films

un genre   *a type (of film, literature, or music)*
un western   *western*
un film comique   *comedy*
un film d'horreur   *horror movie*
un film de science-fiction   *science-fiction movie*
un film d'amour   *romantic movie*
un film policier   *detective or mystery movie*
un film classique   *classic movie*
un film d'aventures   *adventure movie*
un film d'action   *action movie*

TROISIEME ETAPE

Giving opinions

C'est drôle/amusant.   *It's funny.*
C'est une belle histoire.   *It's a great story.*
C'est plein de rebondissements.   *It's full of plot twists.*
Il y a du suspense.   *It's suspenseful.*
On ne s'ennuie pas.   *You're never bored.*
C'est une histoire passionnante.   *It's an exciting story.*
Je te le/la recommande.   *I recommend it.*
Il n'y a pas d'histoire.   *It has no plot.*
Ça casse pas des briques.   *It's not earth-shattering.*
C'est...   *It's . . .*
   trop violent.   *too violent.*
   trop long.   *too long.*
   bête.   *stupid.*
   un navet.   *a dud.*
   du n'importe quoi.   *worthless.*
   gentillet, sans plus.   *cute (but that's all).*
   déprimant.   *depressing.*

Summarizing

De quoi ça parle?   *What's it about?*
Qu'est-ce que ça raconte?   *What's the story?*
Ça parle de...   *It's about . . .*
C'est l'histoire de...   *It's the story of . . .*

Types of books

un roman policier (un polar)   *detective or mystery novel*
une (auto)biographie   *(auto)biography*
une bande dessinée (une B.D.)   *comic book*
un livre de poésie   *book of poetry*
un roman d'amour   *romance novel*
un roman de science-fiction   *science-fiction novel*
un (roman) classique   *classic*
une pièce de théâtre   *play*

CHAPITRE 12

Allez, viens au Québec !

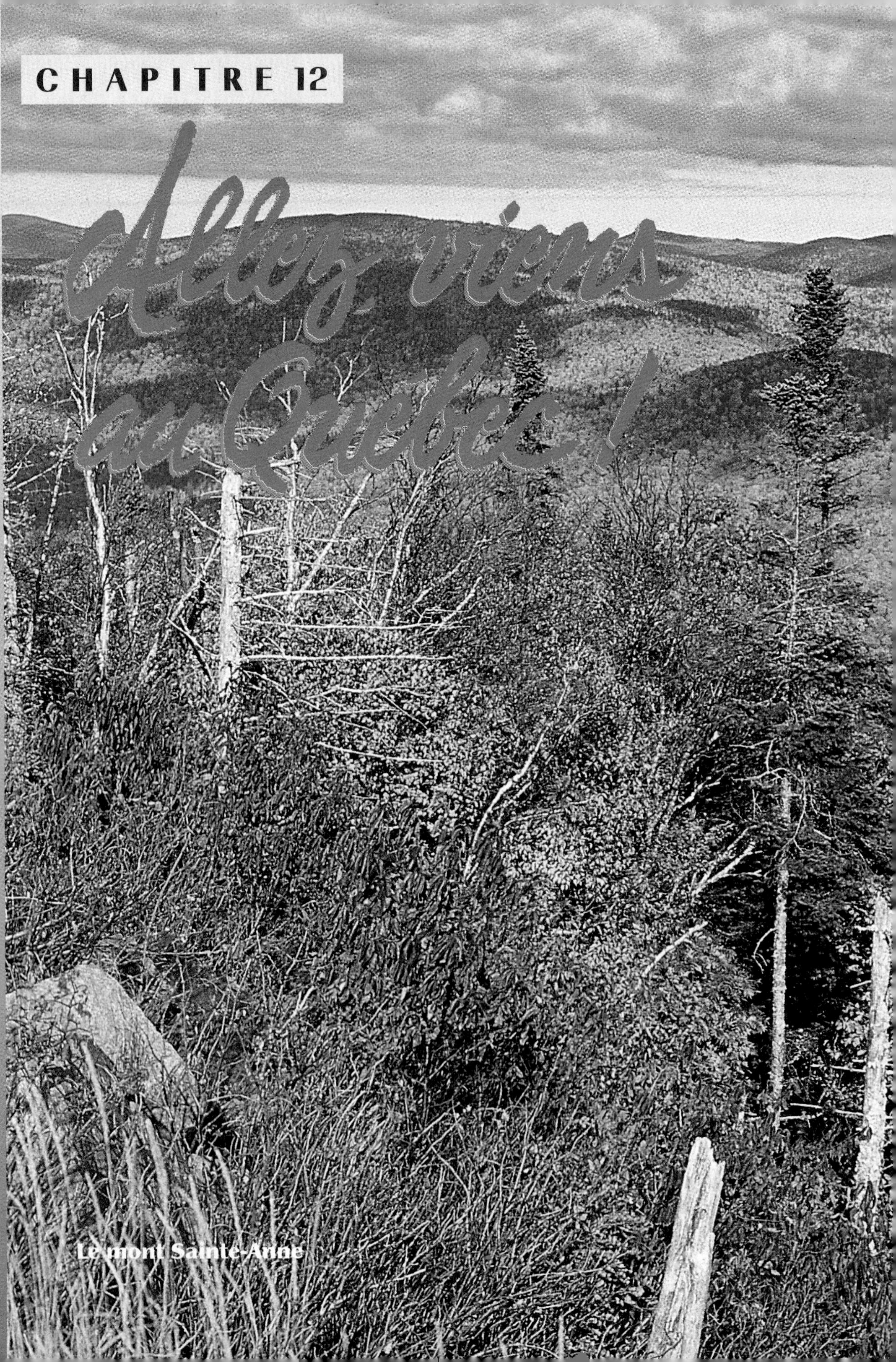

Le mont Sainte-Anne

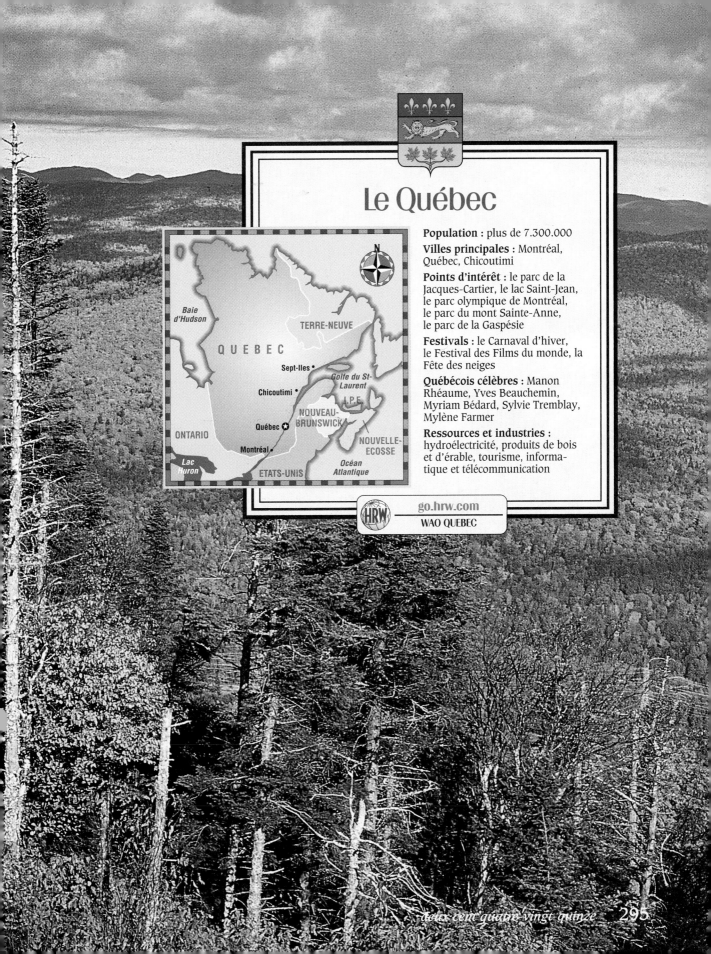

Le Québec

Population : plus de 7.300.000

Villes principales : Montréal, Québec, Chicoutimi

Points d'intérêt : le parc de la Jacques-Cartier, le lac Saint-Jean, le parc olympique de Montréal, le parc du mont Sainte-Anne, le parc de la Gaspésie

Festivals : le Carnaval d'hiver, le Festival des Films du monde, la Fête des neiges

Québécois célèbres : Manon Rhéaume, Yves Beauchemin, Myriam Bédard, Sylvie Tremblay, Mylène Farmer

Ressources et industries : hydroélectricité, produits de bois et d'érable, tourisme, informatique et télécommunication

go.hrw.com

WAO QUEBEC

Le Québec

CD-ROM
Disc 3

La province du Québec a un statut très indépendant. Trois fois plus grande que la France, elle compte pourtant moins de huit millions d'habitants. La langue officielle est le français, mais pour le commerce, la plupart des Québécois doivent aussi parler anglais. Montréal est la ville qui a le plus grand nombre d'habitants bilingues du monde. Pourquoi est-ce qu'on parle français au Québec? Parce que ce sont les Français qui l'ont fondé. Jacques Cartier a exploré le fleuve Saint-Laurent en 1534 et Samuel de Champlain a fondé La Nouvelle-France en 1608.

① On peut visiter le Vieux-Québec en calèche.

② Les hautes falaises qui bordent la très large **rivière Saguenay** lui donnent un aspect de fjord norvégien.

③ On trouve la plus grande concentration de stations de ski d'Amérique du nord dans **les Laurentides.**

④ **La péninsule de Gaspé** est l'une des plus anciennes régions touristiques du Québec, avec ses forêts et sa belle côte sauvage.

⑤ Au bord du Saint-Laurent, **Montréal** est la plus grande ville du Québec.

⑥ Au nord de la ville de Québec, **le parc de la Jacques-Cartier** offre une grande variété d'activités en pleine réserve naturelle.

⑦ **Les Inuits** sont un des peuples indigènes du Québec.

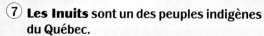

12
A la belle étoile

① Au Québec, il y a des forêts magnifiques!

What images come to mind when you think of the Canadian wilderness? Mountain streams, tall trees, cool lakes? Canada's many national parks and wildlife preserves are beautiful settings for hiking, canoeing, or just enjoying nature.

In this chapter you will review and practice

- asking for and giving information; giving directions
- complaining; expressing discouragement and offering encouragement; asking for and giving advice
- relating a series of events; describing people and places

And you will

- listen to tourist bureau directions to parks
- read poems by a French-Canadian author
- write a journal entry about a camping trip
- find out about endangered animals in francophone countries and become familiar with some French-Canadian expressions

② Aïe! J'ai mal aux pieds!

③ D'abord, on a fait une randonnée pédestre. C'était tellement beau là-bas!

Mise en train

Promenons-nous dans les bois

Have you ever been camping? What do you think happens to these campers?

 Michèle   **Francine**   **René**

 Mme Desrochers **Paul** **Denis**

Le matin, au camping du parc de la Jacques-Cartier. René, Francine, Michèle, Denis et Paul s'apprêtent à partir pour une randonnée. Les parents de Francine, M. et Mme Desrochers, vont rester au camping. René, lui, commence son journal.

> 26 septembre.
> 8H15 - Tout le monde est prêt. On a l'eau, le pique-nique et des allumettes. Moi, j'ai mon appareil-photo. Mme Desrochers nous a donné une lampe de poche. A mon avis, ce n'est pas la peine. On va rentrer avant la nuit.

Vous avez tout?

On devrait peut-être prendre une lampe de poche?

Oh, c'est pas la peine. On va rentrer avant la nuit.

La nuit tombe tôt. Je préférerais en avoir une.

Bien. On y va?

On y va!

J'arrive!

1

Tiens, Francine. On ne sait jamais.

2

Eh, vous avez vu! Superbe, non? Qu'en pensez-vous?

C'est magnifique.

Il doit y avoir des tas d'animaux. C'est idéal pour la chasse.

3

> 12H30 - Nous avons marché toute la matinée. Une balade superbe. C'est magnifique ici. C'est tellement calme et tellement beau. Il y a autant de bruit qu'à Québec, mais c'est le bruit de la nature: le chant des oiseaux, les coin-coin des canards... Et si on écoutait bien, on entendrait peut-être le grognement d'un ours!... A propos d'animaux, Michèle et Denis se disputent... comme d'habitude.

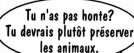

Tu n'as pas honte? Tu devrais plutôt préserver les animaux.

Il y a plus d'un million d'orignaux par ici. Un orignal de plus ou de moins, hein? Qu'est-ce que ça fait?

Si tout le monde pensait comme toi, il n'y aurait plus d'orignaux ici!

Et si tout le monde pensait comme toi, il n'y aurait que des orignaux!

3H10 – Si on veut arriver avant la nuit, il faut partir maintenant. Paul est fatigué. Il n'est pas habitué à ces longues marches... Francine veut prendre un raccourci. C'est une bonne idée, mais on risque de se perdre! Allons, faisons confiance à Francine!

④

On devrait peut-être prendre un raccourci?

Tu as raison, il est déjà tard. Mais il ne faudrait pas se perdre.

T'inquiète pas. Si on marche vers le sud on ne peut pas se perdre.

Le Draveur Nord

⑤

5H20 – Ça y est! Nous sommes perdus! Nous ne savons plus où nous sommes. C'est malin!... Paul a faim. Francine est embêtée. Et Denis est ravi! Lui, il adore l'aventure! Il faudrait trouver une solution. On ne peut pas dormir ici. Et si on continuait à marcher? Paul ne veut pas. Il a mal aux pieds. Je pourrais les laisser ici et chercher le chemin. Mais si je me perdais? Ce n'est peut-être pas une très bonne idée... Alors? Que faire?

Alors, qu'est-ce que tu proposes, Francine?

Je ne sais pas trop. Si on continue, on risque de se perdre encore plus. Si on reste ici, on risque d'avoir très froid et mes parents vont s'inquiéter. Je ne sais pas trop quoi faire.

⑥

1 Tu as compris?

1. Where are the young people?
2. What are they doing?
3. What do Michèle and Denis disagree about?
4. What happens at the end of **Promenons-nous dans les bois**?

2 Il est quelle heure?

At what time did René write the following in his journal?

1. *Ça y est! Nous sommes perdus!*
2. *Mme Desrochers nous a donné une lampe de poche.*
3. *A propos d'animaux, Michèle et Denis se disputent... comme d'habitude.*
4. *Il faudrait trouver une solution.*
5. *Allons, faisons confiance à Francine!*
6. *C'est tellement calme et tellement beau.*

3 Qui suis-je?

Michèle

Denis

René

Francine

Paul

J'ai faim.

J'écris dans mon journal.

J'aime aller à la chasse.

Je suis embêtée.

Je veux prendre un raccourci.

Je suis ravi.

Je pense qu'on devrait préserver les animaux.

4 Cherche les expressions

What do the people in **Promenons-nous dans les bois** say or write to . . .

1. ask for an opinion?
2. describe a place?
3. make a suggestion?
4. agree?
5. disagree?
6. ask for a suggestion?

5 Et maintenant, à toi

What do you think will happen next in the story? What would you do if you got lost while camping or hiking?

6 Destination nature

1. What geographical features do you see on the map? What cities?
2. What animals would you expect to find in Quebec?
3. What types of parks can you find in Quebec?

COMMENT DIT-ON... ?

Asking for and giving information; giving directions

To ask for information:

Où se trouve le parc de la Jacques-Cartier?

Qu'est-ce qu'il y a à voir au parc?

Qu'est-ce qu'il y a à faire?

To give information:

Le parc **se trouve** près du lac Saint-Jean.

Il y a des forêts magnifiques et beaucoup d'animaux.

On peut faire des pique-niques, des safaris d'observation,...

To give directions:

C'est au nord/au sud/à l'est/à l'ouest de la ville de Québec.
  It's to the north/south/east/west of . . .

C'est dans le nord/le sud/l'est/l'ouest du Québec. *It's in the northern/southern/eastern/western part of . . .*

7 Ecoute!

Stéphane est à Montréal. Il essaie de choisir quel parc il veut visiter. Ecoute les informations que l'office de tourisme lui donne et décide de quel parc on parle. Aide-toi du plan à la page 303.

8 C'est tellement beau!

Demande à ton/ta camarade où sont les parcs suivants et ce qu'on peut y faire et y voir. Il/Elle va te répondre en s'aidant du plan à la page 303. Puis, changez de rôles.

NOTE CULTURELLE

There are many wilderness areas to visit in Quebec. **Le parc de la Jacques-Cartier** contains the southernmost tip of the band of boreal forest that circles the northern hemisphere from Quebec through Scandinavia and Siberia to Alaska. The park is named after Jacques Cartier, who claimed what is now Canada for the French crown in 1534. At the park you can follow the routes used by the **draveurs**, raftsmen who transported the trappers and lumberjacks who came to make their fortunes after Cartier mapped the area.

le parc du Mont-Tremblant

le parc du Saguenay

le parc de la Jacques-Cartier

CHAPITRE 12   A la belle étoile

9 On pourrait aller....

Ton ami(e) et toi, vous essayez de décider où vous voulez aller en vacances. Suggère un endroit et réponds aux questions de ton/ta camarade qui te demande ce qu'il y a à voir et à faire là-bas. Puis, changez de rôles.

au Québec   à Paris
à Abidjan   en Touraine
à la Martinique   en Provence

De bons conseils

You've learned a lot of words and phrases. To review them, remember vocabulary in thematic groups. Think of a topic or situation that you've studied, such as making suggestions about what to see and do in Martinique. Then, list the vocabulary and phrases that you would need in that situation. Keep the lists you make and use them to study for your next test—and your final exam!

VOCABULAIRE

CD-ROM Disc 3

Qu'est-ce qu'on peut voir dans les parcs du Québec?

un orignal

un ours

un loup

un écureuil

un renard

un raton laveur

une mouffette

un canard

10 Ecoute!

Francine est revenue d'une excursion dans le parc de la Jacques-Cartier. Quels animaux est-ce qu'elle a vus?

11 Qui suis-je?

1. Je suis noir et blanc et j'ai une grande queue. Certains disent que je sens mauvais.
2. J'ai le museau et les oreilles pointus et une grande queue rousse. J'adore les poules!
3. Je suis gris et noir. J'ai une queue à rayures et j'ai l'air de porter un masque.
4. Je suis noir ou brun et les gens ont peur de moi parce que je suis grand et fort.
5. J'habite les lacs et les rivières. Les enfants adorent me donner à manger.

12 Et toi?

Réponds aux questions suivantes, puis interviewe un(e) camarade.

1. Quels animaux du **Vocabulaire** à la page 305 est-ce que tu as déjà vus?
2. Où est-ce que tu les as vus?
3. Est-ce que tu leur as donné à manger?
4. Quels animaux est-ce que tu n'as jamais vus?
5. Si tu pouvais être un de ces animaux, lequel choisirais-tu? Pourquoi?

VOCABULAIRE

Qu'est-ce qu'on peut faire au Québec? On peut...

faire du camping.

faire du canotage.

faire du vélo de montagne.

faire une randonnée en skis.

faire une randonnée en raquettes.

faire une randonnée pédestre.

Cette liste ne représente pas tous les parcs du Québec.

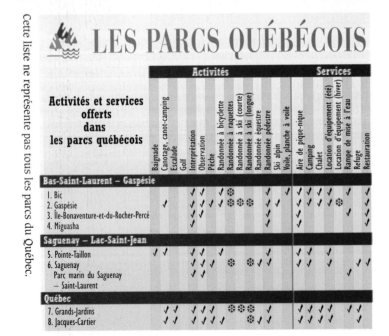

LES PARCS QUÉBÉCOIS

Activités et services offerts dans les parcs québécois	Baignade	Canotage, canot-camping	Escalade	Golf	Interprétation	Observation	Pêche	Randonnée à bicyclette	Randonnée à raquettes	Randonnée à ski (courte)	Randonnée à ski (longue)	Randonnée équestre	Randonnée pédestre	Ski alpin	Voile, planche à voile	Aire de pique-nique	Camping	Chalet	Location d'équipement (été)	Location d'équipement (hiver)	Rampe de mise à l'eau	Refuge	Restauration
Bas-Saint-Laurent – Gaspésie																							
1. Bic					✓	✓		✳			✓		✓			✓	✓	✓	✓		✳		
2. Gaspésie		✓			✓	✓	✓	✓	✳	✳	✳		✓	✓		✓	✓	✓	✓	✳			
3. Île-Bonaventure-et-du-Rocher-Percé					✓	✓							✓										
4. Miguasha					✓																		
Saguenay – Lac-Saint-Jean																							
5. Pointe-Taillon	✓	✓			✓	✓		✓					✓			✓	✓		✓			✓	✓
6. Saguenay		✓	✓		✓	✓				✳		✳	✓			✓					✓		
Parc marin du Saguenay – Saint-Laurent		✓	✓																				
Québec																							
7. Grands-Jardins		✓	✓		✓	✓	✓		✳	✳	✳		✓			✓	✓	✓	✓			✓	✓
8. Jacques-Cartier		✓	✓		✓	✓	✓	✓			✳	✓	✓			✓	✓		✓				✓

13 Vrai ou faux?

Regarde le tableau à la page 306 et décide si les phrases suivantes sont vraies ou fausses.

1. On peut se baigner au parc du Saguenay.
2. On peut faire du camping et de la pêche au parc du Miguasha.
3. Au parc du Pointe-Taillon, on peut faire une randonnée pédestre et du canotage.
4. On peut faire une randonnée en raquettes au parc du Saguenay, mais on ne peut pas faire de canotage.
5. Au parc de la Gaspésie, on ne peut pas faire de ski alpin, mais on peut faire une randonnée en skis.
6. Dans tous les parcs, il est possible de faire un pique-nique et une randonnée pédestre.

14 Ecoute!

Ecoute ces personnes qui parlent de leurs week-ends. Fais une liste de ce que chaque groupe d'amis a fait.

15 Un week-end sportif

Des groupes de copains font du camping. Compare leurs activités. Qu'est-ce qu'ils font de semblable? Et de différent?

Jules et Romain

Marie et Jeanne

16 Moi, j'aime bien...

Fais une liste des activités que tu aimerais pratiquer si tu allais au Québec. Quels sont les parcs qui offrent ces activités?

17 Si on allait... ?

En utilisant les listes que vous avez faites pour l'activité 16, choisissez un parc québécois où votre classe de français peut aller pour le voyage de fin d'année. Créez une publicité pour le parc pour persuader le reste de la classe d'y aller.

Complaining; expressing discouragement and offering encouragement; asking for and giving advice

AU BON CAMPEUR

① TUE-INSECTES
Appréciez une soirée à l'extérieur sans moustiques grâce à ce tue-insectes portable.
Hauteur : 25 cm
4 watts, 220 volts
57 F 70

② SAC DE COUCHAGE
Dimensions : 2 m x 80 cm
Extérieur nylon, intérieur coton. Fermeture éclair.
Peut être aussi utilisé comme couverture.
Six coloris.
Lavable à la machine.
239 F 50

③ CANNE A PECHE
Poignée et bobine en plastique et moulinet en métal.
Vendue avec un flotteur et un mini-lancer téléscopique.
45 F 90

④ LAMPE DE CAMPING
Indispensable pour les soirées autour du feu de camp.
80 watts, nécessite une cartouche 200 grs.
92 F 95

⑤ SAC A DOS
Parfait pour emporter tout son matériel de randonnée. Nylon renforcé, fermeture éclair, cinq poches à fermetures velcro.
Bretelles ajustables et matelassées pour votre confort.
Existe en six couleurs.
149 F

⑥ TENTE A AVANCEE
Trois places. Intérieur et toit en nylon.
Sol en mousse de polyéthylène.
Deux fenêtres.
Dimensions pliée : 35 cm x 12 cm
Poids : 2 kg.
399 F

⑦ TAPIS DE SOL
Parfait pour le camping, la gym ou la plage.
100% polyéthylène. Dimensions : 2 m x 60 cm.
Deux épaisseurs au choix: 1 cm ou 2,5 cm
Coloris : bleu, rouge, noir et vert.
36 F 90

18 Tu as compris?

Regarde la publicité et réponds aux questions suivantes.

1. Cette publicité est pour quelle sorte d'équipement?
2. Combien de poches a le sac à dos? Combien coûte-t-il?
3. Comment dit-on *sleeping bag* en français? Quelles sont les dimensions de celui sur la publicité? Combien coûte-t-il?
4. Comment est-ce qu'on peut utiliser le tapis de sol?
5. Est-ce que la tente a des fenêtres? Elle peut loger combien de personnes?

CD-ROM
Disc 3

Tu as pensé à tout?

Tu n'as rien oublié?

Ne vous en faites pas. J'emporte...

une canne à pêche

des allumettes

une boussole

une tente

un sac de couchage

une trousse de premiers soins

une lampe de poche

de la lotion anti-moustiques

19 J'en ai besoin!

Si tu vas faire du camping, qu'est-ce qu'il faut que tu emportes pour...

1. dormir?
2. attraper des poissons?
3. ne pas te perdre?
4. ne pas te faire piquer par les insectes?

5. soigner quelqu'un qui s'est fait mal?
6. bien voir la nuit?
7. faire la cuisine?

20 N'oublie pas...

Ton ami(e) va aller faire du camping avec toi. Ecris-lui une lettre dans laquelle tu lui donnes des conseils sur ce qu'il/elle doit emporter et mettre.

Si tu as oublié **clothing vocabulary** *va à la page R13.*

NOTE DE GRAMMAIRE

The verb **emporter** means *to take something with you.* It's a regular **-er** verb. You can use it to advise someone what to bring: **Emporte** une boussole!

COMMENT DIT-ON... ?

Complaining; expressing discouragement and offering encouragement

To complain:
Je crève de faim!
Je meurs de soif!
Je suis fatigué(e).
J'ai peur des loups!
I'm scared of . . . !

To express discouragement:
Je n'en peux plus!
J'abandonne!
Je craque!

To offer encouragement:
Courage!
Tu y es presque!
On y est presque!
Allez!

CD-ROM Disc 3

---

21 Qu'est-ce qu'ils disent?

1.

2.

3.

---

22 Jeu de rôle

Ecris et joue une scène dans laquelle des amis partent camper et se perdent. Parmi *(among)* tes amis, une personne est toujours en train de se plaindre *(complaining)*, une autre personne est découragée et elle a peur dans les bois et la dernière personne essaie d'encourager les deux autres.

VOCABULAIRE

respecter la nature	*to respect nature*
jeter (remporter) les déchets	*to throw away (to take back with you) your trash*
nourrir les animaux	*to feed the animals*
mutiler les arbres	*to deface the trees*
suivre les sentiers balisés	*to follow the marked trails*

23 Au parc de la Jacques-Cartier

1. Look at the words in bold type at the top and bottom of the poster. What is this poster about? Who is it for?
2. If you were going to a state park, what things do you think would be forbidden? What would be encouraged?
3. According to the illustrations and text below each one, what are three things you shouldn't do at the **parc de la Jacques-Cartier?**
4. Read the poster carefully to find two other things you shouldn't do, and two you should do.

24 Ecoute!

Ecoute Bénédicte et ses copains qui font une randonnée dans le parc. Choisis le dessin qui correspond à chaque conversation.

PARC DE LA
JACQUES-CARTIER

**BIENVENUE
DANS LE PARC DE LA JACQUES-CARTIER**

«LA PROTECTION DU PARC, C'EST
L'AFFAIRE DE TOUS»

Lorsque tu viens dans le parc, prends soin de:

- laisser chez toi les animaux domestiques
- garer ta voiture dans les aires de stationnement

- admirer les animaux sauvages sans les déranger ni tenter de les nourrir;
- jeter tes déchets dans les contenants prévus à cette fin;
- contempler les arbres, arbustes et autres plantes sans les prélever, ni les mutiler;
- ramener chez toi toute substance nocive tels savon, huile, combustible ou pesticide;

- éviter de peinturer, d'altérer ou de prélever les roches et autres formations naturelles

Québec ::

a. b. c.

Asking for and giving advice

To ask for advice:
    Qu'est-ce que je dois faire?

To give advice:
    Tu devrais respecter la nature.
    Tu ferais bien de suivre les sentiers balisés.
    Evite de nourrir les animaux.
    Tu ne devrais pas mutiler les arbres.

25 Qu'est-ce qu'ils font, ces enfants?!

Tu fais du camping avec un groupe d'enfants... mais ils font des bêtises. Qu'est-ce que tu leur conseilles?

26 Tu dois respecter les règles!

Fais un poster comme celui du parc de la Jacques-Cartier à la page 311. Ecris la liste des règles que l'on doit respecter dans un parc près de chez toi, dans ton école, dans ta classe ou dans ta chambre à la maison. Utilise des illustrations ou des extraits de magazines.

27 Mon journal

Est-ce que l'idée de faire du camping te plaît? Ecris ce que tu aimes et ce que tu n'aimes pas au sujet du camping.

> ### NOTE CULTURELLE
>
> Ecology has been a growing concern in Canada. There are more than 500 groups dedicated to researching and protecting the environment in Canada alone. These groups don't work alone; the government seeks to protect the natural resources of Canada by designating areas as wildlife preserves, ecological reserves, and national parks. A television program, **La Semaine Verte,** provides regular updates on environmental issues.

PANORAMA CULTUREL

Max • Martinique

Marius • Côte d'Ivoire

Mathieu • Québec

We asked some francophone people about endangered animals in their areas. Here's what they had to say.

CD-ROM
Disc 3

Quels sont les animaux en voie de disparition dans ta région?

«Il y en a beaucoup qui ont déjà complètement disparu, mais l'animal qui est en voie de disparition en ce moment, c'est l'iguane. Il en reste une dizaine d'unités. Ils sont au fort Saint-Louis. Je crois que c'est plutôt ceux-là qui sont vraiment en voie de disparition.»

Qu'est-ce qu'on fait pour les protéger?

«J'ai l'impression qu'on ne s'en occupe pas beaucoup. Ils sont là. Ils sont livrés à eux-mêmes et je pense qu'ils vont disparaître dans très peu de temps.»

—Max

«Il y a des animaux en voie de disparition comme l'éléphant. L'éléphant en Côte d'Ivoire, il y en avait plein avant, mais maintenant ils commencent à disparaître et puis aussi il y a... il y a plein d'animaux hein... Je ne sais pas, l'hippopotame, le crocodile et puis le singe et puis les jolis oiseaux, les petits oiseaux comme les grands. Bon, maintenant on n'en a pas trop. Pour les voir, il faut aller soit à l'intérieur du pays ou aller au zoo.»

—Marius

«Qui sont en voie de disparition? Dans le fleuve Saint-Laurent, ici, en bas du Québec, il y a les baleines. Il y a les bélugas qui sont en voie de disparition. A l'extérieur, il y en a plusieurs. Il y en a beaucoup qui ont déjà disparu aussi. Et puis, il y a beaucoup d'oiseaux aussi qui disparaissent, à cause des produits qu'on envoie dans l'environnement.»

Qu'est-ce qu'on fait pour les protéger?

«Le gouvernement, ils pensent, enfin ils veulent faire dépolluer le fleuve Saint-Laurent ici, mais ils [ne] font pas grand-chose.»

—Mathieu

Qu'en penses-tu?

1. Are there any endangered animals in your community? What endangered species have you read about or heard about in the news lately?
2. What is being done to protect endangered species?

TROISIEME ETAPE

*Relating a series of events;
describing people and places*

Lundi 12 septembre   20h15
-Cher journal,
Me voici donc revenue de mon week-end
de camping ! Il faisait un temps horrible
quand nous sommes partis mais
heureusement ça n'a pas duré. A midi,
il faisait beau et chaud, un temps
magnifique, surtout pour les randon-
nées. Alors, on s'est mis en route !
D'abord, on a fait une randonnée
super et Marc a pris des tas
de photos. Il y avait une chute
d'eau géniale ; il a pris une photo
de moi devant. Nous avons même vu
un ours ! Après ça, on est allés
se baigner dans la
rivière. Ensuite, Julie
est allée à la pêche.
Marc est rentré au terrain de camping
et moi, je suis restée nager.
Malheureusement, les moustiques sont
restés aussi ! Ils m'ont piquée
partout ! Julie m'a prêté sa lotion
anti-moustiques, mais c'était trop
tard ! Enfin, on a fait un pique-
nique super. On a mangé les
poissons que Julie avait attrapés.
Quelle journée ! Malgré les piqûres,
c'était super-génial. Vive le
camping !
            Sophie

28 Tu as compris?

1. Où est-ce que Sophie et ses amis sont allés?
2. Quel temps faisait-il?
3. Qu'est-ce qu'ils ont fait là-bas?
4. Le week-end s'est bien passé?

COMMENT DIT-ON... ?

Relating a series of events; describing people and places

To relate a series of events:

D'abord, j'ai acheté des bottes et une casquette.
Ensuite, je suis parti(e) au parc avec Francine et Denis.
Après ça, on a fait une randonnée pédestre.
Finalement, je me suis couché(e) très tôt.

CD-ROM
Disc 3

To describe people and places:

Il y avait beaucoup d'arbres et une chute d'eau.
Paul **était** pénible parce qu'il **avait** faim.
Francine **avait l'air** embêtée.
Moi, j'**étais** ravi(e)!

29 Ecoute!

Séverine raconte son week-end au parc du Saguenay à son ami Guillaume. Ecoute, puis réponds aux questions.

1. Quel temps faisait-il?
2. Qu'est-ce qu'elles ont fait là-bas?
3. Est-ce que Monique était de bonne ou de mauvaise humeur? Pourquoi?

GRAMMAIRE The **passé composé** and the **imparfait**

Remember that you use the **passé composé** to tell what happened in the past.
- When you use **être** as the helping verb, the past participle agrees with the subject.
- Words that often signal the **passé composé** are **un jour, une fois, soudain,** and the words you've learned to use to relate a series of events.

You use the **imparfait** to describe what people or things were like; to describe repeated or habitual actions in the past, what used to happen; and to describe general conditions in the past, to tell what was going on.
- Words that often signal the **imparfait** are **toujours, d'habitude, souvent,** and **de temps en temps.**

30 Une histoire de fantômes

Francine raconte une histoire de fantômes à ses amis réunis autour d'un feu de camp. Complète son histoire en mettant les verbes au passé composé ou à l'imparfait. Est-ce que c'était un vrai fantôme? Qu'est-ce que c'était?

> ### À PROPOS, VOUS CONNAISSEZ LA VIEILLE MAISON DUCHARME?
>
> C' __1__ (être) un soir d'automne. Je (J') __2__ (rentrer) chez moi. Je (J') __3__ (être) un peu en retard parce que je (j') __4__ (chercher) mon chat, Minou. Je (J') __5__ (passer) devant la maison Ducharme quand soudain, je (j') __6__ (entendre) un bruit. On aurait dit un fantôme! Je (J') __7__ (décider) de faire une enquête. D'abord, je (j') __8__ (monter) par l'escalier jusqu'à la terrasse — "CRICK, CRICK, CRICK,", puis je (j') __9__ (ouvrir) la porte "JOUIIIING" et je (j') __10__ (entrer) dans la maison. A l'intérieur, il y __11__ (avoir) de la poussière et des toiles d'araignée partout. Je (J') __12__ (faire) un pas vers le salon quand, tout à coup, quelque chose __13__ (tomber) derrière moi! Je (J') __14__ (être) verte de peur! Le fantôme avait essayé de me tuer!
>
> ### HEUREUSEMENT, JE ME SUIS ÉCHAPPÉE, SAINE ET SAUVE!

31 La journée de Pierre

Aujourd'hui, Pierre a fait une randonnée dans le parc. Mets ses activités en ordre et raconte sa journée.

a.

b.

c.

d.

e.

f.

32 Quelle aventure!

Imagine que tu as passé le week-end avec un groupe d'amis dans un des parcs québécois. Décris le temps qu'il a fait là-bas, ce que tu as vu et ce que tout le monde a fait. Décris tes impressions de cette expérience dans la nature.

33 Raconte!

Maintenant pose des questions à ton ami(e) au sujet du week-end décrit dans l'activité 32. Demande-lui où il/elle est allé(e), avec qui, quel temps il a fait, comment était le parc, ce qu'il/elle a fait et si c'était bien. Changez de rôles.

If you visit Quebec, you might be surprised at some of the French-Canadian words and expressions you'll hear. See if you can match the French expressions on the left with their French-Canadian equivalents on the right.

1. maïs
2. dîner
3. stop
4. au revoir
5. boisson
6. pomme de terre
7. week-end
8. ça va
9. de rien
10. hot-dog

a. bonjour
b. breuvage
c. patate
d. bienvenue
e. fin de semaine
f. arrêt
g. souper
h. blé d'Inde
i. c'est correct
j. chien chaud

Qu'en penses-tu?

1. Which French expressions use English words? What do French Canadians use instead?

2. Which French-Canadian expressions show the influence of North American culture?

Savais-tu que... ?

If you visit Quebec, some of the words and expressions you will hear may be different from those you would hear in many parts of France. Some words and expressions heard in Quebec were used only in certain regions of France and might not be used in France anymore. Other more modern expressions originated separately in France and Quebec. For example, in France, English words such as **hot-dog, week-end,** and **stop** are commonly used. In Quebec you are more likely to hear **patate, fin de semaine,** and **arrêt.** Some expressions you will hear in Quebec reflect the influence of English, such as **bienvenue,** which literally means "welcome," and is often used instead of **de rien** to mean "you're welcome."

(answers: 1 h, 2 g, 3 f, 4 a, 5 b, 6 c, 7 e, 8 i, 9 d, 10 j)

𝒩ature is a theme for many poets, including Canadian writer Anne Hébert, author of several prize-winning novels, screenplays, and poems.

DE BONS CONSEILS

What makes a group of words a poem? The *imagery* in the poem, or the pictures the words create in your mind, is part of what makes a poem come to life. One way a writer creates these images is to use *metaphors*, phrases that suggest a likeness or relationship between two things by stating that one thing is another. Before you look closely at the poem, read it aloud and note the images and metaphors the poet uses.

A. What do the poem titles both relate to? Can you think of any poems or songs you're familiar with whose titles suggest the same themes?

B. Lis les premières strophes *(stanzas)* de chaque poème. Tu penses à quelles images en lisant ces strophes?

C. Lis les mots suivants et trouve chacun dans **Tombée du jour** ou **Nos Mains au jardin.**

Tombée du jour

soleil évanoui *vanishing sun*
ramasse *pick up*
grisonne *greys, is greying*
pourrir *to rot away, to spoil*
sol *ground*
survienne *appears, arrives*
aubes *dawns, daybreaks*
sauvage *wild*
paroles *words*

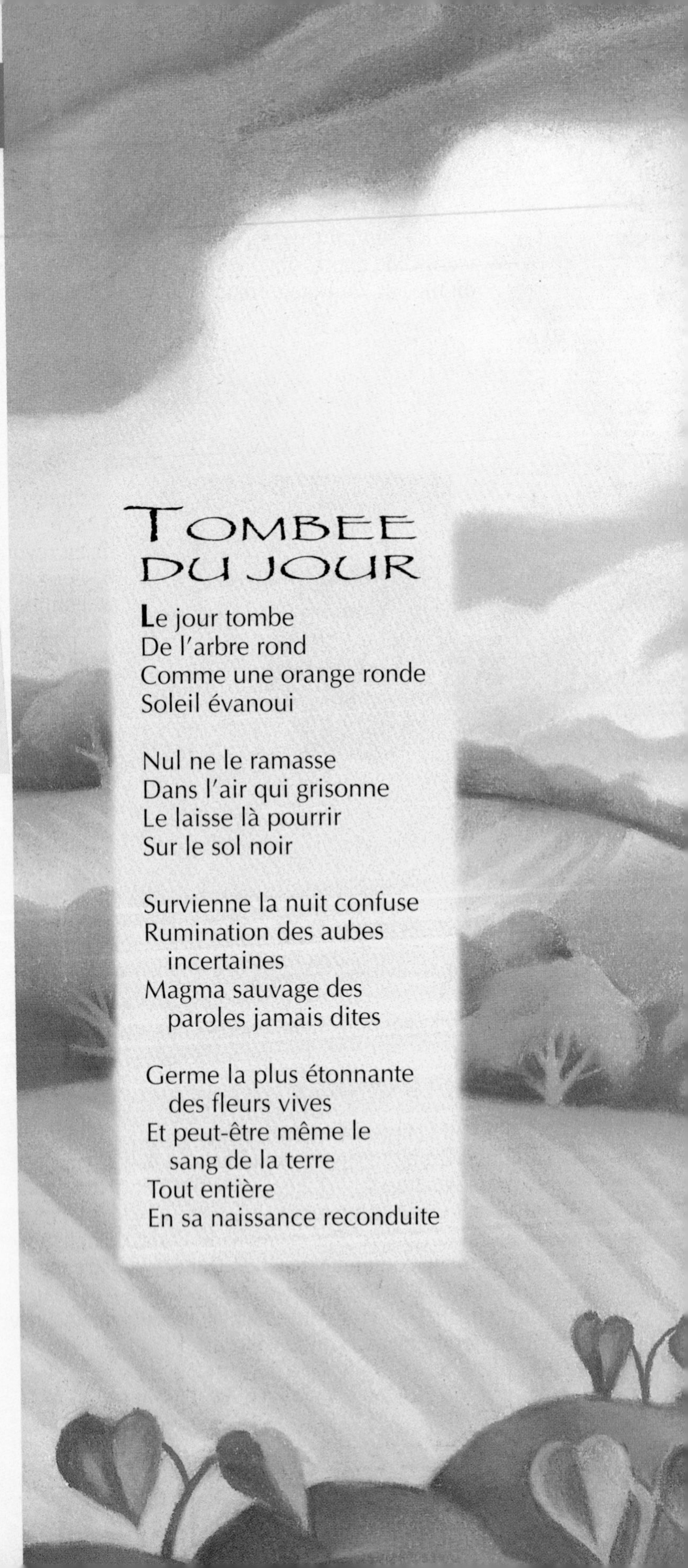

TOMBÉE DU JOUR

Le jour tombe
De l'arbre rond
Comme une orange ronde
Soleil évanoui

Nul ne le ramasse
Dans l'air qui grisonne
Le laisse là pourrir
Sur le sol noir

Survienne la nuit confuse
Rumination des aubes
   incertaines
Magma sauvage des
   paroles jamais dites

Germe la plus étonnante
   des fleurs vives
Et peut-être même le
   sang de la terre
Tout entière
En sa naissance reconduite

Nos mains au jardin

Nous avons eu cette idée
De planter nos mains au jardin

Branches des dix doigts
Petits arbres d'ossements
Chère plate-bande.

Tout le jour
Nous avons attendu l'oiseau roux
Et les feuilles fraîches
A nos ongles polis.

Nul oiseau
Nul printemps
Ne se sont pris au piège de nos mains
coupées.

Pour une seule fleur
Une seule minuscule étoile de couleur
Un seul vol d'aile calme
Pour une seule note pure
Répétée trois fois.

Il faudra la saison prochaine
Et nos mains fondues comme l'eau.

étonnante *surprising*
sang de la terre *blood of the earth*
naissance *birth*

Nos Mains au jardin

ossements *bones*
plate-bande *flower/garden bed*
ongles *fingernails*
ne se sont pris au piège *didn't fall in the trap of . . .*

TOMBEE DU JOUR

D. How does the poet describe the end of the day? What images does she use?

E. What tone does the poem have after the sun has set? The poet uses powerful images to describe the night. Find examples from the poem of some of these images.

NOS MAINS AU JARDIN

F. What type of images does the author use in the first two stanzas of the poem? Whom do you think **nous** represents?

G. What does the author want or long for? Does she get what she wants? Why or why not?

H. Comment est-ce que la nature est représentée dans le poème **Nos Mains au jardin**? Explique ta réponse en utilisant le vocabulaire trouvé dans le poème.

I. Think of how weather or nature affects you. What type of weather makes you happy? Sad? Make a list of these feelings and think about what you would associate with each one. Then, write a poem about these feelings. Try to use metaphors to create mental images for your reader.

J. Quel poème est-ce que tu prefères? Pourquoi?

1 Your friends decided to "rough it" on a camping trip, so you're off to the **parc de la Jacques-Cartier.** Before you go, read the **Conseils pratiques** of the lynx, the mascot of the park.

   1. When are you most likely to be bothered by insects at the park?

   2. What should you do to protect yourself against bites?

   3. **Non potable** means *not drinkable.* What water at the park is not drinkable?

   4. What can you do to make the water drinkable?

Conseils pratiques

Comme la période des insectes piqueurs s'étend de la mi-juin à la fin août, nous vous conseillons, pour un séjour agréable :

   • d'apporter de l'huile à mouches;

   • de porter des vêtements de couleur pâle;

   • de ne pas consommer de bananes;

   • d'éviter les produits parfumés.

Avertissement :

L'eau de surface (lacs, rivières et ruisseaux) est non potable et doit être bouillie pendant cinq minutes avant consommation. Veuillez noter que le parasite Giardia est résistant aux comprimés de chlore et d'iode utilisés pour purifier l'eau.

2 Béatrix and her brother Etienne are spending the weekend at the **parc de la Gaspésie.** Listen to their conversation and answer the questions below.

   1. What are Etienne and Béatrix doing?

   2. What are two things Etienne complains about?

   3. Why does Etienne ask Béatrix if she brought the first-aid kit?

   4. What are Béatrix's plans for the afternoon?

   5. What are Etienne's plans for the afternoon?

3 What kinds of comparisons can you make between the people and places you've learned about this year? Make a chart with **France, Martinique, Côte d'Ivoire, Quebec,** and the **United States** in a column on the left. Across the top of the chart, write these headings for six columns: **Location and Size, Language(s), History, Teenage Life, Leisure Activities,** and **Food.** Fill in the chart, using your book as a reference. Compare your chart with a partner's. What similarities and differences do you find among these cultures?

4 *Ecrivons!*

Imagine that you're one of the first pioneers who explored the unsettled wilderness of Canada. Write an account of your adventures, making sure to include descriptions of the landscape, of any animals you encountered, and of any problems you faced.

STRATEGIE
Story mapping can help you decide in which direction you want your story to go. A story map provides you with different situations and possible solutions or problems that might arise from each one.

Préparation
A story map in writing works much like a flow chart does in computer programming: it begins at a certain point and flows in different directions based on the action taken. First, decide how you want your story to begin. On a sheet of paper, jot down a short phrase that describes your beginning and draw a circle around it. Next, think about several things that might happen as a result of the beginning of the story. Jot these down, draw circles around them, and draw lines connecting them to your first circle. Now write down several things that might result from this second set of actions and connect them also with lines. Continue mapping out your story until you reach a conclusion for each action.

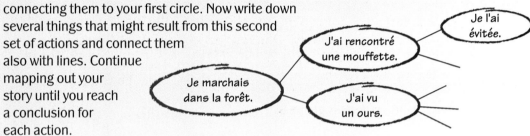

Rédaction
When your story map is complete, you'll be ready to write about your adventures in the Canadian wilderness. Look at your map and choose the direction that you want your story to take. As you write the first draft of your story, add appropriate details to make it more appealing to your reader. Also, don't forget to use the expressions you've learned for relating a series of events to help your story flow more smoothly and logically.

Evaluation
One key to good writing is listening carefully to how the words sound. Read your story aloud to yourself and listen to what you've written. This can often alert you to awkward sentences and to areas where your ideas don't flow smoothly. A variation of this might be to have a classmate read your work aloud to you.

5

JEU DE ROLE

It's your job to convince a reluctant friend to come with you to the **parc de la Jacques-Cartier.** He or she has never been camping and is a bit fearful. You should tell your friend what you know about the park's history, what there is to see and do at the park, what to bring, and what to do and what not to do at the park.

Can you use what you've learned in this chapter?

Can you ask for and give information? p. 304

1 How would you ask someone what there is to see and do in these places? How would you tell someone?
1. in a Canadian park   2. in Abidjan   3. in your favorite city

Can you give directions? p. 304

2 How would you ask where these places are? How would you tell where they are?
1. le parc de la Jacques-Cartier   2. la Côte d'Ivoire   3. la Martinique

Can you complain and express discouragement? p. 310

3 What would you say if . . .
1. you were on a hike and just couldn't go on?
2. you hadn't eaten since 5:00 this morning?
3. you were afraid of a certain animal?

Can you offer encouragement? p. 310

4 How would you encourage your friend to finish the hike?

Can you ask for and give advice? p. 312

5 How would you ask someone for advice?

6 What would you advise a friend to pack for a camping trip . . .
1. in the summer?   2. in the winter?

7 What advice would you give a friend who . . .
1. is being bitten by mosquitos?
2. is offering some potato chips to a squirrel?
3. just threw the potato chip bag on the ground?

Can you relate a series of events and describe people and places? p. 314

8 How would you say that you did these things in this order?

9 How would you describe . . .
1. the weather yesterday?   2. how you felt this morning?

PREMIERE ETAPE

Asking for and giving information; giving directions

Où se trouve... ? *Where is . . . located?*
Qu'est-ce qu'il y a à voir/faire... ? *What is there to see/do . . . ?*
... se trouve... *. . . is located . . .*
Il y a... *There is/are . . .*
On peut... *You can . . .*
C'est au nord/au sud/à l'est/à l'ouest de... *It's to the north/south/east/west of . . .*

C'est dans le nord/le sud/l'est/l'ouest de... *It's in the northern/southern/eastern/western part of . . .*

Animals

un orignal *moose*
un ours *bear*
un loup *wolf*
un écureuil *squirrel*
un renard *fox*
un raton laveur *raccoon*
une mouffette *skunk*
un canard *duck*

Outdoor activities

faire du camping *to go camping*
faire du canotage *to go canoeing*
faire du vélo de montagne *to go mountain-bike riding*
faire une randonnée pédestre *to go for a hike*
... en raquettes *. . . snow-shoeing*
... en skis *. . . cross-country skiing*

DEUXIEME ETAPE

Complaining; expressing discouragement and offering encouragement

Je crève de faim! *I'm dying of hunger!*
Je meurs de soif! *I'm dying of thirst!*
Je suis fatigué(e). *I'm tired.*
J'ai peur (de la, du, des)... *I'm scared (of) . . .*
Je n'en peux plus! *I just can't do any more!*
J'abandonne! *I'm giving up!*
Je craque! *I'm losing it!*
Courage! *Hang in there!*
Tu y es (On y est) presque! *You're (we're) almost there!*
Allez! *Come on!*

Asking for and giving advice

Qu'est-ce que je dois faire? *What should I do?*
Tu devrais... *You should . . .*
Tu ferais bien de... *You would do well to . . .*
Evite de... *Avoid . . .*
Tu ne devrais pas... *You shouldn't . . .*
respecter la nature *to respect nature*
jeter (remporter) les déchets *to throw away (to take with you) your trash*

nourrir les animaux *to feed the animals*
mutiler les arbres *to deface the trees*
suivre les sentiers balisés *to follow the marked trails*

Camping equipment

emporter *to bring (with you)*
une lampe de poche *flashlight*
une tente *tent*
un sac de couchage *sleeping bag*
une boussole *compass*
une trousse de premiers soins *first-aid kit*
une canne à pêche *fishing pole*
des allumettes *matches*
de la lotion anti-moustiques *insect repellent*

TROISIEME ETAPE

Relating a series of events; describing people and places

D'abord,... *First, . . .*

Ensuite,... *Then, . . .*
Après ça,... *After that, . . .*
Finalement,... *Finally, . . .*

Il y avait... *There was/were . . .*
Il était... *He was . . .*
Elle avait l'air... *She seemed . . .*
J'étais... *I was . . .*

REFERENCE SECTION

▶ **SUMMARY OF FUNCTIONS** R3

▶ **SI TU AS OUBLIE** R13

▶ **ADDITIONAL VOCABULARY** R14

▶ **GRAMMAR SUMMARY** R19

▶ **ADDITIONAL GRAMMAR PRACTICE** R39

▶ **PRONUNCIATION GUIDE** R69

▶ **NUMBERS** R70

▶ **FRENCH-ENGLISH VOCABULARY** R71

▶ **ENGLISH-FRENCH VOCABULARY** R93

▶ **GRAMMAR INDEX** R109

▶ **CREDITS** R112

SUMMARY OF FUNCTIONS

Function is another word for the way in which you use language for a specific purpose. When you find yourself in specific situations, such as in a restaurant, in a grocery store, or at school, you'll want to communicate with those around you. In order to communicate in French, you have to "function" in the language.

Each chapter in this book focuses on language functions. You can easily find them in boxes labeled **Comment dit-on... ?** The other features in the chapter—grammar, vocabulary, culture notes—support the functions you're learning.

Here is a list of the functions presented in Levels 1 and 2 of the *Allez, viens!* program and their French expressions. You'll need them in order to communicate in a wide range of situations. Following each function are the numbers of the level, the chapter, and the page where the function was first introduced.

SOCIALIZING

Greeting people I Ch. 1, p. 22
Bonjour.
Salut.

Saying goodbye I Ch. 1, p. 22
Salut. **A bientôt.**
Au revoir. **A demain.**
A tout à l'heure. **Tchao.**

Asking how people are I Ch. 1, p. 23
(Comment) ça va?
Et toi?

Telling how you are I Ch. 1, p. 23
Ça va. **Bof.**
Super! **Pas mal.**
Très bien. **Pas terrible.**
Comme ci, comme ça.

Expressing thanks I Ch. 3, p. 82
Merci.
A votre service.

Extending invitations I Ch. 6, p. 159
Allons... !
Tu veux... ?
Tu viens?
On peut...

Accepting invitations I Ch. 6, p. 159
Je veux bien.
Pourquoi pas?
D'accord.
Bonne idée.

Refusing invitations I Ch. 6, p. 159
Désolé(e), je suis occupé(e).
Ça ne me dit rien.

J'ai des trucs à faire.
Désolé(e), je ne peux pas.

Identifying people I Ch. 7, p. 179
C'est...
Ce sont...
Voici...
Voilà...

II Ch. 11, p. 273
Tu connais...
Bien sûr. C'est...
Je ne connais pas.

Introducing people I Ch. 7, p. 183
C'est...
Je te/vous présente...
Très heureux (heureuse). (FORMAL)

Seeing someone off I Ch. 11, p. 296
Bon voyage! **Amuse-toi bien!**
Bonnes vacances! **Bonne chance!**

Welcoming someone II Ch. 2, p. 33
Bienvenue chez moi (chez nous).
Faites (Fais) comme chez vous (toi).
Vous avez (Tu as) fait bon voyage?

Responding to someone's welcome II Ch. 2, p. 33
Merci.
C'est gentil de votre (ta) part.
Oui, excellent.
C'était fatigant!

Extending good wishes II Ch. 3, p. 71
Bonne fête!
Joyeux (Bon) anniversaire!
Bonne fête de Hanoukka!
Joyeux Noël!
Bonne année!
Meilleurs vœux!

Félicitations!
Bon voyage!
Bonne route!
Bonne santé!

Congratulating someone **II Ch. 5, p. 127**

Félicitations!
Bravo!
Chapeau!

EXCHANGING INFORMATION

Asking someone's name and giving yours
I Ch. 1, p. 24

Tu t'appelles comment?
Je m'appelle...

Asking and giving someone else's name
I Ch. 1, p. 24

Il/Elle s'appelle comment?
Il/Elle s'appelle...

Asking someone's age and giving yours
I Ch. 1, p. 25

Tu as quel âge?
J'ai... ans.

Asking for information (about classes)
I Ch. 2, pp. 51, 54

Tu as quels cours... ?
Vous avez... ?
Tu as quoi... ?
Tu as... à quelle heure?

(about places) **II Ch. 4, p. 90**

Où se trouve... ?
Qu'est-ce qu'il y a... ?
C'est comment?

II Ch. 12, p. 304
Où se trouve... ?
Qu'est-ce qu'il y a à voir... ?
Qu'est-ce qu'il y a à faire?

(about travel) **II Ch. 6, p. 152**

A quelle heure est-ce que le train (le car) pour...
part?
De quel quai... ?
A quelle heure est-ce que vous ouvrez (fermez)?
Combien coûte... ?
un aller-retour
un aller simple
C'est combien, l'entrée?

(about movies) **II Ch. 11, p. 280**

Qu'est-ce qu'on joue comme film?
Ça passe où?
C'est avec qui?
Ça commence à quelle heure?

Giving information
(about classes) **I Ch. 2, p. 51**

Nous avons...
J'ai...

Telling when you have class **I Ch. 2, p. 54**

à... heures
à... heures quinze
à... heures trente
à... heures quarante-cinq

Describing a place **II Ch. 4, p. 90**

dans le nord
dans le sud
dans l'est
dans l'ouest
plus grand(e) que
moins grand(e) que
charmant(e)
coloré(e)
vivant(e)

II Ch. 12, p. 314
Il y avait...
Il était...

Giving information
(about travel) **II Ch. 6, p. 152**

Du quai...
Je voudrais...
Un..., s'il vous plaît.
... tickets, s'il vous plaît.

II Ch. 12, p. 304
...se trouve...
Il y a...
On peut...

(about movies) **II Ch. 11, p. 280**

On joue...
Ça passe à...
C'est avec...
A...

Making requests **I Ch. 3, p. 72**

Tu as... ?
Vous avez... ?

Responding to requests **I Ch. 3, p. 72**

Voilà.
Je regrette.
Je n'ai pas de...

Asking others what they need
I Ch. 3, p. 74

Qu'est-ce qu'il te faut pour... ?
Qu'est-ce qu'il vous faut pour... ?

Expressing need **I Ch. 8, p. 210**

Qu'est-ce qu'il te faut?
Il me faut...

De quoi est-ce que tu as besoin?
J'ai besoin de...

Expressing need (shopping) I Ch. 10, p. 265

Oui, il me faut...
Oui, vous avez... ?
Je cherche quelque chose pour...
J'aimerais... pour aller avec...
Non, merci, je regarde.

Getting someone's attention I Ch. 3, p. 82

Pardon.
Excusez-moi.

I Ch. 5, p. 135

... s'il vous plaît.
Excusez-moi.
Monsieur!
Madame!
Mademoiselle!

Exchanging information (about leisure activities)
I Ch. 4, p. 104

Qu'est-ce que tu fais comme sport?
Qu'est-ce que tu fais pour t'amuser?
Je fais...
Je ne fais pas de...
Je joue...

II Ch. 1, p. 12
Qu'est-ce que tu aimes faire?
Qu'est-ce que tu fais comme sport?
Qu'est-ce que tu aimes comme musique?
Quel(le) est ton/ta... préféré(e)?
Qui est ton/ta... préféré(e)?

Ordering food and beverages I Ch. 5, p. 135

Vous avez choisi?
Vous prenez?
Je voudrais...
Je vais prendre..., s'il vous plaît.
Un sandwich, s'il vous plaît.
Donnez-moi..., s'il vous plaît.
Apportez-moi..., s'il vous plaît.
Vous avez... ?
Qu'est-ce que vous avez comme... ?

Paying the check I Ch. 5, p. 139

L'addition, s'il vous plaît.
Oui, tout de suite.
Un moment, s'il vous plaît.
Ça fait combien, s'il vous plaît?
Ça fait... francs.
C'est combien,... ?
C'est... francs.

Making plans I Ch. 6, p. 153

Qu'est-ce que tu vas faire... ?
Tu vas faire quoi... ?
Je vais...

Pas grand-chose.
Rien de spécial.

Arranging to meet someone I Ch. 6, p. 163

Quand (ça)?	et demie
tout de suite	et quart
Où (ça)?	moins le quart
devant	moins cinq
au métro...	midi (et demi)
chez...	minuit (et demi)
dans...	vers...
Avec qui?	On se retrouve...
A quelle heure?	Rendez-vous...
A cinq heures...	Entendu.

Describing and characterizing people I Ch. 7, p. 185

Il/Elle est comment?
Ils/Elles sont comment?
Il est...
Elle est...
Ils sont...

II Ch. 1, p. 10
avoir... ans
J'ai...
Il/Elle a...
Ils/Elles ont...
Je suis...
Il/Elle est...
Ils/Elles sont...

Describing people II Ch. 12, p. 314

Il avait...
Elle avait l'air...
J'étais...

Making a telephone call I Ch. 9, p. 244

Bonjour.
Je suis bien chez... ?
C'est...
(Est-ce que)... est là, s'il vous plaît?
(Est-ce que) je peux parler à... ?
Je peux laisser un message?
Vous pouvez lui dire que j'ai téléphoné?
Ça ne répond pas.
C'est occupé.

Answering a telephone call I Ch. 9, p. 244

Allô?
Bonjour.
Qui est à l'appareil?
Vous pouvez rappeler plus tard?
Une seconde, s'il vous plaît.
D'accord.
Bien sûr.
Ne quittez pas.

Inquiring (shopping) I Ch. 10, p. 265

(Est-ce que) je peux vous aider?
Vous désirez?

Je peux l'(les) essayer?
Je peux essayer... ?
C'est combien,... ?
Ça fait combien?
Vous avez ça en... ?

Pointing out places and things   I Ch. 12, p. 317

Là, tu vois, c'est...
Regarde, voilà...
Ça, c'est...
Là, c'est...
Voici...

Asking for advice (directions)   I Ch. 12, p. 322

Comment est-ce qu'on y va?

Making suggestions   I Ch. 12, p. 322

On peut y aller...
On peut prendre...

Asking for directions   I Ch. 12, p. 327

Pardon,... s'il vous plaît?
Pardon,... Où est..., s'il vous plaît?
Pardon,... Je cherche..., s'il vous plaît.

II Ch. 2, p. 45
Où est..., s'il vous plaît?

Giving directions   I Ch. 12, p. 327

Vous continuez jusqu'au prochain feu
  rouge.
Vous tournez...
Vous allez tout droit jusqu'à...
Vous prenez la rue..., puis traversez la rue...
Vous passez devant...
C'est tout de suite à...

II Ch. 2, p. 45
Traversez...
Prenez...
Puis, tournez à gauche dans/sur...
Allez (continuez) tout droit.
sur la droite (gauche)

II Ch. 12, p. 304
C'est au nord/au sud/à l'est/à l'ouest de...
C'est dans le nord/le sud/l'est/l'ouest de...

Inquiring about past events   I Ch. 9, p. 238

Qu'est-ce que tu as fait... ?
Tu es allé(e) où?
Et après?
Qu'est-ce qui s'est passé?

Inquiring about future plans   I Ch. 11, p. 289

Qu'est-ce que tu vas faire... ?
Où est-ce que tu vas aller... ?

Sharing future plans   I Ch. 11, p. 289

J'ai l'intention de...
Je vais...

Relating a series of events   II Ch. 1, p. 20

Qu'est-ce que tu vas faire... ?
D'abord, je vais...
Ensuite,...
Puis,...
Enfin,...

II Ch. 4, p. 99
Après ça...
Finalement...
Vers...

II Ch. 12, p. 314
D'abord,...
Ensuite,...
Puis,...
Après ça,...
Enfin,/Finalement,...

Pointing out where things are
II Ch. 2, p. 39

Là, c'est...   en face de
A côté de...   à gauche de
Il y a...   à droite de
Ça, c'est...   près de

Making purchases   II Ch. 3, p. 58

Combien coûte(nt)... ?
Combien en voulez-vous?
Je vais (en) prendre...
Ça fait combien?

Asking what things were like   II Ch. 8, p. 198

C'était comment?
C'était tellement différent?

Describing what things were like
II Ch. 8, p. 198

C'était...
Il y avait...
La vie était plus..., moins...

Reminiscing   II Ch. 8, p. 201

Quand j'étais petit(e),...
Quand il/elle était petit(e),...
Quand j'avais... ans,...

Breaking some news   II Ch. 9, p. 231

Tu connais la nouvelle?
Tu ne devineras jamais ce qui s'est passé.
Tu sais qui... ?
Tu sais ce que... ?
Devine qui...
Devine ce que...

Showing interest   II Ch. 9, p. 232

Raconte!
Aucune idée.
Dis vite!

Beginning a story   II Ch. 9, p. 235

A propos,...

Continuing a story   II Ch. 9, p. 235

Donc,...
Alors,...
Bref,...
C'est-à-dire que...
... quoi.
A ce moment-là,...
... tu vois.

Ending a story   II Ch. 9, p. 235

Heureusement,...
Malheureusement,...
Finalement,...

Summarizing   II Ch. 11, p. 286

De quoi ça parle?
Qu'est-ce que ça raconte?
Ça parle de...
C'est l'histoire de...

EXPRESSING FEELINGS AND EMOTIONS

Expressing likes and preferences about things
I Ch. 1, p. 26

J'aime (bien)...
J'aime mieux...
J'adore...
Je préfère...

I Ch. 5, p. 138
C'est...

Expressing dislikes about things   I Ch. 1, p. 26

Je n'aime pas...

I Ch. 5, p. 138
C'est...

Telling what you'd like and what you'd like to do
I Ch. 3, p. 77

Je voudrais...
Je voudrais acheter...

Telling how much you like or dislike something
I Ch. 4, p. 102

Beaucoup.
Pas beaucoup.
Pas tellement.
Pas du tout.
surtout

Inquiring about likes and dislikes   I Ch. 5, p. 138

Comment tu trouves ça?

Sharing confidences   I Ch. 9, p. 247

J'ai un petit problème.
Je peux te parler?
Tu as une minute?

II Ch. 10, p. 250
Je ne sais pas quoi faire.
J'ai un problème.
Tu as une minute?
Je peux te parler?
Qu'est-ce qu'il y a?
Je t'écoute.
Qu'est-ce que je peux faire?

Consoling others   I Ch. 9, p. 247

Ne t'en fais pas!
Je t'écoute.
Ça va aller mieux!
Qu'est-ce que je peux faire?

II Ch. 5, p. 125
Ça va aller mieux.
T'en fais pas.
C'est pas grave.
Courage!

Hesitating   I Ch. 10, p. 274

Euh... J'hésite.
Je ne sais pas.
Il/Elle me plaît, mais il/elle est...

Making a decision   I Ch. 10, p. 274

Vous avez décidé de prendre... ?
Vous avez choisi?
Vous le/la/les prenez?
Je le/la/les prends.
Non, c'est trop cher.

Expressing indecision   I Ch. 11, p. 289

J'hésite.
Je ne sais pas.
Je n'en sais rien.
Je n'ai rien de prévu.

Expressing wishes   I Ch. 11, p. 289

J'ai envie de...
Je voudrais bien...

Asking how someone is feeling
II Ch. 2, p. 34

Pas trop fatigué(e)?
Vous n'avez pas (Tu n'as pas) faim?
Vous n'avez pas (Tu n'as pas) soif?

Telling how you are feeling   II Ch. 2, p. 34

Non, ça va.
Si, un peu.
Si, je suis crevé(e).
Si, j'ai très faim (soif)!
Si, je meurs de faim (soif)!

Inquiring **II Ch. 5, p. 123**

Comment ça s'est passé?
Comment s'est passée ta journée (hier)?
Comment s'est passé ton week-end?
Comment se sont passées tes vacances?

Expressing satisfaction **II Ch. 5, p. 123**

Ça s'est très bien passé!
C'était incroyable!
Quelle journée!
Quel week-end!

Expressing frustration **II Ch. 5, p. 123**

Quelle journée!
Quel week-end!
J'ai passé une journée épouvantable!
C'est pas mon jour!
Tout a été de travers!

Sympathizing with someone **II Ch. 5, p. 125**

Oh là là!
C'est pas de chance, ça!
Pauvre vieux (vieille)!

Making excuses **II Ch. 5, p. 127**

Je suis nul (nulle) en maths.
Je suis assez bon (bonne) en histoire.
Je suis le/la meilleur(e) en informatique.
Ce n'est pas mon fort.
J'ai du mal à comprendre.

Expressing disbelief and doubt
II Ch. 6, p. 148

Tu plaisantes!	C'est pas vrai!
Pas possible!	N'importe quoi!
Ça m'étonnerait!	Mon œil!

Expressing concern for someone
II Ch. 5, p. 119

Ça n'a pas l'air d'aller.
Qu'est-ce qui se passe?
Qu'est-ce qui t'arrive?
Raconte!

II Ch. 7, p. 165
Quelque chose ne va pas?
Qu'est-ce que tu as?
Tu n'as pas l'air en forme.

Complaining **II Ch. 7, p. 165**

Je ne me sens pas bien.
Je suis tout(e) raplapla.
J'ai mal dormi.
J'ai mal partout!

II Ch. 12, p. 310
Je crève de faim!
Je meurs de soif!
Je suis fatigué(e).
J'ai peur (de la, du, des)...

Expressing discouragement **II Ch. 7, p. 174**

Je n'en peux plus!
J'abandonne.
Je craque!

II Ch. 12, p. 310
Je n'en peux plus!
J'abandonne!
Je craque!

Offering encouragement **II Ch. 7, p. 174**

Allez!
Encore un effort!
Tu y es presque!
Courage!

II Ch. 12, p. 310
Courage!
Tu y es (On y est) presque!
Allez!

Telling what or whom you miss **II Ch. 8, p. 197**

Je regrette...
... me manque.
... me manquent.
Ce qui me manque, c'est...

PERSUADING

Asking for suggestions **II Ch. 1, p. 18**

Qu'est-ce qu'on fait?

II Ch. 4, p. 94
Qu'est-ce qu'on peut faire?

Making suggestions **I Ch. 12, p. 322**

On peut y aller...
On peut prendre...

I Ch. 5, p. 129
On va... ?
On fait... ?
On joue... ?

II Ch. 1, p. 18
Si tu veux, on peut...
On pourrait...
Tu as envie de... ?
Ça te dit de... ?

II Ch. 4, p. 94
On peut...
Ça te dit d'aller... ?
Si on allait... ?

II Ch. 8, p. 209
Si on achetait... ?
Si on visitait... ?
Si on jouait... ?
Si on allait... ?

Accepting suggestions   I Ch. 4, p. 110

D'accord.	Allons-y!
Bonne idée.	Oui, c'est...

Turning down suggestions   I Ch. 4, p. 110

Non, c'est...
Ça ne me dit rien.
Désolé(e), mais je ne peux pas.

Responding to suggestions   II Ch. 1, p. 18

D'accord.
C'est une bonne (excellente) idée.
Je veux bien.
Je ne peux pas.
Ça ne me dit rien.
Non, je préfère...
Pas question!

II Ch. 8, p. 209
D'accord.
C'est une bonne idée.
Bof.
Non, je préfère...
Non, je ne veux pas.

Making excuses   I Ch. 5, p. 133

Désolé(e), j'ai des devoirs à faire.
J'ai des courses à faire.
J'ai des trucs à faire.
J'ai des tas de choses à faire.

II Ch. 5, p. 127
..., c'est pas mon fort.
J'ai du mal à comprendre.
Je suis pas doué(e) pour...

II Ch. 10, p. 255
Désolé(e).
J'ai quelque chose à faire.
Je n'ai pas le temps.
Je suis très occupé(e).
C'est impossible.

Giving reasons   II Ch. 5, p. 127

Je suis assez bon (bonne) en...
C'est en... que je suis le/la meilleur(e).
..., c'est mon fort.

Making a recommendation   I Ch. 5, p. 132

Prends/Prenez...

Asking for permission   I Ch. 7, p. 189

(Est-ce que) je peux... ?
Tu es d'accord?

Giving permission   I Ch. 7, p. 189

Oui, si tu veux.
Pourquoi pas?
Oui, bien sûr.
D'accord, si tu... d'abord...

Refusing permission   I Ch. 7, p. 189

Pas question!
Je ne suis pas d'accord.
Non, tu as... à...
Pas ce soir.

Making requests   I Ch. 8, p. 212

Tu peux aller faire les courses?
Tu me rapportes... ?

I Ch. 12, p. 320
Est-ce que tu peux... ?
Tu pourrais passer à... ?

Accepting requests   I Ch. 8, p. 212

Bon, d'accord.
Je veux bien.
J'y vais tout de suite.

I Ch. 12, p. 320
D'accord.
Je veux bien.
Si tu veux.

Declining requests   I Ch. 8, p. 212

Je ne peux pas maintenant.
Je regrette, mais je n'ai pas le temps.

I Ch. 12, p. 320
Désolé(e), mais je n'ai pas le temps.
J'ai des tas de choses (trucs) à faire.

Telling someone what to do   I Ch. 8, p. 212

Rapporte-moi...
Prends...
Achète(-moi)...
N'oublie pas.

Asking for food   II Ch. 3, p. 64

Je pourrais avoir... ?
Vous pourriez (Tu pourrais) me passer... ?

Offering food   I Ch. 8, p. 219

Tu veux... ?	Tu prends... ?
Vous voulez... ?	Encore de... ?
Vous prenez... ?	

II Ch. 3, p. 64
Voilà.
Vous voulez (Tu veux)... ?
Encore... ?
Tenez (Tiens).

Accepting food   I Ch. 8, p. 219

Oui, s'il vous (te) plaît.
Oui, avec plaisir.

II Ch. 3, p. 64
Oui, je veux bien.

Refusing food   I Ch. 8, p. 219

Non, merci.
Non, merci. Je n'ai plus faim.
Je n'en veux plus.

II Ch. 3, p. 64
Merci, ça va.
Je n'ai plus faim (soif).

Asking for advice   I Ch. 12, p. 322

Comment est-ce qu'on y va?

I Ch. 9, p. 247
A ton avis, qu'est-ce que je fais?
Qu'est-ce que tu me conseilles?

I Ch. 10, p. 264
Je ne sais pas quoi mettre pour...
Qu'est-ce que je mets?

II Ch. 3, p. 68
Tu as une idée de cadeau pour... ?
Qu'est-ce que je pourrais offrir à... ?
Bonne idée!

II Ch. 10, p. 250
A ton avis, qu'est-ce que je dois faire?
Qu'est-ce que tu ferais, toi?
Qu'est-ce que tu me conseilles?

II Ch. 12, p. 312
Qu'est-ce que je dois faire?

Giving advice   I Ch. 9, p. 247

Oublie-le/-la/-les!
Téléphone-lui/-leur!
Tu devrais...
Pourquoi tu ne... pas?

I Ch. 10, p. 264
Pourquoi est-ce que tu ne mets pas... ?
Mets...

II Ch. 1, p. 15
Pense à prendre...
Prends...
N'oublie pas...

II Ch. 3, p. 68
Offre-lui (leur)...
Tu pourrais lui (leur) offrir...
... peut-être?

II Ch. 7, p. 173
Tu devrais...   Tu n'as qu'à...
Tu ferais bien de...   Pourquoi tu ne... pas... ?

II Ch. 10, p. 250
Oublie-le/-la/-les.   Explique-lui/-leur.
Invite-le/-la/-les.   Excuse-toi.
Parle-lui/-leur.   Téléphone-lui/-leur.
Dis-lui/-leur que...   Tu devrais...
Ecris-lui/-leur.

II Ch. 7, p. 178
Evite de...
Ne saute pas...
Tu ne devrais pas...

II Ch. 12, p. 312
Tu devrais...
Tu ferais bien de...
Evite de...
Tu ne devrais pas...

Accepting advice   II Ch. 3, p. 68

Bonne idée!
C'est original.
Tu as raison...
D'accord.

II Ch. 7, p. 173
Tu as raison.
Bonne idée.
D'accord.

Rejecting advice   II Ch. 3, p. 68

C'est trop cher.
C'est banal.
Ce n'est pas son style.
Il/Elle en a déjà un(e).

II Ch. 7, p. 173
Non, je n'ai pas très envie.
Je ne peux pas.
Ce n'est pas mon truc.
Non, je préfère...

Reminding   I Ch. 11, p. 293

N'oublie pas...
Tu n'as pas oublié... ?
Tu ne peux pas partir sans...
Tu prends... ?

Reassuring   I Ch. 11, p. 293

Ne t'en fais pas.
J'ai pensé à tout.
Je n'ai rien oublié.

II Ch. 8, p. 197
Tu vas t'y faire.
Fais-toi une raison.
Tu vas te plaire ici.
Tu vas voir que...

Asking a favor   I Ch. 12, p. 320

Est-ce que tu peux... ?
(Est-ce que) tu pourrais me rendre un petit
    service?
Tu pourrais passer à... ?

Agreeing to a request   I Ch. 12, p. 320

D'accord.
Je veux bien.
Si tu veux.

Refusing a request   I Ch. 12, p. 320

Désolé(e), mais je n'ai pas le temps.
J'ai des tas de choses (trucs) à faire.
Non, je ne peux pas.

Reprimanding someone   II Ch. 5, p. 127

C'est inadmissible.
Il faut mieux travailler en classe.
Il ne faut pas faire le clown en classe!
Ne recommence pas.

Justifying your recommendations   II Ch. 7, p. 178

C'est bon pour toi.
C'est meilleur que...
Ça te fera du bien.

Advising against something   II Ch. 7, p. 178

Evite de...
Ne saute pas...
Tu ne devrais pas...

Asking for a favor   II Ch. 10, p. 255

Tu peux m'aider?
Tu pourrais... ?
Ça t'ennuie de... ?
Ça t'embête de... ?

Granting a favor   II Ch. 10, p. 255

Avec plaisir.
Bien sûr.
Pas du tout.
Bien sûr que non.
Pas de problème.

Apologizing   II Ch. 10, p. 258

C'est de ma faute.
Excuse-moi.
Désolé(e).

J'aurais dû...
J'aurais pu...
Tu ne m'en veux pas?

Accepting an apology   II Ch. 10, p. 258

Ça ne fait rien.
Je ne t'en veux pas.
Il n'y a pas de mal.

Reproaching someone   II Ch. 10, p. 258

Tu aurais dû...
Tu aurais pu...

EXPRESSING ATTITUDES AND OPINIONS

Agreeing   I Ch. 2, p. 50

Oui, beaucoup.
Moi aussi.
Moi non plus.

Disagreeing   I Ch. 2, p. 50

Moi, non.
Non, pas trop.

Moi, si.
Pas moi.

Asking for opinions   I Ch. 2, p. 57

Comment tu trouves... ?
Comment tu trouves ça?

I Ch. 9, p. 237
Tu as passé un bon week-end?

I Ch. 10, p. 270
Comment tu trouves... ?
Il/Elle me va?
Il/Elle te (vous) plaît?
Tu aimes mieux... ou... ?

I Ch. 11, p. 297
Tu as passé un bon... ?
Ça s'est bien passé?
Tu t'es bien amusé(e)?

II Ch. 6, p. 144
C'était comment?
Ça t'a plu?
Tu t'es amusé(e)?

Expressing opinions   I Ch. 2, p. 57

C'est...

I Ch. 9, p. 237
Oui, très chouette.
Oui, excellent.
Oui, très bon.
Oui, ça a été.
Oh, pas mauvais.
C'était épouvantable.
Très mal.

I Ch. 11, p. 297
Oui, très chouette.
C'était formidable!
Non, pas vraiment.
Oui, ça a été.
Oh, pas mauvais.
C'était épouvantable.
Je suis embêté(e).
C'était un véritable cauchemar!

Paying a compliment   I Ch. 10, p. 270

C'est tout à fait ton/votre style.
Il/Elle te (vous) va très bien.
Il/Elle va très bien avec...
Je le/la/les trouve...
sensas (sensationnel)
C'est parfait.

II Ch. 3, p. 64
C'est vraiment bon!
C'était délicieux!

II Ch. 2, p. 40
Il (Elle) est vraiment bien, ton (ta)...

Il (Elle) est cool, ton (ta)...
   beau (belle)
   génial(e)
   chouette

Responding to compliments **II Ch. 2, p. 40;
II Ch. 3, p. 64**

 Ce n'est pas grand-chose.
 C'est gentil!
 Tu trouves?
 C'est vrai? (Vraiment?)

Criticizing **I Ch. 10, p. 270**

 Il/Elle ne te (vous) va pas du tout.
 Il/Elle ne va pas du tout avec...
 Il/Elle est (Ils/Elles sont) trop...
 Je le/la/les trouve moche(s).

Emphasizing likes **II Ch. 4, p. 95**

 Ce que j'aime bien, c'est...
 Ce que je préfère, c'est...
 Ce qui me plaît, c'est...

Emphasizing dislikes **II Ch. 4, p. 95**

 Ce que je n'aime pas, c'est...
 Ce qui m'ennuie, c'est...
 Ce qui ne me plaît pas, c'est...

Expressing enthusiasm **II Ch. 6, p. 144**

 C'était...
  magnifique.
  incroyable.
  superbe.
  sensas.
 Ça m'a beaucoup plu.
 Je me suis beaucoup amusé(e).

Expressing indifference **II Ch. 6, p. 144**

 C'était...
  assez bien.
  comme ci, comme ça.
  pas mal.
 Mouais.
 Plus ou moins.

Expressing dissatisfaction **II Ch. 6, p. 144**

 C'était...
  ennuyeux.

  mortel.
  nul.
  sinistre.
 Sûrement pas!
 Je me suis ennuyé(e).

*Wondering what happened and offering possible
explanations* **II Ch. 9, p. 228**

 Je me demande...
 A mon avis,...
 Peut-être que...
 Je crois que...
 Je parie que...

Accepting explanations **II Ch. 9, p. 228**

 Tu as peut-être raison.
 C'est possible.
 Ça se voit.
 Evidemment.

Rejecting explanations **II Ch. 9, p. 228**

 A mon avis, tu te trompes.
 Ce n'est pas possible.
 Je ne crois pas.

Giving opinions **II Ch. 11, p. 284**

 C'est drôle (amusant).
 C'est une belle histoire.
 C'est plein de rebondissements.
 Il y a du suspense.
 On ne s'ennuie pas.
 C'est une histoire passionnante.
 Je te le recommande.
 Il n'y a pas d'histoire.
 Ça casse pas des briques.
 C'est...
  trop violent.
  trop long.
  bête.
  un navet.
  du n'importe quoi.
  gentillet, sans plus.
  déprimant.

SI TU AS OUBLIE...

FAMILY AND PETS

le beau-père *stepfather/father-in-law*
la belle-fille *stepdaughter/daughter-in-law*
la belle-mère *stepmother/mother-in-law*
le beau-frère *brother-in-law*
le cousin (la cousine) *cousin*
le demi-frère *half-brother/stepbrother*
la demi-sœur *half-sister/stepsister*
l'enfant unique *only child*
le frère *brother*
la grand-mère *grandmother*
le grand-père *grandfather*
la mère *mother*
l'oncle (m.) *uncle*
le père *father*
la sœur *sister*
la tante *aunt*
le canari *canary*
le chat *cat*
le chien *dog*
le poisson *fish*

CLOTHING AND COLORS

un blouson *a jacket*
des boucles (f.) **d'oreilles** *earrings*
un bracelet *a bracelet*
un cardigan *a sweater*
une casquette *a cap*
une ceinture *a belt*
un chapeau *a hat*
des chaussettes (f.) *socks*
des chaussures (f.) *shoes*
une chemise *a shirt (men's)*
un chemisier *a shirt (women's)*
un collant *hose*
une cravate *a tie*
une jupe *a skirt*
des lunettes de soleil (f.) *sunglasses*
un maillot de bain *a bathing suit*
un manteau *a coat*
un pantalon *a pair of pants*
une robe *a dress*
des sandales (f.) *sandals*
un short *a pair of shorts*
un sweat-shirt *a sweatshirt*
une veste *a suit jacket, a blazer*
blanc(he)(s) *white*
bleu(e)(s) *blue*
gris(e)(s) *grey*
jaune(s) *yellow*
marron *brown*
noir(e)(s) *black*
orange *orange*
rose(s) *pink*
rouge(s) *red*

vert(e)(s) *green*
violet(te)(s) *purple*

WEATHER AND SEASONS

Il fait beau. *It's nice weather.*
Il fait chaud. *It's hot.*
Il fait frais. *It's cool.*
Il fait froid. *It's cold.*
Il neige. *It's snowing.*
Il pleut. *It's raining.*
l'hiver *the winter*
le printemps *the spring*
l'été *the summer*
l'automne *the fall*

HOW TO TELL TIME

A quelle heure? *At what time?*
à... heure(s) *at . . . o'clock*
à... heure(s) quinze *at . . .fifteen*
à... heure(s) trente *at . . . thirty*
à... heure(s) quarante-cinq *at . . .forty-five*
à... heure(s) et demie *at half past . . .*
à... heure(s) et quart *at quarter past . . .*
à... heure(s) moins le quart *at quarter to . . .*
à... heure(s) moins cinq *at five to . . .*
à midi *at noon*
à minuit *at midnight*
à midi (minuit) et demi *at half past noon (midnight)*

SPORTS

faire de l'aérobic *to do aerobics*
faire de l'athlétisme *to do track and field*
faire du jogging *to jog*
faire de la natation *to swim*
faire du patin à glace *to ice-skate*
faire des/de la photo(s) *to take pictures/to do photography*
faire du roller en ligne *to in-line skate*
faire du ski *to ski*
faire du ski nautique *to water ski*
faire du théâtre *to do drama*
faire du vélo *to bike*
faire de la vidéo *to make videos*
jouer au base-ball *to play baseball*
jouer au basket(-ball) *to play basketball*
jouer au foot(ball) *to play soccer*
jouer au football américain *to play football*
jouer au golf *to play golf*
jouer au hockey *to play hockey*
jouer à des jeux vidéo *to play video games*
jouer au tennis *to play tennis*
jouer au volley(-ball) *to play volleyball*

ADDITIONAL VOCABULARY

This list presents additional vocabulary you may want to use when you're doing the activities in the textbook and workbook. If you can't find the words you need here, try the French-English and English-French vocabulary lists beginning on page R71.

ADJECTIVES

absurd *absurde*
agile *agile*
awesome (impressive) *impressionnant(e), imposant(e)*
boring *ennuyeux (ennuyeuse)*
chilly *froid(e); frais (fraîche)*
colorful (person) *vif (vive);* (thing) *pittoresque; coloré(e)*
despicable *abject(e); ignoble; méprisable*
eccentric *excentrique; original(e); bizarre*
horrifying *horrifiant(e)*
incredible *incroyable*
phenomenal *phénoménal(e)*
scandalous *scandaleux (scandaleuse)*
tasteful (remark, object) *de bon goût*
tasteless (flavor) *sans goût/insipide*
tasteless (remark) *de mauvais goût*
terrifying *terrifiant(e), épouvantable*
threatening *menaçant(e)*
tremendous (size) *énorme;* (excellent) *formidable; fantastique*
unbearable *insupportable*
unforgettable *inoubliable*
unique *unique*

ROOMS OF THE HOUSE AND FURNISHINGS

garage *le garage*
office *le bureau*
basement *la cave/le sous-sol*
attic *le grenier*
patio *la terrasse*
closet *le placard*
couch *le divan; le canapé*
easy chair *le fauteuil*
mirror *le miroir*

nightstand *la table de nuit*
painting *le tableau*
refrigerator *le réfrigérateur (le frigo)*
oven *le four*
microwave *le micro-ondes*
dishwasher *le lave-vaisselle*
washing machine *le lave-linge, la machine à laver*
dryer *le sèche-linge*
wall-to-wall carpeting *la moquette*

SHOPS AND GIFTS

mall *le centre commercial*
jewelry shop *la bijouterie*
perfume shop *la parfumerie*
clothing store *la boutique de vêtements*
bookstore *la librairie*
music store *le disquaire*
jewelry *des bijoux* (m.)
ring *une bague*
watch *une montre*
necklace *un collier*
earrings *des boucles* (f.) *d'oreilles*
bracelet *un bracelet*
perfume *un parfum*
outfit (matching; women) *un ensemble*

DAILY ACTIVITIES

to wake up *se réveiller*
to get ready *se préparer*
to comb your hair *se peigner*
to fix your hair *se coiffer*
to shave *se raser*
to put on makeup *se maquiller*
to put perfume on *se parfumer*

to look at yourself in the mirror *se regarder dans le miroir*
to hurry *se dépêcher*
to shower *se doucher, prendre une douche*

SCHOOL DAY ACTIVITIES

to get a good grade *avoir une bonne note*
to see friends *retrouver ses amis*
to have a substitute *avoir un(e) remplaçant(e)*
to be quizzed *être interrogé(e) par le prof*
to win a game *gagner un match*
to have an argument with a friend *se disputer avec un copain (une copine)*
to miss a class *manquer un cours*
to be called to the principal's office *être convoqué(e) chez le proviseur*
to receive a warning *recevoir un avertissement*

WEEKEND ACTIVITIES

to visit friends *rendre visite à des amis*
to go to a concert *aller au concert*
to rent some movies *louer des vidéos*
to go to a party *aller à une soirée/boum/fête*
to go to a botanical garden *aller au jardin botanique*
to go to an art exhibit *aller voir une exposition*
to go to a festival *aller voir un festival*

ILLNESSES

to cough *tousser*
bronchitis *une bronchite*
tonsilitis *une angine*
indigestion *une indigestion*
sore neck *un torticolis*
to be sick to your stomach *avoir une crise de foie*

INJURIES

to have a bruise *avoir un bleu*
to have a cut/wound *avoir une coupure/plaie*
to strain a muscle *se froisser un muscle*
to bump into *se cogner contre*
to injure (something) *se blesser (à la) (au)*

CHILDHOOD EVENTS, TOYS, AND GAMES

to get in trouble *faire des bêtises*
to have a slumber party *passer la nuit chez un copain (une copine)*
to jump Chinese jump rope *jouer à l'élastique*
to jump rope *sauter à la corde*
to lose a tooth *perdre une dent de lait*
to play blind man's bluff *jouer à colin-maillard*
to play hopscotch *jouer à la marelle*
to put one's tooth under one's pillow *mettre sa dent sous l'oreiller*
to run away *faire une fugue*
to start school for the first time *entrer à l'école*
to swing *faire de la balançoire*
to wait for the Tooth Fairy *attendre que la souris passe*

FAIRY TALES

Once upon a time . . . *Il était une fois...*
bears *des ours (m.)*
big bad wolf *le grand méchant loup*
castle *un château*
enchanted *enchanté(e)*
fairy *la fée*
golden hair *les cheveux d'or*
king *le roi*
knight *le chevalier*
magic mirror *le miroir magique*
magician *le magicien*

poisoned apple *la pomme empoisonnée*
prince *le prince*
Prince Charming *le Prince Charmant*
princess *la princesse*
seven dwarfs *les sept nains*
slipper *le soulier*
sword *l'épée*
queen *la reine*
wicked stepmother *la marâtre*
And they lived happily ever after. *Ils vécurent heureux et eurent beaucoup d'enfants.*

FRIENDSHIP

to be sorry *être désolé(e)*
to confide in someone *se confier à quelqu'un*
to feel guilty *se sentir coupable*
to get along with someone *s'entendre bien avec quelqu'un*
to help someone do something *aider quelqu'un à faire quelque chose*
to make friends *se faire des amis*
to meet after school *se retrouver après l'école*
to misunderstand *mal comprendre*
to take the first step *faire le premier pas*
to talk with friends *discuter avec des amis*

MORE MUSIC, MOVIES, BOOKS

latest (music) hits *les derniers tubes*
movie soundtrack *la bande originale d'un film*
music videos *les clips*
new wave *la new wave*
opera *l'opéra*

fantasy film *un film fantastique*
historic film *un film historique*
psychological drama *un drame psychologique*
war movie *un film de guerre*

biography *une biographie*
comedy *une comédie*
drama *un drame*

fable *une fable*
fairy tale *un conte de fée*
novel *un roman*
tragedy *une tragédie*

OUTDOOR ACTIVITIES

to climb mountains *faire de l'alpinisme*
to go rock-climbing *faire de l'escalade*
to go rafting *faire la descente d'une rivière*
to do archery *faire du tir à l'arc*
to go spelunking *faire de la spéléologie*
to go on a photo safari *faire un safari-photo*
to collect rocks *ramasser des pierres*
to collect butterflies *aller à la chasse aux papillons*
to pick wildflowers *cueillir des fleurs sauvages*
to collect wood *ramasser du bois*
to build a fire *faire un feu*
to sing around the campfire *chanter autour du feu de camp*

COMPUTERS

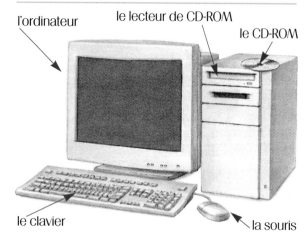

l'ordinateur
le lecteur de CD-ROM
le CD-ROM
le clavier
la souris

CD-ROM *le CD-ROM, le disque optique compact*
CD-ROM drive *le lecteur de CD-ROM, l'unité (f.) de CD-ROM*
to click *cliquer*
computer *l'ordinateur (m.)*
delete key *la touche d'effacement*
disk drive *le lecteur de disquette, l'unité (f.) de disquettes*

R16

diskette, floppy disk *la disquette, la disquette souple*
to drag *glisser, déplacer*
e-mail *le courrier électronique, la messagerie électronique*
file (folder) *le fichier*
hard drive *le disque dur*
homepage *la page d'accueil*
Internet *Internet* (m.)
keyboard *le clavier*
keyword *le mot clé*
log on *l'ouverture* (f.) *de session*
modem *le modem*
monitor *le moniteur, le logimètre*
mouse *la souris*
password *le mot de passe*
to print *imprimer*
printer *l'imprimante* (f.)
to quit *quitter*
to record *enregistrer*
return key *la touche de retour*
to save *sauvegarder, enregistrer*
screen *l'écran* (m.)
to search *chercher, rechercher*
search engine *le moteur de recherche, l'outil* (m.) *de recherche*
to send *envoyer*
software *le logiciel*
Web site *le site du Web, le site W3*
World Wide Web *le World Wide Web, le Web, le W3*

GEOGRAPHICAL TERMS

THE CONTINENTS

Africa *l'Afrique* (f.)
Antarctica *l'Antarctique* (f.)
Asia *l'Asie* (f.)
Australia *l'Australie* (f.)
Europe *l'Europe* (f.)
North America *l'Amérique* (f.) *du Nord*
South America *l'Amérique* (f.) *du Sud*

COUNTRIES

Algeria *l'Algérie* (f.)
Argentina *l'Argentine* (f.)
Australia *l'Australie* (f.)
Austria *l'Autriche* (f.)

Belgium *la Belgique*
Brazil *le Brésil*
Canada *le Canada*
China *la Chine*
Egypt *l'Egypte* (f.)
England *l'Angleterre* (f.)
France *la France*
Germany *l'Allemagne* (f.)
Greece *la Grèce*
Holland *la Hollande*
India *l'Inde* (f.)
Ireland *l'Irlande* (f.)
Israel *Israël* (m.) (no article)
Italy *l'Italie* (f.)
Jamaica *la Jamaïque*
Japan *le Japon*
Jordan *la Jordanie*
Lebanon *le Liban*
Libya *la Libye*
Luxembourg *le Luxembourg*
Mexico *le Mexique*
Monaco *Monaco* (f.) (no article)
Morocco *le Maroc*
Netherlands *les Pays-Bas* (m.)
North Korea *la Corée du Nord*
Peru *le Pérou*
Philippines *les Philippines* (f.)
Poland *la Pologne*
Portugal *le Portugal*
Republic of Côte d'Ivoire *la République de Côte d'Ivoire*
Russia *la Russie*
Senegal *le Sénégal*
South Korea *la Corée du Sud*
Spain *l'Espagne* (f.)
Switzerland *la Suisse*
Syria *la Syrie*
Tunisia *la Tunisie*
Turkey *la Turquie*
United States *les Etats-Unis* (m.pl.)
Vietnam *le Viêt-nam*

STATES

Alabama *l'Alabama* (m.)
Alaska *l'Alaska* (m.)
Arizona *l'Arizona* (m.)
Arkansas *l'Arkansas* (m.)
California *la Californie*

Colorado *le Colorado*
Connecticut *le Connecticut*
Delaware *le Delaware*
Florida *la Floride*
Georgia *la Géorgie*
Hawaii *Hawaii* (m.) (no article)

Idaho *l'Idaho* (m.)
Illinois *l'Illinois* (m.)
Indiana *l'Indiana* (m.)
Iowa *l'Iowa* (m.)
Kansas *le Kansas*
Kentucky *le Kentucky*
Louisiana *la Louisiane*
Maine *le Maine*
Maryland *le Maryland*
Massachusetts *le Massachusetts*
Michigan *le Michigan*
Minnesota *le Minnesota*
Mississippi *le Mississippi*
Missouri *le Missouri*
Montana *le Montana*
Nebraska *le Nebraska*
Nevada *le Nevada*
New Hampshire *le New Hampshire*

New Jersey *le New Jersey*
New Mexico *le Nouveau Mexique*
New York *l'état de New York*
North Carolina *la Caroline du Nord*
North Dakota *le Dakota du Nord*
Ohio *l'Ohio* (m.)
Oklahoma *l'Oklahoma* (m.)
Oregon *l'Oregon* (m.)
Pennsylvania *la Pennsylvanie*
Rhode Island *le Rhode Island*
South Carolina *la Caroline du Sud*
South Dakota *le Dakota du Sud*
Tennessee *le Tennessee*
Texas *le Texas*
Utah *l'Utah* (m.)
Vermont *le Vermont*
Virginia *la Virginie*
Washington *l'état de Washington*
West Virginia *la Virginie de l'Ouest*
Wisconsin *le Wisconsin*
Wyoming *le Wyoming*

CITIES

Algiers *Alger*
Brussels *Bruxelles*
Cairo *Le Caire*
Geneva *Genève*
Lisbon *Lisbonne*
London *Londres*
Montreal *Montréal*
Moscow *Moscou*
New Orleans *La Nouvelle-Orléans*
Quebec City *Québec*
Tangier *Tanger*
Venice *Venise*
Vienna *Vienne*

OTHER GEOGRAPHICAL TERMS

Alps *les Alpes* (f.)
Atlantic Ocean *l'Atlantique* (m.), *l'océan* (m.) *Atlantique*
border *la frontière*
capital *la capitale*
continent *un continent*
country *un pays*
English Channel *la Manche*
hill *une colline*
lake *un lac*
latitude *la latitude*
longitude *la longitude*
Mediterranean Sea *la mer Méditerranée*
mountain *une montagne*
North Africa *l'Afrique* (f.) *du Nord*
North Pole *le pôle Nord*
ocean *l'océan* (m.)
Pacific Ocean *le Pacifique*, *l'océan* (m.) *Pacifique*
plain *une plaine*
Pyrenees *les Pyrénées* (f.)
river *une rivière, un fleuve*
sea *la mer*
South Pole *le pôle Sud*
state *un état*
valley *une vallée*

GRAMMAR SUMMARY

ADJECTIVES

REGULAR ADJECTIVES

In French, adjectives agree in gender and number with the nouns that they modify. A regular adjective has four forms: masculine singular, feminine singular, masculine plural, and feminine plural. To make an adjective agree with a feminine noun, add an -**e** to the masculine singular form of the adjective. To make an adjective agree with a plural noun, add an -**s** to the masculine singular form. To make an adjective agree with a feminine plural noun, add -**es** to the masculine singular form. Adjectives ending in -**é**, like **étonné**, also follow these rules.

	SINGULAR	PLURAL
MASCULINE	un homme **gourmand**	des hommes **gourmands**
FEMININE	une femme **gourmande**	des femmes **gourmandes**

ADJECTIVES THAT END IN AN UNACCENTED -E

When an adjective ends in an unaccented -**e**, the masculine singular and feminine singular forms are the same. To form the plural of these adjectives, add an -**s** to the singular forms.

	SINGULAR	PLURAL
MASCULINE	un frère **pénible**	des garçons **pénibles**
FEMININE	une sœur **pénible**	des filles **pénibles**

ADJECTIVES THAT END IN -S

When the masculine singular form of an adjective ends in an -**s**, the masculine plural form does not change. The feminine forms follow the regular adjective rules.

	SINGULAR	PLURAL
MASCULINE	un tapis **gris**	des tapis **gris**
FEMININE	une robe **grise**	des robes **grises**

ADJECTIVES THAT END IN -EUX

Adjectives that end in -**eux** do not change in the masculine plural. The feminine singular form of these adjectives is made by replacing the -**x** with -**se**. To form the feminine plural, replace the -x with -**ses**.

	SINGULAR	PLURAL
MASCULINE	un homme **furieux**	des hommes **furieux**
FEMININE	une femme **furieuse**	des filles **furieuses**

ADJECTIVES THAT END IN -IF

To make the feminine singular form of adjectives that end in -**if**, replace -**if** with -**ive**. To make the plural forms of these adjectives, add an -**s** to the singular forms.

	SINGULAR	PLURAL
MASCULINE	un garçon **sportif**	des garçons **sportifs**
FEMININE	une fille **sportive**	des filles **sportives**

ADJECTIVES THAT END IN -IEN

To make the feminine singular and feminine plural forms of masculine singular adjectives that end in -**ien**, add -**ne** and -**nes**. Add an -**s** to form the masculine plural.

	SINGULAR	PLURAL
MASCULINE	un garçon **canadien**	des garçons **canadiens**
FEMININE	une fille **canadienne**	des filles **canadiennes**

ADJECTIVES THAT DOUBLE THE LAST CONSONANT

To make the adjectives **bon, gentil, gros, mignon, mortel, nul,** and **violet** agree with a feminine noun, double the last consonant and add an -**e**. To make the plural forms, add an -**s** to the singular forms. Notice that with **gros**, the masculine singular and masculine plural forms are the same.

SINGULAR					
MASCULINE	bon	gentil	gros	mignon	violet
FEMININE	bonne	gentille	grosse	mignonne	violette

PLURAL					
MASCULINE	bons	gentils	gros	mignons	violets
FEMININE	bonnes	gentilles	grosses	mignonnes	violettes

INVARIABLE ADJECTIVES

Some adjectives are invariable—they never change form. **Châtain, marron, orange, super,** and **sympa** are examples of invariable adjectives. **Sympa,** the shortened form of **sympathique,** is invariable, but **sympathique** follows the rules for adjectives that end in an unaccented -e, like **pénible.**

Véronique est une fille très **sympa.** Elle a les cheveux **châtain.**

IRREGULAR ADJECTIVES

The adjectives **beau, nouveau,** and **vieux,** have irregular feminine forms: **belle, nouvelle,** and **vieille.** They also have irregular masculine forms when they modify singular nouns that begin with a vowel sound: **bel, nouvel,** and **vieil.** To form the masculine plural of **beau** and **nouveau,** add an -**x. Vieux** does not change in the masculine plural. To make **belle, nouvelle,** and **vieille** plural, simply add an -**s. Des** changes to **de** when you have an adjective that precedes a plural noun.

	beau	nouveau	vieux
MASCULINE SINGULAR	un **beau** jardin	un **nouveau** lit	un **vieux** musée
BEFORE VOWEL SOUND	un **bel** homme	un **nouvel** anorak	un **vieil** imperméable
FEMININE SINGULAR	une **belle** maison	une **nouvelle** lampe	une **vieille** gare
MASCULINE PLURAL	de **beaux** jardins	de **nouveaux** lits	de **vieux** musées
FEMININE PLURAL	de **belles** maisons	de **nouvelles** lampes	de **vieilles** gares

POSITION OF ADJECTIVES

In French, adjectives are usually placed after the noun that they modify.

C'est un film **déprimant!**

However, there are certain adjectives that you usually place before the noun. These are adjectives that refer to the beauty, age, goodness, or size of the nouns they modify. Some of these adjectives are **beau (belle), bon, grand, jeune, joli, petit,** and **vieux (vieille).**

DEMONSTRATIVE ADJECTIVES

This, that, these, and *those* are demonstrative adjectives. In French there are two masculine singular forms: **ce** and **cet.** You use **cet** before a masculine singular noun that begins with a vowel sound. Some examples are **cet homme** and **cet imperméable.** Demonstrative adjectives always precede the nouns that they modify.

	SINGULAR BEFORE A CONSONANT	SINGULAR BEFORE A VOWEL SOUND	PLURAL
MASCULINE	**ce** cadre	**cet** imperméable	**ces** vases
FEMININE	**cette** main	**cette** écharpe	**ces** chansons

POSSESSIVE ADJECTIVES

Possessive adjectives come before the noun that they modify, and agree in number and gender with the item that they modify. Before singular nouns that begin with a vowel sound, use the masculine singular form, **mon ami(e)**, **ton ami(e)**, **son ami(e)**.

	MASCULINE SINGULAR	FEMININE SINGULAR	MASC./FEM. SINGULAR BEFORE A VOWEL SOUND	MASC./FEM. PLURAL
my	**mon** jardin	**ma** maison	**mon** armoire	**mes** étagères
your	**ton** salon	**ta** cuisine	**ton** anorak	**tes** bottes
his, her, its	**son** tapis	**sa** lampe	**son** imperméable	**ses** mains

The possessive adjectives for *our, your*, and *their* have only two forms, singular and plural.

	SINGULAR	PLURAL
our	**notre** jardin	**nos** armoires
your	**votre** maison	**vos** chambres
their	**leur** salon	**leurs** posters

ADJECTIVES AS NOUNS

To use a color or an adjective as a noun, add a definite article before the adjective. The article and the adjective that you use agree in number and gender with the noun that they are replacing.

—Tu aimes le tapis bleu ou **le gris?**
   Do you like the blue rug or the grey one?
—J'aime **le bleu.**
   I like the blue one.

—Vous préférez **les bottes noires** ou **les grises?**
   Do you prefer the black boots or the grey ones?
—Je préfère **les noires.**
   I like the black ones.

ADVERBS

ADVERBS OF FREQUENCY

To tell how often you do or used to do something, you use adverbs of frequency. Some adverbs of frequency are **de temps en temps** *(from time to time)*, **d'habitude** *(usually)*, **... fois par semaine** *(. . . time(s) a week)*, **souvent** *(often)*, **quelquefois** *(sometimes)*, **rarement** *(rarely)*, and **ne... jamais** *(never)*.

Most adverbs follow the conjugated verb.

> Nathalie téléphone **souvent** à ses amis.
> Quand j'étais petit, je mangeais **rarement** des légumes.

Adverbs made up of more than one word can be placed at the beginning or the end of a sentence. **Ne (N')... jamais** is placed around the conjugated verb. With the **passé composé**, the adverb is placed before the past participle.

> **D'habitude**, je ne mange pas de viande.   Je **n'ai jamais** fait de plongée.
> Je fais des abdominaux **trois fois par semaine**.   J'ai **beaucoup** mangé.

ARTICLES

INDEFINITE ARTICLES

To refer to whole items, you use the indefinite articles **un, une,** and **des.** Remember that the indefinite articles agree in number and gender with the nouns they modify.

	SINGULAR	PLURAL
MASCULINE	**un** rôti	**des** œufs
FEMININE	**une** tarte	**des** crevettes

PARTITIVE ARTICLES

To refer to only some of or a portion of an item, you use the partitive articles **du, de la,** and **de l'. Du** and **de la** modify masculine and feminine singular nouns, respectively. **De l'** is used to modify a masculine or feminine noun that begins with a vowel sound.

> Donne-moi **du** poisson, s'il te plaît.   *Give me some fish, please.*
> Je voudrais **de la** mousse au chocolat.   *I'd like some chocolate mousse.*
> Tu veux **de l'**omelette, Marc?   *Do you want some omelette, Marc?*

NEGATION WITH ARTICLES

When the main verb of the sentence is negated, the indefinite and the partitive articles usually change to **de.** Definite articles remain the same after a negative verb.

> Karim prend **de l'**eau minérale.   —>   Karim ne prend pas **d'**eau minérale.
> Je vais acheter **des** fleurs.   —>   Je ne vais pas acheter **de** fleurs.
> J'ai **le** nouveau CD de MC Solaar.   —>   Je n'ai pas **le** nouveau CD de MC Solaar.

INTERROGATIVES

INTONATION

Just as in English, your voice generally falls at the end of a statement or a question in French. However, when asking a yes-or-no question, your voice rises at the end of the question; this is called *intonation*.

Tu vas acheter cette vieille maison?

Another way to form a yes-or-no question is to add **est-ce que** to the beginning of the sentence.

Est-ce que tu vas acheter cette vieille maison?

FORMAL AND INFORMAL QUESTIONS

To say *which* or *what,* use the correct form of the interrogative adjective **quel** before a noun.

	SINGULAR	PLURAL
MASCULINE	**Quel** livre?	**Quels** films?
FEMININE	**Quelle** robe?	**Quelles** bottes?

To ask for specific kinds of information, use the following question words:

A quelle heure?	*At what time?*	**Où?**	*Where?*
Avec qui?	*With whom?*	**Quand?**	*When?*

To ask a question in a formal situation, use the question words above followed by **est-ce que.** You should also use **est-ce que** when you ask formal yes-or-no questions.

A quelle heure est-ce que le train part?
Avec qui est-ce qu'on va à la bibliothèque?
Est-ce que vous avez des anoraks?

In informal situations, you may place the question words at the beginning or the end of the question. For yes-or-no questions, simply raise your voice at the end without using **est-ce que.**

Le train part **à quelle heure?**
Avec qui on va à la bibliothèque?
Tu vas acheter cette vieille maison?

NOUNS

PLURAL FORMS OF NOUNS

In French, you make most nouns plural by adding an -**s** to the end of the word, unless they already end in -**s** or -**x**. Nouns that end in -**eau** are made plural by adding an -**x**, and nouns that end in -**al** are made plural by replacing the -**al** with -**aux**.

	REGULAR NOUNS	-s or -x	-eau	-al
SINGULAR	cadre	tapis	bureau	animal
PLURAL	cadres	tapis	bureaux	animaux

PREPOSITIONS

THE PREPOSITIONS A AND DE

The preposition **à** means *to, at,* or *in,* and **de** means *from* or *of.* When **à** and **de** precede the definite articles **le** and **les,** they form the contractions **au, aux, du,** and **des.** If they precede any other definite article, there is no contraction.

Nous allons **à la** plage et **au** zoo.   Tu es loin **du** marché, mais près **des** musées.

	MASCULINE ARTICLE	FEMININE ARTICLE	VOWEL SOUND	PLURAL
à	à + le = **au**	à la	à l'	à + les = **aux**
de	de + le = **du**	de la	de l'	de + les = **des**

De is also used to indicate possession or ownership.

Là, c'est la boulangerie **de** ma tante.   *That's my aunt's bakery over there.*
C'est le bureau **du** prof.   *It's the teacher's desk.*

PREPOSITIONS AND PLACES

To say that you are at or going to a place, you need to use a preposition. With cities, use the preposition **à: à Paris.** One notable exception is **en Arles.** When speaking about masculine countries, use **au: au Viêt-nam.** With names of plural countries, use **aux: aux Etats-Unis.** Most countries ending in -**e** are feminine; in these cases, use **en: en Italie. Le Mexique** is an exception. If a country begins with a vowel, like **Inde,** use **en: en Inde.**

CITIES	MASCULINE COUNTRIES	FEMININE OR MASCULINE COUNTRIES THAT BEGIN WITH A VOWEL	PLURAL COUNTRIES
à Nantes à Paris **en** Arles	**au** Canada **au** Maroc **au** Mexique	**en** Italie **en** Espagne **en** Israël	**aux** Etats-Unis **aux** Philippines **aux** Pays-Bas

PRONOUNS

SUBJECT PRONOUNS: TU AND VOUS

The pronoun **tu** is used when you are addressing someone your own age or younger; **tu** is also often used when speaking to family members. **Vous**, on the other hand, is used when addressing someone older than you, someone you don't know very well, or groups of people.

DIRECT OBJECT PRONOUNS: LE, LA, AND LES

A direct object is a noun or pronoun that receives the action of the verb. A direct object pronoun replaces a direct object that has already been mentioned. The direct object pronoun agrees in gender and number with the noun it refers to. You place the direct object pronoun in front of the conjugated verb.

— Il mange **la tarte?**
— Oui, il **la** mange.

If the pronoun is the direct object of an infinitive, it precedes the infinitive.

— Tu vas attendre **le bus?**
— Oui, je vais **l'**attendre.

In an affirmative command, the direct object pronoun follows the verb and is connected to it with a hyphen. In a negative command, the pronoun precedes the verb.

— Je voudrais acheter **le pull** bleu.   — Et **la cravate** verte?
— Achète-**le!**   — Ne **l'**achète pas! Elle est horrible!

	SINGULAR	PLURAL
MASCULINE	le / l'	les
FEMININE	la / l'	les

DIRECT OBJECT PRONOUNS AND THE PASSE COMPOSE

When using the direct object pronouns **le, la, l', les, me, te, nous,** and **vous** with the **passé composé,** you must often change the spelling of the past participle to agree in number and gender with the preceding direct object pronoun.

— Tu as rangé **ta chambre?**   — Pierre a acheté **les boissons?**
— Oui, je **l'**ai rangée ce matin.   — Non, il ne **les** a pas acheté**es**.

THE PRONOUN Y

To replace a phrase meaning *to, on, at,* or *in* any place that has already been mentioned, use the pronoun **y**. It can replace phrases beginning with prepositions of location such as **à, sur, chez, dans,** and **en + a place or thing.** Place **y** before the conjugated verb or before an infinitive.

— Elle va **à la confiserie?**   — Oui, elle **y** va.

If there is an infinitive in the sentence, **y** precedes the infinitive.

— Tu vas aller **à l'épicerie** ce matin?   — Oui, je vais **y** aller.

THE PRONOUN EN

The object pronoun **en** can be used to replace phrases that begin with **du, de la, de l'**, or **des**. These phrases might refer to activities:

— Tu fais **de la plongée?**

— Non, je n'**en** fais pas.

or to quantities:

— Tu veux **des œufs** pour le dîner?   — Est-ce qu'il te faut **du café?**

— Oui, j'**en** veux bien.   — Non, j'**en** ai acheté hier.

Like other object pronouns, **en** precedes the conjugated verb. If the sentence contains an infinitive, **en** is placed between the conjugated verb and the infinitive.

— Nous avons **des crevettes?**

— Non, mais je vais **en** acheter aujourd'hui.

THE REFLEXIVE PRONOUNS

Reflexive pronouns accompany a reflexive verb, a verb whose action is done by the subject to itself. These pronouns reflect the subject, and they change depending upon the subject of the sentence. The reflexive pronoun **se** is part of the infinitive of a reflexive verb. The verb **se laver** *(to wash oneself)* is conjugated below.

SUBJECT	REFLEXIVE PRONOUN	se laver
je	me	Je **me** lave.
tu	te	Tu **te** laves.
il/elle/on	se	Il/Elle/On **se** lave.
nous	nous	Nous **nous** lavons.
vous	vous	Vous **vous** lavez.
ils/elles	se	Ils/Elles **se** lavent.

INDIRECT OBJECT PRONOUNS: LUI, LEUR

The pronouns **lui** *(to/for him, to/for her)* and **leur** *(to/for them)* replace nouns that are indirect objects of a verb. They are used to replace a phrase that begins with **à** or **pour** followed by a person or persons, never by things.

The pronoun is placed before the conjugated verb . . .

Tu offres un cadeau **à ta mère?** —> Tu **lui** offres un cadeau?

or before an infinitive, when it is the object of that infinitive.

Je vais offrir des bonbons **à mes amis.** —> Je vais **leur** offrir des bonbons.

In affirmative commands, the pronouns follow the verb and are connected to it with a hyphen.

Offre un cadre **à ta sœur!** —> **Offre-lui** un cadre!

POSITION OF OBJECT PRONOUNS

Object pronouns like **le, la, l', les, lui, leur, me, te, nous,** and **vous** usually precede the conjugated verb in a sentence.

Tu **me** donnes un cadeau?   Mon livre? Je **l'**ai oublié à l'école.

Paul **leur** parle tout le temps.   Qui **vous** a donné ce bracelet?

In affirmative commands, the object pronoun follows the verb and is connected to it by a hyphen. In this case, **me** and **te** change to **moi** and **toi**. In negative commands, the object pronoun precedes the conjugated verb.

Téléphone-**moi** ce soir!   Donne-**le** à ta sœur!

Ne **me** donne pas de tarte!   Ne **les** invite pas!

When the object pronoun is the object of the infinitive, the object pronoun directly precedes the infinitive.

Je voudrais **l'**inviter à la boum.   Tu aurais dû **lui** téléphoner.

IL/ELLE EST VERSUS C'EST

Both **il/elle est** and **c'est** can mean *he/she is.* **Il/Elle est** can be used to identify someone by the person's profession or nationality. In this case, no article precedes the noun.

Harrison Ford? **Il est** acteur.   Céline Dion? **Elle est** québécoise.

If **c'est** is used for the same purpose, the noun must be preceded by an appropriate article.

Harrison Ford? **C'est un** acteur.   Céline Dion? **C'est une** Québécoise.

When you use both an adjective and a noun, you must use **c'est**.

Céline Dion? **C'est une** chanteuse québécoise.

RELATIVE PRONOUNS: CE QUI AND CE QUE

Ce qui and **ce que** are relative pronouns that mean *what.* However, **ce qui** is the subject of the verb in the clause it introduces:

Ce qui est embêtant, c'est devoir se coucher très tôt.

Ce que, on the other hand, is the object of the verb in the clause it introduces and it is usually followed by a subject:

Ce que je n'aime pas, c'est aller à la pêche quand il pleut.

RELATIVE PRONOUNS: QUI AND QUE

The relative pronouns **qui** and **que** introduce clauses that give more information about a subject that you've already mentioned. **Qui** is the subject of the verb in the clause it introduces. The verb agrees with the person or object in the main clause that it refers to.

Isabelle Adjani est une actrice **qui est** très connue en France.

J'ai deux amis **qui s'appellent** Hervé et Guillaume.

Que is the direct object of the verb in the clause; therefore, it is followed by a subject. When the verb in the clause introduced by **que** is in the **passé composé**, the past participle agrees with the noun that **que** represents.

Voici le CD **que** je voudrais acheter.   **La tente** que j'ai **achetée** hier est très chouette!

VERBS

REGULAR -ER VERBS

To form the present tense of most -**er** verbs, drop the -**er** and add the following endings to the stem.

	aimer	
SUBJECT	**STEM**	**ENDING**
je/j'		-e
tu		-es
il/elle/on		-e
nous	aim	-ons
vous		-ez
ils/elles		-ent

For the **nous** form of the verbs **manger**, **nager**, and **voyager**, only the -**r** is dropped from the infinitive, the -**e** is retained: **nous mangeons, nous nageons, nous voyageons.** For the **nous** form of **commencer**, the second **c** is changed to a **ç** in the stem: **nous commençons.**

Some -**er** verbs that are presented for the first time in Level 2 are: **déguster** *(to taste, enjoy),* **se baigner** *(to go swimming),* **s'habiller** *(to get dressed),* **se lever** *(to get up),* **se laver** *(to wash),* **tomber** *(to fall),* and **emporter** *(to take something with you).*

REGULAR -IR VERBS

To form the present tense of most -**ir** verbs, drop the -**ir** and add the following endings to the stem.

	choisir	
SUBJECT	**STEM**	**ENDING**
je/j'		-is
tu		-is
il/elle/on		-it
nous	chois	-issons
vous		-issez
ils/elles		-issent

Other -**ir** verbs that follow this pattern are **grandir**, **maigrir**, **grossir**, and **se nourrir**. To form the past participle of these verbs, you simply drop the -**ir** from the infinitive and add -**i** to the stem (**choisir —> choisi**).

REGULAR -RE VERBS

The present tense of most -**re** verbs is formed by dropping the -**re** and adding the following endings to the stem.

	attendre *(to wait)*	
SUBJECT	**STEM**	**ENDING**
je/j'		-s
tu		-s
il/elle/on	attend	-(no ending)
nous		-ons
vous		-ez
ils/elles		-ent

VERBS LIKE DORMIR

These verbs follow a different pattern from the one you learned for regular -**ir** verbs. These verbs have two stems: one for the singular subjects, and one for the plural ones.

	dormir *(to sleep)*	partir *(to leave)*	sortir *(to go out, to take out)*
je/j'	dors	pars	sors
tu	dors	pars	sors
il/elle/on	dort	part	sort
nous	dormons	partons	sortons
vous	dormez	partez	sortez
ils/elles	dorment	partent	sortent
PAST PARTICIPLE	dormi	parti	sorti

The verbs **avoir**, **être**, **aller**, and **faire** are irregular because they do not follow the conjugation patterns that -**er**, -**ir**, and -**re** verbs do.

	avoir *(to have)*	être *(to be)*
je/j'	ai	suis
tu	as	es
il/elle/on	a	est
nous	avons	sommes
vous	avez	êtes
ils/elles	ont	sont
PAST PARTICIPLE	eu	été

	aller *(to go)*	faire *(to do, make)*
je/j'	vais	fais
tu	vas	fais
il/elle/on	va	fait
nous	allons	faisons
vous	allez	faites
ils/elles	vont	font
PAST PARTICIPLE	allé	fait

Devoir, pouvoir, and **vouloir** are also irregular. They are usually followed by an infinitive. **Je peux chanter.** *I can sing.*

	devoir *(to have to, must)*	pouvoir *(be able to, can)*	vouloir *(to want)*
je/j'	dois	peux	veux
tu	dois	peux	veux
il/elle/on	doit	peut	veut
nous	devons	pouvons	voulons
vous	devez	pouvez	voulez
ils/elles	doivent	peuvent	veulent
PAST PARTICIPLE	dû	pu	voulu

These verbs also have irregular forms.

	dire *(to say)*	écrire *(to write)*	lire *(to read)*
je/j' tu il/elle/on	dis dis dit	écris écris écrit	lis lis lit
nous vous ils/elles	disons dites disent	écrivons écrivez écrivent	lisons lisez lisent
PAST PARTICIPLE	dit	écrit	lu

	mettre *(to put, to put on, to wear)*	prendre *(to take, to have food or drink)*	voir *(to see)*
je/j' tu il/elle/on	mets mets met	prends prends prend	vois vois voit
nous vous ils/elles	mettons mettez mettent	prenons prenez prennent	voyons voyez voient
PAST PARTICIPLE	mis	pris	vu

THE VERB CONNAITRE

Some French verbs do not follow any of the regular verb patterns you've learned. They are referred to as *irregular verbs.* **Connaître** *(to know, to be familiar with)* is an irregular verb. Here are the forms of **connaître** in the present tense:

connaître *(to know, to be acquainted with)*	
je/j' tu il/elle/on nous vous ils/elles	connais connais connaît connaissons connaissez connaissent

The past participle of **connaître** is **connu**. **Connaître** uses **avoir** as its helping verb in the **passé composé**. The **passé composé** of **connaître** has a special meaning.

J'ai connu Sophie au lycée. *I met Sophie (for the first time) at school.*

THE VERB OUVRIR

While the verb **ouvrir** ends in -**ir,** it is conjugated like a regular -**er** verb.

ouvrir *(to open)*	
je/j'	ouvre
tu	ouvres
il/elle/on	ouvre
nous	ouvrons
vous	ouvrez
ils/elles	ouvrent

The past participle of **ouvrir** is **ouvert. Ouvrir** uses **avoir** as its helping verb in the **passé composé.**

J'**ai ouvert** la porte pour mon père.

VERBS WITH STEM AND SPELLING CHANGES

Verbs listed in this section are not irregular, but they do have some stem and spelling changes. When you write the forms of **acheter** and **promener**, add an **accent grave** over the second-to-last **e** in all forms except **nous** and **vous.** Notice that the second **é** in **préférer** changes from **é** to **è** in all forms except the **nous** and **vous** forms.

	acheter *(to buy)*	préférer *(to prefer)*	promener *(to walk (an animal))*
je/j'	achète	préfère	promène
tu	achètes	préfères	promènes
il/elle/on	achète	préfère	promène
nous	achetons	préférons	promenons
vous	achetez	préférez	promenez
ils/elles	achètent	préfèrent	promènent
PAST PARTICIPLE	acheté	préféré	promené

The following verbs have different stems for the **nous** and **vous** forms.

	appeler *(to call)*	essayer *(to try)*
je/j'	appelle	essaie
tu	appelles	essaies
il/elle/on	appelle	essaie
nous	appelons	essayons
vous	appelez	essayez
ils/elles	appellent	essaient
PAST PARTICIPLE	appelé	essayé

REFLEXIVE VERBS

French verbs that require a reflexive pronoun are called *reflexive verbs.* The subject of the sentence receives the action of a reflexive verb. The reflexive pronoun must change with the subject, as shown in the table below.

To make a reflexive verb negative, place **ne... pas** around the reflexive pronoun and the verb (**Je ne me lève pas tôt le week-end.**)

se laver		
je/j'	me	lave
tu	te	laves
il/elle/on	se	lave
nous	nous	lavons
vous	vous	lavez
ils/elles	se	lavent

To make the **passé composé** of a reflexive verb, you need to use **être** as the helping verb. The past participle must agree in number and gender with the subject when there's no direct object following the verb. (**Elle s'est lavée.** but **Elle s'est lavé les mains.**)

To make a reflexive verb negative in the **passé composé**, place **ne... pas** around the reflexive pronoun and the helping verb. (**Je ne me suis pas levée tôt samedi.**)

se laver			
je/j'	me	suis	lavé(e)
tu	t'	es	lavé(e)
il/elle/on	s'	est	lavé(e) (s)
nous	nous	sommes	lavé(e)s
vous	vous	êtes	lavé(e) (s)
ils/elles	se	sont	lavé(e)s

THE PASSE COMPOSE WITH AVOIR

The **passé composé** of most verbs consists of two parts: the present tense form of the helping verb **avoir** and the past participle of the main verb. To form the past participle, use the formulas below. To make a sentence negative in the **passé composé**, place the **ne... pas** around the helping verb **avoir**.

INFINITIVE	aimer *(to love, to like)*		choisir *(to choose)*		vendre *(to sell)*	
	STEM	**ENDING**	**STEM**	**ENDING**	**STEM**	**ENDING**
PAST PARTICIPLE	aim aimé	-é	chois choisi	-i	vend vendu	-u
PASSE COMPOSE	j'ai aimé		j'ai choisi		j'ai vendu	

J'**ai mangé** au fast-food. Nous n'**avons** pas encore **choisi** la musique.
Elle **a choisi** un anorak rouge. Elle n' **a** pas **répondu** à sa lettre.

Some verbs have irregular past participles.

être	—>	été	faire	—>	fait
avoir	—>	eu	recevoir	—>	reçu
prendre	—>	pris	boire	—>	bu
lire	—>	lu	voir	—>	vu

THE PASSE COMPOSE WITH ETRE

While most French verbs use **avoir** as the helping verb in the **passé composé**, two groups of verbs use **être** as their helping verb. The first group includes verbs of motion, like **aller, descendre, monter, tomber, venir,** and so on. You form the **passé composé** of these verbs with two parts: the present tense form of the helping verb **être** and the past participle of the main verb. When using **être**, the past participle has to agree in gender and number with the subject. To make a sentence negative, put **ne... pas** around the helping verb. (**Je ne suis pas allé à l'école hier.**)

aller		
je/j'	suis	allé(e)
tu	es	allé(e)
il/elle/on	est	allé(e)(s)
nous	sommes	allé(e)s
vous	êtes	allé(e)(s)
ils/elles	sont	allé(e)s

The second group, reflexive verbs, also uses **être** as the helping verb. For more information on the **passé composé** with reflexive verbs, see the heading "Reflexive Verbs" on page R34.

THE IMPARFAIT

To talk about what used to happen in the past or to describe what things were like, you use the **imparfait** (imperfect tense.) The stem you use to form the imperfect is the **nous** form of the verb in the present tense without -**ons** (écrire —> nous écrivons —> écriv-). For verbs like **manger**, drop the final -**e** from the stem for the **nous** and **vous** forms (**nous mangions, vous mangiez**). The endings are listed below. To make the imperfect form negative, place **ne... pas** around the verb.

écrire		
	STEM	**ENDINGS**
je/j'		-ais
tu		-ais
il/elle/on	écriv	-ait
nous		-ions
vous		-iez
ils/elles		-aient

Je n'**écrivais** pas de lettres.
Tu **mangeais** bien?

Elles **achetaient** des bonbons.
Nous n'**allions** pas à l'école le samedi.

You will often need to use the verbs **avoir** and **être** in the **imparfait** to talk about the past. The table below gives you the **imparfait** forms of both verbs. Notice that **être** uses the irregular stem **ét-**.

avoir	
j'	avais
tu	avais
il/elle/on	avait
nous	avions
vous	aviez
ils/elles	avaient

être	
j'	étais
tu	étais
il/elle/on	était
nous	étions
vous	étiez
ils/elles	étaient

- The phrase **C'était...** *(It was . . .)* can be used in a variety of situations to describe how something was or used to be, including: expressing enthusiasm (**C'était magnifique!**), expressing indifference (**C'était assez bien.**), and expressing dissatisfaction (**C'était mortel.**).

- To tell how people seemed, use the expression **avoir l'air** in the **imparfait** followed by an adjective.
    Ils **avaient l'air** contents.

- You can also use the expression **si on** followed by a verb in the **imparfait** to make a suggestion.
    Si on jouait au volley?

In French, there are two tenses you can use to talk about the past: the **imparfait** and the **passé composé**. The table below lists the uses of each tense.

IMPARFAIT	PASSE COMPOSE
• to describe how things and people were in the past **Il était petit.** • to describe general conditions or to set the scene **Il faisait froid.** • to talk about what used to happen or to tell about repeated or habitual actions **J'allais à l'école le samedi.** • after words that indicate a repeated action in the past, like **toujours, d'habitude, souvent, tous les jours,** and **de temps en temps** **Je jouais souvent au foot.** • to tell what was going on when something else happened **Je regardais la télé quand Pierre est arrivé.** • to emphasize that you were in the middle of doing something when something else happpened, you can use the expression **être en train de** in the **imparfait** followed by an infinitive **J'étais en train de manger quand Jacques est arrivé.** • to make a suggestion, you can use the expression **si on** followed by a verb in the **imparfait** **Si on allait à la plage?** • to tell how someone seemed to be, you can use the expression **avoir l'air** in the **imparfait** followed by an adjective **Elle avait l'air triste.**	• to tell what happened **Il est tombé.** • after words that indicate a specific moment in the past, like **un jour, soudain, tout d'un coup, au moment où,** and **une fois** **Un jour, elle est partie.** • after words that indicate in which order a series of events occurred, like **d'abord, après, ensuite, enfin,** and **finalement** **Ensuite, on a payé.** • to talk about an event that occurred while another action was going on **Il a téléphoné quand tu dormais.**

THE IMPERATIVE (COMMANDS)

To make a request or a command of most verbs, use the **tu, nous,** or **vous** form of the present tense of the verb without the subject. Remember to drop the final -s in the **tu** form of an **-er** verb.

Prends un jus de fruit!

Range ta chambre!

Allons en colonie de vacances!

Continuez tout droit.

To make a command negative, simply place **ne... pas** around the verb.

Ne sors **pas** sans faire tes devoirs!

THE NEAR FUTURE (LE FUTUR PROCHE)

To say that something is going to happen, use the near future **(le futur proche)**. It is made up of two parts: the present tense of the verb **aller** and the infinitive of the main verb.

Je **vais faire** de la plongée demain.

I'm going to go scuba diving tomorrow.

To make a sentence in the **futur proche** negative, place **ne... pas** around the conjugated verb **(aller)**.

Monique **ne** va **pas** lire la biographie de Napoléon.

Monique isn't going to read Napoleon's biography.

ADDITIONAL GRAMMAR PRACTICE

CHAPITRE 1 - BON SEJOUR!

PREMIERE ETAPE

Describing and characterizing yourself and others; expressing likes, dislikes, and preferences; asking for information

1 Some students are chatting during their break. Choose the correct completion for each of their statements. (See p. 10.)

1. Vous...	**a.** sont heureuses.
2. Tu...	**b.** as des amis.
3. Elle...	**c.** avons beaucoup de devoirs.
4. Didier...	**d.** sont canadiens.
5. Nous...	**e.** ai maths à 9 heures.
6. Je/J'...	**f.** êtes sympa.
7. Christine et Stéphanie...	**g.** est mignonne.
	h. est amusant.

2 Choose the correct verb to complete each sentence. (See p. 10.)

1. Martha _____ sportive.
       a   sont   est

2. Eric et Christian _____ des cours embêtants.
       sont   a   ont

3. Nous _____ classe le lundi.
       êtes   sommes   avons

4. Ta copine _____ beaucoup de devoirs.
       a   ont   est

5. Tu _____ français à onze heures.
       ai   as   es

6. Vous _____ méchant!
       avons   êtes   sont

7. Elles _____ mignonnes, tes amies.
       sont   ont   a

3 Decide whether **Daniel** (boy) or **Danielle** (girl) is being described in each sentence below. (See p. 11.)

EXAMPLE   ___**Daniel**___   est intelligent.

1. _____ est beau.
2. _____ est gentille.
3. _____ est sportive.
4. _____ est roux.
5. _____ est grand.
6. _____ est blonde.
7. _____ est mignonne.
8. _____ est amusant.
9. _____ est heureuse.

4 Choose adjectives from the box to complete each sentence below. You may use an adjective more than once. Be sure to make the adjective agree with the subject. (See p. 11.)

> sympa   gentil   généreux   jeune   sérieux
>
> mignon   sportif   grand   méchant   amusant
>
> petit   intelligent   pénible   facile

1. Moi, je suis...
2. Le président des Etats-Unis est...
3. Mon/Ma meilleur(e) ami(e) est...
4. Mes cours sont...
5. Mon professeur est...
6. Mes chiens/chats sont...

5 Luc and Bruno are talking about activities they and their friends do after school. Write complete sentences using the words below. Be sure to use the appropriate form of the verb. (See p. 11.)

1. aimer / Serge / de la musique / écouter
2. la télé / regarder / souvent / tu
3. faire / nous / du sport / préférer
4. je / le français / à la bibliothèque / étudier
5. au volley / Florence / après l'école / jouer
6. mes amis / bien / danser / le tango
7. vous / téléphoner / à vos amis / souvent

6 You want to get better acquainted with the French exchange student. Ask him questions using the correct form of **quel**. (See p. 12.)

— _____1_____ est ton sport préféré?

— Je préfère le tennis.

— _____2_____ sont tes acteurs préférés?

— J'adore Gérard Depardieu et Juliette Binoche.

— Quand tu choisis des vêtements, _____3_____ sont tes couleurs préférées?

— En général, je préfère le bleu et le noir.

— _____4_____ est ta musique préférée?

— J'aime la musique techno.

— _____5_____ sont tes animaux préférés?

— Je préfère les lions et les girafes.

DEUXIEME ETAPE

Asking for and giving advice

7 Complete the sentences with the correct form of the verb in parentheses. (See p. 14.)

1. Quelle chemise est-ce qu'elle _____ (choisir)?
2. Quand je mange trop de chocolat, je _____ (grossir).
3. Ton pantalon est trop court. Tu _____ (grandir) beaucoup!
4. Super! Mes amis _____ (choisir) un cadeau pour mon anniversaire.
5. Vous êtes au régime? Vous _____ (maigrir)?

8 Use the verbs in parentheses to complete these commands made by the parents of Catherine, Nathalie, and Robert. (See p. 15.)

EXAMPLE Catherine et Robert, <u>allez</u> (aller) dans vos chambres.

1. Nathalie et Robert, _____ (penser) à prendre vos imperméables.
2. Catherine, n'_____ (oublier) pas de faire tes devoirs.
3. Les filles, _____ (choisir) des vêtements chauds.
4. Robert, _____ (prendre) cet argent pour le week-end.
5. Les enfants, n'_____ (inviter) pas d'amis à la maison.
6. Nathalie, _____ (aller) au supermarché pour nous.

TROISIEME ETAPE

Asking for, making, and responding to suggestions; relating a series of events

9 Tell what the following people are going to do by choosing the correct completion for each statement. (See p. 21.)

1. Moi, je...
2. Elise et Sophie...
3. Et toi, tu...
4. Nous, nous...
5. Vous...
6. Je crois que Paul...

a. vas acheter un appareil-photo.
b. allons prendre des écharpes.
c. allez voir un film au cinéma.
d. vais d'abord aller au restaurant.
e. ne va pas aimer prendre l'avion.
f. vont aller en Italie cet été.

10 Tell what the following people are going to do this weekend, using the verb **aller**. (See p. 21.)

EXAMPLE Tu fais tes devoirs.   Tu vas faire tes devoirs.

1. Marc achète des baskets. _____
2. Je regarde un film. _____
3. Nous allons au restaurant. _____
4. Sylvie fait un pique-nique. _____
5. Mes amis sortent après l'école. _____
6. Tu visites le musée. _____
7. Vous rencontrez des amis. _____
8. Je danse à la discothèque. _____
9. Les filles dorment. _____

CHAPITRE 2 - BIENVENUE A CHARTRES!

PREMIERE ETAPE

Welcoming someone; responding to someone's welcome; asking how someone is feeling and telling how you are feeling

1 Decide if you would use **tu** or **vous** to talk to the following people. Make two columns on your paper. Label one **tu**, the other **vous**. (See p. 34.)

EXAMPLE <u>tu | vous</u>
                   | your teacher

your teacher   a classmate   your brother   your best friend

your parents   the family dog   your friends Sabine and Robert

your friend's mother   your 8-year-old sister   a police officer

2 Would you use a **vous** form or a **tu** form to talk to the people mentioned? Complete the following tasks in French. (See p. 34.)

1. Ask your best friend if he is not too tired.
2. Ask your parents if they are not hungry.
3. Tell your French teacher to make herself at home.
4. Ask your aunt if she has had a good trip.
5. Respond to your older brother's welcome by saying, "That's nice of you."
6. Ask your family dog if he's thirsty.
7. Tell a classmate to make himself at home.
8. Ask your friends Marion and Diane if they have had a nice trip.
9. Respond to your neighbors' welcome by saying, "That's nice of you."

3 You are talking with friends at a party, but there's too much noise. You ask someone a question, but he or she didn't hear you. Repeat your questions, using **est-ce que**. (See p. 34.)

1. Paul aime la musique?
2. Tu as fait bon voyage?
3. Vous êtes français?
4. Tu es d'ici?
5. On va danser?

Pointing out where things are; paying and responding to compliments

4 Use the phrases in parentheses to describe the locations of the following people or items in your home. (See p. 39.)

EXAMPLE   Mon livre / le bureau (sur)   <u>Mon livre est sur le bureau.</u>

1. Ma commode / mon lit (à côté de)
2. Les toilettes / la chambre de ma sœur (en face de)
3. Le salon / la cuisine (loin de)
4. La salle de bains / ma chambre (à gauche de)
5. La salle à manger / la cuisine (à droite de)
6. Mon lit / mon bureau et ma commode (entre)
7. Le poster / ma chaîne stéréo (près de)
8. Le jardin / la maison (devant)
9. Les étagères / mon bureau (derrière)
10. Le balcon / la chambre de mes parents (à côté de)

5 Lorette is describing where she lives. Complete her description, using the correct form of the adjectives in parentheses. (See p. 39.)

J'habite dans un __1__ (vieux) appartement. Dans l'appartement, il y a trois __2__ (grand) chambres. Dans ma chambre, j'ai un __3__ (joli) lit confortable avec deux __4__ (beau) tables de nuit. J'ai deux __5__ (grand) posters sur le mur. Je les adore! J'aime lire et j'ai beaucoup de __6__ (vieux) livres sur mon étagère. Par terre, il y a deux __7__ (petit) tapis verts. Il y a une __8__ (vieux) armoire où je mets mes vêtements près de la __9__ (grand) fenêtre. J'ai aussi deux __10__ (jeune) chats noirs qui aiment dormir sur mon lit.

6 Based on the cues provided, write a sentence to describe what is in your room. Use the correct form of the adjective, and be sure to place it in the correct position. (See p. 39.)

EXAMPLE   une chaîne stéréo / nouveau
          <u>J'ai une nouvelle chaîne stéréo.</u>

1. un lit / grand
2. beaucoup de livres / intéressant
3. un tapis / vert
4. une lampe / beau
5. un ordinateur / vieux
6. deux tables de nuit / super
7. un bureau / joli
8. trois disques / nouveau
9. des fleurs / beau
10. un téléphone / petit

TROISIEME ETAPE

Asking for and giving directions

7 Manon is trying to decide where to go tomorrow. Use **au**, **à la**, and **à l'** to complete the sentences about the places she needs to go. (See p. 44.)

EXAMPLE Elle veut voir une exposition. Elle va <u>au</u> musée.

1. Elle veut envoyer une lettre. Elle va _____ poste.
2. Elle veut emprunter des livres. Elle va _____ bibliothèque.
3. Elle veut faire du camping. Elle doit aller _____ terrain de camping.
4. Elle préfère étudier avec des amis. Elle va _____ lycée.
5. Elle va acheter des billets de train. Elle doit aller _____ gare.
6. Elle veut lire des brochures sur la ville. Elle va _____ office de tourisme.
7. Elle veut faire un pique-nique. Elle doit aller _____ parc.
8. Elle veut nager. Elle va _____ piscine.

8 Tell where you go to do the following things. (See p. 44.)

EXAMPLE nager? <u>Je vais à la piscine.</u>

1. faire du camping?
2. voir un film?
3. rendre des livres?
4. passer un examen?
5. acheter des timbres?
6. prendre le train?
7. jouer au foot?
8. admirer des tableaux *(paintings)*?

CHAPITRE 3 - UN REPAS A LA FRANÇAISE

PREMIERE ETAPE

Making purchases

1 The following statements and questions were overheard in the supermarket. Rewrite them, using the pronoun **en** to replace the underlined phrases. (See p. 58.)

EXAMPLE Combien <u>de bananes</u> voulez-vous? <u>Combien en voulez-vous?</u>

1. Vous voulez <u>des œufs</u>?
2. Je vais prendre deux kilos <u>de tomates</u>.
3. Je veux six <u>oranges</u>, s'il vous plaît.
4. Il va acheter <u>du raisin</u>.
5. On ne trouve pas <u>de pain</u> là-bas.
6. Le pâtissier vend <u>des tartes aux fraises</u>.
7. Les végétariens ne mangent pas <u>de viande</u>.
8. Il achète une livre <u>de pommes de terre</u>.

2 A Canadian exchange student who is staying with a friend of yours offered to go grocery shopping. Your friend wrote a note telling him what to buy. Rewrite the note, using **en** whenever you can to avoid repetitions. (See p. 58.)

> Passe à la pâtisserie pour acheter des baguettes. Prends trois baguettes. Ensuite, à la boucherie, achète des biftecks. Il nous faut six biftecks. Après ça, va à la poissonnerie. On a besoin de crevettes. Tu peux acheter 500 grammes de crevettes? Ah! N'oublie pas les escargots! Prends deux douzaines d'escargots. Pour finir, mon père voudrait du fromage. Est-ce que tu peux acheter du fromage à la crémerie? Merci beaucoup.

DEUXIEME ETAPE

Asking for, offering, accepting, and refusing food; paying and responding to compliments

3 Complete each statement by selecting the correct subject. (See p. 64.)

1. voulons manger au restaurant.
2. peuvent acheter du fromage.
3. peut lui offrir un cadre.
4. veux en prendre un kilo.
5. pouvez me passer le sel?

a. Moi, je...
b. Eric...
c. Vous...
d. Suzanne et moi, nous...
e. Luc et Franck, ils...

4 You and some friends are planning a birthday party for Claire. Complete the sentences telling what everyone is doing to get ready for the party with the correct form of the verb in parentheses. (See p. 64.)

1. François, tu _____ chercher des escargots? (vouloir)
2. Louise et moi, nous _____ acheter des baguettes après l'école. (pouvoir)
3. Stéphanie _____ acheter du pain. (vouloir)
4. Comme cadeau? Je _____ lui offrir un foulard pour son anniversaire. (pouvoir)
5. Vous _____ aller chercher un gâteau à la pâtisserie? (vouloir)
6. Ils _____ trouver des bonbons aux framboises. (vouloir)
7. Simon _____ acheter des fleurs. (vouloir)
8. Christa et Céline _____ emprunter un vase. (pouvoir)
9. _____ -vous apporter du parfum pour Claire? (pouvoir)
10. Julie, est-ce que tu _____ aller chercher des disques compacts? (vouloir)

5 You're having dinner with a friend. Is your friend offering you **a) part of something** or **b) the whole item**? (See p. 65.)

1. Encore une pomme?
2. Tu veux du gâteau au chocolat?
3. Tu veux encore de l'omelette?
4. Encore de l'eau minérale?
5. Tu veux une banane?
6. Encore de la salade?
7. Tu veux encore des petits pois?

6 Complete the following conversation with the appropriate articles. (See p. 65.)

FRANCINE Qu'est-ce que tu vas prendre, _____ (du / de l' / de la) poulet ou _____ (un / une / des) bifteck?

THOMAS Je n'aime pas la viande. Je vais prendre _____ (un / une / des) omelette ou peut-être _____ (un / une / des) crevettes! C'est délicieux!

FRANCINE Moi, je vais prendre _____ (du / de l' / de la) poisson. Je veux aussi _____ (un / une / des) salade verte et _____ (du / de l' / de la) pain.

THOMAS Et comme dessert? _____ (Du / De l' / De la) tarte aux pommes, _____ (un / une / des) morceau de gâteau au chocolat ou _____ (un / une / des) religieuse?

FRANCINE _____ (Du / De l' / De la) mousse (f.) au chocolat, voilà.

THOMAS Bonne idée! Je vais en prendre aussi. Monsieur, je peux avoir _____ (du / de l' / de la) eau minérale, s'il vous plaît?

TROISIEME ETAPE

Asking for and giving advice; extending good wishes

7 Everyone is asking you for advice. Complete your friends' questions and your responses using **lui** or **leur**. (See p. 68.)

EXAMPLE —Marc aime le tennis. Qu'est-ce que je pourrais lui offrir?
—Offre-lui des baskets.

1. —Pamela et Luc aiment le chocolat. Qu'est-ce que je pourrais _____ offrir?
—Offre-_____ des bonbons au chocolat.
2. —Claude a toujours des fleurs dans la cuisine. Qu'est-ce que je pourrais _____ acheter?
—Achète-_____ un vase.
3. —Eric et Pierre viennent à la boum samedi. Je dois _____ parler?
—Oui, parle-_____ samedi!
4. —C'est l'anniversaire de Claire. Je fais un gâteau pour elle?
—Non, ne _____ fais pas de gâteau. Fais-_____ une tarte aux fraises.
5. —Tu as une idée de cadeau pour ma tante et mon oncle? Je _____ offre des fleurs?
—Non, ne _____ offre pas de fleurs.

8 Your friend is buying gifts for the following people. Suggest one thing he might offer the person and one thing he shouldn't based on the person's preferences. Be sure to use **lui** or **leur** in your responses. (See p. 68.)

> des disques   un foulard   un cadre   une cravate
> des roses   un livre   des bonbons   une montre

EXAMPLE   Sa petite amie aime les photos.   Offre-lui un cadre.
Ne lui offre pas de livre.

1. Sa mère aime les fleurs.
2. Ses grands-parents aiment lire.
3. Ses amis aiment danser.
4. Sa copine aime le chocolat.
5. Son voisin aime aller au théâtre.

CHAPITRE 4 - SOUS LES TROPIQUES

PREMIERE ETAPE

Asking for information and describing a place

1 You're looking at pictures of your friend's last vacation. Use an adjective from the word box to describe the things you see in each of the pictures. (See p. 88.)

> joli   bon   jeune   grand
> nouveau   beau   petit

EXAMPLE   des fleurs   Il y a de jolies fleurs.

1. des chutes d'eau
2. des Martiniquais
3. des arbres tropicaux
4. des fruits
5. des cocotiers

2 Using a different adjective and noun in each sentence, write six statements to describe the island of Martinique. (See p. 88.)

EXAMPLE   A la Martinique, il y a de magnifiques plages.

> délicieux   bon   joli
> grand   immense   beau

> cocotiers   ananas   fleurs de toutes les couleurs
> arbres tropicaux
> poissons   champs de canne à sucre

DEUXIEME ETAPE

Asking for and making suggestions; emphasizing likes and dislikes

3 Decide whether **a) the subject** of the following sentences receives the action of the verb or **b) something other than the subject** receives the action of the verb. (See p. 93.)

EXAMPLE   Ils s'amusent.   <u>a</u>

1. Ils dansent le zouk.
2. Elle fait du deltaplane.
3. Il se promène.
4. Elles se baignent.
5. Il déguste des fruits tropicaux.
6. Elle s'amuse.
7. Je me promène.
8. Ils vont au parc.

4 Fill in the blank with the expression **ce qui** or **ce que**. (See p. 96.)

1. _____ j'aime manger, c'est de la pizza.
2. _____ me plaît quand je suis fatigué, c'est dormir tard le samedi.
3. _____ m'ennuie à la maison, c'est faire le ménage.
4. _____ je préfère faire quand il fait beau, c'est aller à la plage.
5. _____ je déteste le week-end, c'est faire mes devoirs.
6. _____ je n'aime pas, c'est jouer au foot.
7. _____ ne me plaît pas, c'est me coucher tard.
8. _____ j'aime bien en vacances, c'est sortir tous les soirs.

TROISIEME ETAPE

Relating a series of events

5 You and your friends are describing your daily routines. Complete the sentences with the appropriate subject or reflexive pronoun. (See p. 100.)

EXAMPLE   Sophie, <u>elle</u> se lève à 7 heures.

1. Je _____ habille rapidement.
2. _____ vous brossez les dents après le petit déjeuner?
3. Tu vas _____ coucher tôt?
4. Luc, _____ se lave avant de prendre son petit déjeuner.
5. Claire et Christiane, _____ s'amusent beaucoup.
6. Nous _____ promenons sur la plage.
7. Mon ami aime _____ promener tous les jours!
8. A quelle heure est-ce que vous aimez _____ lever?
9. Je ne veux pas _____ brosser les cheveux.
10. Mes parents _____ baignent souvent en mer.

6 Unscramble the following sentences to describe the morning routine of the following people. Don't forget to make the reflexive pronouns agree with the subjects. (See p. 100.)

1. tôt / se / André / lever
2. les dents / je / brosser / se
3. se / tu / tard / coucher
4. ils / se / rapidement / habiller
5. promener / mon ami / le matin / se
6. tous les soirs vers 8 heures / se / vous / laver

7 Choose an adverb from the word box to tell how often you do the following activities. (See p. 101.)

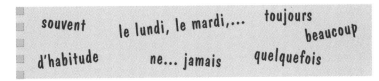

souvent   le lundi, le mardi,...   toujours
                                    beaucoup
d'habitude   ne... jamais   quelquefois

EXAMPLE   s'amuser?   <u>Je m'amuse souvent.</u>

1. se promener?
2. se laver?
3. se coucher tard?
4. sortir avec des amis?
5. se lever tôt?
6. danser le zouk?

CHAPITRE 5 - QUELLE JOURNEE!

PREMIERE ETAPE

Expressing concern for someone

1 Everyone has an excuse for being late to class today. Choose the past participle from the word box to complete the excuses. (See p. 120.)

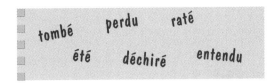

tombé   perdu   raté
été   déchiré   entendu

1. J'ai _____ le bus.
2. Je n'ai pas _____ mon réveil.
3. J'ai _____ mon livre d'histoire.
4. J'ai _____ mon pantalon.
5. Je suis _____ quand j'ai raté une marche.
6. J'ai _____ collé.

2 Sébastien had a really bad day at school. How would he describe his day in his journal? (See p. 120.)

EXAMPLE perdre mon livre de français   J'ai perdu mon livre de français.

1. rater le bus
2. oublier mes devoirs
3. avoir une mauvaise note
4. déchirer mon pantalon
5. recevoir mon bulletin trimestriel

3 Paul's day was just the opposite of Sébastien's. How would Paul describe his day? Use the negative **ne... pas** in his sentences. (See p. 120.)

1. rater le bus
2. oublier mes devoirs
3. avoir une mauvaise note
4. déchirer mon pantalon
5. recevoir mon bulletin trimestiel

4 Karima and Ahmed are talking about what happened to them and their friends today. Complete each sentence with the correct form of the **passé composé** of the verbs in parentheses. (See p. 120.)

KARIMA   C'était super. En classe, on _____ (voir) un bon film et mon prof _____ (rendre) les interros. Moi, j' _____ (avoir) une bonne note.

AHMED   Ah oui? Moi, j' _____ (passer) une journée épouvantable.

KARIMA   Ah bon? Qu'est-ce qui s'est passé? Raconte!

AHMED   Mon frère et moi, nous _____ (ne pas entendre) notre réveil. Ensuite, mon frère _____ (rater) une marche à l'école et il _____ (déchirer) sa chemise!

KARIMA   Quelle journée! Vous _____ (ne pas avoir) de chance. Et après l'école, tu _____ (jouer) au foot?

AHMED   Non, mes profs nous _____ (donner) trop de devoirs et puis en rentrant de l'école, j' _____ (recevoir) mon bulletin trimestriel. Il est pas terrible!

DEUXIEME ETAPE

Inquiring; expressing satisfaction and frustration; sympathizing with and consoling someone

5 Colette is telling you about her recent weekend trip to Paris. Complete her sentences with the correct helping verb, **avoir** or **être**, in the **passé composé**. (See p. 124.)

1. Ma mère, ma sœur et moi, nous _____ allées à Paris le week-end dernier.
2. Mon père _____ resté seul à la maison.
3. On _____ pris un taxi de l'aéroport.
4. Je me _____ couchée tôt parce que j'étais fatiguée.
5. Samedi, ma mère et moi, nous _____ visité la tour Eiffel.
6. Ma mère et ma sœur _____ pris beaucoup de photos.
7. On s'_____ beaucoup amusées.

6 Paul had a really bad day yesterday. Imagine that you're Paul. Write complete sentences to tell what happened to you and why, using the vocabulary provided. (See p. 124.)

EXAMPLE   tomber / rater une marche
               Je suis tombé parce que j'ai raté une marche.

1. avoir un zéro / perdre mon livre de français
2. arriver en retard / entendre mon réveil
3. aller au café / perdre mon argent
4. avoir de bonnes notes / oublier mes devoirs
5. voir mes amis / être collé(e)

7 Your parents want to know what you and your friends did last night. Rewrite the following sentences using one of the reflexive verbs in the word box. Be sure to put the reflexive verb in the **passé composé.** (See p. 124.)

> se coucher   se lever   se baigner
>
> s'habiller   se laver   s'amuser

EXAMPLE   Marie est allée au parc. Elle s'est promenée au parc.

1. Luc et David sont allés au lit de bonne heure.
2. J'ai nagé à la piscine.
3. Monique a pris un bain.
4. Nous ne sommes pas sortis du lit après minuit.
5. Karine et Simone sont allées à la boum.

8 You're at the beach and you write to a friend about what you did during your first day of vacation, but some of the words got washed out. Write them out using the **passé composé.** (See p. 124.)

> Salut,
>
> Mon premier jour de vacances __1__ (se passer) super bien. Je __2__ (se lever) à midi et je __3__ (se promener) sur la plage avec des amis. Ensuite, nous __4__ (se baigner). L'eau était très chaude. C'était formidable. Puis nous avons fait du deltaplane. Moi, j'avais peur mais mes copains m'ont aidé(e) et finalement on __5__ (s'amuser). Le soir, on a mangé dans un restaurant près de la plage. On a mangé un poisson délicieux et beaucoup de fruits. Enfin, on est allés danser dans la discothèque de la plage et on __6__ (se coucher) à deux heures du matin. Le jour suivant on __7__ (se lever) très tard. Et toi, comment __8__ (se passer) tes vacances? Qu'est-ce que tu as fait? Raconte-moi!

ADDITIONAL GRAMMAR PRACTICE

Giving reasons and making excuses; congratulating and reprimanding someone

9 Luc is talking with his parents about his and other classmates' grades. Based on the reasons he gives for the poor grades, complete his sentences telling what each person is going to do or not do to improve the grades. Use the verb **aller** + infinitive in your answers. (See pp. 21, 127.)

1. —Combien tu as eu en histoire?
   —J'ai eu 11. Je n'ai pas fait mes devoirs.
   —Tu dois mieux travailler en classe!
   —C'est vrai, je...

2. —Combien Paul a eu en anglais?
   —Il a eu 8. Il a fait le clown en classe.
   —C'est inadmissible!
   —C'est vrai, il...

3. —Combien Julien et François ont eu en français?
   —Ils ont eu 11.
   —Ils doivent mieux travailler!
   —C'est vrai, ils...

4. —Toi et Pamela, combien vous avez eu en maths?
   —Nous avons eu 10, tous les deux.
   —C'est inadmissible!
   —C'est vrai, nous...

CHAPITRE 6 - A NOUS LES CHATEAUX!

PREMIERE ETAPE

Asking for opinions; expressing enthusiasm, indifference, and dissatisfaction

1 At the beginning of last summer, you and your friends made a list of things that you wanted to do. Look at the list and, based on the cues given, tell who actually did each activity during the summer. Be sure to put the verbs in the **passé composé**. (See pp. 120, 124, 142.)

1. aller dans un parc d'attractions / Monique
2. faire un pique-nique / Luc et sa famille
3. aller au zoo / tu
4. donner à manger aux animaux / les enfants
5. s'amuser beaucoup/ on

2 Your Canadian pen pal Yves is spending the summer in France. Fill in the missing verbs in the postcard he sent you. Be sure to use the **passé composé**. (See pp. 120, 124, 142.)

Un petit bonjour de France où nous passons des vacances super. Jeudi, ma famille et moi, nous __1__ dans un parc d'attractions. On __2__ un tour sur les montagnes russes. J'ai eu très peur! Vendredi, mon père et mon frère __3__ au zoo. Ils __4__ une visite guidée. Ma mère n'aime pas beaucoup les zoos, alors nous, nous __5__ un circuit des châteaux. Je __6__ dans une vieille tour. C'était chouette. Demain, nous allons à Paris. On va sûrement visiter le Louvre. Bon, je dois te laisser. A bientôt.

Yves

Expressing disbelief and doubt

3 It was a very busy weekend, and you and your friends are catching up on the latest school news. Choose the correct auxiliary verb for the following sentences in the **passé composé**. (See p. 147.)

1. Je (J') _____ perdu mon portefeuille.
   as   ai   suis

2. François et Emile, ils _____ allés au zoo.
   ont   a   sont

3. Nous nous _____ amusés.
   sommes   avons   avez

4. Monique et Suzanne, vous _____ vu un bon film.
   êtes   avez   avons

5. Julie, elle _____ tombée dans l'escalier.
   ont   est   sont

6. Tu _____ rentré trop tard.
   est   as   es

4 Your classmate Martin is telling you what he and his family did today. Complete each sentence with a logical subject. (See p. 147.)

On	Vous
Martine et Claire	Nous
Luc et Pierre	Mme Baril
Je	Tu

EXAMPLE   <u>Luc et Pierre</u> sont descendus dans le jardin.

1. _____ sommes allés dans une boutique de vêtements.
2. _____ suis allé au parc promener le chien.
3. _____ sont allées au café.
4. _____ est tombée dans l'escalier.
5. _____ êtes rentrés tard.
6. _____ es resté chez toi.
7. _____ est restés longtemps au café.

5 Marion is telling you about her weekend. Complete her sentences with these past participles. Each past participle can be used only once. (See p. 147.)

> sortie   fait   allés   amusés
>
> descendues   montée   joué

EXAMPLE   J'ai <u>joué</u> au volley-ball après l'école.

1. Mon frère et moi, nous sommes _____ au parc d'attractions!
2. Ma sœur est _____ dans une tour d'un vieux château.
3. Mes amies ont _____ un pique-nique au parc.
4. Je suis _____ avec des amis.
5. Mon frère et ma sœur se sont bien _____ à la boum.

Asking for and giving information

6 Indicate whether the question being asked is **a) formal** or **b) informal.**
(See p. 152.)

1. Le train arrive à quelle heure?
2. Le magasin ouvre quand?
3. De quel quai est-ce que le train part?
4. C'est combien, le billet?
5. A quelle heure est-ce que vous fermez?
6. On y va comment?
7. Le car qui retourne à six heures est où?
8. Avec qui est-ce qu'on monte dans cette tour?
9. Pendant combien de temps est-ce que le bus reste à la gare routière?
10. Le TGV revient d'où?

7 Julie and her friends are at the train station planning a trip. There is too much noise and Julie only hears part of the conversation. What was the question? Use the less formal way of asking a question with Julie's friends and **est-ce que** with the employee. (See p. 152.)

1. JEAN-LUC _____
   LISETTE On y va en train.
2. LISETTE _____
   L'EMPLOYE Le train part à quinze heures.
3. LISETTE _____
   L'EMPLOYE Le train part du quai numéro 5.
4. JEAN-LUC _____
   L'EMPLOYE Nous ouvrons à six heures du matin.
5. JEAN-LUC _____
   LISETTE Le train arrive à Paris à 21 heures.

8 You and Monique want to open a souvenir shop in Chenonceaux. Complete the conversation about when to open the shop with the appropriate forms of the verb **ouvrir.** (See p. 153.)

TOI A quelle heure est-ce qu'on _____ le matin?

MONIQUE Je ne veux pas _____ trop tôt, peut-être vers onze heures?

TOI Non, onze heures, c'est trop tard. Les autres magasins _____ à neuf heures.

MONIQUE J'ai une idée! Toi, tu _____ le matin à neuf heures et moi, je viens travailler l'après-midi. On ferme à midi pour le déjeuner et je peux _____ le magasin l'après-midi.

TOI D'accord, mais le week-end, nous _____ tous (toutes) les deux à neuf heures, d'accord?

MONIQUE Pas de problème.

CHAPITRE 7 - EN PLEINE FORME

PREMIERE ETAPE

Expressing concern for someone; complaining

1 Daniel and his twin sister Dominique do the same things. Based on Daniel's activities, write a sentence telling what happened to Dominique. Be sure to make the past participle agree when necessary. (See p. 168.)

EXAMPLE   Daniel s'est promené au parc.
          Dominique s'est promenée au parc aussi.

1. Daniel s'est coupé le doigt.
2. Daniel s'est couché tard.
3. Daniel s'est cassé la jambe.
4. Daniel s'est lavé.
5. Daniel s'est amusé.
6. Daniel s'est foulé la cheville.

2 Véronique is writing a letter to her parents about her weekend ski trip with her roommate, Marie. Complete her letter by putting the verbs in parentheses in the **passé composé**. (See p. 168.)

Quel week-end! Hier soir, ma camarade de chambre et moi, nous __1__ (se coucher) très tard. On est allées à une fête organisée par l'hôtel. Je __2__ (s'amuser)! A la fête, j'ai rencontré un garçon très sympa qui s'appelle Lucien. Il n'a pas pu danser parce qu'il __3__ (se casser) la jambe quand il est tombé en faisant du ski. Marie a beaucoup dansé à la fête et elle __4__ (se faire) mal au pied en dansant. Le dimanche matin, on a décidé de faire du ski. Ce n'était pas une bonne idée parce que j'étais fatiguée et Marie avait mal partout. Nos amis Pierre et Jean-Marc n'ont pas eu de chance! Ils ont eu un accident sur la piste. Heureusement, Pierre __5__ (ne pas se casser) le bras, mais Jean-Marc __6__ (se fouler) la cheville! Quel week-end!

DEUXIEME ETAPE

Giving, accepting, and rejecting advice; expressing discouragement; offering encouragement

3 Robert is very athletic. Look at his exercise schedule, and then tell which activity he is talking about based on how often he says he does it. (See p. 172.)

lundi	mardi	mercredi	jeudi	vendredi
pompes	jogging	abdominaux	pompes	musculation
abdominaux	pompes	pompes	jogging	abdominaux
natation	natation			pompes

1. J'en fais trois fois par semaine.
2. J'en fais tous les jours.
3. J'en fais le mardi et le jeudi.

4. J'en fais une fois par semaine.
5. J'en fais deux fois par semaine.

4 Your friend is asking you what you do to stay in shape. Answer his questions, using **en** in your response and the time expressions in parentheses. (See p. 172.)

EXAMPLE   Tu fais du jogging? (souvent)   J'en fais souvent.

1. Tu fais de la musculation? (tous les jours)
2. Tu fais de l'équitation? (ne... jamais)
3. Tu fais des abdominaux? (trois fois par semaine)
4. Tu fais des pompes? (souvent)
5. Tu fais de la gymnastique? (rarement)

5 Simon is telling all his friends what he thinks they should do to get in shape. Complete his sentences by adding the correct form of the verb **devoir**. (See p. 173.)

1. Toi, tu _____ faire de l'aérobic trois fois par semaine.
2. Moi, je _____ faire de l'exercice tous les jours.
3. François et son frère, ils _____ faire beaucoup d'abdominaux.
4. Julie et Christine, vous _____ faire de la danse.
5. Lucien veut être en forme. Il _____ faire de la musculation.

TROISIEME ETAPE

Justifying your recommendations; advising against something

6 You and your classmates are completing a survey about eating habits. Unscramble the letters in the questions and comments to reveal the correct form of the verbs **se nourrir**, **choisir**, and **finir**. (See p. 177.)

1. Comment est-ce que vous S N O O U U R R S S Z I E V ?
2. J'aime manger des fruits et des légumes. Je I S R N O E M U R bien.
3. Tu S C O H S I I un fruit ou un gâteau?
4. A quelle heure est-ce que tu S F I I N le petit déjeuner?
5. Elle boit un litre d'eau par jour? Elle U O N R I E R S T très bien.

7 Based on what the following people eat, tell whether you think you and the others eat well or not. (See p. 177.)

1. Je mange toujours beaucoup de sucre.
2. Alice mange des fruits et des légumes à tous les repas.
3. Marc et Pierre grignotent entre les repas.
4. Nous suivons un régime trop strict.
5. Tu manges souvent du riz et des pâtes.

CHAPITRE 8 – C'ETAIT COMME ÇA

PREMIERE ETAPE

Telling what or whom you miss; reassuring someone; asking and telling what things were like

1 Your grandfather is talking about his life. Read each sentence and decide if he is talking about **a) his life now** or **b) his life 50 years ago**. (See p. 199.)

1. C'était calme, la campagne.
2. La ville, c'est bruyant.
3. Il y a beaucoup de pollution.
4. Ce n'est pas relaxant.
5. Il y avait de jolies maisons.
6. La vie était plus simple.
7. J'ai beaucoup de temps libre.
8. On avait deux chiens.
9. J'ai beaucoup de choses à faire.
10. C'est plus stressant.

2 Your mother is helping you remember your childhood. Write the endings of the imparfait for the verbs **être** and **avoir**. (see p. 199.)

1. Quand tu ét_____ petit tu av_____ un jeune chien.
2. Il ét_____ mignon mais polisson.
3. C'ét_____ vraiment un petit diable.
4. Quelquefois tes grands-parents n'ét_____ pas contents parce que vous faisiez souvent des bêtises dans le jardin.
5. Ils n'av_____ plus de belles fleurs parce que le chien les mangeait.
6. Vous n'av_____ pas de responsabilités et vous ét_____ heureux.
7. Mais notre vie n'ét_____ pas tranquille et nous av_____ beaucoup de soucis.
8. Quand tu ét_____ à l'école, le chien ét_____ triste et toi aussi.

3 Annie is describing her childhood in her journal. Complete her description with the imperfect of the verbs in parentheses. (See p. 199.)

Quand j' __1__ (être) jeune, j' __2__ (avoir) beaucoup d'amis. Ma meilleure amie, c' __3__ (être) ma voisine Sandrine. Nous __4__ (être) très bonnes amies. Elle __5__ (avoir) trois frères. Ils __6__ (être) assez pénibles, mais moi, je __7__ (ne pas avoir) de frère, alors j'aimais jouer avec eux. Et vous, vous __8__ (avoir) une amie comme Sandrine quand vous __9__ (être) jeune?

Reminiscing

4 You and your friends are discussing what things were like when you were younger. Complete each sentence below with the appropriate imperfect ending. (See p. 202.)

1. Nous sort_____ souvent le week-end.
2. Colette et Francine fais_____ leurs devoirs dans leur chambre.
3. J'ét_____ très timide.
4. Vous habit_____ à la campagne.
5. Tu all_____ au café avec tes amis.
6. Elles se lav_____ tous les jours à sept heures.
7. Elle av_____ beaucoup d'amis.
8. Nous taquin_____ nos frères et nos sœurs.
9. Je jou_____ au volley-ball.
10. Ton frère ét_____ pénible.

5 Some things never change. Your classmates' responsibilities are still the same as when they were younger. Based on what they do now, tell what they used to do when they were younger. (See p. 202.)

1. Sandrine fait la vaisselle.
2. Paul et Luc tondent le gazon.
3. Vous rangez votre chambre.
4. Je lave la voiture.
5. Tu gardes ton petit frère.
6. Colette et Gérard font la lessive.
7. Christine va au supermarché.
8. Nous avons des responsabilités.
9. Arnaud sort la poubelle.
10. Elles promènent le chien.

6 Antoine was not very well behaved as a child. Using the following phrases, write sentences that describe some of the things he did or didn't do. (See p. 202.)

EXAMPLE   ennuyer sa mère   Antoine ennuyait sa mère.

1. faire la sieste tous les jours
2. être très méchant
3. jouer avec ses amis
4. faire des bêtises
5. taquiner sa sœur
6. ennuyer son chien
7. conduire la voiture avant 18 ans
8. manger des légumes
9. casser les choses électroniques
10. étudier pour l'école

Making and responding to suggestions

7 You're an exchange student in Côte d'Ivoire. You've been asked to suggest activities for the new American exchange students who will arrive next week. Based on what each student likes, suggest an activity he or she might enjoy doing. (See p. 209.)

1. Karen aime beaucoup les jolis vases.	**a.** Si on visitait la mosquée?
2. Martin aime la musique africaine.	**b.** Si on allait voir des masques?
3. Joan aime faire des vêtements.	**c.** Si on allait au maquis?
4. Ethan aime les objets en bois.	**d.** Si on achetait du tissu?
5. Myrna aime dîner au restaurant.	**e.** Si on allait écouter les joueurs de tam-tams?
6. Patrick aime visiter des monuments.	**f.** Si on achetait des poteries?

8 You and your friend are trying to decide what to do today. Make a suggestion based on what your friend says. Be sure to begin all your suggestions with **Si on... ?** (See p. 209.)

EXAMPLE   J'ai soif.   <u>Si on allait boire un jus d'orange?</u>

1. J'ai envie de voir un peu la ville.
2. Je suis très fatigué(e).
3. J'ai un examen de français demain.
4. J'ai besoin de faire de l'exercice.
5. C'est l'anniversaire de ma mère.
6. Il y a un bon film au ciné à cinq heures.

CHAPITRE 9 - TU CONNAIS LA NOUVELLE?

Wondering what happened; offering possible explanations; accepting or rejecting explanations

1 Vanessa te parle de ses amis. De qui est-ce qu'elle parle? Ecris le(s) nom(s) dans le blanc qui correspond à la description. (See p. 227.)

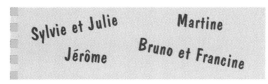

Sylvie et Julie   Martine
Jérôme   Bruno et Francine

1. _____ avait l'air déprimée.
2. _____ avaient l'air contents.
3. _____ avaient l'air surprises.
4. _____ avait l'air fâché.
5. _____ avaient l'air de bonne humeur.

2 You and Frédéric both went to the same party, but you don't agree on what the people there were like. Disagree with each of Frédéric's statements, based on the model. Use the expression **ne pas avoir l'air** and an adjective in your answers. (See p. 227.)

EXAMPLE   Nos amis étaient gênés.   <u>Non, ils n'avaient pas l'air gênés.</u>

1. Sophie était énervée.
2. Claudine et Monique étaient furieuses.
3. Tu étais mal à l'aise.
4. Patricia et Nathan étaient déprimés.
5. J'étais de bonne humeur.
6. Jean était étonné.

3 You are a very observant person. Tell what the following people seemed like based on what happened to them. (See p. 227.)

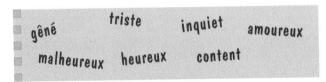

gêné   triste   inquiet   amoureux
malheureux   heureux   content

EXAMPLE   Simone a raté une marche.   <u>Elle avait l'air gênée.</u>

1. Marius et sa copine se sont disputés.
2. Christian et Cécile ont eu de bonnes notes.
3. Laurent a rencontré une jolie fille à la boum.
4. Odile a trouvé 100 F dans la rue.
5. Cassandre et Solange se sont perdues en ville.
6. Alexandre s'est cassé la jambe, alors il ne pouvait pas s'amuser avec ses amis.

DEUXIEME ETAPE

Breaking some news; showing interest

4 Christine te dit ce qui s'est passé ce matin, mais les mots de ses phrases ne sont pas dans le bon ordre. Récris *(Rewrite)* ses phrases. Mets les mots dans l'ordre logique et mets les verbes au passé composé ou à l'imparfait. (See p. 233.)

1. faire / beau / il / souvent / le matin
2. avec des amis / aller / au lycée / d'habitude / je
3. tous les jours / je / le bus / attendre / avec eux
4. prendre / je / tout à coup / la décision / de partir seule
5. prendre / je / d'abord / mon sac et mes livres
6. au moment où / je / de la maison / sortir / je / voir / un chien méchant
7. sûr / je / peur / bien / avoir

5 Robert aime raconter des histoires. Complète ses phrases avec la forme correcte du verbe. (See p. 233.)

1. Hier, je (j') _____ Elvis au supermarché.
   ai vu   voyais   vois

2. Quand j' _____ cinq ans, j' _____ plus grand que mes parents.
   avait / était   ai eu / ai été   avais / étais

3. Tout à coup, le Président _____ chez moi.
   téléphone   a téléphoné   téléphonait

4. Quand mes parents _____ jeunes, ils _____ à l'école le samedi soir.
   ont été / allaient   étaient / allaient   étaient / sont allés

5. Ton frère _____ son match mercredi.
   a gagné   gagne   gagnait

6. De temps en temps, mon grand-père _____ la vaisselle pour ma grand-mère.
   a fait   fait   faisait

6 Complète le message électronique que ton amie Anna a envoyé avec les formes correctes de **l'imparfait** et du **passé composé** des verbes entre parenthèses. Mets les participes passés des verbes conjugués avec **être** au masculin, féminin ou pluriel quand c'est nécessaire. (See p. 233.)

J'ai passé une journée vraiment incroyable hier. Pour commencer, je __1__ (se disputer) avec Philippe le matin et on __2__ (casser). L'après-midi, je/j' __3__ (aller) voir ma grand-mère quand je __4__ (tomber) en panne sur la route d'Avignon. Heureusement, David, un camarade de classe, __5__ (réparer) ma voiture. Je/J' __6__ (vouloir) le remercier, alors je l' __7__ (inviter) à aller au cinéma avec moi. Le soir, on __8__ (se perdre) en allant au cinéma. Bien sûr, on __9__ (arriver) en retard pour le film. On __10__ (décider) d'aller au café. Et là, devine ce qui s'est passé! On __11__ (manger) une pizza quand tout d'un coup, Philippe __12__ (arriver). Il n' __13__ (être) pas du tout content.

---

7 Tu écris une histoire en français sur ce que tu as fait vendredi dernier. Indique si tu dois utiliser le **passé composé (PC)** ou l' **imparfait (I)** dans les phrases suivantes, puis récris les phrases avec le temps *(tense)* du verbe qui convient. (See p. 233.)

EXAMPLE   Il fait froid.
           I   Il faisait froid.

1. Je vais au cinéma avec mes amis.

2. Le film est bien.

3. Gérard Depardieu est dans le film.

4. Après le film, mes amis et moi, nous allons au café.

5. Lucien prend un café et je prends une eau minérale.

6. Je rentre à dix heures et je me couche.

7. Je suis fatigué(e).

TROISIEME ETAPE

Beginning, continuing, and ending a story

8 Il s'est passé quelque chose hier. Choisis une expression pour compléter chaque phrase. Utilise **l'imparfait** ou **le passé composé** dans tes réponses. (See p. 237.)

se disputer   avoir un petit accident   rencontrer

aller   être en train de

avoir rendez-vous   tomber en panne   faire du jogging

1. Magali _____ faire du vélo quand elle _____.
2. Olivia mangeait au café avec Hervé quand ils _____. Alors, ils ont cassé.
3. Hugues et Sylvain _____ chez leurs grands-parents en voiture quand ils _____.
4. Isabelle étudiait à la bibliothèque quand elle _____ Maxime.
5. Patrick _____ avec Eléonora, mais quand il est arrivé, elle était déjà partie.
6. Victor et moi, nous _____ dans la forêt quand nous nous sommes perdus.

9 Yesterday was not your day. Tell what you were doing and what happened to interrupt you. Use the **imparfait** and the **passé composé**. (See p. 237.)

EXAMPLE   laver la voiture / le téléphone sonner
Je lavais la voiture quand le téléphone a sonné.

1. faire du jogging / avoir un accident
2. faire mes devoirs / Luc arriver
3. se laver / tomber
4. me promener / perdre ma clé
5. manger au restaurant / mes amis entrer

CHAPITRE 10 - JE PEUX TE PARLER?

PREMIERE ETAPE

Sharing a confidence; asking for and giving advice

1 Ta petite sœur te pose des questions et elle te demande de faire des choses pour elle. Réponds à ses questions par **oui** ou **non** et une phrase complète. Utilise un pronom objet pour remplacer les expressions en caractères gras *(boldfaced)*. (See p. 252.)

EXAMPLE   Tu lis cette histoire **à Luc et à moi**?   (oui)   Oui, je vous lis cette histoire.

1. Tu vas parler **à Sylvie** ce soir? (oui)
2. Tu donnes une invitation **à nos voisins**? (non)
3. Tu peux **m'**aider avec mes devoirs? (oui)
4. Tu invites **Luc et moi** à ta boum? (non)
5. Tu vas **m'**acheter un cadeau pour mon anniversaire? (oui)

2 Tu vas faire une fête ce soir. Demande à ta sœur Claire et à ton frère François de t'aider. Utilise des pronoms dans tes réponses. (See p. 252.)

EXAMPLE   téléphoner **à Luc**   (Claire et François)
           Téléphonez-lui.

1. expliquer **à Jean** comment aller chez nous   (François)
2. inviter **tous mes amis**   (Claire et François)
3. demander **à nos parents** de partir   (Claire et François)
4. offrir quelque chose à boire **à Sandrine**   (Claire et François)
5. téléphoner **à Jeanne et à Colette**   (Claire et François)
6. ne pas oublier **les gâteaux**   (Claire)
7. ne pas parler **aux invités**   (François)

3 Your friends are asking for your advice. Write a sentence telling them what you think they should do. Be sure to use pronouns in your response. (See p. 252.)

EXAMPLE   Je me suis disputée avec mon petit ami.   Excuse-toi.   OR
                                                      Tu devrais t'excuser.

1. C'est l'anniversaire de mon père.
2. J'ai eu une mauvaise note en biologie et mes parents
   vont être fâchés.
3. J'ai oublié mes devoirs à la maison et le prof va
   me donner un F.
4. J'ai cassé le CD que j'ai emprunté à Jean-Luc.
5. J'ai rencontré une fille super et je veux lui parler.

DEUXIEME ETAPE

Asking for and granting a favor; making excuses

4 You are at a party where there is a lot of noise, and you hear only parts of various conversations. Match what was said to the item being talked about. (See p. 257.)

les invitations   les cadeaux   les chiens

Claire et Michel   le gazon   la cuisine

1. — Je les ai écrites à la maison.
2. — Je l'ai faite avant de venir.
3. — Paul les a invités à la boum.
4. — Tu les as apportés dans ton sac.
5. — Je l'ai tondu hier.
6. — Ils les ont promenés dans le parc.

5 Rien ne change. Dis ce que tu as fait hier selon *(based on)* ce que tu fais aujour-d'hui. Utilise des pronoms compléments d'objet dans tes réponses. (See p. 257.)

EXAMPLE   Je prends le bus.
           <u>Je l'ai pris hier.</u>

1. Je fais mes devoirs.
2. Je range ma chambre.
3. Je sors la poubelle.
4. Je ne regarde pas la télé.
5. Je lis le journal.
6. Je vois mes amis.
7. Je passe l'aspirateur.
8. Je ne perds pas mes clés.

TROISIEME ETAPE

Apologizing and accepting an apology; reproaching someone

6 Gilles always forgets to do things. Write what you would say to reproach him for the things that he didn't do. Remember to use pronouns in your responses. (See p. 259.)

EXAMPLE   Je n'ai pas fait la vaisselle.
           <u>Tu aurais dû la faire.</u>

1. Je n'ai pas fait mes devoirs.
2. Je n'ai pas parlé au professeur.
3. Je n'ai pas demandé la permission à mes parents.
4. Je n'ai pas invité Martin.
5. J'ai oublié mes livres à la maison.
6. Je n'ai pas envoyé les invitations pour la boum.
7. Je n'ai pas rangé ma chambre.
8. Je t'ai téléphoné après minuit hier soir.

7 Tes parents t'ont laissé une liste de choses à faire. Ecris des phrases complètes pour indiquer si tu vas les faire cet après-midi ou non. Remplace les objets par un pronom. (See p. 259.)

EXAMPLE   faire **le ménage?**
           <u>Oui, je vais le faire cet après-midi.</u>

1. envoyer **les invitations pour la boum?** (non)
2. lire le livre **à tes frères?** (oui)
3. recevoir **ton bulletin trimestriel?** (oui)
4. écrire **la lettre** à tes grands-parents? (non)
5. acheter le cadeau **pour ton frère?** (non)
6. sortir **la poubelle?** (oui)
7. rendre les CD **à ton ami?** (non)

CHAPITRE 11 - CHACUN SES GOUTS

PREMIERE ETAPE

Identifying people and things

1 Simon et ses amis Serge et Bruno parlent des élèves et des professeurs dans leur école. Complète leur conversation avec la forme correcte du verbe **connaître**. (See p. 274.)

> SIMON   Salut, Bruno et Serge. C'est qui, cette fille qui parle à Luc? Vous la __1__?
>
> BRUNO   Bien sûr, je la __2__. Elle s'appelle Suzanne. Elle est dans mon cours de maths.
>
> SIMON   C'est qui, ton prof? M. Martin?
>
> BRUNO   Non, c'est M. Dubois. Tu le __3__, Serge?
>
> SERGE   Non, je ne le __4__ pas, mais mon frère aîné le __5__. C'était son prof de maths l'année dernière. Il est cool comme prof.
>
> SIMON   Sophie et Marius le __6__ aussi. Ils m'ont dit que c'était leur cours préféré. Tu as de la chance d'être dans ce cours.
>
> BRUNO   Oui, c'est vrai. En fait, je dois faire mes devoirs. A plus tard.

2 Tu regardes un magazine de musique populaire avec un ami. Identifie les photos que tu regardes et complète chaque phrase avec **c'est**, **il est** ou **elle est**. (See p. 275.)

EXAMPLE   C'est un chanteur africain.

1. _____ américaine.
2. _____ un musicien.
3. _____ africain.

4. _____ une bonne chanteuse.
5. _____ un Français.
6. _____ canadienne.

DEUXIEME ETAPE

Asking for and giving information

3 Choisis quatre films et écris des phrases avec **c'est, il est** ou **elle est** pour parler de l'histoire dans le film et des acteurs. Choisis quatre films dans la liste ou parle d'autres films que tu as vus. (See pp. 275, 281.)

> Trois Hommes et un couffin   Titanic
> La Belle et la bête
> Frankenstein   Hercule   Demain ne meurt jamais

EXAMPLE   *Demain ne meurt jamais*, c'est un film d'action...

1. ...
2. ...
3. ...
4. ...

TROISIEME ETAPE

Giving opinions; summarizing

4 Complète les phrases suivantes avec **qui** ou **que**. (See p. 287.)

1. C'est la fille _____ j'ai rencontrée à la boum.
2. C'est un livre _____ est très intéressant.
3. J'ai vu le film _____ Gérard Depardieu a tourné.
4. J'ai acheté les fleurs _____ étaient jolies.
5. Luc a parlé à la fille _____ tu aimes.
6. Tu as fait les devoirs _____ le professeur nous a donnés?
7. C'est l'histoire d'un jeune homme _____ rencontre la fille de ses rêves.
8. C'est un groupe américain _____ joue du rock.
9. C'est le roman policier _____ Marc a lu.
10. Je connais un Français _____ habite aux Etats-Unis.

5 Ton ami(e) écrit un rapport sur une histoire qu'il a lue. Combine les phrases ensemble en utilisant **qui** ou **que**. (See p. 287.)

EXAMPLE   Ce week-end j'ai lu un livre. Le livre était très intéressant.
           Ce week-end j'ai lu un livre qui était très intéressant.

1. J'aime le cadeau. Tu m'as donné le cadeau.
2. J'ai rencontré un garçon. Le garçon est sympa.
3. Tu connais le monsieur. Le monsieur est arrivé.
4. Voilà les livres. Tu as perdu les livres.
5. Ce sont les devoirs. Tu dois finir les devoirs ce soir.
6. C'est l'histoire d'une jeune fille. La jeune fille tombe amoureuse d'un beau garçon.

CHAPITRE 12 - A LA BELLE ETOILE

PREMIERE ETAPE

Asking for and giving information; giving directions

1 Ta classe de sciences fait une étude sur les différents animaux que les élèves ont déjà vus. Dis ce que chaque personne faisait quand elle a vu chaque animal. Utilise les verbes au **passé composé** ou à **l'imparfait** quand c'est nécessaire. (See pp. 237, 306.)

1. Francine et Monique / faire du canotage / un canard
2. Marie et Julien / faire du vélo de montagne / une mouffette
3. Je / faire une randonnée pédestre / un raton laveur
4. Nous / se baigner / un orignal
5. Sasha / faire un pique-nique / un écureuil
6. Tu / faire du ski alpin / un loup

2 Toi et tes amis, vous allez au parc du Saguenay. Suggère une activité que vous pouvez faire selon ce que chaque personne emporte. Utilise l'expression **si on +** **imparfait.** (See pp. 209, 306.)

EXAMPLE   François: hiking boots   <u>Si on faisait une randonnée pédestre?</u>

1. Luc: a canoe
2. Christian: a tent
3. Martin: ski poles
4. Annick: a mountain bike
5. Yves: snowshoes
6. Laurent: sleeping bag

DEUXIEME ETAPE

Complaining; expressing discouragement and offering encouragement; asking for and giving advice

3 Ta famille fait des préparatifs pour un week-end de camping. Décide ce que chaque personne doit emporter pour faire les choses suivantes. (See p. 310.)

EXAMPLE   ta mère / faire la cuisine
<u>Elle emporte des allumettes.</u>

des allumettes   une tente   une lampe de poche   un sac de couchage
de la lotion anti-moustiques   une boussole
une trousse de premiers soins   une canne à pêche

1. tes frères / dormir
2. ton père / ne pas se perdre
3. toi / attraper des poissons
4. on / bien voir la nuit
5. nous / soigner quelqu'un qui s'est fait mal
6. vous / ne pas se faire piquer par les moustiques

TROISIEME ETAPE

Relating a series of events; describing people and places

4 Christine décrit ce qu'elle faisait quand elle avait cinq ans. Complète sa description avec l'imparfait des verbes entre parenthèses. (See p. 315.)

Quand je(j') __1__ (être) petite, je(j') __2__ (jouer) souvent avec mon frère. Il __3__ (être) parfois pénible, mais nous __4__ (aimer) jouer ensemble. On __5__ (habiter) une petite maison près d'un parc et en général mes parents __6__ (aimer) aller au parc avec nous. Il y __7__ (avoir) toujours beaucoup d'enfants au parc. Quand il __8__ (faire) beau, nous y __9__ (passer) l'après-midi. Je me(m') __10__ (amuser) beaucoup quand je (j') __11__ (être) petite.

5 Your school is having a contest to try to find the best camping stories. Read these excerpts from entries some contestants have sent and for each blank choose the correct tense for the verb. (See p. 315.)

1. On faisait une randonnée pédestre quand soudain, un ours énorme _____ le sentier.
   a. traversait　　　　　　**b.** a traversé

2. Quand nous étions petits, mes frères et moi, nous _____ toujours à la montagne.
   a. sommes allés　　　　**b.** allions

3. Un jour, on _____ un gros loup gris dans la forêt.
   a. voyait　　　　　　　**b.** a vu

4. De temps en temps, les mouffettes _____ dormir dans notre tente.
   a. venaient　　　　　　**b.** sont venues

5. Vendredi, ils _____ du parc de la Gaspésie vers dix heures du matin.
   a. sont partis　　　　　**b.** partaient

6. Paul _____ les déchets dans la poubelle quand il a vu un orignal.
   a. a jeté　　　　　　　**b.** jetait

6 Ahmed fait du camping avec des amis et il écrit une lettre à ses parents pour décrire ce qui s'est passé. Complète sa lettre en mettant les verbes au passé composé ou à l'imparfait. (See p. 315.)

Chers Maman et Papa,
　　　　Je m'amuse beaucoup avec mes amis. Chaque jour, il y a beaucoup de choses à faire. D'abord, en arrivant, je (j') __1__ (préparer) la tente avec Robert. Ensuite, tout le monde __2__ (ranger) ses affaires. Je __3__ (ne pas emporter) de lampe de poche, alors je (j') __4__ (devoir) emprunter celle de Robert. Le premier jour, il __5__ (pleuvoir), mais samedi et hier, il __6__ (faire) du soleil. Lorette et moi, nous __7__ (apporter) nos cannes à pêche et hier, on __8__ (aller) au lac pour attraper des poissons. Mais, on __9__ (ne rien attraper)! Claude et Benoît __10__ (se perdre) parce qu'ils __11__ (ne pas suivre) les sentiers balisés. Ils __12__ (être) fatigués et ils __13__ (avoir) très faim quand ils __14__ (revenir) au terrain de camping. On va rentrer vendredi, mais j'ai envie de rester ici encore une semaine!
　　　　　　　　　　　　　　　　Je vous embrasse,
　　　　　　　　　　　　　　　　Ahmed

7 Jean-Pierre a fait du camping le week-end dernier. Fais des phrases complètes pour décrire son week-end. Utilise le passé composé et l'imparfait. (See p. 315.)

1. ce / être le week-end dernier
2. il / faire beau
3. Anaïs et Christophe / venir avec moi
4. d'abord / je / acheter les provisions
5. ensuite / on / partir pour le terrain de camping
6. au parc / nous / décider / de faire une randonnée pédestre
7. Christophe / être pénible / parce que / il / être fatigué
8. je / voir beaucoup de renards et de canards
9. au lac / Christophe et Anaïs / attraper des poissons pour le dîner
10. je / ne pas emporter la tente / alors / on / dormir à la belle étoile

PRONUNCIATION GUIDE

SOUND	LETTER COMBINATION	IPA SYMBOL	EXAMPLE
The sounds [y] and [u]	the letter **u**	/y/	une
	the letter combination **ou**	/u/	nous
The nasal sound [ã]	the letter combination **an**	/ã/	anglais
	the letter combination **am**		jambon
	the letter combination **en**		comment
	the letter combination **em**		temps
The vowel sounds [ø] and [œ]	the letter combination **eu**	/ø/	deux
	the letter combination **eu**	/œ/	heure
The nasal sounds [ɔ̃], [ɛ̃], and [œ̃]	the letter combination **on**	/ɔ̃/	pardon
	the letter combination **om**		nombre
	the letter combination **in**	/ɛ̃/	cousin
	the letter combination **im**		impossible
	the letter combination **ain**		copain
	the letter combination **aim**		faim
	the letter combination **(i)en**		bien
	the letter combination **un**	/œ̃/	lundi
	the letter combination **um**		humble
The sounds [o] and [ɔ]	the letter combination **au**	/o/	jaune
	the letter combination **eau**		beau
	the letter **ô**		rôle
	the letter **o**	/ɔ/	carotte
The vowel sounds [e] and [ɛ]	the letter combination **ez**	/e/	apportez
	the letter combination **er**		trouver
	the letter combination **ait**	/ɛ/	fait
	the letter combination **ais**		français
	the letter combination **ei**		neige
	the letter **ê**		bête
The glides [j], [w], and [ɥ]	the letter **i**	/j/	mieux
	the letter combination **ill**		maillot
	the letter combination **oi**	/w/	moi
	the letter combination **oui**		Louis
	the letter combination **ui**	/ɥ/	huit
h, th, ch, and gn	the letter **h**	/'/	les halls
	the letter combination **th**	/t/	théâtre
	the letter combination **ch**	/ʃ/	chocolat
	the letter combination **gn**	/ɲ/	oignon
The **r** sound	the letter **r**	/ʀ/	rouge
			vert

NUMBERS

LES NOMBRES CARDINAUX

0	zéro	20	vingt	80	quatre-vingts
1	un(e)	21	vingt et un(e)	81	quatre-vingt-un(e)
2	deux	22	vingt-deux	82	quatre-vingt-deux
3	trois	23	vingt-trois	90	quatre-vingt-dix
4	quatre	24	vingt-quatre	91	quatre-vingt-onze
5	cinq	25	vingt-cinq	92	quatre-vingt-douze
6	six	26	vingt-six	100	cent
7	sept	27	vingt-sept	101	cent un
8	huit	28	vingt-huit	200	deux cents
9	neuf	29	vingt-neuf	300	trois cents
10	dix	30	trente	800	huit cents
11	onze	31	trente et un(e)	900	neuf cents
12	douze	32	trente-deux	1.000	mille
13	treize	40	quarante	2.000	deux mille
14	quatorze	50	cinquante	3.000	trois mille
15	quinze	60	soixante	10.000	dix mille
16	seize	70	soixante-dix	19.000	dix-neuf mille
17	dix-sept	71	soixante et onze	40.000	quarante mille
18	dix-huit	72	soixante-douze	500.000	cinq cent mille
19	dix-neuf	73	soixante-treize	1.000.000	un million

- The word **et** is used only in 21, 31, 41, 51, 61, and 71.
- **Vingt (trente, quarante,** and so on) **et une** is used when the number refers to a feminine noun: **trente et une cassettes.**
- The **s** is dropped from **quatre-vingts** and is not added to multiples of **cent** when these numbers are followed by another number: **quatre-vingt-cinq; deux cents,** *but* **deux cent six.** The number **mille** never takes an **s: deux mille insectes.**
- **Un million** is followed by **de** + a noun: **un million de francs.**
- In writing numbers, a period is used in French where a comma is used in English.

LES NOMBRES ORDINAUX

1er, 1ère	premier, première	9^e	neuvième	17^e	dix-septième
2^e	deuxième	10^e	dixième	18^e	dix-huitième
3^e	troisième	11^e	onzième	19^e	dix-neuvième
4^e	quatrième	12^e	douzième	20^e	vingtième
5^e	cinquième	13^e	treizième	21^e	vingt et unième
6^e	sixième	14^e	quatorzième	22^e	vingt-deuxième
7^e	septième	15^e	quinzième	30^e	trentième
8^e	huitième	16^e	seizième	40^e	quarantième

FRENCH-ENGLISH VOCABULARY

This list includes both active and passive vocabulary in this textbook. Active words and phrases are those listed in the **Vocabulaire** section at the end of each chapter. You are expected to know and be able to use active vocabulary. All entries in heavy black type in this list are active. All other words are passive. Passive vocabulary is for recognition only.

The number after each entry refers to the chapter where the word or phrase is introduced. Nouns are always given with an article. If it is not clear whether the noun is masculine or feminine, *m.* (masculine) or *f.* (feminine) follows the noun. Some nouns that are generally seen only in the plural, as well as irregular plurals, are also given with gender indications and the abbreviation *pl.* (plural) following them. An asterisk (*) before a word beginning with *h* indicates an aspirate *h.* Phrases are alphabetized by the key word(s) in the phrase.

The following abbreviations are also used in this vocabulary: *pp.* (past participle), *inv.* (invariable), *adj.* (adjective), *obj.* (object), and *subj.* (subject).

A

à *to, in (a city or place),* I, 11; **A...** *At . . . ,* II, 11; **A bientôt.** *See you soon.* I, 1; **à la** *to, at,* I, 6; **à côté de...** *next to,* II, 2; **A demain.** *See you tomorrow.* I, 1; **à droite de** *to the right of,* II, 2; **à gauche de** *to the left of,* II, 2; à l'autre bout *at the other end,* II, 9; **à la mode** *in style,* I, 10; à peu près *nearly,* II, 11; **A propos,...** *By the way, . . . ,* II, 9; **A quelle heure?** *At what time?* I, 6; **A tout à l'heure!** *See you later (the same day)!* I, 1; **A votre service.** *At your service. (You're welcome.),* I, 3; **Tu n'as qu'à...** *All you have to is . . . ,* II, 7

a : Il/Elle a... *He/She has . . . ,* II, 1

abandonne : J'abandonne. *I give up.* II, 7

les abdominaux (m. pl.) : **faire des abdominaux** *to do sit-ups,* II, 7

aborder *to approach,* II, 10

l' acajou (m.) *mahogany*

l' accès (m.) *access,* II, 2

l' accident (m.) : avoir un accident *to have an accident,* II, 9

D' accord. *OK.* I, 9; II, 7; **D'accord, si tu... d'abord.** *OK, if you . . . , first.* I, 7; **Bon, d'accord.** *Well, OK.* I, 8; **Je ne suis pas d'accord.** *I don't agree.* I, 7; **Tu es d'accord?** *Is that OK with you?* I, 7

accordons : Accordons nos vio-lons. *Let's come to an under-standing.* II, 4

accueillant *welcoming,* II, 1

achetait : Si on achetait... ? *How about buying . . . ?* II, 8

acheter *to buy,* I, 9; **Achète (-moi)...** *Buy (me) . . . ,* I, 8

l' acier (m.) *steel,* II, 12

l' addition (f.) *check, bill,* I, 5; **L'addition, s'il vous plaît.** *The check, please.* I, 5

adorer *to adore,* I, 1; **J'adore...** *I adore . . . ,* I, 1; *I love . . . ,* II, 1

l' adresse (f.) *skill,* II, 7

l' aérobic (f.) *aerobics,* I, 4; **faire de l'aérobic** *to do aerobics,* I, 4; II, 7

africain(e) *African (adj.),* II, 11

l' âge (m.) *age;* **Tu as quel âge?** *How old are you?* I, 1

âgé(e) *older,* I, 7

l' agneau (m.) *lamb,* II, 3

ai : J'ai... *I have...* I, 2; II, 1; **J'ai... ans.** *I am . . . years old.* I, 1; **J'ai besoin de...** *I need . . . ,* I, 8; **J'ai de la fièvre.** *I have a fever.* II, 7; **J'ai faim.** *I'm hungry.* I, 5; **J'ai l'intention de...** *I intend to . . . ,* I, 11; **J'ai mal au genou.** *My knee hurts.* II, 7; **J'ai soif.** *I'm thirsty.* I, 5; **Je n'ai pas de...** *I don't have . . . ,* I, 3

aider *to help,* II, 8; **(Est-ce que) je peux vous aider?** *May I help you?* I, 10; **Tu peux m'aider?** *Can you help me?* II, 10

l' ail (m.) *garlic,* II, 3

l' aile (f.) *wing,* II, 12

ailleurs *elsewhere,* II, 4

aimer *to like,* I, 1; **Ce que j'aime bien, c'est...** *What I like is . . . ,* II, 4; **Ce que je n'aime pas, c'est...** *What I don't like is . . . ,* II, 4; **J'aime bien...** *I like . . . ,* II, 1; **J'aime mieux...** *I prefer . . . ,* I, 1; II, 1; **Je n'aime pas...** *I don't like . . . ,* I, 1; II, 1; **Moi, j'aime (bien)...** *I (really) like . . . ,* I, 1; **Qu'est-ce que tu aimes comme musique?** *What music do you like?* II, 1; **Qu'est-ce que tu aimes faire?** *What do you like to do?* II, 1; **Tu aimes mieux... ou... ?** *Do you prefer . . . or . . . ?* I, 10; **Tu aimes... ?** *Do you like . . . ?* I, 1

aimerais : J'aimerais... pour aller avec... *I'd like . . . to go with . . . ,* I, 10

ainsi que *as well as,* II, 1

l' air (m.) : **avoir l'air...** *to seem . . . ,* II, 9; **Ça n'a pas l'air d'aller.** *Something's wrong?* II, 5; **Elle avait l'air...** *She seemed . . . ,* II, 12; **Tu n'as pas l'air en forme.** *You don't look well.* II, 7

ajouter *to add,* II, 3

l' algèbre (f.) *algebra,* I, 2

allait : Si on allait... ? *How about going . . . ?* II, 4

allé(e) (pp. of aller) *went,* I, 9; **Je suis allé(e)...** *I went . . . ,* I, 9; **Tu es allé(e) où?** *Where did you go?* I, 9

l' allemand (m.) *German (lan-guage),* I, 2

aller *to go,* I, 6; **l'aller-retour** (m.) *round-trip ticket,* II, 6; **l'aller simple** (m.) *one-way ticket,* II, 6; **aller à la pêche** *to go fishing,* II, 4; **Ça n'a pas l'air d'aller.** *Something's wrong!* II, 5; **Ça te dit d'aller... ?** *What do you think about going . . . ?* II, 4; **Ça va aller mieux!** *It's going to get better!* I, 9; II, 5; **On peut y aller...** *We can go there . . . ,* I, 12

l' **allergie** (f.) *allergy,* II, 7; **J'ai des allergies.** *I have allergies.* II, 7

Allez! *Come on!* II, 7; **Allez tout droit.** *Go straight ahead.* II, 2; **Allez au tableau!** *Go to the blackboard!* I, 0

Allô? *Hello?* I, 9

Allons... *Let's go . . . ,* I, 6; **Allons-y!** *Let's go!* I, 4

l' **allumette** (f.) *match,* II, 12

l' **allure** (f.) *style, elegance,* II, 4

Alors,... *So, . . .* II, 9

amener : amener à ébullition *bring to a boil,* II, 3

américain(e) *American* (adj.), II, 11

l' **ami(e)** *friend,* I, 1

l' **amitié** (f.) *friendship,* II, 10

amoureux (-euse) *in love,* II, 9; **tomber amoureux (-euse) (de quelqu'un)** *to fall in love (with someone),* II, 9

amusant(e) *funny,* I, 7; II, 1; *fun,* II, 11

l' **amuse-gueule** (m.) *appetizer, snack,* II, 10; **préparer les amuse-gueule** *to make party snacks,* II, 10

amusé(e) (pp. of s'amuser) : **Je me suis beaucoup amusé(e).** *I had a lot of fun.* II, 6; **Tu t'es amusé(e)?** *Did you have fun?* II, 6; **Tu t'es bien amusé(e)?** *Did you have fun?* I, 11

s' **amuser** *to have fun,* II, 4; **Amuse-toi bien!** *Have fun!* I, 11; **Qu'est-ce que tu fais pour t'amuser?** *What do you do to have fun?* I, 4

l' **an** (m.) *year,* I, 1; **avoir... ans** *to be . . . years old,* II, 1; **J'ai... ans.** *I am . . . years old.* I, 1; **Quand j'avais... ans,...** *When I was . . . years old, . . . ,* II, 8

l' **ananas** (m.) *pineapple,* I, 8; II, 4

l' **anglais** (m.) *English (language),* I, 1

l' **animal** (m.) *animal,* II, 12; **donner à manger aux ani-**

maux *to feed the animals,* II, 6; **nourrir les animaux** *to feed the animals,* II, 12

animé(e) *exciting,* II, 8

l' **anneau** (m.) *ring,* II, 12

l' **année** (f.) *year,* II, 1; **Bonne année!** *Happy New Year!* II, 3

l' **anniversaire** (m.) *anniversary; birthday,* I, 7; **Joyeux (Bon) anniversaire!** *Happy birthday!* II, 3

l' **anorak** (m.) *ski jacket,* II, 1

antillais(e) *from the Antilles,* II, 11

août *August,* I, 4; **en août** *in August,* I, 4

apercevoir *to notice,* II, 8

aplatir *to flatten,* II, 3

l' **appareil** (m.) *phone,* I, 9; **Qui est à l'appareil?** *Who's calling?* I, 9

l' **appareil-photo** (m.) *camera,* I, 11; II, 1

s' **appeler** *to call oneself, to be called,* I, 1; **Il/Elle s'appelle comment?** *What's his/her name?* I, 1; **Il/Elle s'appelle...** *His/Her name is . . . ,* I, 1; **Je m'appelle...** *My name is . . . ,* I, 1; **Tu t'appelles comment?** *What's your name?* I, 1

apporter *to bring,* I, 9; **Apportez-moi... , s'il vous plaît.** *Please bring me . . . ,* I, 5

apprécier *to appreciate,* II, 1

apprendre *to learn,* I, 0

l' **après-midi** (m.) *afternoon,* I, 2; *in the afternoon,* I, 2; **l'après-midi libre** (m.) *afternoon off,* I, 2

après *after,* I, 9; **Après ça,...** *After that, . . .* II, 4; **Après, je suis sorti(e).** *Afterwards, I went out.* I, 9; **Et après?** *And afterwards?* I, 9

l' **arbre** (m.) *tree,* I, 12; **mutiler les arbres** *to deface the trees,* II, 12

l' **argent** (m.) *money,* I, 11

l' **armoire** (f.) *armoire/wardrobe,* II, 2

arracher *to grab, snatch,* II, 8

arriver *to arrive,* II, 5; **Qu'est-ce qui t'arrive?** *What's wrong?* II, 5

les **arts plastiques** (m. pl.) *art class,* I, 2

as : De quoi est-ce que tu as besoin? *What do you need?* I, 8; **Qu'est-ce que tu as?** *What's wrong?* II, 7; **Qu'est-ce que tu as fait?** *What did you*

do? I, 9; **Tu as... ?** *Do you have . . . ?* I, 3; **Tu as... à quelle heure?** *At what time do you have . . . ?* I, 2; **Tu as quel âge?** *How old are you?* I, 1

l' **ascenseur** (m.) *elevator,* II, 2

Asseyez-vous! *Sit down!* I, 0

assez *sort of,* II, 9; **assez bien** *OK,* II, 6

l' **assiette** (f.) *plate,* I, 5; **les assiettes en carton** *paper plates,* II, 10

assister : assister à un spectacle son et lumière *to attend a sound and light show,* II, 6

l' **athlétisme** (m.) *track and field,* I, 4; **faire de l'athlétisme** *to do track and field,* I, 4

attendre *to wait for,* I, 9

l' **attrait** (m.) *attraction,* II, 11

au *to, at,* I, 6; *to, in (before a masculine noun),* I, 11; **Au revoir!** *Goodbye!* I, 1; **au métro...** *at the . . . metro stop,* I, 6

l' **auberge de jeunesse** (f.) *youth hostel,* II, 2

aucun(e) *no, none, any,* II, 9; **Aucune idée.** *No idea.* II, 9

aujourd'hui *today,* I, 2

aurais : J'aurais dû... *I should have . . . ,* II, 10; **J'aurais pu...** *I could have . . . ,* II, 10; **Tu aurais dû...** *You should have . . . ,* II, 10; **Tu aurais pu...** *You could have . . . ,* II, 10

aussi *also,* I, 1; **Moi aussi.** *Me too.* I, 2

autant de *as much, as many,* II, 10

l' **autobiographie** (f.) *autobiography,* II, 11

l' **automne** (m.) *autumn, fall,* I, 4; **en automne** *in the fall,* I, 4

autrefois *in the past,* II, 4

autrui *others, other people,* II, 11

aux *to, in (before a plural noun),* I, 11

avais : Quand j'avais... ans,... *When I was . . . years old, . . . ,* II, 8

avait : Elle avait l'air... *She seemed . . . ,* II, 12; **Il y avait...** *There was/were . . . ,* II, 8

avec *with,* I, 6; **avec moi** *with me,* I, 6; **Avec qui?** *With whom?* I, 6; **C'est avec qui?** *Who's in it?* II, 11; **C'est avec... . . . is (are) in it.** II, 11

l' **avenir** (m.) *future,* II, 1

avez : Oui, vous avez... ? *Yes,*

do you have . . . ? I, 10;
Qu'est-ce que vous avez comme... ? *What kind of . . . do you have?* I, 5; **Vous avez... ?** *Do you have . . . ?* I, 2

l' **avion** (m.) *plane,* I, 12; **en avion** *by plane,* I, 12

l' **avis** (m.) *opinion,* I, 9; **A mon avis,...** *In my opinion, . . . ,* II, 9; **A mon avis, tu te trompes.** *In my opinion, you're mistaken.* II, 9; **A ton avis, qu'est-ce que je dois faire?** *In your opinion, what should I do?* II, 10; **A ton avis, qu'est-ce que je fais?** *In your opinion, what do I do?* I, 9

l' **avocat** (m.) *avocado,* I, 8

avoir *to have,* I, 2 ; **avoir rendez-vous (avec quelqu'un)** *to have an appointment/a date (with someone),* II, 9; **avoir des responsabilités** *to have responsibilities,* II, 8; **avoir des soucis** *to have worries,* II, 8; **avoir faim** *to be hungry,* I, 5; **avoir l'air...** *to seem . . . ,* II, 9; **avoir soif** *to be thirsty,* I, 5; **avoir un accident** *to have an accident,* II, 9; **avoir... ans** *to be . . . years old,* II, 1

avons : Nous avons... *We have . . . ,* I, 2; **Nous avons parlé.** *We talked.* I, 9

avril *April,* I, 4; **en avril** *in April,* I, 4

ayant : ayant pu donner *having been able to give,* I, 2

B

la **baguette** *long, thin loaf of bread,* I, 12; II, 3; **la baguette magique** *magic wand,* II, 6

se **baigner** *to go swimming,* II, 4

le **bal** *dance, prom,* II, 1

le **balcon** *balcony,* II, 2

la **baleine** *whale,* II, 12

le **ballon** *ball,* II, 5

banal(e) *ordinary,* II, 3; **C'est banal.** *That's ordinary.* II, 3

la **banane** *banana,* I, 8

le **bananier** *banana tree,* II, 4

la **bande** *group of friends,* II, 10

la **bande dessinée (la B.D.)** *comic book,* II, 11

la **banlieue** *suburbs*

la **banque** *bank,* I, 12

le **baptême** *christening,* II, 6

barbant(e) *boring,* I, 2

le **base-ball** *baseball,* I, 4; **jouer au base-ball** *to play baseball,* I, 4

le **basket(-ball)** *basketball,* I, 4; **jouer au basket(-ball)** *to play basketball,* I, 4

les **baskets** (f. pl.) *a pair of sneakers,* I, 3; II, 1

le **bateau** *boat,* I, 12; **en bateau** *by boat,* I, 12; **faire du bateau** *to go sailing,* I, 11

le **bâtiment** *building,* II, 8

Bd (abbrev. of boulevard) (m.) *boulevard,* I, 6

beau (bel) *handsome,* II, 1; **Il fait beau.** *It's nice weather.* I, 4

Beaucoup. *A lot.* I, 4; **Oui, beaucoup.** *Yes, very much.* I, 2; **Pas beaucoup.** *Not very much.* I, 4

beaux : les beaux-arts (m. pl.) *fine arts,* II, 2

belle *beautiful,* II, 1; **C'est une belle histoire.** *It's a great story.* II, 11

le **besoin : De quoi est-ce que tu as besoin?** *What do you need?* I, 8; **J'ai besoin de...** *I need . . . ,* I, 8

la **bête** *beast, animal,* II, 6, 9; **bête** (adj.) *stupid,* II, 1

la **bêtise** *silly thing, blunder,* II, 8; **faire des bêtises** *to do silly things,* II, 8

le **beurre** *butter,* I, 8; II, 3

la **bibliothèque** *library,* I, 6; II, 2

bien *well,* I, 1; **bien se nourrir** *to eat well,* II, 7; **Ça te fera du bien.** *It'll do you good.* II, 7; **Il/Elle est vraiment bien, ton/ta...** *Your . . . is really great.* II, 2 ; **J'aime bien...** *I like . . . ,* II, 1; **J'en veux bien.** *I'd like some.* I, 8; **Je ne me sens pas bien.** *I don't feel well.* II, 7; **Je veux bien.** *Gladly.* I, 8; *I'd like to.* II, 1; *I'd really like to.* I, 6; **Moi, j'aime (bien)...** *I (really) like . . . ,* I, 1; **Très bien.** *Very well.* I, 1

Bien sûr. *Of course,* I, 3; II, 10; *Certainly,* I, 9; **Bien sûr que non.** *Of course not.* II, 10; **Bien sûr. C'est...** *Of course. They are (He/She/It is) . . . ,* II, 11

bientôt *soon,* I, 1; **A bientôt.** *See you soon.* I, 1

Bienvenue chez moi (chez nous). *Welcome to my home (our home),* II, 2

le **bifteck** *steak,* II, 3

bilingue *bilingual,* II, 1

le **billet** *ticket,* I, 11; **un billet d'avion** *plane ticket,* I, 11; II, 1; **un billet de train** *train ticket,* I, 11

la **biographie** *biography,* II, 11

la **biologie** *biology,* I, 2

la **bise** *kiss,* II, 1

blanc(he) *white,* I, 3

bleu(e) *blue,* I, 3; II, 1

le **bleuet** *blueberry,* II, 3

blond(e) *blond,* I, 7; II, 1

le **blouson** *jacket,* I, 10

le **blues** *blues (music),* II, 11

le **bobard** *lie, fib,* II, 9

le **bœuf** *beef,* I, 8; II, 3

Bof! *(expression of indifference),* I, 1; II, 8

boire *to drink,* I, 5; II, 3; **Qu'est-ce qu'il y a à boire?** *What is there to drink?* I, 5

le **bois** *wood,* II, 2; **en bois** *made of wood,* II, 2

la **boisson** *drink,* I, 5; **Qu'est-ce que vous avez comme boissons?** *What do you have to drink?* I, 5

la **boîte** *box,* II, 3; **une boîte de** *a can of,* I, 8; **une boîte de chocolats** *box of chocolates,* II, 3

le **bol** *bowl,* II, 3

bon *good,* I, 5; **Bon, d'accord.** *Well, OK.* I, 8; **Bon courage!** *Good luck!* I, 2; **Bon rétablissement!** *Get well soon!* II, 3; **Bon voyage!** *Have a good trip!* I, 11; **C'est bon pour toi.** *It's good for you.* II, 7; **C'est vraiment bon!** *It's really good!* II, 3; **Oui, très bon.** *Yes, very good.* I, 9; **pas bon** *not good,* I, 5; **Vous avez (Tu as) fait bon voyage?** *Did you have a good trip?* II, 2

bonne *good,* I, 4; **Bonne chance!** *Good luck!* I, 11; **Bonne fête!** *Happy holiday! (Happy saint's day!)* II, 3; **Bonne idée.** *Good idea.* I, 4; II, 3; **Bonnes vacances!** *Have a good vacation!* I, 11; **C'est une bonne idée.** *That's a good idea.* II, 1; **de bonne humeur** *in a good mood,* II, 9

le **bonbon** *candy,* II, 3

le **bonheur** *happiness,* II, 1

Bonjour. *Hello.* I, 1

le **bord : au bord de la mer** *to/at the coast,* I, 11

le **bossu** *hunchback,* II, 11

la **botte** *boot,* I, 10; II, 1

la **boucherie** *butcher shop,* II, 3

la boucle d'oreille *earring,* I, 10
la bougie *candle,* II, 3
le bouillon *broth,* II, 3
la boulangerie *bakery,* I, 12; II, 3
le boulghour *bulgur wheat,* II, 3
la boum *party,* I, 6; **aller à une boum** *to go to a party,* I, 6; **faire une boum** *to give a party,* II, 10
la bourse *purse,* II, 4
bousculer *to be swept off one's feet,* II, 10
la boussole *compass,* II, 12
le bout *end,* II, 9; **à l'autre bout** *at the other end,* II, 9
la bouteille *bottle,* I, 8; **une bouteille de** *a bottle of,* I, 8
la boutique de cadeaux *gift shop,* II, 3
le bracelet *bracelet,* I, 3
la branche *branch,* II, 12
le bras *arm,* II, 7; **J'ai mal au bras.** *My arm hurts.* II, 7
Bravo! *Terrific!* II, 5
Bref,... *Anyway, . . . ,* II, 9
le bretzel *pretzel,* II, 7
la brique : Ça casse pas des briques. *It's not earth-shattering.* II, 11
se brosser : se brosser les dents *to brush one's teeth,* II, 4
la brousse *the bush,* II, 8
le bruit *noise,* II, 8, 12
brûler *to burn,* II, 6
brun(e) *brunette,* I, 7; *dark brown (hair),* II, 1
bruyant(e) *noisy,* II, 8
le bureau *desk,* II, 2
le bulletin trimestriel *report card,* II, 5
le bus *bus,* I, 12; **en bus** *by bus,* I, 12; **rater le bus** *to miss the bus,* II, 5

C

ça : Ça fait combien? *How much does that make?* II, 3; **Ça fait combien, s'il vous plaît?** *How much is it, please?* I, 5; **Ça fait... francs.** *It's . . . francs.* I, 5; **Ça ne me dit rien.** *I don't feel like it.* I, 4; *That doesn't interest me.* II, 1; **Ça se voit.** *That's obvious.* II, 9; **Ça te dit d'aller... ?** *What do you think about going . . . ?* II, 4; **Ça te dit de... ?** *Does . . . sound good to you?* II, 1; **Ça va. Fine.** I, 1; **Ça va?** *How are things going?* I, 1; **Ça, c'est... ** *This is . . . ,* I, 12; II, 2;

Comment ça s'est passé? *How did it go?* II, 5; **Et après ça,...** *And after that, . . . ,* I, 9; **Merci, ça va.** *No thank you, I've had enough.* II, 3; **Non, ça va.** *No, I'm fine.* II, 2; **Oui, ça a été.** *Yes, it was fine.* I, 9
la cacahuète *peanut,* II, 7
le cacao *cocoa,* II, 8
cacher *to hide,* II, 5
le cachot *dungeon,* II, 6
le caddie® *shopping cart,* II, 3
le cadeau *gift,* I, 11; **Tu as une idée de cadeau pour... ?** *Do you have a gift idea for . . . ?* II, 3; **la boutique de cadeaux** *gift shop,* II, 3
le cadre *photo frame,* II, 3; *setting, surroundings,* II, 6, 12; **un cadre rustique** *a country (rustic) atmosphere,* II, 1
le café *coffee,* I, 5; *café,* I, 5; **le café au lait** *coffee with milk,* II, 3
le cahier *notebook,* I, 3
la caisse *ticket window,* II, 6
la calculatrice *calculator,* I, 3
la calèche *four-wheeled carriage*
le calisson *calisson (a type of sweet made with ground almonds)*
calme *calm,* II, 8
cambodgien(ne) *Cambodian (adj.),* II, 1
le camp : ficher le camp *to leave quickly, "scram,"* II, 5
la campagne *countryside,* I, 11; **à la campagne** *to/at the countryside,* I, 11
le camping *camping,* I, 11; **faire du camping** *to go camping,* I, 11; II, 12; **terrain de camping (m.)** *campground,* II, 2
canadien(ne) *Canadian (adj.),* II, 11
le canard *duck,* II, 12
le canari *canary,* I, 7
la canne à pêche *fishing pole,* II, 12
la cannelle *cinnamon,* II, 3
le canotage *canoeing,* II, 12; **faire du canotage** *to go canoeing,* II, 12
la cantine *cafeteria,* I, 9; **à la cantine** *at the school cafeteria,* I, 9
la capitale *capital,* II, 4
le car *bus (intercity),* II, 6
le cardigan *sweater,* I, 10
la carence *deficiency,* II, 7
la carotte *carrot,* I, 8
carré(e) *square,* II, 1
le carré d'agneau *rack of lamb,* II, 3

la carte *map,* I, 0; **La carte, s'il vous plaît.** *The menu, please.* I, 5
les cartes (f. pl.) *cards,* I, 4; **jouer aux cartes** *to play cards,* I, 4
la cascade *waterfall,* II, 4
la case *box,* II, 10; *hut,* II, 11
la casquette *cap,* I, 10
casser (avec quelqu'un) *to break up (with someone),* II, 9; **Ça casse pas des briques.** *It's not earth-shattering.* II, 11; **se casser...** *to break one's . . . ,* II, 7
la cassette *cassette tape,* I, 3
la cathédrale *cathedral,* II, 2
le cauchemar *nightmare,* I, 11; **C'était un véritable cauchemar!** *It was a real nightmare!* I, 11
ce *this; that,* I, 3; **Ce sont...** *These/those are . . . ,* I, 7
ce que *what (obj.),* II, 4; **Ce que j'aime bien, c'est...** *What I like is . . . ,* II, 4; **Ce que je n'aime pas, c'est...** *What I don't like is . . . ,* II, 4; **Ce que je préfère, c'est...** *What I prefer is . . . ,* II, 4; **Tu sais ce que... ?** *Do you know what . . . ?* II, 9
ce qui *what (subj.),* II, 4; **Ce qui m'ennuie, c'est...** *What bothers me is . . . ,* II, 4; **Ce qui me plaît, c'est...** *What I like is . . . ,* II, 4; **Ce qui ne me plaît pas, c'est...** *What I don't care for is . . . ,* II, 4
la ceinture *belt,* I, 10
le centre commercial *mall,* I, 6
les céréales (f. pl.) *cereal,* II, 3
le cerveau *brain,* II, 7
ces *these; those,* I, 3
C'est... *It's . . . ,* I, 2; II, 11; *This is . . . ,* I, 7; **C'est-à-dire que...** *That is, . . . ,* II, 9; **C'est combien?** *How much is it?* I, 3; **C'est comment?** *What's it like?* II, 4; **Ça, c'est...** *This is . . . ,* II, 2; **Non, c'est...** *No, it's . . . ,* I, 4; **Non, c'est impossible.** *No, that's impossible.* I, 7; **Oui, c'est...** *Yes, it's . . . ,* I, 4
cet *this; that,* I, 3
C'était... *It was . . . ,* II, 6
cette *this; that,* I, 3
la chaîne stéréo *stereo,* II, 2
la chaise *chair,* I, 0
la chaleur *warmth,* II, 4
la chambre *bedroom,* I, 7; II, 2;

ranger ta chambre *to pick up your room*, I, 7

le champignon *mushroom*, I, 8

le champ de canne à sucre (m.) *sugarcane field*, II, 4

la chance *luck*, I, 11; **Bonne chance!** *Good luck!* I, 11; **C'est pas de chance, ça!** *Tough luck!* II, 5

la chanson *song*, II, 11

le **chant** *song*, II, 12

chanter *to sing*, I, 9

le chanteur *(male) singer*, II, 11

la chanteuse *(female) singer*, II, 11

le chapeau *hat*, I, 10; **Chapeau!** *Well done!* II, 5

la charcuterie *delicatessen*, II, 3

charmant(e) *charming*, II, 4

la chasse gardée *private ground*, II, 11

le chat *cat*, I, 7

châtain (inv.) *brown (hair)*, II, 1

le château *château/castle*, II, 6

la châtelaine *lady of the nobility*, II, 6

chaud *hot*, I, 4; **Il fait chaud.** *It's hot.* I, 4

chauffer *to heat*, II, 3

la chaussette *sock*, I, 10

la chaussure *shoe*, I, 10

la chemise *shirt (men's)*, I, 10

le chemisier *shirt (women's)*, I, 10

le chèque de voyage *traveler's check*, II, 1

cher (chère) *expensive*, I, 10; **C'est trop cher.** *It's too expensive.* I, 10; II, 3

chercher *to look for*, I, 9; **Je cherche quelque chose pour...** *I'm looking for something for . . .*, I, 10

les **cheveux** (m. pl.) *hair*, II, 1

la cheville *ankle*, II, 7; **se fouler la cheville** *to sprain one's ankle*, II, 7

le chèvre *goat cheese*, II, 3

chez... *to/at . . . 's house*, I, 6; **Bienvenue chez moi (chez nous).** *Welcome to my home (our home)*, II, 2; **chez le disquaire** *at the record store*, I, 12; **Faites/Fais comme chez vous/toi.** *Make yourself at home.* II, 2; **Je suis bien chez... ?** *Is this . . . 's house?* I, 9

chic *chic*, I, 10

le chien *dog*, I, 7; **promener le chien** *to walk the dog*, I, 7

le **chien chaud** *hot dog*, II, 12

le **chiffre** *number*, II, 1

la chimie *chemistry*, I, 2

la **chipie** *rascal (for a girl only)*, II, 10

le chocolat *chocolate*, I, 1; *hot chocolate*, I, 5

choisi (pp. of choisir) *decided, chosen*, I, 5; **Vous avez choisi?** *Have you decided/chosen?* I, 5

choisir *to choose, to pick*, I, 10; **choisir la musique** *to choose the music*, II, 10

la chorale *choir*, I, 2

la chose *thing*, I, 12; **J'ai quelque chose à faire.** *I have something else to do.* II, 10; **J'ai des tas de choses (trucs) à faire.** *I have lots of things to do.* I, 12; **Quelque chose ne va pas?** *Is something wrong?* II, 7

le **chou** *cabbage*, II, 3

le **chou-fleur** *cauliflower*, II, 3

chouette *very cool*, II, 2; **Oui, très chouette.** *Yes, very cool.* I, 9

la chute d'eau *waterfall*, II, 4

le **ciel** *sky*, II, 5

le **cimetière** *cemetery*, II, 2

le **cinéma** *the movies*, I, 1; *movie theater*, I, 6

le **circuit** *tour*, II, 6; **faire un circuit des châteaux** *to tour some châteaux*, II, 6

le **citron** *lemon*, I, 8

le **citron pressé** *lemonade*, I, 5

le **classeur** *loose-leaf binder*, I, 3

le **clavecin** *harpsicord*, II, 2

clignoter *to blink*, II, 9

climatisé(e) *air-conditioned*, II, 2

le **clin d'œil** *the blink of an eye*, II, 8

le **clocher** *church tower*, II, 2

le **clown : Tu ne dois pas faire le clown en classe!** *You shouldn't goof off in class!* II, 5

le **coca** *cola*, I, 5

cocher *to check off*, II, 10

le **cocotier** *coconut tree*, II, 4

le **cœur** *heart*, II, 12; **J'ai mal au cœur.** *I'm sick to my stomach.* II, 7

le **coin** *corner;* I, 12; **au coin de** *on the corner of*, I, 12

le **collant** *hose*, I, 10

collé(e) : être collé(e) *to have detention*, II, 5

le **colombo de cabri** *a type of spicy goat stew*, II, 3

la colonie : en colonie de vacances *to/at a summer camp*, I, 11

coloré(e) *colorful*, II, 4

combien *how much, how many*, I, 5; **C'est combien,... ?** *How much is . . . ?* I, 5; **C'est combien?** *How much is it?* I, 3; **C'est combien, l'entrée?** *How much is the entrance fee?* II, 6; **Ça fait combien?** *How much is it?* I, 10; *How much does that make?* II, 3; **Ça fait combien, s'il vous plaît?** *How much is it, please?* I, 5; **Combien coûte(nt)... ?** *How much is (are). . . ?* II, 3; **Combien en voulez-vous?** *How many (much) do you want?* II, 3

comme : Comme ci, comme ça. *So-so.* I, 1; II, 6; **Qu'est-ce que tu fais comme sport?** *What sports do you play?* I, 4; **Qu'est-ce que vous avez comme... ?** *What kind of . . . do you have?* I, 5; **Qu'est-ce que vous avez comme boissons?** *What do you have to drink?* I, 5

commencer *to begin, to start*, I, 9; **Ça commence à quelle heure?** *At what time does it start?* II, 11

comment *what*, I, 0; *how*, I, 1; **(Comment) ça va?** *How's it going?* I, 1; **C'est comment?** *What's it like?* II, 4; **C'était comment?** *How was it?* II, 6; *What was it like?* II, 8; **Comment tu trouves... ?** *What do you think of . . . ?* I, 2; **Comment tu trouves ça?** *What do you think of that/it?* I, 2 ; *How do you like it?* I, 5; **Il/Elle est comment?** *What is he/she like?* I, 7; **Ils/Elles sont comment?** *What are they like?* I, 7; **Tu t'appelles comment?** *What is your name?* I, 0

commenté(e) : un circuit commenté *guided walk*, II, 2

la commode *chest of drawers*, II, 2

comprendre *to understand*, II, 5; **J'ai du mal à comprendre.** *I have a hard time understanding.* II, 5

compris (pp. of comprendre): **Tu as compris?** *Did you understand?* II, 1

concassé(e) *crushed*, II, 3

le **concentré** *purée*, II, 3

le concert *concert*, I, 1

le **concombre** *cucumber*, II, 3

le **concours** *competition*, II, 4

la condition *condition, shape*, II, 7; **se mettre en condition** *to* get into shape, II, 7

conduire *to drive*, II, 8; **conduire une voiture** *to drive a car*, II, 8

se confier à *to confide in*, II, 10

la confiserie *candy shop*, II, 3

la confiture *jam*, I, 8

connais : Je ne connais pas. *I'm not familiar with them (him/her/it).* II, 11; **Tu connais la nouvelle?** *Did you hear the latest?* II, 9; **Tu connais... ?** *Are you familiar with . . . ?* II, 11

la connaissance *acquaintance*, II, 10; **faire la connaissance de** *to make someone's acquaintance*, II, 10

conseiller *to advise, to counsel;* **Qu'est-ce que tu me conseilles?** *What do you advise me to do?* I, 9; *What do you think I should do?* II, 10

consommer *to eat, to consume*, II, 7; **consommer trop de sucre** *to eat too much sugar*, II, 7

content(e) *happy*, I, 7

continuer *to continue*, I, 12; **Vous continuez jusqu'au prochain feu rouge.** *You keep going until the next light.* I, 12

contre *against*, II, 2

cool *cool*, I, 2; **Il/Elle est cool, ton/ta...** *Your . . . is cool.* II, 2

le coquillage *shellfish*, II, 7

le côté : à côté de *next to*, I, 12; II, 2

le coton *cotton*, I, 10; **en coton** *(made of) cotton*, I, 10

le cou *neck*, II, 7; **J'ai mal au cou.** *My neck hurts.* II, 7

la couche *layer*, II, 3

se coucher *to go to bed*, II, 4

coule : J'ai le nez qui coule. *I've got a runny nose.* II, 7

la couleur *color*, I, 3; **De quelle couleur est... ?** *What color is . . . ?* I, 3

le couloir *hallway*, II, 2

le country *country (music)*, II, 11

le coup *strike, blow, hit*, II, 7, 9; **un coup de main** *a helping hand*, II, 10

coupé(e) *cut*, II, 3

coupe : Ça coupe l'appétit. *It spoils your appetite.* II, 3

se couper *to cut one's (part of the body)*, II, 7; **se couper le doigt** *to cut one's finger*, II, 7

la cour *court (of a king or queen)*, II, 6

Courage! *Hang in there!* II, 5

le coureur *runner*, II, 4

le cours *course*, I, 2; **cours de développement personnel et social (DPS)** *health*, I, 2; **Tu as quels cours... ?** *What classes do you have . . . ?* I, 2

les courses (f. pl.) *shopping; errands*, I, 8; **faire les courses** *to do the shopping*, I, 7; **J'ai des courses à faire.** *I have errands to do.* I, 5; **Tu peux aller faire les courses?** *Can you do the shopping?* I, 8

court(e) *short (objects)*, I, 10; *(hair)*, II, 1

le cousin *male cousin*, I, 7

la cousine *female cousin*, I, 7

coûte : Combien coûte(nt)... ? *How much is (are) . . . ?* II, 3

craque : Je craque! *I'm losing it!* II, 7

la cravate *tie*, I, 10

le crayon *pencil*, I, 3

la crème *cream*, II, 3; **crème fraîche** *a type of thick, heavy cream*, II, 3; **de la crème contre les insectes** *insect repellent*, II, 12

la crémerie *dairy*, II, 3

la crêpe *a very thin pancake*, I, 5

creuser *to dig*, II, 8

crève : Je crève de faim! *I'm dying of hunger!* II, 12

crevé(e) : Si, je suis crevé(e). *Yes, I'm exhausted.* II, 2

la crevette *shrimp*, II, 3

crier *to yell, scream*, II, 5

croire *to believe*, II, 6, 9

crois : Je crois que... *I think that . . . ,* II, 9; **Je ne crois pas.** *I don't think so.* II, 9

la croissance *growth, development*, II, 7

le croissant *croissant*, II, 3

le croque-monsieur *toasted ham and cheese sandwich*, I, 5

cru(e) *uncooked*, I, 5

la cuillerée *spoonful*, II, 3; **cuillerée à soupe** *tablespoonful*, II, 3; **cuillerée à thé** *teaspoonful*, II, 3

le cuir *leather*, I, 10; **en cuir** *(made of) leather*, I, 10

cuire *to cook, to bake*, II, 3

la cuisine *kitchen*, II, 2

D

D'abord,... *First, . . . ,* II, 1; **D'abord, j'ai fait...** *First, I did . . . ,* I, 9

D'accord. *OK.* I, 4; II, 1; **Bon, d'accord.** *Well, OK.* I, 8;

D'accord, si tu... d'abord. *OK, if you . . . , first.* I, 7; **Je ne suis pas d'accord.** *I don't agree.* I, 7; **Tu es d'accord?** *Is that OK with you?* I, 7

d'habitude *usually*, I, 4

dangereux (-euse) *dangerous*, II, 8

dans *in*, I, 6

la danse *dance*, I, 2

danser *to dance*, I, 1; **danser le zouk** *to dance the zouk*, II, 4

la date *date*, II, 10

la daube de lapin *rabbit stew*, II, 3

la daurade *sea bream (a type of fish)*, II, 4

davantage *more*, II, 5

de *from*, I, 0; *of*, I, 0; **de l'** *some*, I, 8; **de la** *some*, I, 8; **de taille moyenne** *of medium height*, II, 1; **Je n'ai pas de...** *I don't have . . . ,* I, 3; **Je ne fais pas de...** *I don't play/do. . . ,* I, 4

débarrasser la table *to clear the table*, I, 7

debout *standing up*, II, 5

décembre *December*, I, 4; **en décembre** *in December*, I, 4

les déchets (m. pl.) *trash*, II, 12; **jeter (remporter) les déchets** *to throw away (to take with you) your trash*, II, 12

déchirer *to rip*, II, 5

décidé (pp. of décider): **Vous avez décidé de prendre... ?** *Have you decided to take . . . ?* I, 10

se décourager *to become discouraged*, II, 1

la découverte *discovery*, II, 6

découvrir *to discover*, II, 2

la défaite *defeat*, II, 7

le dégât *damage*, II, 7

dégoûtant(e) *gross*, I, 5

déguster *to taste, enjoy*, II, 4

déjà *already*, I, 9; **Il/Elle en a déjà un(e).** *He/She already has one (of them).* II, 3

le déjeuner *lunch*, I, 2; **déjeuner** *to have lunch*, II, 9

le délice *delight*, II, 3

délicieux (-euse) *delicious*, I, 5; **C'était délicieux!** *That was delicious!* II, 3

le deltaplane : faire du deltaplane *to hang glide*, II, 4

demain *tomorrow*, I, 2; **A demain.** *See you tomorrow.* I, 1

demande : Je me demande... *I wonder . . . ,* II, 9

demander *to ask*, II, 2; **demander la permission à tes parents** *to ask your parents' permission*, II, 10; **demander pardon à (quelqu'un)** *to ask (someone's) forgiveness*, II, 10

la **demeure** *residence*, II, 6

demi(e) : et demi *half past (after midi and minuit)*, I, 6; **et demie** *half past*, I, 6; une **demi-heure** *half an hour*, II, 4

démodé(e) *out of style*, I, 10

la **dent** *tooth*, II, 7; **J'ai mal aux dents.** *My teeth hurt.* II, 7; **se brosser les dents** *to brush one's teeth*, II, 4

le **dépaysement** *change of scenery*

déposer *to deposit*, I, 12

déprimant(e) *depressing*, II, 11

déprimé(e) *depressed*, II, 9

depuis *since*, II, 5

se dérouler *to take place*, II, 4

derrière *behind*, I, 12

des *some*, I, 3

se désaltérer *to quench one's thirst*, II, 5

descendre *to go down*, II, 6

désert(e) *deserted*, II, 12

désirer : Vous désirez? *What would you like?* I, 10

Désolé(e). *Sorry.* I, 5; II, 10; **Désolé(e), je suis occupé(e).** *Sorry, I'm busy.* I, 6; **Désolé(e), mais je ne peux pas.** *Sorry, but I can't.* I, 4

le **dessert** *dessert*, II, 3

se détendre *to relax*

devant *in front of*, I, 6

devenir *to become*, II, 6

devine : Devine ce que... *Guess what . . .* , II, 9; **Devine qui...** *Guess who . . .* , II, 9

devineras : Tu ne devineras jamais ce qui s'est passé. *You'll never guess what happened.* II, 9

devoir *to have to, must*, II, 7

les **devoirs** (m. pl.) *homework*, I, 2; **faire ses devoirs** *to do homework*, I, 7

devrais : Tu devrais... *You should . . .* , I, 9; II, 7; **Tu ne devrais pas...** *You shouldn't . . .* , II, 7

le **dictionnaire** *dictionary*, I, 3

différent(e) *different*, II, 8

difficile *hard*, I, 2

dimanche *Sunday*, I, 2; **le dimanche** *on Sundays*, I, 2

le **dîner** *dinner*, I, 8; **dîner** *to have dinner*, I, 9

dingue *crazy*, II, 9

dire *to say, to tell*, I, 9; **Ça ne me dit rien.** *That doesn't interest me.* I, 4; II, 1; **Ça te dit d'aller... ?** *What do you think about going . . . ?* II, 4; **Ça te dit de... ?** *Does . . . sound good to you?* II, 1; **dire à (quelqu'un) que...** *to tell (someone) that . . .* , II, 10; **Dis vite!** *Let's hear it!* II, 9; **Dis-lui/-leur que...** *Tell him/her/them that . . .* , II, 10; **écouter ce qu'il/elle dit** *to listen to what he/she says*, II, 10; **il dit** *he says*, II, 5; **Vous pouvez lui dire que j'ai téléphoné?** *Can you tell her/ him that I called?* I, 9

disponible *available*, II, 2

se disputer (avec quelqu'un) *to have an argument (with someone)*, II, 9

le **disquaire** *record store*, I, 12; **chez le disquaire** *at the record store*, I, 12

le **disque compact/le CD** *compact disc/CD*, I, 3

dissoudre *to disband, to dissolve*, II, 11

la **diversité** *diversity*, II, 2

le **doigt** *finger*, II, 7; **se couper le doigt** *to cut one's finger*, II, 7

dois : A ton avis, qu'est-ce que je dois faire? *In your opinion, what should I do?* II, 10; **Non, tu dois...** *No, you've got to . . .* , I, 7; **Qu'est-ce que je dois... ?** *What should I . . . ?* II, 1

doit : On doit... *Everyone should . . .* , II, 7

le **don** *gift*, II, 6

Donc,... *Therefore, . . .* , II, 9

le **donjon** *castle keep*, II, 6

donner *to give*, I, 5; **donner à manger aux animaux** *to feed the animals*, II, 6; **Donnez-moi... , s'il vous plaît.** *Please give me . . .* , I, 5

dorer *to brown*, II, 3

dormi (pp. of dormir) *slept*, II, 7; **J'ai mal dormi.** *I didn't sleep well.* II, 7

dormir *to sleep*, I, 1

le **dos** *back*, II, 7; **J'ai mal au dos.** *My back hurts.* II, 7

la **douane** *customs*, II, 1

la **douceur** *sweetness*, II, 4

doué(e) *talented*, II, 5

doux (douce) *mild*, II, 1

la **douzaine** *dozen*, I, 8; **une douzaine de** *a dozen*, I, 8

le **droit** *the right to do something*, II, 8

la **droite** *right (direction)*, I, 12; à

droite *to the right*, I, 12; **à droite de** *to the right of*, II, 2; **sur la droite** *on the right*, II, 2

drôle *funny*, II, 11; **C'est drôle.** *It's funny.* II, 11

du *some*, I, 8

dû (pp. of devoir): **J'aurais dû...** *I should have . . .* , II, 10; **Tu aurais dû...** *You should have . . .* , II, 10

dur(e) *hard*, II, 3; *tough, difficult*, II, 4

E

l' **eau** (f.) *water*, I, 5; **l'eau minérale** *mineral water*, I, 5; **la chute d'eau** *waterfall*, II, 4; **le sirop de fraise (à l'eau)** *water with strawberry syrup*, I, 5

l' **ébène** (f.) *ebony*, II, 8

l' **ébullition** (f.) *boiling, a boil*, II, 3; **amener à ébullition** *bring to a boil*, II, 3

écartelé(e) *to be torn (between two things)*, II, 10

l' **échange** (m.) *exchange*; **échanges franco-américains** *Franco-American exchange programs*, II, 1

l' **écharpe** (f.) *scarf*, I, 10; II, 1

éclater *to burst*, II, 11

l' **école** (f.) *school*, I, 1

écouter *to listen*, I, 1; **écouter ce qu'il/elle dit** *to listen to what he/she says*, II, 10; **écouter de la musique** *to listen to music*, I, 1; **Ecoutez!** *Listen!* I, 0; **Je t'écoute.** *I'm listening.* I, 9; II, 10

l' **écran** (m.) *screen*, II, 1

écrasé(e) *crushed*, II, 3

écris : Ecris-lui/-leur. *Write to him/her/them.* II, 10

l' **écrivain** (m.) *writer, author*, II, 4

s' écrouler *to collapse, fall down*, II, 5

l' **écureuil** (m.) *squirrel*, II, 12

l' **édredon** (m.) *comforter*, II, 9

l' **éducation physique et sportive (EPS)** (f.) *physical education*, I, 2

l' **effort** (m.) *effort, try*, II, 7; **Encore un effort!** *One more try!* II, 7

égaré(e) *lost*, II, 11

l' **église** (f.) *church*, II, 2

l' **élève** (m./f.) *student*, I, 2

s' éloigner *to distance oneself*, II, 10

l' **émail (les émaux)** (m.) *enamel work*, II, 2

embêtant(e) *annoying,* I, 7; II, 1

embête : Ça t'embête de... ? *Would you mind . . . ?* II, 10

emmener *to take (someone) along,* II, 8

empêcher *to stop (from doing something),* II, 10

emporter *to bring (with you),* II, 12

emprunter *to borrow,* I, 12

en *some, of it, of them, any, none,* I, 8; *to, in (before a feminine country),* I, 11; **Combien en voulez-vous?** *How many (much) do you want?* II, 3; **en coton** *(made of) cotton,* I, 10; **en cuir** *(made of) leather,* I, 10; **en dépit de** *in spite of,* II, 11; **en effet** *indeed,* II, 10; **en face de** *across from,* II, 2; **en jean** *(made of) denim,* I, 10; **en voie de** *in the process of,* II, 12; **Il/Elle en a déjà un(e).** *He/She already has one (of them).* II, 3; **Je n'en peux plus!** *I just can't do any more!* II, 7; **Je n'en veux plus.** *I don't want anymore.* I, 8; **Je ne t'en veux pas.** *No hard feelings.* II, 10; **J'en veux bien.** *I'd like some.* I, 8; **Je vais (en) prendre...** *I'll take . . . ,* II, 3; **Oui, j'en veux bien.** *Yes, I'd like some.* I, 8; **T'en fais pas.** *Don't worry.* II, 5; **Tu n'as pas l'air en forme.** *You don't seem too well.* II, 7; **Tu ne m'en veux pas?** *No hard feelings?* II, 10; **Vous avez ça en... ?** *Do you have that in . . . ? (size, fabric, color),* I, 10

encore *again;* **Encore de... ?** *More . . . ?* I, 8; **Encore un effort!** *One more try!* II, 7; **Encore... ?** *Some more . . . ?* II, 3

l' **endroit** (m.) *place,* I, 12

énervé(e) *annoyed,* II, 9

l' **enfant** (m./f.) *child,* I, 7

Enfin,... *Finally, . . . ,* II, 1; **Enfin, je suis allé(e)...** *Finally, I went . . . ,* I, 9

ennuie : Ça t'ennuie de... ? *Would you mind . . . ?* II, 10; **Ce qui m'ennuie, c'est...** *What bores me is . . . ,* II, 4; **On ne s'ennuie pas.** *You're never bored. (One does not get bored.)* II, 11

ennuyé(e) *bored,* II, 6; **Je me suis ennuyé(e).** *I was bored.* II, 6

ennuyer *to bother,* II, 8

ennuyeux (-euse) *boring,* II, 6; **C'était ennuyeux.** *It was boring.* I, 5

enseveli(e) *buried,* II, 8

Ensuite,... *Next, . . . ,* II, 1; *Then, . . . ,* II, 12

entendre *to hear,* II, 5; **entendre le réveil** *to hear the alarm clock,* II, 5

Entendu. *OK.; Agreed.* I, 6

l' **entente** (f.) *harmony,* II, 11

enterrer *to bury,* II, 8

s' **entraider** *to help each other,* II, 10

entraîner *to carry along,* II, 12

s' **entraîner à...** *to train for (a sport),* II, 7

entre *between,* I, 12

l' **entrée** (f.) *first course,* II, 3; *entrance fee,* II, 6; **C'est combien, l'entrée?** *How much is the entrance fee?* II, 6

entrer *to enter,* II, 6

l' **enveloppe** (f.) *envelope,* I, 12

l' **envie** (f.) *desire, need;* **J'ai envie de...** *I feel like . . . ,* I, 11; **Non, je n'ai pas très envie.** *No, I don't feel like it.* II, 7; **Tu as envie de... ?** *Do you feel like . . . ?* II, 1

les **environs** (m. pl.) *surroundings,* II, 12

envoyer *to send,* I, 12; **envoyer des lettres** *to send letters,* I, 12; **envoyer les invitations** *to send the invitations,* II, 10

l' **épicerie** (f.) *(small) grocery store,* I, 12

épouser *to marry,* II, 8

épouvantable *horrible, terrible,* I, 11; **passer une journée épouvantable** *to have a horrible day,* II, 5; **C'était épouvantable.** *It was horrible.* I, 11; II, 9

l' **épreuve** (f.) : **à toute épreuve** *solid, unfailing,* II, 10

l' **équilibre** (m.) *balance,* II, 7

l' **équitation** (f.) *horseback riding,* I, 1; **faire de l'équitation** *to go horseback riding,* I, 1

l' **érable** (m.) *maple*

es : Tu es allé(e) où? *Where did you go?* I, 9; **Tu es d'accord?** *Is that OK with you?* I, 7

l' **escalier** (m.) *stairs,* II, 2

les **escargots** (m.) *snails,* I, 1; II, 3

l' **espagnol** (m.) *Spanish (language),* I, 2

essayer *to try; to try on,* I, 10; **Je peux essayer... ?** *Can I try*

on . . . ? I, 10; **Je peux l'(les) essayer?** *Can I try it (them) on?* I, 10

est : Il/Elle est... *He/She is . . . ,* I, 7; **Il/Elle est comment?** *What is he/she like?* I, 7; **Qu'est-ce qui s'est passé?** *What happened?* I, 9; **Quelle heure est-il?** *What time is it?* I, 6; **Qui est à l'appareil?** *Who's calling?* I, 9

Est-ce que *(Introduces a yes-or-no question),* I, 4; **(Est-ce que) je peux... ?** *May I . . . ?* I, 7

l' **est** (m.) *east,* II, 4; **dans l'est** *in the east,* II, 4; **C'est à l'est de...** *It's to the east of . . . ,* II, 12

et *and,* I, 1; **Et après ça,...** *And after that, . . . ,* I, 9; **Et toi?** *And you?* I, 1

l' **étage** (m.) *floor (of a building),* II, 2; **le premier étage** *second floor,* II, 2

l' **étagère** (f.) *shelf,* II, 2

étais : J'étais... *I was . . . ,* II, 12

était : C'était comment? *What was it like?* II, 8; **C'était épouvantable.** *It was horrible.* I, 9; **C'était tellement différent?** *Was it really so different?* II, 8

l' **été** (m.) *summer,* I, 4; **en été** *in the summer,* I, 4

été (pp. of être): **Oui, ça a été.** *Yes, it was fine.* I, 9

étendu(e) *vast,* II, 8

éternue : J'éternue beaucoup. *I'm sneezing a lot.* II, 7

l' **étoile** (f.) *star,* II, 4

étonné(e) *surprised,* II, 9

étonnerait : Ça m'étonnerait! *I doubt it!* II, 6

étrange *strange,* II, 12

l' **étranger** (m.) : **à l'étranger** *abroad,* II, 1

être *to be,* I, 7; **Ça s'est très bien passé!** *It went really well!* II, 5; **Comment ça s'est passé?** *How did it go?* II, 5; **être collé(e)** *to have detention,* II, 5; **être en train de** *to be in the process of (doing something),* II, 9; **Il/Elle est...** *He/She is . . . ,* I, 7; II, 1

l' **étude** (f.) *study hall,* I, 2

étudier *to study,* I, 1

Evidemment. *Obviously.* II, 9

éviter *to avoid,* II, 7; **Evite/Evitez de fumer.** *Avoid smoking.* II, 7 l' **examen** (m.) *exam, test,* I, 1; **passer un examen** *to take a test,* I, 9

excellent(e) *excellent,* I, 5; **Oui, excellent.** *Yes, excellent.* I, 9; II, 2

l' **excitant** (m.) *stimulant,* II, 7

s' **excuser** *to apologize,* II, 10; **Excuse-moi.** *Forgive me.* II, 10; **Excuse-toi.** *Apologize.* II, 10

excusez : Excusez-moi. *Excuse me.* I, 3

l' **exercice** (m.) *exercise,* II, 7; **faire de l'exercice** *to exercise,* II, 7

expliquer *to explain,* II, 10; **Explique-lui/-leur.** *Explain to him/her/them.* II, 10; **expliquer ce qui s'est passé (à quelqu'un)** *to explain what happened (to someone),* II, 10

l' **exposé** (m.) *oral presentation,* II, 5

F

face : en face de *across from,* I, 12; II, 2

fâché(e) *angry,* II, 9

facile *easy,* I, 2

faciliter *to make easier, facilitate,* II, 7

la **façon** *way,* II, 1

le **faible** *weakness,* II, 7

la **faïence** *glazed pottery,* II, 2

la **faim** *hunger,* II, 2; **avoir faim** *to be hungry,* I, 5; **Je n'ai plus faim.** *I'm not hungry anymore.* II, 3; **Non, merci. Je n'ai plus faim.** *No thanks. I'm not hungry anymore.* I, 8; **Si, j'ai très faim!** *Yes, I'm very hungry!* II, 2; **Vous n'avez pas (Tu n'as pas) faim?** *Aren't you hungry?* II, 2

faire *to do, to make, to play,* I, 4; **Désolé(e) j'ai des devoirs à faire.** *Sorry, I have homework to do.* I, 5; **faire la connaissance de** *to make someone's acquaintance,* II, 10; **faire la tête** *to sulk,* II, 9; **faire les préparatifs** *to get ready,* II, 10; **faire semblant de** *to pretend to (do something),* II, 10; **Fais-toi une raison.** *Make the best of it.* II, 8; **Faites/Fais comme chez vous (toi).** *Make yourself at home.* II, 2; **J'ai des courses à faire.** *I have errands to do.* I, 5; **J'ai des tas de choses à faire.** *I have lots of things to do.* I, 5; **J'ai des trucs à faire.** *I have some things to do.* I, 5; **Je ne sais pas quoi faire.** *I don't know what to do.* II, 10; **Qu'est-ce qu'on peut faire?** *What can we do?* II, 4; **Qu'est-ce que je dois faire?** *What should I do?* II, 12; **Qu'est-ce que tu aimes faire?** *What do you like to do?* II, 1; **Qu'est-ce que tu vas faire... ?** *What are you going to do . . . ?* I, 6; **se faire mal à...** *to hurt one's . . . ,* II, 7; **Tu peux aller faire les courses?** *Can you do the shopping?* I, 8; **Tu vas faire quoi... ?** *What are you going to do . . . ?* I, 6; **Tu vas t'y faire.** *You'll get used to it.* II, 8

fais : A ton avis, qu'est-ce que je fais? *In your opinion, what do I do?* I, 9; **Fais-toi une raison.** *Make the best of it.* II, 8; **Ne t'en fais pas!** *Don't worry!* I, 9; I, 11; **Faites (Fais) comme chez vous (toi).** *Make yourself at home.* II, 2; **Je fais...** *I play/do . . . ,* I, 4; **Je ne fais pas de...** *I don't play/do . . . ,* I, 4; **Ne t'en fais pas!** *Don't worry!* I, 9; **Qu'est-ce que tu fais comme sport?** *What sports do you play?* II, 1; **Qu'est-ce que tu fais pour t'amuser?** *What do you do to have fun?* I, 4; **Qu'est-ce que tu fais... ?** *What do you do . . . ?* I, 4; **Qu'est-ce que tu fais quand... ?** *What do you do when . . . ?* I, 4; **T'en fais pas.** *Don't worry.* II, 5

fait : Ça fait combien? *How much does that make?* II, 3; **Ça ne fait rien.** *It doesn't matter.* II, 10; **D'abord, j'ai fait...** *First, I did . . . ,* I, 9; **Il fait beau.** *It's nice weather.* I, 4; **Il fait frais.** *It's cool.* I, 4; **Il fait froid.** *It's cold.* I, 4; **Il fait chaud.** *It's hot.* I, 4; **Qu'est-ce qu'on fait?** *What should we do?* II, 1

fait (pp. of faire) *done, made,* I, 9; **J'ai fait...** *I did/made . . . ,* I, 9; **Qu'est-ce que tu as fait... ?** *What did you do . . . ?* I, 9

faites : Faites/Fais comme chez vous/toi. *Make yourself at home.* II, 2

la **falaise** *cliff,* II, 5

la **famille** *family,* I, 7

la **farine** *flour,* I, 8

fatigant(e) *tiring,* II, 2; **C'était fatigant!** *It was tiring!* II, 2

fatigué(e) *tired,* II, 2; **Je suis fatigué(e)** *I'm tired.* II, 12; **Pas trop fatigué(e)?** *(You're) not too tired?* II, 2

faudra : Il faudra... *It will be necessary . . . ,* II, 12

faut : Il faut mieux travailler en classe. *You have to work harder in class.* II, 5; **Il me faut...** *I need . . . ,* I, 3; **Il ne faut pas faire le clown en classe!** *You can't be goofing off in class!* II, 5; **Oui, il me faut...** *Yes, I need . . . ,* I, 10; **Qu'est-ce qu'il te faut?** *What do you need?* I, 8; **Qu'est-ce qu'il te faut pour... ?** *What do you need for . . . ? (informal),* I, 3; **Qu'est-ce qu'il vous faut pour... ?** *What do you need for . . . ? (formal),* I, 3

la **faute** *fault,* II, 10; **C'est de ma faute.** *It's my fault.* II, 10

le **féculent** *carbohydrate,* II, 7

la **fée** *fairy,* II, 6

Félicitations! *Congratulations!* II, 3

la **femme** *wife,* I, 7

la **fenêtre** *window,* I, 0

fera : Ça te fera du bien. *It'll do you good.* II, 7

ferais : Qu'est-ce que tu ferais, toi? *What would you do?* II, 10; **Tu ferais bien de...** *You would do well to . . . ,* II, 7

fermez : A quelle heure est-ce que vous fermez? *At what time do you close?* II, 6; **Fermez la porte.** *Close the door.* I, 0

la **fête** *party,* I, 1; *holiday,* II, 3; **Bonne fête!** *Happy holiday! (Happy saint's day!),* II, 3; **Bonne fête de Hanoukka!** *Happy Hanukkah!* II, 3; **la fête des Mères** *Mother's Day,* II, 3; **la fête des Pères** *Father's Day,* II, 3

le **feu** *flame (heat),* II, 3

la **feuille : une feuille de papier** *a sheet of paper,* I, 0; *leaf,* II, 12

février *February,* I, 4; **en février** *in February,* I, 4

ficher : ficher le camp *to leave quickly, "scram,"* II, 5

fier (fière) *proud,* II, 1

la fièvre : J'ai de la fièvre. *I have a fever.* II, 7

la figure *face*, II, 5

filer *to spin*, II, 6

la fille *daughter*, I, 7

le film *movie*, I, 6; film classique *classic movie*, II, 11; film comique *comedy*, II, 11; film d'action *action movie*, II, 11; film d'amour *romantic movie*, II, 11; film d'aventures *adventure movie*, II, 11; film d'horreur *horror movie*, II, 11; film de science-fiction *science-fiction movie*, II, 11; film policier *detective or mystery movie*, II, 11; voir un film *to see a movie*, I, 6

le fils *son*, I, 7

Finalement,... *Finally, . . .* I, 9; II, 4

fixer : fixer la date *to choose the date*, II, 10

le flamant *flamingo*

le fleuriste *florist's shop*, II, 3

la fleur *flower*, II, 3

le fleuve *river*

la fois *time*, I, 4; une fois par semaine *once a week*, I, 4

le folk *folk music*, II, 11

fondu(e) *melted*, II, 3

le foot(ball) *soccer*, I, 1; le football américain *football*, I, 4; jouer au foot *to play soccer*, I, 4; jouer au football américain *to play football*, I, 4

la forêt *forest*, I, 11: en forêt *to the forest*, I, 11; la forêt tropicale *tropical rainforest*, II, 4

la forme : Tu n'as pas l'air en forme. *You don't look well.* II, 7

formidable *great*, I, 11; C'était formidable! *It was great!* I, 11

fort(e) *strong*, I, 7; II, 1; C'est pas mon fort. *It's not my strong point.* II, 5; C'est mon fort. *It's my strong point.* II, 5

la fosse *grave*, II, 8

le fou *fool, jester*, II, 3; Plus on est de fous, plus on rit. *The more the merrier.* II, 3

le foulard *scarf*, II, 3

se fouler *to sprain one's (part of the body)*, II, 7; se fouler la cheville *to sprain one's ankle*, II, 7

le four *oven*, II, 3; au four *baked*, II, 3

fourbe *treacherous*, II, 11

fraîche (f. of frais) *cool, fresh*, II, 12

frais *cool (weather)*, I, 4; Il fait frais. *It's cool.* I, 4

la fraise *strawberry*, I, 8

le franc *(the French monetary unit)*, I, 3; C'est... francs. *It's . . . francs.* I, 5

le français *French (language)*, I, 1

français(e) *French (adj)*, II, 1

frapper *to knock*, II, 2

freiné(e) *held up, slowed down*, II, 11

le frère *brother*, I, 7

fringant(e) *dashing*, II, 11

les frites (f. pl.) *French fries*, I, 1

froid(e) *cold*, I, 4; Il fait froid. *It's cold.* I, 4

le fromage *cheese*, I, 5; II, 3

les fruits de mer (m. pl.) *seafood*, II, 3

fumer : Evite/Evitez de fumer. *Avoid smoking.* II, 7

furieux (-euse) *furious*, II, 9

le fuseau *spindle*, II, 6

G

gagner *to win, to earn*, I, 9

les gants (m.) *a pair of gloves*, II, 1

le garçon *boy*, I, 9

garder : garder ta petite sœur *to look after your little sister*, I, 7

la gare *train station*, II, 2

garni(e) *garnished*, II, 3

le gâteau *cake*, I, 8

la gauche *left (direction)*, I, 12; à gauche *to the left*, I, 12; à gauche de *to the left of*, II, 2; sur la gauche *on the left*, II, 2

gêné(e) *embarrassed*, II, 9

génial(e) *great*, I, 2; II, 2

le genou : J'ai mal au genou. *My knee hurts.* II, 7

gentil(le) *nice*, I, 7; II, 1; C'est gentil de votre (ta) part. *That's so nice of you.* II, 2; Merci, c'est gentil! *Thanks, that's nice of you!* II, 2

gentillet : gentillet, sans plus *cute (but that's all)*, II, 11

la géographie *geography*, I, 2

la géométrie *geometry*, I, 2

le gibier *game (animals)*

le gingembre *ginger*, II, 3

gitan(e) *gypsy*, II, 11

la glace *ice cream*, I, 1

la glace : faire du patin à glace *to ice-skate*, I, 4

glacé(e) *iced*, II, 3

le golf *golf*, I, 4; jouer au golf *to play golf*, I, 4

les gombos (m.) *okra*, I, 8

la gomme *eraser*, I, 3

la gorge *throat*, II, 7; J'ai mal à la gorge. *I have a sore throat.* II, 7

gourmand(e) *someone who loves to eat*, II, 1

la gousse d'ail *clove of garlic*, II, 3

le goût : Chacun ses goûts. *To each his own.* II, 11

le goûter *afternoon snack*, I, 8

la goutte *drop*, II, 8

la goyave *guava*, I, 8

la grammaire *grammar*, II, 1

grand(e) *tall*, I, 7; II, 1; *big*, I, 10; II, 1; moins grand(e) que *smaller than . . .* , II, 4; plus grand(e) que *bigger than . . .* , II, 4

grand-chose : Ce n'est pas grand-chose. *It's nothing special.* II, 3; Pas grand-chose. *Not much.* I, 6

la grand-mère *grandmother*, I, 7

le grand-père *grandfather*, I, 7

grandir *to grow*, I, 10

gras(se) : des matières grasses *fat*, II, 7

gratuit(e) *free*, II, 1

grave *serious*, II, 5; C'est pas grave. *It's not serious.* II, 5

grec (grecque) *Greek (adj.)*, II, 1

grignoter : grignoter entre les repas *to snack between meals*, II, 7

grillé(e) *grilled*, II, 3

la grippe *flu*, II, 7; J'ai la grippe. *I've got the flu.* II, 7

gris(e) *grey*, I, 3

le grognement *growl*, II, 12

gros(se) *fat*, I, 7

grossir *to gain weight*, I, 10

la grotte *cave*, I, 8

le groupe *(musical) group*, II, 11

guidé(e) *guided*, II, 6; une visite guidée *a guided tour*, II, 6

la gymnastique *gymnastics*, II, 7; faire de la gymnastique *to do gymnastics*, II, 7

H

s' habiller *to get dressed*, II, 4

d' habitude *usually*, I, 4

haché(e) *chopped*, II, 3

*le hamburger *hamburger*, I, 1

Hanoukka *Hanukkah*, II, 3; Bonne fête de Hanoukka! *Happy Hanukkah!* II, 3

*les haricots verts (m.) *green beans*, I, 8

l' hébergement (m.) *lodging*, II, 6, 12

hésite : Euh... J'hésite. *Oh, I'm not sure.* I, 10

l' heure (f.) *hour; time*, I, 1; **à l'heure de** *at the time of*, I, 1; **A quelle heure?** *At what time?* I, 6; **A tout à l'heure!** *See you later (the same day)!* I, 1; **Quelle heure est-il?** *What time is it?* I, 6; **Tu as... à quelle heure?** *At what time do you have . . . ?* I, 2

heures *. . . o'clock*, I, 2; **à... heures** *at . . . o'clock*, I, 2; **à... heures quarante-cinq** *at . . . forty-five*, I, 2; **à... heures quinze** *at . . . fifteen*, I, 2; **à... heures trente** *at . . . thirty*, I, 2

heureusement *fortunately*, II, 9

heureux (-euse) : Très heureux (heureuse). *Pleased to meet you.* I, 7

hier *yesterday*, I, 9

l' histoire (f.) *history*, I, 2; *story*, II, 11; **C'est l'histoire de...** *It's the story of . . .* , II, 11; **C'est une belle histoire.** *It's a great story.* II, 11; **C'est une histoire passionnante.** *It's an exciting story.* II, 11; **Il n'y a pas d'histoire.** *It has no plot.* II, 11

l' hiver (m.) *winter*, I, 4; **en hiver** *in the winter*, I, 4

*le hockey *hockey*, I, 4; **jouer au hockey** *to play hockey*, I, 4

horrible *terrible*, I, 10

hors : hors du feu *away from the flame*, II, 3

*le hot-dog *hot dog*, I, 5

l' hôtel particulier (m.) *mansion*, II, 9

la huée *boo, hoot*, II, 5

l' huile (f.) *oil*, II, 3

les huîtres (f.) *oysters*, II, 3

l' humeur (f.) *mood*, II, 9; **de mauvaise humeur** *in a bad mood*, II, 9; **de bonne humeur** *in a good mood*, II, 9

ici *here*, II, 8

l' idée (f.) *idea*, II, 3; **Bonne idée!** *Good idea!* I, 4; II, 3; **C'est une bonne (excellente) idée.** *That's a good (excellent) idea.* II, 1; **Tu as une idée de cadeau pour... ?** *Have you got a gift idea for . . . ?* II, 3

l' île (f.) *island*, II, 4

il y a *there is/there are*, I, 5; **Il n'y a pas de mal.** *No harm done.* II, 10; **Qu'est-ce qu'il y a à boire?** *What is there to drink?* I, 5

il y avait : Il y avait... *There was/were . . .* , II, 12

l' immeuble (m.) *building*, II, 2

l' impératrice (f.) *empress*, II, 6

l' imperméable (m.) *raincoat*, II, 1

importe : du n'importe quoi *worthless*, II, 11; **N'importe quoi!** *That's ridiculous!* II, 6

impossible *impossible*, II, 10; **C'est impossible.** *It's impossible.* II, 10

inadmissible : C'est inadmissible. *That's not acceptable.* II, 5

s' incorporer *to incorporate/integrate oneself*, II, 1

incrédule *unbelieving*, II, 10

incroyable *incredible*, II, 6; **C'était incroyable!** *It was amazing/unbelievably bad!* II, 5

indien(ne) *Indian (adj.)*, II, 1

indigène *native*

indonésien(ne) *Indonesian (adj.)*, II, 1

l' infirmerie (f.) *infirmary*, II, 5

l' informatique (f.) *computer science*, I, 2

inquiet (inquiète) *worried*, II, 9

insolite *unusual*, II, 2

intelligent(e) *smart*, I, 7; II, 1

l' intention (f.) **: J'ai l'intention de...** *I intend to . . .* , I, 11

intéressant(e) *interesting*, I, 2

l' intérieur (m.) *interior*, II, 2

l' interro (f.) *quiz*, I, 9

l' invitation (f.) *invitation*, II, 10; **envoyer les invitations** *to send the invitations*, II, 10

invite : Invite-le/-la/-les. *Invite him/her/them.* II, 10

J

jamais : ne... jamais *never*, I, 4

la jambe *leg*, II, 7; **J'ai mal à la jambe.** *My leg hurts.* II, 7

le jambon *ham*, I, 5; II, 3

janvier *January*, I, 4; **en janvier** *in January*, I, 4

le jardin *yard*, II, 2

jaune *yellow*, I, 3

le jazz *jazz*, II, 11

je *I*, I, 1

le jean *(a pair of) jeans*, I, 3; II, 1; **en jean** *denim*, I, 10

jeter *to throw;* **jeter les déchets** *to throw away your trash*, II, 12

le jeu *game*, II, 1; **les jeux de société** *board games*, II, 4; **jouer à des jeux vidéo** *to play video games*, I, 4

jeudi *Thursday*, I, 2; **le jeudi** *on Thursdays*, I, 2

jeune *young*, I, 7; II, 1

la jeunesse : l'auberge (f.) **de jeunesse** *youth hostel*, II, 2

la Joconde *the Mona Lisa*, II, 1

le jogging *jogging*, I, 4; **faire du jogging** *to jog*, I, 4

la joie *joy*, II, 1

jouait : Si on jouait... ? *How about playing . . . ?* II, 8

jouer *to play*, I, 4; **Je joue...** *I play . . .* , I, 4; **Je ne joue pas...** *I don't play . . .* , I, 4; **jouer à...** *to play . . . (a game)*, I, 4; **On joue...** *. . . [film] is showing.* II, 11; **Qu'est-ce qu'on joue comme film?** *What films are playing?* II, 11

le jouet *toy*, II, 8

le jour *day*, I, 2; II, 5; **C'est pas mon jour!** *It's just not my day!* II, 5

la journée *day*, II, 5; **passer une journée épouvantable** *to have a horrible day*, II, 5; **Comment s'est passée ta journée (hier)?** *How was your day (yesterday)?* II, 5; **Quelle journée!** *What a good/bad day!* II, 5

joyeux (-euse) *happy, merry*, II, 3; **Joyeux (Bon) anniversaire!** *Happy birthday!* II, 3; **Joyeux Noël!** *Merry Christmas!* II, 3

juillet *July*, I, 4; **en juillet** *in July*, I, 4

juin *June*, I, 4; **en juin** *in June*, I, 4

la jupe *skirt*, I, 10

le jus *juice*, I, 5; **le jus d'orange** *orange juice*, I, 5; **le jus de pomme** *apple juice*, I, 5

jusqu'à *up to; until*, I, 12; **Vous allez tout droit jusqu'à...** *You go straight ahead until you get to . . .* , 12

juste *just, only*, II, 5

le kilo *kilogram,* I, 8; **un kilo de**
  a kilogram of, I, 8

la *her, it,* I, 9
là *there,* I, 9; **-là** *there (noun
  suffix),* I, 3; **(Est-ce que)... est
  là, s'il vous plaît?** *Is . . . ,
  there, please?* I, 9; **Là, c'est...**
  Here (There) is . . . , II, 2
le lac *lake,* II, 1
laisser *to permit,* II, 6, 8 *to
  leave,* I, 9; II, 12; **Je peux
  laisser un message?** *Can I
  leave a message?* I, 9
le lait *milk,* I, 8; II, 3; **lait gélifié**
  sweetened, yogurt-like pudding,
  II, 3
la laitue *lettuce,* II, 3
la lampe *lamp,* II, 2; **la lampe de
  poche** *flashlight,* II, 12
le lapin chasseur *rabbit in tomato-
  mushroom sauce,* II, 3
large *baggy,* I, 10
les larmes (f.) *tears,* II, 7
le latin *Latin (language),* I, 2
la lavande *lavender*
laver *to wash,* I, 7; **laver la
  voiture** *to wash the car,* I, 7;
  se laver *to wash oneself,* II, 4
le *him, it,* I, 9
les légumes (m.) *vegetables,* I, 8;
  II, 7
lent(e) *slow,* II, 12
les *them,* I, 9
leur (indirect object) *to them,* I, 9
leur(s) *their,* I, 7
se lever *to get up,* II, 4; **Levez-
  vous!** *Stand up!* I, 0
Levez la main! *Raise your
  hand!* I, 0
libanais(e) *Lebanese* (adj.), II, 1
la librairie *bookstore,* I, 12
lié(e) *bound, tied,* II, 10
le lieu *place,* II, 1
la limonade *lemon soda,* I, 5
lire *to read,* I, 1
le lit *bed,* II, 2
le litre *liter,* I, 8; **un litre de** *a
  liter of,* I, 8
livré(e) *delivered,* II, 12
la livre *pound,* I, 8; **une livre de**
  a pound of, I, 8
le livre *book,* I, 3; **le livre de
  poésie** *book of poetry,* II, 11
le logement *lodging,* II, 2
loin *far,* I, 12; **loin de** *far
  from,* I, 12
long(ue) *long,* II, 1; **trop**

long(ue) *too long,* II, 11
lorsque *when,* II, 4
la lotion : la lotion anti-moustiques *insect repellent,* II, 12
louer *to rent,* II, 6
le loup *wolf,* II, 12
lu (pp. of lire) *read,* I, 9
lui *to him, to her,* I, 9
la lumière *light,* II, 6
lundi *Monday,* I, 2; **le lundi** *on
  Mondays,* I, 2
luné(e) : toujours mal luné(e)
  always in a bad mood, II, 8
les lunettes de soleil (f. pl.) *sunglasses,* I, 10
le lycée *high school,* II, 2

ma *my,* I, 7
madame (Mme) *ma'am; Mrs,* I,
  1; **Madame!** *Waitress!* I, 5
mademoiselle (Mlle) *miss;
  Miss,* I, 1; **Mademoiselle!**
  Waitress! I, 5
le magasin *store,* I, 1; **faire les
  magasins** *to go shopping,* I,
  1; **un grand magasin** *department store,* II, 3
le magazine *magazine,* I, 3
le magnétoscope *videocassette
  recorder, VCR,* I, 0
magnifique *beautiful,* II, 6
mai *May,* I, 4; **en mai** *in May,*
  I, 4
maigrir *to lose weight,* I, 10
le maillot de bain *bathing suit,* I,
  10
la main *hand,* I, 0; **J'ai mal à la
  main.** *My hand hurts.* II, 7; **se
  serrer la main** *to shake hands,*
  II, 8; **un coup de main** *a helping hand,* II, 10
maintenant *now,* I, 2; **Je ne
  peux pas maintenant.** *I can't
  right now.* I, 8
mais *but,* I, 1
le maïs *corn,* I, 8
la Maison des jeunes et de la culture *recreation center,* I, 6
mal *bad,* I, 1; **Il n'y a pas de
  mal.** *No harm done.* II, 10; **J'ai
  mal à...** *My . . . hurts.* II, 7;
  J'ai mal à la gorge. *I have a
  sore throat.* II, 7; **J'ai mal à la
  jambe.** *My leg hurts.* II, 7; **J'ai
  mal à la main.** *My hand
  hurts.* II, 7; **J'ai mal à la tête.**
  My head hurts. II, 7; **J'ai mal
  au bras.** *My arm hurts.* II, 7;
  J'ai mal au cœur. *I'm sick to
  my stomach.* II, 7; **J'ai mal au**

cou. *My neck hurts.* II, 7; **J'ai
  mal au dos.** *My back hurts.*
  II, 7; **J'ai mal au ventre.** *My
  stomach hurts.* II, 7; **J'ai mal
  aux dents.** *My teeth hurt.* II,
  7; **J'ai mal à l'oreille.** *My ear
  hurts.* II, 7; **J'ai mal au pied.**
  My foot hurts. II, 7; **J'ai mal
  dormi.** *I didn't sleep well.* II,
  7; **J'ai mal partout!** *I hurt all
  over!* II, 7; **mal à l'aise**
  uncomfortable, II, 9; **pas mal**
  not bad, I, 1; *all right,* II, 6;
  se faire mal à... *to hurt
  one's . . . ,* II, 7; **toujours mal
  luné(e)** *always in a bad
  mood,* II, 8; **Très mal.** *Very
  badly.* I, 9
malade *sick,* II, 7; **Je suis
  malade.** *I'm sick.* II, 7
le malentendu *misunderstanding,*
  II, 10; **un petit malentendu** *a
  little misunderstanding,* II, 10
malgré *in spite of,* II, 5
le malheur *misfortune,* II, 10
Malheureusement,...
  Unfortunately, . . . , II, 9
la mandarine *mandarin orange,*
  II, 3
manger *to eat,* I, 6; II, 7; **donner à manger aux animaux**
  to feed the animals, II, 6;
  manger quelque chose *to eat
  something,* I, 6
la mangue *mango,* I, 8
la manière *way,* II, 1
manque : ... me manque. *I miss
  . . . (singular),* II, 8; **Ce qui me
  manque, c'est...** *What I miss
  is . . . ,* II, 8
manquent : ... me manquent. *I
  miss . . . (plural),* II, 8
le manteau *coat,* I, 10
le maquis *popular Ivorian outdoor
  restaurant,* II, 8
la marche *step,* II, 5; **rater une
  marche** *to miss a step,* II, 5
le marché *market,* I, 8
mardi *Tuesday,* I, 2; **le mardi**
  on Tuesdays, I, 2
le mari *husband,* I, 7
marocain(e) *Moroccan* (adj.),
  II, 1
la maroquinerie *leather-goods
  shop,* II, 3
la marraine *godmother,* II, 6
marron (inv.) *brown,* I, 3; II, 1
le marron *chestnut,* II, 3
mars *March,* I, 4; **en mars** *in
  March,* I, 4
le masque *mask,* II, 8
le match *game,* I, 6; **regarder un
  match** *to watch a game (on*

TV), I, 6; **voir un match** *to see a game (in person)*, I, 6
les maths (f. pl.) *math*, I, 1
les matières grasses (f. pl.) *fat*, II, 7
le matin *morning, in the morning*, I, 2
mauvais(e) *bad*, I, 9; **C'est pas mauvais!** *It's pretty good!* I, 5; **Oh, pas mauvais.** *Oh, not bad.* I, 9; **Très mauvais.** *Very bad.* I, 9; **avoir une mauvaise note** *to get a bad grade*, II, 5; **de mauvaise humeur** *in a bad mood*, II, 9
me *me, to me*, II, 1
méchant(e) *mean*, I, 7; II, 1
les médicaments (m.) *medicine*, I, 12
meilleur(e) *better*, II, 7; **C'est meilleur que...** *It's better than . . .* , II, 7; **Meilleurs vœux!** *Best wishes!* II, 3; **C'est en... que je suis le/la meilleur(e).** *I'm best in . . .* , II, 5
mélanger *to mix*, II, 3
même *same*, II, 9; **le/la même** *the same*, II, 9; **quand même** *anyway*, II, 1
le ménage *housework*, I, 1; **faire le ménage** *to do housework*, I, 1; II, 10
la méprise *mistake, error*, II, 1
la mer *sea*, II, 4; **au bord de la mer** *to/at the coast*, I, 11
Merci. *Thank you.* I, 3; II, 2; **Merci, ça va.** *No thank you, I've had enough.* II, 3; **Merci, c'est gentil!** *Thanks, that's nice of you!* II, 3; **Non, merci.** *No, thank you.* I, 8
mercredi *Wednesday*, I, 2; **le mercredi** *on Wednesdays*, I, 2
la mère *mother*, I, 7
merveilleux (-euse) *marvelous, wonderful*, II, 1
mes *my*, I, 7
le métro *subway*, I, 12; **au métro...** *at the . . . metro stop*, I, 6; **en métro** *by subway*, I, 12
mettre *to put, to put on, to wear*, I, 10; **Je ne sais pas quoi mettre pour...** *I don't know what to wear for . . .* , I, 10; **Mets...** *Wear . . .* , I, 10; **Qu'est-ce que je mets?** *What shall I wear?* I, 10; **se mettre en condition** *to get into shape*, II, 7
meublé(e) *furnished*, II, 2
les meubles (m.) *furniture*, II, 2
meurs : Je meurs de soif! *I'm*

dying of thirst! II, 12; **Si, je meurs de faim/soif!** *Yes, I'm dying of hunger/thirst!* II, 2
mexicain(e) *Mexican* (adj.), II, 1
midi *noon*, I, 6; **Il est midi.** *It's noon.* I, 6; **Il est midi et demi.** *It's half past noon.* I, 6
mieux *better*, I, 9; **Ça va aller mieux!** *It's going to get better!* I, 9; *It'll get better.* II, 5; **J'aime mieux...** *I prefer . . .* , I, 1; II, 1; **Tu aimes mieux... ou... ?** *Do you prefer . . . or . . . ?* I, 10
mignon(ne) *cute*, I, 7; II, 1
mijoter *to simmer*, II, 3
milieu : au milieu de *in the middle of*
le mille-feuille *layered pastry*, II, 3
les milliers (m. pl.) *thousands*, II, 4
mince *slender*, I, 7
minuscule *miniscule, tiny*, II, 12
minuit *midnight*, I, 6; **Il est minuit.** *It's midnight.* I, 6; **Il est minuit et demi.** *It's half past midnight.* I, 6
la minute *minute*, I, 9; **Tu as une minute?** *Do you have a minute?* I, 9; II, 10
le mobilier *furniture*, II, 2
moche *tacky*, I, 10; **Je le/la/les trouve moche(s).** *I think it's (they're) really tacky.* I, 10
la mode *style, fashion*, I, 10; **à la mode** *in style*, I, 10
moi *me*, I, 2; **Moi aussi.** *Me too.* I, 2; **Moi, non.** *I don't.* I, 2; **Moi non plus.** *Neither do I.* I, 2; **Moi, si.** *I do.* I, 2; **Pas moi.** *Not me.* I, 2
moins *minus; less*, II, 8; *lower*, I, 0; **La vie était moins...** *Life was less . . .* , II, 8; **moins cinq** *five to*, I, 6; **moins grand(e) que** *smaller than . . .* , II, 4; **moins le quart** *quarter to*, I, 6; **Plus ou moins.** *More or less.* II, 6
le mois *month*, I, 4
la moitié *half*, II, 3; **la moitié de** *half of*, II, 3
le moment *moment*, I, 5; *point*, II, 9; **A ce moment-là,...** *At that point, . . .* , II, 9; **Un moment, s'il vous plaît.** *One moment, please.* I, 5
mon *my*, I, 7
monsieur (M.) *sir; Mr.* I, 1; **Monsieur!** *Waiter!* I, 5
la montagne *mountain*, I, 11; **à la montagne** *to/at the mountains*, I, 11; **faire du vélo de**

montagne *to go mountain-bike riding*, II, 12; **les montagnes russes** *roller coaster*, II, 6
monter *to go up*, II, 6; **monter dans une tour** *to go up in a tower*, II, 6
la montre *watch*, I, 3
montrer *to show*, I, 9
le morceau *piece*, I, 8; **un morceau de** *a piece of*, I, 8
mortel(le) *deadly dull*, II, 6
la mosquée *mosque*, II, 8
Mouais. *Yeah.* II, 6
la mouffette *skunk*, II, 12
le moulin *mill, windmill*, II, 12
mourir *to die*, II, 6
le moustique *mosquito*, II, 4
le mouton *mutton*, II, 3
le moyen *means, way to do something*, II, 8
le Moyen Age *Middle Ages*, II, 6
moyen(ne) *average; medium*, II, 1; **de taille moyenne** *of medium height*, II, 1
le mur *wall*, II, 5
la musculation *weightlifting;* **faire de la musculation** *to lift weights*, II, 7
le musée *museum*, I, 6; II, 2
le musicien (la musicienne) *musician*, II, 11
la musique *music*, I, 2; **la musique classique** *classical music*, II, 11; **écouter de la musique** *to listen to music*, I, 1; **Qu'est-ce que tu aimes comme musique?** *What music do you like?* II, 1
mutiler *to deface, to mutilate*, II, 12; **mutiler les arbres** *to deface the trees*, II, 12

nager *to swim*, I, 1
naître *to be born*, II, 6
la narine *nostril*, II, 8
la natation *swimming*, I, 4; **faire de la natation** *to swim*, I, 4
la nature *nature*, II, 12
nautique *nautical;* **faire du ski nautique** *to water-ski*, I, 4
le navet *turnip;* **C'est un navet.** *It's a dud.* II, 11
ne : ne... jamais *never*, I, 4; **ne... ni grand(e) ni petit(e)** *neither tall nor short*, I, 7; **ne... pas encore** *not yet*, I, 9; **ne... pas** *not*, I, 1; **Pourquoi tu ne... pas... ?** *Why don't you . . . ?* II, 7; **Tu n'as qu'à...**

All you have to do is . . ., II, 7
néanmoins *nevertheless*, II, 11
neige : Il neige. *It's snowing.* I, 4
le nez *nose*, II, 7; **J'ai le nez qui coule.** *I've got a runny nose.* II, 7
nocif (-ive) *harmful*, II, 12
le Noël *Christmas*, II, 3; **Joyeux Noël!** *Merry Christmas!* II, 3
noir(e) *black*, I, 3; II, 1
la noix de coco *coconut*, I, 8
le nom *(last) name*, II, 1
non *no*, I, 1; **Moi, non.** *I don't.* I, 2; **Moi non plus.** *Neither do I.* I, 2; **Non, c'est...** *No, it's . . .*, I, 4; **Non, merci.** *No, thank you.* I, 8; **Non, pas trop.** *No, not too much.* I, 2
le nord *north*, II, 4; **dans le nord** *in the north*, II, 4; **C'est au nord de...** *It's to the north of . . .*, II, 12
nos *our*, I, 7
la note *grade*, II, 5; **avoir une mauvaise note** *to get a bad grade*, II, 5; *note (music)*, II, 12
notre *our*, I, 7
nourrir *to feed*, II, 12; **nourrir les animaux** *to feed the animals*, II, 12; **bien se nourrir** *to eat well*, II, 7
nouveau (nouvel/nouvelle) *new*, II, 2
la nouvelle : Tu connais la nouvelle? *Did you hear the latest?* II, 9
novembre *November*, I, 4; **en novembre** *in November*, I, 4
nul(le) *useless*, I, 2; *lame*, II, 6; *worthless*, II, 8; *no (non-existent)*, II, 12
nullement *not at all*, II, 9

O

l' occasion (f.) *chance*, II, 1
occupé(e) : C'est occupé. *It's busy.* I, 9; **Désolé(e), je suis occupé(e).** *Sorry, I'm busy.* I, 6; **Je suis très occupé(e).** *I'm very busy.* II, 10
s' occuper de *to take care of someone or something*, II, 10
octobre *October*, I, 4; **en octobre** *in October*, I, 4
l' œil (m.) (pl. les yeux) *eye*, II, 1; **Mon œil!** *Yeah, right!* II, 6
l' œillet (m.) *carnation*, II, 3
l' œuf (m.) *egg*, I, 8; II, 3
l' œuvre (f.) *work, piece of art*, II, 11
l' office de tourisme (m.) *tourist*

information office, II, 2
offre : Offre-lui (-leur)... *Give him/her (them) . . .*, II, 3
offrir (à quelqu'un) *to give (to someone)*, II, 10; **Qu'est-ce que je pourrais offrir à... ?** *What could I give to . . . ?* II, 3; **Tu pourrais lui (leur) offrir...** *You could give him/her (them) . . .*, II, 3
oh : Oh là là! *Oh no!* II, 5; **Oh, pas mauvais.** *Oh, not bad.* I, 9
l' oignon (m.) *onion*, I, 8
l' oiseau (m.) *bird*, II, 5
ombragé(e) *shaded*, II, 3
l' ombre (f.) *shade*, II, 1
l' omelette (f.) *omelette*, I, 5
on : On... ? *How about . . . ?* I, 4; **On fait du ski?** *How about skiing?* I, 5; **On joue au baseball?** *How about playing baseball?* I, 5; **On peut...** *We can . . .*, I, 6; **On pourrait...** *We could . . .*, II, 1; **On va au café?** *Shall we go to the café?* I, 5
l' oncle (m.) *uncle*, I, 7
l' ongle (m.) *fingernail*, II, 12
orange (inv.) *orange (color)*, I, 3
l' orange (f.) *orange*, I, 8
l' ordinateur (m.) *computer*, I, 3
l' oreille (f.) *ear*, II, 7; **J'ai mal à l'oreille.** *My ear hurts.* II, 7
l' oreiller (m.) *pillow*, II, 2
original(e) *original, unique*, II, 3; **C'est original.** *That's unique.* II, 3
l' orignal (m.) *moose*, II, 12
l' os (m.) *bone*, II, 7
oser *to dare (to do something)*, II, 10
les ossements (m. pl.) *bones*, II, 12
ou *or*, I, 1
où *where*, I, 6; **Où (ça)?** *Where?* I, 6; **Où est-ce que tu vas aller... ?** *Where are you going to go . . . ?* I, 11; **Où est... s'il vous plaît?** *Where is . . . , please?* II, 2; **Où se trouve... ?** *Where is . . . ?* II, 4; **Tu es allé(e) où?** *Where did you go?* I, 9
oublier *to forget*, I, 9; **Je n'ai rien oublié.** *I didn't forget anything.* I, 11; **N'oublie pas...** *Don't forget . . .*, I, 8; II, 1; **Oublie-le/-la/-les!** *Forget him/her/them!* I, 9; II, 10; **Tu n'as pas oublié... ?** *You didn't forget . . . ?* I, 11
l' ouest (m.) *west*, II, 4; **dans**

l'ouest *in the west*, II, 4; **C'est à l'ouest de...** *It's to the west of . . .*, II, 12
oui *yes*, I, 1; **Oui, c'est...** *Yes, it's . . .*, I, 4; **Oui, s'il te/vous plaît.** *Yes, please.* I, 8
l' ours (m.) *bear*, II, 12
ouvert(e) *open*, II, 1
ouvrez : A quelle heure est-ce que vous ouvrez? *When do you open?* II, 6; **Ouvrez vos livres à la page...** *Open your books to page . . .*, I, 0

P

la page *page*, I, 0
le pagne *a piece of Ivorian cloth*, II, 8
le paillasson *doormat*, II, 11
le pain *bread*, I, 8; II, 3; **le pain au chocolat** *croissant with a chocolate filling*, II, 3
la paire *pair*, II, 2
le palmier *palm tree*, II, 4
le panier *basket*, II, 8
la panne *breakdown (car)*; **tomber en panne** *to break down*, II, 9
la panoplie *range*, II, 11
le pantalon *pair of pants*, I, 10
la papaye *papaya*, I, 8
la papeterie *stationery store*, I, 12
le papier *paper*, I, 0
le paquet *package, box*, I, 8; **un paquet de** *a package/box of*, I, 8
le parapluie *umbrella*, I, 11
le parc *park*, I, 6; II, 2; **visiter un parc d'attractions** *to visit an amusement park*, II, 6
parce que *because*, I, 5; **Je ne peux pas parce que...** *I can't because . . .*, I, 5
Pardon. *Pardon me*, I, 3; **demander pardon à (quelqu'un)** *to ask (someone's) forgiveness*, II, 10; **Pardon, madame. ... s'il vous plaît?** *Excuse me, ma'am . . . please?* I, 12; **Pardon, mademoiselle. Où est... s'il vous plaît?** *Excuse me, miss. Where is . . . please?* I, 12; **Pardon, monsieur. Je cherche..., s'il vous plaît.** *Excuse me, sir. I'm looking for . . . , please.* I, 12
pardonner à (quelqu'un) *to forgive (someone)*, II, 10
le parent *parent, relative*, I, 7
parfait(e) *perfect*, I, 10; **C'est parfait.** *It's perfect.* I, 10

parie : Je parie que... *I bet that . . .* , II, 9

parlé (pp. of parler) *talked, spoke,* I, 9; Nous avons parlé. *We talked.* I, 9

parler *to talk, to speak,* I, 1; (Est-ce que) je peux parler à... ? *Could I speak to . . . ?* I, 9; Ça parle de... *It's about . . .* , II, 11; De quoi ça parle? *What's it about?* II, 11; Je peux te parler? *Can I talk to you?* I, 9; II, 10; Parle-lui/-leur. *Talk to him/her/them.* II, 10; parler au téléphone *to talk on the phone,* I, 1

parquer *to pen up,* II, 11

la part *part,* II, 2; C'est gentil de votre (ta) part. *That's nice of you.* II, 2

partager *to share,* II, 7

le partenaire (la partenaire) *partner,* II, 1

partir *to leave,* I, 11; II, 6; A quelle heure est-ce que le train (le car) pour... part? *What time does the train (the bus) for . . . leave?* II, 6; à partir de *from;* Tu ne peux pas partir sans... *You can't leave without . . .* , II, 11

partout : J'ai mal partout! *I hurt all over!* II, 7

pas : Il/Elle ne va pas du tout avec... *It doesn't go at all with . . .* , I, 10; Pas bon. *Not good.* I, 5; Pas ce soir. *Not tonight.* I, 7; Pas du tout. *Not at all.* II, 10; Pas grand-chose. *Not much.* I, 6; Pas mal. *Not bad.* I, 1; pas mauvais *pretty good,* I, 5; *not bad,* I, 9; Pas moi. *Not me.* I, 2; Pas question! *No way!* II, 1; *Out of the question!* I, 7; pas super *not so hot,* I, 2; Pas terrible. *Not so great.* I, 1

passé (pp. of passer) : Ça s'est bien passé? *Did it go well?* I, 11; Ça s'est très bien passé! *It went really well!* II, 5; Comment ça s'est passé? *How did it go?* II, 5; expliquer ce qui s'est passé (à quelqu'un) *to explain what happened (to someone),* II, 10; J'ai passé une journée épouvantable! *I had a terrible day!* II, 5; Qu'est-ce qui s'est passé? *What happened?* I, 9; Tu as passé un bon weekend? *Did you have a good weekend?* I, 9; Tu as passé un bon... ? *Did you have a good . . . ?* I, 11

passer *to take,* I, 9; *to go by, to pass,* I, 12; Ça passe à... *It's playing at . . .* , II, 11; Ça passe où? *Where is that playing?* II, 11; passer l'aspirateur *to vacuum,* I, 7; passer un examen *to take a test,* I, 9; Tu pourrais passer à... ? *Could you go by . . . ?* I, 12; Vous passez devant... *You'll pass . . .* , I, 12

se passer : Qu'est-ce qui se passe? *What's going on?* II, 5

le passeport *passport,* I, 11; II, 1

passionnant(e) *fascinating,* I, 2; C'est une histoire passionnante. *It's an exciting story.* II, 11

le pâté *pâté,* II, 3

les pâtes (f. pl.) *pasta,* II, 7

le patin *skating;* faire du patin à glace *to ice skate,* I, 4

la pâtisserie *pastry,* I, 12; *pastry shop,* I, 12; II, 3

pauvre *poor;* Pauvre vieux/vieille! *You poor thing!* II, 5

le pays *country,* II, 6

la peau *skin,* II, 7

la pêche *fishing;* aller à la pêche *to go fishing,* II, 4; la canne à pêche *fishing pole,* II, 12

la pêche *peach,* I, 8

les pêcheurs (m.) *fishermen;* le village de pêcheurs *fishing village,* II, 4

pédestre : faire une randonnée pédestre *to go for a hike,* II, 12

le peintre *painter*

la peinture *painting,* II, 2

pendant : pendant ce temps *meanwhile,* II, 1

la pendule *clock,* II, 9

pénible *a pain in the neck,* I, 7

penser : J'ai pensé à tout. *I've thought of everything.* I, 11; Pense à prendre... *Remember to take . . .* , II, 1

la pension *meals,* II, 12

perdre *to lose,* II, 5; se perdre *to get lost,* II, 9

le père *father,* I, 7

perfide *deceitful,* II, 11

la permission *permission,* II, 10; demander la permission à tes parents *to ask your parents' permission,* II, 10

le petit déjeuner *breakfast,* I, 8

petit(e) *short (height),* I, 7; II, 1; *small,* I, 10; II, 1; petit à petit *little by little,* II, 3; Quand il/elle était petit(e),... *When he/she was little, . . .* , II, 8; Quand j'étais petit(e),... *When I was little, . . .* , II, 8

les petits pois (m.) *peas,* I, 8

un peu *a little,* I, 10; Si, un peu. *Yes, a little.* II, 2

la peur : J'ai peur (de la, du, des)... *I'm scared (of) . . .* , II, 12

peut : On peut... *We can . . .* , I, 6

peut-être *maybe,* II, 3; Tu as peut-être raison. *Maybe you're right.* II, 9

peux : Désolé(e), mais je ne peux pas. *Sorry, but I can't.* I, 4; Tu peux... ? *Can you . . . ?* I, 8

la pharmacie *drugstore,* I, 12

la photo *picture, photo,* I, 4; faire de la photo *to do photography,* I, 4; faire des photos *to take pictures,* I, 4

la physique *physics,* I, 2

la pièce *room (of a house),* II, 2; *play (theatrical),* I, 6; voir une pièce *to see a play,* I, 6; une pièce (d'or ou d'argent) *coin,* II, 4

le pied *foot,* I, 12; à pied *on foot,* I, 12; J'ai mal au pied. *My foot hurts.* II, 7

le piège *trap,* II, 5

piétonnier (-ière) *pedestrian (adj.),* II, 2

le pique-nique *picnic,* I, 6; faire un pique-nique *to have a picnic,* I, 6; II, 6

pique-niquer *to have a picnic,* II, 6

pire : de pire en pire *worse and worse,* II, 5

la piscine *swimming pool,* I, 6; II, 2

le pitre : faire le pitre *to clown around,* II, 5

la pizza *pizza,* I, 1

le placard *closet,* II, 2

la plage *beach,* I, 1; II, 4

plaire : Il/Elle me plaît, mais c'est cher. *I like it, but it's expensive.* I, 10; Il/Elle te/vous plaît? *Do you like it?* I, 10; Ce qui me plaît, c'est... *What I like is . . .* , II, 4; Ce qui ne me plaît pas, c'est... *What I don't care for is . . .* , II, 4; s'il vous/te plaît *please,* I, 3; Un... , s'il vous plaît. *A(n) . . . , please.* II, 6

se plaire : Tu vas te plaire ici.

You're going to like it here. II, 8

plaisanter *to joke;* **Tu plaisantes!** *You're joking!* II, 6

le plaisir *pleasure,* I, 8; **Avec plaisir.** *With pleasure.* II, 10; **Oui, avec plaisir.** *Yes, with pleasure.* I, 8

la planche : faire de la planche à voile *to go windsurfing,* I, 11; II, 4

planter *to plant,* II, 12

le plat principal *main course,* II, 3

la plate-bande *flower bed,* II, 12

plein(e) : C'est plein de rebondissements. *It's full of plot twists.* II, 11; plein tarif *full admission price,* II, 2

pleurer *to cry,* II, 6

pleut : Il pleut. *It's raining.* I, 4

la plongée : faire de la plongée *to go scuba diving,* I, 11; **faire de la plongée avec un tuba** *to snorkel,* II, 4; **faire de la plongée sous-marine** *to scuba dive,* II, 4

plu (pp. of plaire): **Ça m'a beaucoup plu.** *I really liked it.* II, 6; **Ça t'a plu?** *Did you like it?* II, 6

plus : **Je n'ai plus faim/soif.** *I'm not hungry/thirsty anymore.* II, 3; **Je n'en peux plus!** *I just can't do any more!* II, 7; **Je n'en veux plus.** *I don't want anymore.* I, 8; **La vie était plus...** *Life was more . . . ,* II, 8; **Moi non plus.** *Neither do I.* I, 2; **Non, merci. Je n'ai plus faim.** *No thanks. I'm not hungry anymore.* I, 8; **plus grand(e) que** *bigger than . . . ,* II, 4; Plus on est de fous, plus on rit. *The more the merrier.* II, 3; **Plus ou moins.** *More or less.* II, 6

plutôt *rather,* II, 9

la poêle *frying pan,* II, 3

la poésie *poetry,* II, 11

le poids *weight,* II, 7

la poire *pear,* I, 8

les pois chiches *chickpeas,* II, 3

le poisson *fish,* I, 7; II, 3

la poissonnerie *fish shop,* II, 3

poli(e) *polished,* II, 12

la pomme *apple,* I, 8

la pomme de terre *potato,* I, 8

les pompes (f.) *push-ups,* II, 7; **faire des pompes** *to do push-ups,* II, 7

le pont *bridge*

le pop *popular, mainstream music,* II, 11

le porc *pork,* I, 8

la porte *door,* I, 0

le portefeuille *wallet,* I, 3; II, 3

porter *to wear,* I, 10

poser (un problème, une question) *to present or ask,* II, 5

possible *possible,* II, 9; **C'est possible.** *That's possible.* II, 9; Ce n'est pas possible. *That's not possible.* II, 9; **Pas possible!** *No way!* II, 6

la poste *post office,* I, 12; II, 2

le poster *poster,* I, 3; II, 2

la poterie *pottery,* II, 8

la poubelle *trash can,* I, 7; **sortir la poubelle** *to take out the trash,* I, 7

la poule *live chicken (hen),* I, 8

le poulet *chicken meat,* I, 8; II, 3

pour *for,* I, 3; **Qu'est-ce qu'il te faut pour... ?** *What do you need for . . . ? (informal),* I, 3; **Qu'est-ce que tu fais pour t'amuser?** *What do you do to have fun?* I, 4

pourquoi *why,* I, 6; **Pourquoi est-ce que tu ne mets pas... ?** *Why don't you wear . . . ?* I, 10; **Pourquoi pas?** *Why not?* I, 6; **Pourquoi tu ne... pas?** *Why don't you . . . ?* I, 9; II, 7

pourrais : **Je pourrais avoir... ?** *May I have some . . . ?* II, 3; (Est-ce que) tu pourrais me rendre un petit service? *Could you do me a favor?* I, 12; **Qu'est-ce que je pourrais offrir à... ?** *What could I give to . . . ?* II, 3; **Tu pourrais... ?** *Could you . . . ?* II, 10; **Tu pourrais lui (leur) offrir...** *You could give him/her (them) . . . ,* II, 3; **Tu pourrais passer à... ?** *Could you go by . . . ?* I, 12

pourrait : **On pourrait...** *We could . . . ,* II, 1

pourriez : **Vous pourriez (Tu pourrais) me passer... ?** *Would you pass me . . . ?* II, 3

pouvoir *to be able to, can,* I, 8; **Est-ce que tu peux... ?** *Can you . . . ?* I, 12; **(Est-ce que) je peux... ?** *May I . . . ?* I, 7; **Je n'en peux plus!** *I just can't do any more!* II, 7; **Je ne peux pas.** *I can't.* II, 1; **Je ne peux pas maintenant.** *I can't right now.* I, 8; **Je peux te parler?** *Can I talk to you?* II, 10; **Non, je ne peux pas.** *No, I can't.* I, 12; **On peut...** *We can . . . ,* II, 4; *You can . . . ,* II, 12; **Qu'est-ce qu'on peut faire?** *What*

can we do? II, 4; **Si tu veux, on peut...** *If you like, we can . . . ,* II, 1; **Qu'est-ce que je peux faire?** *What can I do?* I, 9; **Tu peux m'aider?** *Can you help me?* II, 10

le pouvoir *power,* II, 8

pratiquer *to practice,* II, 1

préférer *to prefer,* I, 1; **Ce que je préfère, c'est...** *What I prefer is . . . ,* II, 4; **Je préfère...** *I prefer . . . ,* I, 1; II, 1; **Non, je préfère...** *No, I'd rather . . . ,* II, 1

préféré(e) *favorite,* II, 1; **Quel(le) est ton/ta... préféré(e)?** *What is your favorite . . . ?* II, 1; **Qui est ton/ta... préféré(e)?** *Who is your favorite . . . ?* II, 1

le premier étage *second floor,* II, 2

prendre *to take or to have (food or drink),* I, 5; **avoir (prendre) rendez-vous (avec quelqu'un)** *to have (make) a date/an appointment (with someone),* II, 9; **Je le/la/les prends.** *I'll take it/them.* I, 10; **Je vais (en) prendre...** *I'll take . . . ,* II, 3; **Je vais prendre... , s'il vous plaît.** *I'll have . . . , please.* I, 5; *I'm going to have . . . , please.* I, 5; **On peut prendre...** *We can take . . . ,* 12; **Pense à prendre...** *Remember to take . . . ,* II, 1; **Prends/Prenez... Get . . . ,** I, 8; *Have . . . ,* I, 5; *Take . . . ,* II, 1; **Prenez une feuille de papier.** *Take out a sheet of paper.* I, 0; **Tu prends... ?** *Are you taking . . . ?* I, 11; **Will you have . . . ?** I, 8; **Vous avez décidé de prendre... ?** *Have you decided to take . . . ?* I, 10; **Vous le/la/les prenez?** *Are you going to take it/them?* I, 10; **Vous prenez?** *What are you having?* I, 5; **Will you have . . . ?** I, 8; **Prenez la rue... , puis traversez la rue...** *Take . . . Street, then cross . . . Street.* I, 12

le prénom *first name,* II, 1

les préparatifs (m. pl.) : **faire les préparatifs** *to get ready,* II, 10

préparer *to make, to prepare,* II, 10; **préparer les amuse-gueule** *to make party snacks,* II, 10

près *close,* I, 12; **près de** *close to,* I, 12; *near,* II, 2

présenter : **Je te/vous présente...** *I'd like you to meet . . . ,* I, 7

presque *almost*, II, 7; **Tu y es (On y est) presque!** *You're (we're) almost there!* II, 7
pressé(e) *in a hurry*, II, 7
prévu(e) : Je n'ai rien de prévu. *I don't have any plans.* I, 11
le printemps *spring*, I, 4; **au printemps** *in the spring*, I, 4
pris (pp. of prendre) *took*, I, 9
privé(e) : être privé(e) de sortie *to be "grounded,"* II, 9
le problème *problem*, I, 9; **J'ai un petit problème.** *I've got a problem.* I, 9; **J'ai un problème.** *I have a problem.* II, 10; **Pas de problème.** *No problem.* II, 10
prochain(e) *next*, I, 12; **Vous continuez jusqu'au prochain feu rouge.** *You keep going until the next light.* I, 12
proche *nearby*, II, 1; *close*, II, 5
les produits laitiers (m. pl.) *dairy products*, I, 8
le prof(esseur) *teacher*, I, 2
profiter *to take advantage of*, II, 1
le projet *projects, plans*, II, 1
la promenade *walk*, I, 6; **faire une promenade** *to go for a walk*, I, 6
se promener *to go for a walk*, II, 4; **promener le chien** *to walk the dog*, I, 7
promouvoir *to promote*, II, 2
prôner *to advocate*, II, 11
propos : A propos,... *By the way, . . . ,* II, 9
propre *(one's) own*, II, 1; **propre** *clean*, II, 8
pu (pp. of pouvoir): **J'aurais pu...** *I could have . . . ,* II, 10; **Tu aurais pu...** *You could have . . . ,* II, 10
la publicité *advertisement*, II, 3
puis *then*, II, 1; **Puis,...** *Then, . . . ,* II, 1; **Puis, tournez à gauche dans/sur...** *Then, turn left on . . . ,* II, 2; **Prenez la rue... , puis traversez la rue...** *Take . . . Street, then cross . . . Street.* I, 12
le pull(-over) *pullover sweater*, I, 3; II, 1
pur(e) *pure*, II, 12

Q

qu'est-ce que *what* (obj.), I, 4; **Qu'est-ce que tu as?** *What's wrong?* II, 7; **Qu'est-ce qu'il te/vous faut pour... ?** *What do you need for . . . ?* I, 3;

Qu'est-ce qu'il y a... ? *What is there . . . ?* II, 4; **Qu'est-ce qu'il y a?** *What's wrong?* II, 10; **Qu'est-ce qu'on fait?** *What should we do?* II, 1; **Qu'est-ce qu'on peut faire?** *What can we do?* II, 4; **Qu'est-ce que je peux faire?** *What can I do?* I, 9; II, 10; **Qu'est-ce que tu aimes faire?** *What do you like to do?* II, 1; **Qu'est-ce que tu as fait... ?** *What did you do . . . ?* I, 9; **Qu'est-ce que tu fais... ?** *What do you do . . . ?* I, 4; **Qu'est-ce que tu fais comme sport?** *What sports do you play?* I, 4; **Qu'est-ce que tu fais pour t'amuser?** *What do you do to have fun?* I, 4; **Qu'est-ce que tu fais quand... ?** *What do you do when . . . ?* I, 4; **Qu'est-ce que tu vas faire... ?** *What are you going to do . . . ?* I, 6; **Qu'est-ce que vous avez comme... ?** *What kind of . . . do you have?* I, 5; **Qu'est-ce que vous avez comme boissons?** *What do you have to drink?* I, 5
qu'est-ce qui *what* (subj.), I, 9; **Qu'est-ce qui s'est passé?** *What happened?* I, 9; **Qu'est-ce qui se passe?** *What's going on?* II, 5; **Qu'est-ce qui t'arrive?** *What's wrong?* II, 5
le quai *platform*, II, 6; **De quel quai... ?** *From which platform . . . ?* II, 6; **Du quai...** *From platform . . . ,* II, 6
quand *when*, I, 6; **Quand (ça)?** *When?* I, 6; **quand même** *anyway*, II, 1
quant : quant à *with respect to*, II, 1
le quart *quarter*, I, 6; **et quart** *quarter past*, I, 6; **moins le quart** *quarter to*, I, 6
quel(le) *which*, I, 1; *what*, I, 2; **De quelle couleur est... ?** *What color is . . . ?* I, 3; **Quel(le) est ton/ta... préféré ?** *What is your favorite . . . ?* II, 1; **Quel temps fait-il?** *What's the weather like?* I, 4; **Quel week-end formidable!** *What a great weekend!* II, 5; **Quel week-end!** *What a good/bad weekend!* II, 5; **Quelle journée!** *What a good/bad day!* II, 5; **Quelle journée formidable!** *What a great day!* II, 5; **Tu as... à quelle heure?** *At what time*

do you have . . . ? I, 2; **Tu as quel âge?** *How old are you?* I, 1; **Tu as quels cours... ?** *What classes do you have . . . ?* I, 2
quelqu'un *someone*, II, 3
quelque chose *something*, I, 10; **J'ai quelque chose à faire.** *I have something (else) to do.* II, 10; **Je cherche quelque chose pour...** *I'm looking for something for . . . ,* I, 10; **Quelque chose ne va pas?** *Is something wrong?* II, 7
quelque part *somewhere*, II, 9
quelquefois *sometimes*, I, 4
la question : Pas question! *No way!* II, 1; *Out of the question!* I, 7
qui *who*, II, 1; *whom*, I, 6; **Avec qui?** *With whom?* I, 6; **Qui est ton/ta... préféré(e)?** *Who is your favorite . . . ?* II, 1
la quiche *quiche: a type of custard pie, usually with savory filling, such as ham, bacon, cheese, or spinach*, I, 5
quittez : Ne quittez pas. *Hold on.* I, 9
quoi *what*, I, 2; **... quoi.** *. . . you know.* II, 9; **De quoi est-ce que tu as besoin?** *What do you need?* I, 5; **Je ne sais pas quoi faire.** *I don't know what to do.* II, 10; **Je ne sais pas quoi mettre pour...** *I don't know what to wear for . . . ,* I, 10; **N'importe quoi!** *That's ridiculous!* II, 6; **Tu as quoi... ?** *What do you have . . . ?* I, 2; **Tu vas faire quoi?** *What are you going to do?* I, 6

R

le raccourci *short cut*, II, 12
raconte : Raconte! *Tell me!* II, 5; **Qu'est-ce que ça raconte?** *What's the story?* II, 11
raconter *to tell (a story)*, II, 1
la radio *radio*, I, 3
le raisin *grapes*, I, 8
la raison : Fais-toi une raison. *Make the best of it.* II, 8; **Tu as raison...** *You're right . . . ,* II, 3
rajouter *to add*, II, 7
le ramasseur de balle *ballboy*, II, 8
ramener *to bring back*, II, 8
la randonnée *hike*, I, 11; **faire de la randonnée** *to go hiking*, I,

FRENCH-ENGLISH VOCABULARY

11; **faire une randonnée en raquettes** *to go snow-shoe-ing,* II, 12; **faire une randonnée en skis** *to go cross-country skiing,* II, 12; **faire une randonnée pédestre** *to go for a hike,* II, 12

le rang *row,* II, 3

ranger *to arrange, to straighten;* **ranger ta chambre** *to pick up your room,* I, 7

le rap *rap music,* II, 11

râpé(e) *grated,* II, 3

raplapla *wiped out,* II, 7; **Je suis tout raplapla.** *I'm wiped out.* II, 7

rappeler *to call back,* I, 9; **Vous pouvez rappeler plus tard?** *Can you call back later?* I, 9

rapporter *to bring back,* I, 8; **Rapporte-moi...** *Bring me back . . . ,* I, 8; **Tu me rapportes... ?** *Will you bring me . . . ?* I, 8

la raquette : faire une randonnée en raquettes *to go snow-shoeing,* II, 12

rarement *rarely,* I, 4

rater *to fail,* I, 9; *to miss,* I, 9; **rater le bus** *to miss the bus,* I, 9; II, 5; **rater un examen** *to fail a test,* I, 9; **rater une interro** *to fail a quiz,* I, 9; **rater une marche** *to miss a step,* II, 5

le raton laveur *raccoon,* II, 12

rayer *to blot out, to erase,* II, 10

le réalisateur *director,* II, 11

le rebondissement : C'est plein de rebondissements. *It's full of plot twists.* II, 11

recevoir *to receive,* II, 5; **recevoir le bulletin trimestriel** *to receive one's report card,* II, 5

recommande : Je te le recommande. *I recommend it.* II, 11

recommence : Ne recommence pas. *Don't do it again.* II, 5

se réconcilier : se réconcilier avec (quelqu'un) *to make up (with someone),* II, 10

la récréation *break,* I, 2

la rédaction *essay,* II, 5

récupérer *to recover,* II, 1

réduit(e) *reduced,* II, 2

se régaler *to treat oneself,* II, 3

le regard *look, glance,* II, 10

regarder *to watch, to look at,* I, 1; **Non, merci, je regarde.** *No, thanks, I'm just looking.* I, 10; **Regarde, c'est...** *Look, here's (there's) (it's) . . . ,* I, 12; **Regarde, voilà...** *Look, here's*

(there's) (it's) . . . , I, 12; **regarder la télé(vision)** *to watch TV,* I, 1; **regarder un match** *to watch a game (on TV),* I, 6; **Regardez la carte!** *Look at the map!* I, 0

le régent (la régente) *regent; someone who rules in place of the king or queen,* II, 6

le reggae *reggae music,* II, 11

le régime *diet,* II, 7; **suivre un régime trop strict** *to follow a diet that's too strict.* II, 7

la règle *ruler,* I, 3; **les règles** *rules,* II, 7

regrette : Je regrette. *Sorry.* I, 3; **Je regrette...** *I miss . . . ,* II, 8; **Je regrette, mais je n'ai pas le temps.** *I'm sorry, but I don't have time.* I, 8

le rein *kidney,* II, 7

la reine *queen,* II, 6

relaxant(e) *relaxing,* II, 8

la religieuse *cream puff pastry,* II, 3

remporter : remporter les déchets *to take your trash with you,* II, 12

le renard *fox,* II, 12

rencontrer *to meet,* I, 9; II, 9

le rendez-vous *appointment, date,* II, 9; **avoir (prendre) rendez-vous (avec quelqu'un)** *to have (make) a date/appointment (with someone),* II, 9; **Rendez-vous...** *We'll meet . . . ,* I, 6

rendre *to return something,* I, 12; **rendre les interros** *to return tests,* II, 5

rentrer *to go back (home),* II, 6

renverser *to knock over, spill,* II, 5

répartir *to spread evenly,* II, 3

le repas *meal,* II, 7; **sauter un repas** *to skip a meal,* II, 7

répéter *to rehearse, to practice,* I, 9; **Répétez!** *Repeat!* I, 0

répondre *to answer,* I, 9; **Ça ne répond pas.** *There's no answer.* I, 9

respecter *to respect,* II, 12; **respecter la nature** *to respect nature,* II, 12

la responsabilité *responsibility,* II, 8; **avoir des responsabilités** *to have responsibilities,* II, 8

ressusciter *to bring back to life,* II, 8

le restaurant *restaurant,* I, 6

rester *to stay,* II, 6

le rétablissement : Bon rétablissement! *Get well soon!* II, 3

retirer : retirer de l'argent *to withdraw money,* I, 12

retourner *to return,* II, 6

rétro (inv.) *retro,* I, 10

se retrouver *to meet,* I, 6; **Bon, on se retrouve...** *We'll meet . . . ,* I, 6

le rêve *dream,* II, 1

le réveil *alarm clock,* II, 5; **entendre le réveil** *to hear the alarm clock,* II, 5

revenir *to come back,* II, 6; **faire revenir dans le beurre** *to sauté in butter,* II, 3

le rez-de-chaussée *first (ground) floor,* II, 2

le rhume *cold,* II, 7; **J'ai un rhume.** *I've got a cold.* II, 7

rien *anything,* I, 11; *nothing,* I, 6; **Ça ne fait rien.** *It doesn't matter.* II, 10; **Ça ne me dit rien.** *I don't feel like it.* I, 4; *That doesn't interest me.* II, 1; **Je n'ai rien oublié.** *I didn't forget anything.* I, 11; **Rien de spécial.** *Nothing special.* I, 6

rigoler *to laugh,* II, 10

riverain(e) *riverside (adj.),* II, 8

le riz *rice,* I, 8

la robe *dress,* I, 10

le rock *rock music,* II, 11

le roi *king,* II, 6

le roller : faire du roller en ligne *to in-line skate,* I, 4

le roman *novel,* I, 3; **le roman classique** *classic (novel),* II, 11; **le roman d'amour** *romance novel,* II, 11; **le roman de science-fiction** *science-fiction novel,* II, 11; **le roman policier (le polar)** *detective or mystery novel,* II, 11

la rondelle *slice,* II, 3

rose *pink,* I, 3

le rossignol *nightingale,* II, 6

le rôti de bœuf *roast beef,* II, 3

la roue : la grande roue *ferris wheel,* II, 6

rouge *red,* I, 3

la route : Bonne route! *Have a good (car) trip!* II, 3

roux (rousse) *red-headed,* I, 7; II, 1

russe *Russian* (adj.), II, 1; **les montagnes russes** *roller coaster,* II, 6

s'il vous/te plaît *please,* I, 3; **Oui, s'il te/vous plaît.** *Yes, please.* I, 8

sa *his, her,* I, 7
le sable *sand,* II, 4
le sac (à dos) *bag; backpack,* I, 3; **le sac à main** *purse,* II, 3; **le sac de couchage** *sleeping bag,* II, 12
le sachet *small bag,* II, 3
sais : Je n'en sais rien. *I have no idea.* I, 11; **Je ne sais pas quoi faire.** *I don't know what to do.* II, 10; **Je ne sais pas.** *I don't know.* I, 10; **Tu sais ce que... ?** *Do you know what . . . ?* II, 9; **Tu sais qui... ?** *Do you know who . . . ?* II, 9
la salade *salad, lettuce,* I, 8
sale *dirty,* II, 8
saler *to salt,* II, 3
la salle à manger *dining room,* II, 2; **la salle de bains** *bathroom,* II, 2; **la salle de jeux** *game room,* II, 2; **la salle de lavage** *laundry room,* II, 2
le salon *living room,* II, 2
saluer *to greet,* II, 8
Salut! *Hi! or Goodbye!* I, 1
samedi *Saturday,* I, 2; **le samedi** *on Saturdays,* I, 2
la sandale *sandal,* I, 10
le sandwich *sandwich,* I, 5; **un sandwich au fromage** *cheese sandwich,* I, 5; **un sandwich au jambon** *ham sandwich,* I, 5; **un sandwich au saucisson** *salami sandwich,* I, 5
le sang *blood,* II, 7
la santé *health,* II, 7; **C'est bon pour la santé.** *It's healthy.* II, 7
le saucisson *salami,* I, 5; II, 3
sauf *except,* II, 2
saupoudrer *to sprinkle (with),* II, 3
saute : Ne saute pas... *Don't skip . . . ,* II, 7
sauter *to jump; to skip,* II, 7; **sauter un repas** *to skip a meal,* II, 7
sauver *to save,* II, 5
le savoir *knowledge,* II, 8
les sciences naturelles (f. pl.) *natural science,* I, 2
sec (sèche) *dry, dried,* II, 7
la seconde *second,* I, 9; **Une seconde, s'il vous plaît.** *One second, please.* I, 9
le séjour *visit, stay,* II, 1
séjourner *to stay*
le sel *salt,* II, 7
la semaine *week,* I, 4; **une fois par semaine** *once a week,* I, 4

semblant : faire semblant de *to pretend to (do something),* II, 10
sens : Je ne me sens pas bien. *I don't feel well.* II, 7
sensas (sensationnel) *fantastic,* I, 10; *sensational,* II, 6
le sentier *path, trail,* II, 12; **suivre les sentiers balisés** *to follow the marked trails,* II, 12
se sentir *to feel,* II, 6
septembre *September,* I, 4; **en septembre** *in September,* I, 4
serré(e) *tight,* I, 10
serrer : serrer la main *to shake hands,* II, 8
le service *service,* I, 3; **A votre service.** *At your service; You're welcome,* I, 3
ses *his, her,* I, 7
seul(e) *only (one),* II, 4
le short *(a pair of) shorts,* I, 3
si *yes (to contradict a negative question),* I, 2; *if,* II, 1; **Moi, si.** *I do.* I, 2; **Si on achetait... ?** *How about buying . . . ?* II, 8; **Si on allait... ?** *How about going . . . ?* II, 4; **Si on jouait... ?** *How about playing . . . ?* II, 8; **Si on visitait... ?** *How about visiting . . . ?* II, 8; **Si tu veux, on peut...** *If you like, we can . . . ,* II, 1
le siècle *century,* II, 6
la sieste *nap,* II, 8; **faire la sieste** *to take a nap,* II, 8
simple *simple,* II, 8
le singe *monkey,* II, 11
sinistre *awful,* II, 6
le sirop de fraise (à l'eau) *water with strawberry syrup,* I, 5
le ski *skiing,* I, 1; **faire du ski** *to ski,* I, 4; **faire du ski nautique** *to water-ski,* I, 4
les skis (m.) : **faire une randonnée en skis** *to go cross-country skiing,* II, 12
la sœur *sister,* I, 7
la soif : avoir soif *to be thirsty,* I, 5; **Je n'ai plus soif.** *I'm not thirsty anymore.* II, 3; **Si, j'ai très soif!** *Yes, I'm very thirsty.* II, 2; **Vous n'avez pas (Tu n'as pas) soif?** *Aren't you thirsty?* II, 2
le soir *evening; in the evening,* I, 4; **Pas ce soir.** *Not tonight.* I, 7
son *his, her,* I, 7
le sondage *poll,* II, 1
sont : Ce sont... *These/those are . . . ,* I, 7; **Ils/Elles sont...** *They're . . . ,* I, 7; II, 1; **Ils/Elles sont comment?** *What are*

they like? I, 7
la sorcière *witch,* II, 8
sorti(e) (pp. of sortir) *went out,* I, 9; **Après, je suis sorti(e).** *Afterwards, I went out.* I, 9
la sortie *dismissal,* I, 2; **être privé(e) de sortie** *to be "grounded,"* II, 9
sortir *to go out,* II, 6; **sortir avec les copains** *to go out with friends,* I, 1; **sortir la poubelle** *to take out the trash,* I, 7
le souci *worry,* II, 8; **avoir des soucis** *to have worries,* II, 8
soudain *suddenly,* II, 5
souhaits : A tes souhaits! *Bless you!* II, 7
la soupe au pistou *vegetable soup with basil*
sous *under,* II, 4
sous-marin(e) : faire de la plongée sous-marine *to scuba dive,* II, 4
soutenir *to support,* II, 10
se souvenir *to remember,* II, 9
souvent *often,* I, 4
spécial(e) *special,* I, 6; **Rien de spécial.** *Nothing special.* I, 6
le spectacle *show,* II, 6; **assister à un spectacle son et lumière** *to attend a sound and light show,* II, 6
le sport *gym class,* I, 2; *sports,* I, 1; **faire du sport** *to play sports,* I, 1; **Qu'est-ce que tu fais comme sport?** *What sports do you play?* I, 4
sportif (sportive) *athletic,* II, 1
le stade *stadium,* I, 6
le statut *status*
le steak-frites *steak and French fries,* I, 5
stressant(e) *stressful,* II, 8
strict(e) *strict,* II, 7
le style *style,* II, 3; **C'est tout à fait ton style.** *It looks great on you!* I, 10; **Ce n'est pas son style.** *That's not his/her style.* II, 3
le stylo *pen,* I, 3
le sucre *sugar,* I, 8
le sud *south,* II, 4; **dans le sud** *in the south,* II, 4; **C'est au sud de...** *It's to the south of . . . ,* II, 12
la sueur *sweat,* II, 7
suis : Désolé(e), je suis occupé(e). *Sorry, I'm busy.* I, 6; **Après, je suis sorti(e).** *Afterwards, I went out.* I, 9; **Je suis bien chez... ?** *Is this . . . 's house?* I, 9

suite: C'est tout de suite à... *It's right there on the . . . ,* I, 12; **J'y vais tout de suite.** *I'll go right away.* I, 8; **tout de suite** *right away,* I, 6

suivant(e) *following*

suivre *to follow,* II, 7; **suivre les sentiers balisés** *to follow the marked trails,* II, 12; **suivre un régime trop strict** *to follow a diet that's too strict.* II, 7

super *super* (adj.), I, 2; *really, ultra-* (adv.), II, 9; **Super!** *Great!* I, 1; **pas super** *not so hot,* I, 2

superbe *great,* II, 6

le supermarché *supermarket,* I, 8

sur *on,* II, 2; **sur la droite/gauche** *on the right/left,* II, 2

sûr : Bien sûr. *Of course.* II, 10; **Bien sûr. C'est...** *Of course. They are (He/She is) . . . ,* II, 11

sûrement *certainly;* **Sûrement pas!** *Definitely not!* II, 6

surprenant(e) *surprising,* II, 2

sursauter *to jump,* II, 9

surtout *especially,* I, 1

le surveillant *university student who supervises younger students at school,* II, 5

le suspense : Il y a du suspense. *It's suspenseful.* II, 11

le sweat(-shirt) *sweatshirt,* I, 3; II, 1

sympa (abbrev. of **sympathique**) (inv.) *nice,* I, 7; II, 1

sympathique *nice,* I, 7

ta *your,* I, 7

le tabac *tobacco,* II, 1

le tableau *blackboard,* I, 0

la taille *size,* I, 10; **de taille moyenne** *of medium height,* II, 1

le taille-crayon *pencil sharpener,* I, 3

le tam-tam *an African drum,* II, 8

tamisé(e) *subdued,* II, 3

la tante *aunt,* I, 7

le tapis *rug,* II, 2

la tapisserie *tapestry,* II, 2

taquiner *to tease,* II, 8

tard *late,* II, 4

le tarif *admission price,* II, 2

la tarte *pie,* I, 8; **la tarte aux pommes** *apple tart,* II, 3

la tartine *bread, butter, and jam,*

II, 3

le tas : J'ai des tas de choses à faire. *I have lots of things to do.* I, 5

la tasse *cup,* II, 3

le taxi *taxi,* I, 12; **en taxi** *by taxi,* I, 12

Tchao! *Bye!* I, 1

le tee-shirt *T-shirt,* II, 1

la télé(vision) *television, TV,* I, 1; **regarder la télé(vision)** *to watch TV,* I, 1

le téléphone *telephone,* I, 1; **parler au téléphone** *to talk on the phone,* I, 1; **Téléphone-lui/-leur.** *Phone him/her/them.* II, 10

téléphoné (pp. of **téléphoner**) *called, phoned,* I, 9; **Vous pouvez lui dire que j'ai téléphoné?** *Can you tell him/her that I called?* I, 9

téléphoner à (quelqu'un) *to call (someone),* II, 10; **Téléphone-lui/-leur!** *Call him/her/them!* I, 9

tellement : C'était tellement différent? *Was it really so different?* II, 8; **Pas tellement.** *Not too much.* I, 4

le témoignage *display,* II, 2

le témoin *witness,* II, 9

la tempête *storm,* II, 12

temps *time,* I, 4; *weather,* I, 4; **de temps en temps** *from time to time,* I, 4; **Je regrette, mais je n'ai pas le temps.** *I'm sorry, but I don't have time.* I, 8; **Je suis désolé(e), mais je n'ai pas le temps.** *Sorry, but I don't have time.* I, 12; **Je n'ai pas le temps.** *I don't have time.* II, 10; **Quel temps fait-il?** *What's the weather like?* I, 4

Tenez. *Here you are* (formal, plural). II, 3

le tennis *tennis,* I, 4; **jouer au tennis** *to play tennis,* I, 4

la tentative *attempt,* II, 11

la tente *tent,* II, 12

tenter *to tempt,* II, 4

la tenue *outfit,* II, 1

le terrain de camping *campground,* II, 2

la terrasse *terrace,* II, 2

la terre *Earth,* II, 10

terrible : Pas terrible. *Not so great.* I, 1

tes *your,* I, 7

la tête *head,* II, 7; **J'ai mal à la tête.** *My head hurts.* II, 7; **faire la tête** *to sulk,* II, 9

thaïlandais(e) *Thai* (adj.), II, 1

le thé *tea,* II, 3

le théâtre *theater,* I, 6; II, 2; **faire du théâtre** *to do drama,* I, 4

le ticket *ticket,* II, 6; **Trois tickets, s'il vous plaît.** *Three (entrance) tickets, please.* II, 6

Tiens. *Here you are (familiar).* II, 3

le timbre *stamp,* I, 12

timide *shy,* I, 7

le tissu *fabric, cloth,* II, 8

toi *you,* I, 1; **Et toi?** *And you?* I, 1

la toile d'araignée *spider web,* II, 12

les toilettes (les W.-C. (m. pl.)) *toilet, restroom,* II, 2

la tomate *tomato,* I, 8

tomber *to fall,* II, 5; **tomber amoureux (-euse) (de quelqu'un)** *to fall in love (with someone),* II, 9; **tomber en panne** *to break down (car),* II, 9

ton *your,* I, 7

tondre *to mow, to cut,* I, 7; **tondre le gazon** *to mow the lawn,* I, 7

le tonus *(muscle) tone,* II, 7

tôt *early,* II, 4

toujours : toujours mal luné(e) *always in a bad mood,* II, 8

la tour *tower,* II, 6

le tour : faire un tour sur la grande roue *to take a ride on the ferris wheel,* II, 6; **faire un tour sur les montagnes russes** *to take a ride on the roller coaster,* II, 6

tourner *to turn,* I, 12; **Puis, tournez à gauche dans/sur...** *Then, turn left on . . . ,* II, 2; **Vous tournez...** *You turn . . . ,* I, 12

le tournoi de joute *jousting tournament,* II, 6

tout(e) *all,* I, 2; **A tout à l'heure!** *See you later (the same day)!* I, 1; **à toute épreuve** *solid, unfailing,* II, 10; **Allez (continuez) tout droit.** *Go (keep going) straight ahead.* II, 2; **C'est tout à fait ton style.** *It looks great on you!* I, 10; **C'est tout de suite à...** *It's right there on the . . . ,* I, 12; **Il/Elle ne va pas du tout avec...** *It doesn't go at all with . . . ,* I, 10; **J'ai pensé à tout.** *I've thought of everything.* I, 11; **J'y vais tout de suite.** *I'll go right away.* I, 8; **Oui, tout de suite.** *Yes, right* away. I, 5; **Pas du tout.** *Not at all.* I, 4; II, 10; tout à coup *suddenly,* II, 9; **Tout a été de travers!** *Everything went wrong!* II, 5; **tout de suite** *right away,* I, 5; **Vous allez tout droit jusqu'à...** *You go straight ahead until you get to . . . ,* I, 12

le train *train,* I, 12; **en train** *by train,* I, 12; **être en train de** *to be in the process of (doing something),* II, 9

traînant(e) *trailing,* II, 9

la tranche *slice,* I, 8; **une tranche de** *a slice of,* I, 8

tranquille *peaceful,* II, 8

travailler *to work,* I, 9; **Tu dois mieux travailler en classe.** *You have to work harder in class.* II, 5

les travaux pratiques (m. pl.) *lab,* I, 2

travers : Tout a été de travers! *Everything went wrong!* II, 5

Traversez... *Cross . . . ,* II, 2

le traversin *bolster pillow,* II, 2

très *very,* I, 1; **Ça s'est très bien passé!** *It went really well!* II, 5; **Très bien.** *Very well.* I, 1; **Très heureux (-euse).** *Pleased to meet you.* I, 7

trompes : A mon avis, tu te trompes. *In my opinion, you're mistaken.* II, 9

trop *too (much),* I, 10; **C'est trop cher.** *It's too expensive.* I, 10; II, 3; **Non, pas trop.** *No, not too much.* I, 2

tropical(e) *tropical,* II, 4

la trousse *pencil case,* I, 3; **la trousse de premiers soins** *first-aid kit,* II, 12

trouver *to find,* I, 9; **Comment tu trouves... ?** *How do you like . . . ?* I, 10; *What do you think of . . . ?* I, 2; **Je le/la/les trouve...** *I think it's/ they're . . . ,* I, 10; **Où se trouve... ?** *Where is . . . ?* II, 4; **Tu trouves?** *Do you think so?* II, 2

le truc *thing,* I, 5; **Ce n'est pas mon truc.** *It's not my thing.* II, 7; **J'ai des tas de choses (trucs) à faire.** *I have lots of things to do.* I, 12; **J'ai des trucs à faire.** *I have some things to do.* I, 5

tu *you,* I, 0

le tuba : faire de la plongée avec un tuba *to snorkel,* II, 4

tutoyer *to use **tu** when speaking to someone,* II, 2

un, *a, an,* I, 3
une, *a, an,* I, 3

V

va : Ça me va? *Does it suit me?* I, 10; **(Comment) ça va?** *How's it going?* I, 1; **Ça ne te/vous va pas du tout.** *That doesn't look good on you.* I, 10; **Ça te/vous va très bien.** *That suits you really well.* I, 10; **Ça va.** *Fine.* I, 1; **Ça va aller mieux.** *It'll get better.* II, 5; **Ça va très bien avec...** *It goes very well with . . . ,* I, 10; **Comment est-ce qu'on y va?** *How can we get there?* I, 12; **Il/Elle me va?** *Does it suit me?* I, 10; **Il/Elle ne va pas du tout avec..** *It doesn't go at all with . . . ,* I, 10; **Il/Elle te/vous va très bien.** *It suits you really well.* I, 10; **Il/Elle va très bien avec...** *It goes very well with . . . ,* I, 10; **Quelque chose ne va pas?** *Is something wrong?* II, 7

vachement *really (informal),* II, 9

les vacances (f. pl.) *vacation,* I, 1; **Bonnes vacances!** *Have a good vacation!* I, 11; **Comment se sont passées tes vacances?** *How was your vacation?* II, 5; **en colonie de vacances** *to/at a summer camp,* I, 11; **en vacances** *on vacation,* I, 4

vais : D'abord, je vais... *First, I'm going to . . . ,* II, 1; **Je vais...** *I'm going . . . ,* I, 6; *I'm going to . . . ,* I, 11; **Je vais (en) prendre...** *I'll take . . . ,* II, 3; **J'y vais tout de suite.** *I'll go right away.* I, 8

le vaisseau spatial *spacecraft,* II, 11

la vaisselle *dishes,* I, 7; **faire la vaisselle** *to do the dishes,* I, 7

la valise *suitcase,* I, 11

vas : Qu'est-ce que tu vas faire... ? *What are you going to do . . . ?* II, 1

le vase *vase,* II, 3

le vélo *bike,* I, 1; **à vélo** *by bike,* I, 12; **faire du vélo** *to bike,* I, 4; **faire du vélo de montagne** *to go mountain-bike riding,* II, 12

vendre *to sell,* I, 10

vendredi *Friday,* I, 2; **le vendredi** *on Fridays,* I, 2

venir *to come,* II, 6

le vent *wind,* II, 12

le ventre *stomach,* II, 7; **J'ai mal au ventre** *My stomach hurts.* II, 7

véritable *real,* I, 11; **C'était un véritable cauchemar!** *It was a real nightmare!* I, 11

le verre *glass,* II, 2

vers *around,* I, 6; **Vers...** *About (a certain time) . . . ,* II, 4

verser *to pour,* II, 3

vert(e) *green,* I, 3; II, 1

la veste *suit jacket, blazer,* I, 10

le vêtement *clothing item,* I, 10

veux : Je veux bien. *I'd really like to.* I, 6; **Tu veux... avec moi?** *Do you want . . . with me?* I, 6

la viande *meat,* I, 8

la vidéo *video,* I, 4; **faire de la vidéo** *to make videos,* I, 4; **jouer à des jeux vidéo** *to play video games,* I, 4

la vidéocassette *videotape,* I, 3

la vie *life,* II, 8; **La vie était plus... moins...** *Life was more . . . , less . . . ,* II, 8

viens : Tu viens? *Will you come?* I, 6

vietnamien(ne) *Vietnamese* (adj.), II, 1

vieux (vieil, vieille) *old,* II, 2; **Pauvre vieux/vieille!** *You poor thing!* II, 5

la vigne *vineyard*

le village de pêcheurs *fishing village,* II, 4

la ville *city,* II, 2

violent(e) *violent,* II, 11; **trop violent** *too violent,* II, 11

violet(te) *purple,* I, 3

le violon : Accordons nos violons. *Let's come to an understanding.* II, 4

visitait : Si on visitait... ? *How about visiting . . . ?* II, 8

la visite : une visite guidée *a guided tour,* II, 6

visiter *to visit (a place),* I, 9; II, 6

vite : Dis vite! *Let's hear it!* II, 9

le vitrail (pl. -aux) *stained glass,* II, 2

la vitrine : faire les vitrines *to window-shop,* I, 6

vivant(e) *lively,* II, 4

vivre *to live,* II, 4

les vœux (m. pl.) *wishes,* II, 3; **Meilleurs vœux!** *Best wishes!* II, 3; une carte de vœux *greeting card,* II, 3

Voici... *This is . . . ,* I, 7

Voilà. *Here it is.* II, 3; *Here,* I, 3; **Voilà...** *There's. . . ,* I, 7

la voile *sailing,* I, 11; **faire de la planche à voile** *to windsurf,* I, 11; **faire de la voile** *to go sailing,* I, 11

voir *to see,* I, 6; **Qu'est-ce qu'il y a à voir... ?** *What is there to see . . . ?* II, 12; **Tu vas voir que...** *You'll see that . . . ,* II, 8; **voir un film** *to see a movie,* I, 6; **aller voir un match** *to go see a game,* I, 6; **voir une pièce** *to see a play,* I, 6

vois : **... tu vois.** *. . . you see.* II, 9

voit : **Ça se voit.** *That's obvious.* II, 9

la voiture *car,* I, 7; **en voiture** *by car,* I, 12; **laver la voiture** *to wash the car,* I, 7

le vol *flight,* II, 12

la volaille *poultry,* II, 3

le volcan *volcano,* II, 4

le volet *shutter,* II, 12

le voleur *thief,* II, 8

le volley(-ball) *volleyball,* I, 4; **jouer au volley(-ball)** *to play volleyball,* I, 4

vos *your,* I, 7

votre *your,* I, 7

voudrais : **Je voudrais...** *I'd like . . . ,* I, 3; II, 6; **Je voudrais acheter...** *I'd like to buy . . . ,*

I, 3; **Je voudrais bien...** *I'd really like to . . . ,* I, 11

vouloir *to want,* I, 6; **J'en veux bien.** *I'd like some.* I, 8; **Je n'en veux plus.** *I don't want anymore.* I, 8; **Je ne t'en veux pas.** *No hard feelings.* II, 10; **Je veux bien.** *Gladly.* I, 12; *I'd like to.* II, 1; *I'd really like to.* I, 6; **Non, je ne veux pas.** *No, I don't want to.* II, 8; **Oui, je veux bien.** *Yes, I would.* II, 3; **Oui, si tu veux.** *Yes, if you want to.* I, 7; **Si tu veux, on peut...** *If you like, we can . . . ,* II, 1; **Tu ne m'en veux pas?** *No hard feelings?* II, 10; **Tu veux... ?** *Do you want . . . ?* I, 6; II, 3; **Vous voulez... ?** *Do you want . . . ?* I, 8; II, 3

vous *you,* I, 0

le voyage *trip, voyage,* I, 11; **Bon voyage!** *Have a good trip! (by plane, ship),* I, 11; II, 3; **Vous avez (Tu as) fait bon voyage?** *Did you have a good trip?* II, 2

voyager *to travel,* I, 1

vrai *true,* I, 2; **C'est pas vrai!** *You're kidding!* II, 6; **C'est vrai?** *Really?* II, 2

vraiment *really,* I, 11; **Vraiment?** *Really?* II, 2; **C'est vraiment bon!** *It's really good!* II, 3; **Il/Elle est vraiment bien, ton/ta...** *Your . . . is really great.* II, 2 ; **Non, pas vraiment.** *No, not really.* I, 11

vu (pp. of voir) *seen,* I, 9

vue *with a view of,* II, 2

les W.-C. (m. pl.) *restroom,* II, 2

le week-end *weekend; on weekends,* I, 4; **ce week-end** *this weekend,* I, 6; **Comment s'est passé ton week-end?** *How was your weekend?* II, 5

le western *western (movie),* II, 11

y *there,* I, 12; **Allons-y!** *Let's go!* I, 4; **Comment est-ce qu'on y va?** *How can we get there?* I, 12; **Il y avait...** *There was/were . . . ,* II, 8; **Je n'y comprends rien.** *I don't understand anything about it.* II, 5; **J'y vais tout de suite.** *I'll go right away.* I, 8; **On peut y aller...** *We can go there . . . ,* 12; **Tu vas t'y faire.** *You'll get used to it.* II, 8

le yaourt *yogurt,* I, 8

les yeux (m. pl.) *eyes,* II, 1

Z

zéro *a waste of time,* I, 2

le zoo *zoo,* I, 6; II, 6

le zouk : **danser le zouk** *to dance the zouk,* II, 4

Zut! *Darn!* I, 3

ENGLISH-FRENCH VOCABULARY

In this vocabulary, the English definitions of all active French words in the book have been listed, followed by the French. The number after each entry refers to the chapter in which the entry is introduced. The roman numeral accompanying each chapter number indicates the level in which the entry is presented. It is important to use a French word in its correct context. The use of a word can be checked easily by referring to the chapter where it appears.

French words and phrases are presented in the same way as in the French-English vocabulary.

A

a *un, une*, I, 3
able: to be able to *pouvoir*, I, 8
about *vers*, II, 4; **about (a certain time)** . . . *vers...* , II, 4; **It's about** . . . *Ça parle de...* , II, 11; **What's it about?** *De quoi ça parle?* II, 11
acceptable: That's not acceptable. *C'est inadmissible.* II, 5
accident *l'accident* (m.), II, 9; **to have an accident** *avoir un accident*, II, 9
across from *en face de*, I, 12; II, 2
action *l'action* (f.), II, 11; **action movie** *un film d'action*, II, 11
adore *adorer*, I, 1; **I adore** . . . , *J'adore...* , I, 1
adventure *l'aventure* (f.), II, 11; **adventure movie** *un film d'aventures*, II, 11
advise *conseiller*, I, 9; **What do you advise me to do?** *Qu'est-ce que tu me conseilles?* I, 9
aerobics *l'aérobic* (f.), I, 4; **to do aerobics** *faire de l'aérobic*, I, 4; II, 7
African (adj.) *africain(e)*, II, 11
after *après*, I, 9; **And after that,** . . . *Et après ça,...* I, 9; II, 4
afternoon *l'après-midi* (m.), I, 2; **afternoon off** *l'après-midi libre*, I, 2; **in the afternoon** *l'après-midi*, I, 2
afterwards *après*, I, 9; **Afterwards, I went out.** *Après, je suis sorti(e).* I, 9; **And afterwards?** *Et après?* I, 9
again: Don't do it again! *Ne recommence pas!* II, 5
agree *être d'accord*, I, 7; **I don't agree.** *Je ne suis pas d'accord.* I, 7
Agreed. *Entendu.* I, 6
ahead: Go (Keep going) straight ahead. *Allez (Continuez) tout droit.* II, 2
alarm clock *le réveil*, II, 5; **to hear the alarm clock** *entendre le réveil*, II, 5
algebra *l'algèbre* (f.), I, 2

all: All you have to do is . . . *Tu n'as qu'à...* , II, 7; **Not at all.** *Pas du tout.* I, 4; II, 10; **I hurt all over!** *J'ai mal partout!* II, 7; **all right** *pas mal*, II, 6
allergy *l'allergie* (f.), II, 7; **I have allergies.** *J'ai des allergies.* II, 7
almost *presque*, II, 7; **You're (We're) almost there!** *Tu y es (On y est) presque!* II, 7
already *déjà*, I, 9
also *aussi*, I, 1
am: I am . . . *Je suis...* , II, 1; **I am** . . . **years old.** *J'ai... ans.* I, 1
amazing *incroyable*, II, 5; **It was amazing!** *C'était incroyable!* II, 5
American (adj.) *américain(e)*, II, 11
amusement park *le parc d'attractions*, II, 6
an *un, une*, I, 3
and *et*, I, 1
angry *fâché(e)*, II, 9
ankle *la cheville*, II, 7; **to sprain one's ankle** *se fouler la cheville*, II, 7
annoyed *énervé(e)*, II, 9
annoying *embêtant(e)*, I, 7; II, 1
answer *répondre*, I, 9; **There's no answer.** *Ça ne répond pas.* I, 9
any (of it) *en*, I, 8
any more: I don't want any more. *Je n'en veux plus.* I, 8; **I just can't do any more!** *Je n'en peux plus!* II, 7
anymore *ne... plus*, II, 3; **I'm not hungry/thirsty anymore.** *Je n'ai plus faim/soif.* II, 3
anything *ne... rien*, I, 11; **I didn't forget anything.** *Je n'ai rien oublié.* I, 11
Anyway, . . . *Bref,...* , II, 9
apologize *s'excuser*, II, 10; **Apologize.** *Excuse-toi.* II, 10
apple *la pomme*, I, 8; **apple juice** *le jus de pomme*, I, 5; **apple tart** *la tarte aux pommes*, II, 3
April *avril*, I, 4
are: These/Those are . . . *Ce*

sont... , I, 7; **They're** . . . *Ils/Elles sont...* , I, 7
argument: to have an argument (with someone) *se disputer (avec quelqu'un)*, II, 9
arm *le bras*, II, 7
armoire *l'armoire* (f.), II, 2
around *vers*, II, 4
arrive *arriver*, II, 5
art class *les arts plastiques* (m. pl.), I, 2
ask *demander*, II, 10; **to ask (someone's) forgiveness** *demander pardon à (quelqu'un)*, II, 10; **to ask your parents' permission** *demander la permission à tes parents*, II, 10
at *à*, I, 6, II, 2; **at** . . . **fifteen** *à... heure(s) quinze*, I, 2; **at** . . . **forty-five** *à... heure(s) quarante-cinq*, I, 2; **at** . . . **thirty** *à... heure(s) trente*, I, 2; **at** . . . **'s house** *chez...* , I, 6; **At that point,** . . . *A ce moment-là,...* , II, 9; **at the record store** *chez le disquaire*, I, 12; **At what time?** *A quelle heure?* I, 6
athletic *sportif (sportive)*, II, 1
attend *assister à*, II, 6; **to attend a sound and light show** *assister à un spectacle son et lumière*, II, 6
August *août*, I, 4
aunt *la tante*, I, 7
autobiography *l'autobiographie* (f.), II, 11
avocado *l'avocat* (m.), I, 8
Avoid . . . *Evitez de...* , II, 7; *Evite de...* , II, 12; **Avoid smoking.** *Evitez de fumer.* II, 7
away: Yes, right away. *Oui, tout de suite.* I, 5
awful *sinistre*, II, 6

B

back *le dos*, II, 7
back: come back *revenir*, II, 6; **go back (home)** *rentrer*, II, 6
backpack *le sac à dos*, I, 3

bad *mauvais(e)*, I, 9; **It was unbelievably bad!** *C'était incroyable!* II, 5; **not bad** *pas mal*, I, 2; **Oh, not bad.** *Oh, pas mauvais.* I, 9; **Very bad.** *Très mauvais.* I, 9; **What a bad day!** *Quelle journée!* II, 5; **What a bad weekend!** *Quel weekend!* II, 5

bag *le sac*, I, 3; **sleeping bag** *sac de couchage*, 12

baggy *large*, I, 10

bakery *la boulangerie*, I, 12; II, 3

balcony *le balcon*, II, 2

banana *la banane*, I, 8; **banana tree** *le bananier*, II, 4

bank *la banque*, I, 12

baseball *le base-ball*, I, 4; **to play baseball** *jouer au base-ball*, I, 4

basketball *le basket(-ball)*, I, 4; **to play basketball** *jouer au basket (-ball)*, I, 4

basket *le panier*, II, 8

bathing suit *le maillot de bain*, I, 10

bathroom *la salle de bains*, II, 2

be *être*, I, 7

be able to, can *pouvoir*, I, 8; **Can you . . . ?** *Est-ce que tu peux... ?* I, 12; **I can't.** *Je ne peux pas.* II, 7

to be in the process of (doing something) *être en train de (+ infinitive)*, II, 9

beach *la plage*, I, 1

beans *les haricots* (m.), I, 8; **green beans** *les haricots verts*, I, 8

bear *l'ours* (m.), II, 12

beautiful *beau (belle) (bel)*, II, 2; *magnifique*, II, 6

because *parce que*, I, 5

become *devenir*, II, 6

bed *le lit*, II, 2; **to go to bed** *se coucher*, II, 4

bedroom *la chambre*, II, 2

beef *le bœuf*, I, 8

begin *commencer*, I, 9

behind *derrière*, I, 12

belt *la ceinture*, I, 10

best: Best wishes! *Meilleurs vœux!* II, 3; **Make the best of it.** *Fais-toi une raison.* II, 5

bet *parier*, II, 9; **I bet that . . .** *Je parie que... ,* II, 9

better *mieux*, II, 5; *meilleur(e)*, II, 7; **It'll get better.** *Ça va aller mieux.* II, 5; **It's better than . . .** *C'est meilleur que... ,* II, 7; **It's going to get better!** *Ça va aller mieux!* I, 9; **You have work harder in class.** *Il faut mieux travailler en classe.* II, 5

between *entre*, I, 12

big *grand(e)*, I, 10; II, 1

bigger *plus grand(e)*, II, 4; **bigger than . . .** *plus grand(e) que... ,* II, 4

bike *le vélo; faire du vélo*, I, 4; **by**

bike *à vélo*, I, 12

biking *le vélo*, I, 1

binder: loose-leaf binder *le classeur*, I, 3

biography *la biographie*, II, 11

biology *la biologie*, I, 2

birthday *l'anniversaire* (m.), II, 3; **Happy birthday!** *Joyeux (Bon) anniversaire!* II, 3

black *noir(e)*, I, 3; **black hair** *les cheveux noirs*, II, 1

blackboard *le tableau*, I, 0; **Go to the blackboard!** *Allez au tableau!* I, 0

blazer *la veste*, I, 10

bless: Bless you! *A tes souhaits!* II, 7

blond *blond(e)*, I, 7; **blond hair** *les cheveux blonds*, II, 1

blue *bleu(e)*, I, 3

blues (music) *le blues*, II, 11

boat *le bateau*, I, 12; **by boat** *en bateau*, I, 12

book *le livre*, I, 0

bookstore *la librairie*, I, 12

boots *les bottes* (f.), I, 10

bored *ennuyé(e)*, II, 6; **I was bored.** *Je me suis ennuyé(e).* II, 6; **You're never bored.** *On ne s'ennuie pas.* II, 11

boring *barbant(e)*, I, 2; *ennuyeux (-euse)*, II, 6; **It was boring.** *C'était ennuyeux.* I, 5; *C'était barbant!* I, 2

born: to be born *naître*, II, 6

borrow *emprunter*, I, 12

bother *ennuyer*, II, 8; **What bothers me is . . .** *Ce qui m'ennuie, c'est... ,* II, 4

bottle *la bouteille*, I, 8; **a bottle of** *une bouteille de*, I, 8

box: a box/package of *un paquet de*, I, 8

boy *le garçon*, I, 0

bracelet *le bracelet*, I, 3

bread *le pain*, I, 8; II, 3; **long, thin loaf of bread** *la baguette*, I, 12

break *la récréation*, I, 2; **to break down (car)** *tomber en panne*, II, 9; **to break up (with someone)** *casser (avec quelqu'un)*, II, 9; **to break one's (leg)** *se casser (la jambe)*, II, 7

breakfast *le petit déjeuner*, I, 8

bring *apporter*, I, 9; **Bring me back . . .** *Rapporte-moi... ,* I, 8; **Please bring me . . .** *Apportez-moi... , s'il vous plaît.* I, 5; **to bring (with you)** *emporter*, II, 12; **Will you bring me . . . ?** *Tu me rapportes... ?* I, 8

brother *le frère*, I, 7

brown *marron* (inv.), I, 3; **brown hair** *les cheveux châtain*, II, 1;

dark brown hair *les cheveux bruns*, II, 1

brunette *brun(e)*, I, 7

brush: to brush one's teeth *se brosser les dents*, II, 4

bus *le bus*, I, 12; *le car* (intercity), II, 6; **by bus** *en bus*, I, 12; **to miss the bus** *rater le bus*, II, 5

busy *occupé(e)*, I, 6; **I'm very busy.** *Je suis très occupé(e).* II, 10; **It's busy.** *C'est occupé.* I, 9; **Sorry, I'm busy.** *Désolé(e), je suis occupé(e).* I, 6

but *mais*, I, 1

butcher shop *la boucherie*, II, 3

butter *le beurre*, I, 8; II, 3

buy *acheter*, I, 9; **Buy (me) . . .** *Achète(-moi)... ,* I, 8; **How about buying . . . ?** *Si on achetait... ?* II, 8

by: By the way, . . . *A propos,... ,* II, 9

Bye! *Tchao!* I, 1

C

cafeteria *la cantine*, I, 9; **at the school cafeteria** *à la cantine*, I, 9

cake *le gâteau*, I, 8

calculator *la calculatrice*, I, 3

call (someone) *téléphoner à (quelqu'un)*, II, 10; **Call him/her/them!** *Téléphone-lui/ -leur!* I, 9; **Can you call back later?** *Vous pouvez rappeler plus tard?* I, 9; **Then I called . . .** *Ensuite, j'ai téléphoné à... ,* I, 9; **Who's calling?** *Qui est à l'appareil?* I, 9

calm *calme*, II, 8

camera *l'appareil-photo* (m.), I, 11; II, 1

camp: to/at a summer camp *en colonie de vacances*, I, 11

campground *le terrain de camping*, II, 2

camping *le camping*, I, 11; **to go camping** *faire du camping*, I, 11

can (to be able to) *pouvoir*, I, 8; **Can you do the shopping?** *Tu peux aller faire les courses?* I, 8; **Can I try on . . . ?** *Je peux essayer... ?* I, 10; **Can you . . . ?** *Est-ce que tu peux... ?* I, 12; *Tu peux... ,* I, 8; **Can I talk to you?** *Je peux te parler?* II, 10; **If you like, we can . . .** *Si tu veux, on peut... ,* II, 1; **We can . . .** *On peut... ,* II, 4; **What can I do?** *Qu'est-ce que je peux faire?* II, 10; **What can we do?** *Qu'est-ce qu'on peut faire?* II, 4

can *la boîte*, I, 8; **a can of** *une boîte de*, I, 8

Canadian (adj.) *canadien(ne)*, II, 11
canary *le canari*, I, 7
candy *le bonbon*, II, 3
candy shop *la confiserie*, II, 3
canoe: to go canoeing *faire du canotage* (Canada), II, 12
can't: I can't. *Je ne peux pas.* II, 1; **I can't right now.** *Je ne peux pas maintenant.* I, 8; **No, I can't.** *Non, je ne peux pas.* I, 12
cap *la casquette*, I, 10
capital *la capitale*, II, 4
car *la voiture*, I, 7; **by car** *en voiture*, I, 12; **to wash the car** *laver la voiture*, I, 7
cards *les cartes* (f.), I, 4; **to play cards** *jouer aux cartes*, I, 4
care: What I don't care for is . . . *Ce qui ne me plaît pas, c'est... ,* II, 4
carrot *la carotte*, I, 8
cassette tape *la cassette*, I, 3
cat *le chat*, I, 7
cathedral *la cathédrale*, II, 2
CD (compact disc) *le disque compact/le CD*, I, 3
cereal *les céréales* (f. pl.), II, 3
Certainly. *Bien sûr.* I, 9
chair *la chaise*, I, 0
charming *charmant(e)*, II, 4
check *l'addition* (f.), I, 5; **The check, please.** *L'addition, s'il vous plaît.* I, 5; **traveler's check** *le chèque de voyage*, II, 1
cheese *le fromage*, I, 5, II, 3; **toasted ham and cheese sandwich** *le croque-monsieur*, I, 5
chemistry *la chimie*, I, 2
chest: chest of drawers *la commode*, II, 2
chic *chic*, I, 10
chicken *le poulet*, II, 3; **chicken meat** *le poulet*, I, 8; **live chickens** *les poules* (f.), I, 8
child *l'enfant* (m./f.), I, 7
chocolate *le chocolat*, I, 1; **box of chocolates** *la boîte de chocolats*, II, 3
choir *la chorale*, I, 2
choose *choisir*, I, 10; **to choose the date** *fixer la date*, II, 10; **to choose the music** *choisir la musique*, II, 10
Christmas *le Noël*, II, 3; **Merry Christmas!** *Joyeux Noël!* II, 3
church *l'église* (f.), II, 2
class *le cours*, I, 2; **What classes do you have . . . ?** *Tu as quels cours... ?* I, 2
classic (novel) *un (roman) classique*, II, 11; **classic movie** *un film classique*, II, 11
classical *classique*, II, 11; **classical music** *la musique classique*, II, 11

clean *propre*, II, 8; **to clean house** *faire le ménage*, I, 7
clear the table *débarrasser la table*, I, 7
clock: to hear the alarm clock *entendre le réveil*, II, 5
close *fermer*, I, 0; **Close the door!** *Fermez la porte!* I, 0; **At what time do you close?** *A quelle heure est-ce que vous fermez?* II, 6
close to *près de*, I, 12
cloth *le tissu*, II, 8
clothing *les vêtements* (m.), I, 10
coast *le bord de la mer*, I, 11; **to/at the coast** *au bord de la mer*, I, 11
coat *le manteau*, I, 10
coconut *la noix de coco*, I, 8; **coconut tree** *le cocotier*, II, 4
coffee *le café*, I, 5
cola *le coca*, I, 5
cold *le rhume*, II, 7; **I've got a cold.** *J'ai un rhume.* II, 7; **It's cold.** *Il fait froid.*
color *la couleur*, I, 3; **What color is . . . ?** *De quelle couleur est... ?* I, 3
colorful *coloré(e)*, II, 4
come *venir*, II, 6; **Come on!** *Allez!* II, 7; **Will you come?** *Tu viens?* I, 6
come back *revenir*, II, 6
comedy (film) *le film comique*, II, 11
comic book *la bande dessinée (la B. D.)*, II, 11
compact disc/CD *le disque compact/le CD*, I, 3
compass *la boussole*, II, 12
computer *l'ordinateur* (m.), I, 3
computer science *l'informatique* (f.), I, 2
concert *le concert*, I, 1
Congratulations! *Félicitations!* II, 3
continue *continuer*, I, 12
cool *cool*, I, 2; **very cool** *chouette*, II, 2; **Your . . . is cool.** *Il/Elle est cool, ton/ta... ,* II, 2; **It's cool (outside).** *Il fait frais.* I, 4
corn *le maïs*, I, 8
corner *le coin*, I, 12; **on the corner of** *au coin de*, I, 12
cotton *le coton*, I, 10; **in cotton** *en coton*, I, 10
could: Could you . . . ? *Tu pourrais... ?* II, 10; **Could you do me a favor?** *(Est-ce que) tu pourrais me rendre un petit service?* I, 12; **Could you go by . . . ?** *Tu pourrais passer à... ?* I, 12; **I could have . . .** *J'aurais pu... ,* II, 10; **We could . . .** *On pourrait... ,* II, 1; **You could give him/her (them) . . .** *Tu pourrais lui (leur) offrir... ,* II, 3; **You could have . . .** *Tu aurais pu... ,* I, 10

country (music) *le country*, II, 11
countryside *la campagne*, I, 11; **to/at the countryside** *à la campagne*, I, 11
course *le cours*, I, 2; **first course of a meal** *l'entrée* (f.), II, 3; **main course of a meal** *le plat principal*, II, 3; **Of course.** *Bien sûr.* I, 3; **Of course not.** *Bien sûr que non.* II, 10
cousin *le cousin (la cousine)*, I, 7
cream puff pastry *la religieuse*, II, 3
croissant *le croissant*, II, 3; **croissant with a chocolate filling** *le pain au chocolat*, II, 3
cross *traverser*, II, 2; **Cross . . .** *Traversez... ,* II, 2
cross-country: to go cross-country skiing *faire une randonnée en skis*, II, 12
cut: to cut one's finger *se couper le doigt*, II, 7
cute *mignon(ne)*, I, 7, II, 1; *gentillet(te)*, II, 11; **cute (but that's all)** *gentillet, sans plus*, II, 11

D

dairy *la crémerie*, II, 3; **dairy products** *les produits laitiers* (m. pl.), I, 8
dance *danser* (v.), I, 1; *la danse* (n.), I, 2; **to dance the zouk** *danser le zouk*, II, 4
dangerous *dangereux (-euse)*, II, 8
Darn! *Zut!* I, 3
date *le rendez-vous*, II, 9; **to have (make) a date/an appointment (with someone)** *avoir (prendre) rendez-vous (avec quelqu'un)*, II, 9
daughter *la fille*, I, 7
day *le jour*, I, 2; **I had a terrible day!** *J'ai passé une journée épouvantable!* II, 5; **It's just not my day!** *C'est pas mon jour!* II, 5; **What a bad day!** *Quelle journée!* II, 5
deadly dull *mortel(le)*, II, 6
December *décembre*, I, 4; **in December** *en décembre*, I, 4
decided *décidé(e)*, I, 10; **Have you decided to take . . . ?** *Vous avez décidé de prendre... ?* I, 10; **Have you decided?** *Vous avez choisi?* I, 5
deface *mutiler*, II, 12; **to deface the trees** *mutiler les arbres*, II, 12
Definitely not! *Sûrement pas!* II, 6
delicatessen *la charcuterie*, II, 3
delicious *délicieux (-euse)*, I, 5; **That was delicious!** *C'était délicieux!* II, 3
denim *le jean*, I, 10; **in denim** *en*

jean, I, 10

deposit *déposer,* I, 12; **to deposit money** *déposer de l'argent,* I, 12

depressed *déprimé(e),* II, 9

depressing *déprimant(e),* II, 11

desk *le bureau,* II, 2

dessert *le dessert,* II, 3

detective or mystery movie *le film policier,* II, 11; **detective or mystery novel** *le roman policier (le polar),* II, 11

detention: to have detention *être collé(e),* II, 5

dictionary *le dictionnaire,* I, 3

die *mourir,* II, 6

diet *le régime,* II, 7; **follow a diet that's too strict.** *suivre un régime trop strict,* II, 7

different *différent(e),* II, 8; **Was it really so different?** *C'était tellement différent?* II, 8

dining room *la salle à manger,* II, 2

dinner *le dîner,* I, 8; **to have dinner** *dîner,* I, 9

dirty *sale,* II, 8

dishes *la vaisselle,* I, 7; **to do the dishes** *faire la vaisselle,* I, 7

dismissal (when school gets out) *la sortie,* I, 2

do *faire,* I, 4; **All you have to do is . . .** *Tu n'as qu'à... ,* II, 7; **Do you play/do . . . ?** *Est-ce que tu fais... ?* I, 4; **Don't do it again.** *Ne recommence pas.* II, 5; **I do.** *Moi, si.* I, 2; **I don't know what to do.** *Je ne sais pas quoi faire.* II, 10; **I don't play/do . . .** *Je ne fais pas de... ,* I, 4; **I have errands to do.** *J'ai des courses à faire.* I, 5; **I just can't do any more!** *Je n'en peux plus!* II, 7; **I play/do . . .** *Je fais... ,* I, 4; **In your opinion, what do I do?** *A ton avis, qu'est-ce que je fais?* I, 9; **It'll do you good.** *Ça te fera du bien.* II, 7; **Sorry. I have homework to do.** *Désolé(e). J'ai des devoirs à faire.* I, 5; **to do homework** *faire les devoirs,* I, 7; **to do the dishes** *faire la vaisselle,* I, 7; **What are you going to do . . . ?** *Qu'est-ce que tu vas faire... ?* I, 6, II, 1; **What are you going to do . . . ?** *Tu vas faire quoi... ?* I, 6; **What can I do?** *Qu'est-ce que je peux faire?* I, 9; **What can we do?** *Qu'est-ce qu'on peut faire?* II, 4; **What did you do . . . ?** *Qu'est-ce que tu as fait... ?* I, 9; **What do you advise me to do?** *Qu'est-ce que tu me conseilles?* I, 9; **What do you do . . . ?** *Qu'est-ce que tu fais... ?* I, 4; **What do you do when . . . ?** *Qu'est-ce que tu fais quand... ?* I, 4; **What do you like to**

do? *Qu'est-ce que tu aimes faire?* II, 1; **What should we do?** *Qu'est-ce qu'on fait?* II, 1

dog *le chien,* I, 7; **to walk the dog** *promener le chien,* I, 7

done, made *fait* (pp. of faire), I, 9

door *la porte,* I, 0

down: go down *descendre,* II, 6; **You go down this street to the next light.** *Vous continuez jusqu'au prochain feu rouge.* I, 12

dozen *la douzaine,* I, 8; **a dozen** *une douzaine de,* I, 8

drama: to do drama *faire du théâtre,* I, 4

dress *la robe,* I, 10

dressed: to get dressed *s'habiller,* II, 4

drink *boire,* I, 5; **What do you have to drink?** *Qu'est-ce que vous avez comme boissons?* I, 5; **What is there to drink?** *Qu'est-ce qu'il y a à boire?* I, 5

drive *conduire,* II, 8; **to drive a car** *conduire une voiture,* II, 8

drugstore *la pharmacie,* I, 12

drum (from Africa) *le tam-tam,* II, 8

duck *le canard,* II, 12

dud: It's a dud. *C'est un navet.* II, 11

dull: deadly dull *mortel(le),* II, 6

dying: I'm dying of hunger! *Je crève de faim!* II, 12; **I'm dying of thirst!** *Je meurs de soif!* II, 12

E

ear *l'oreille* (f.), II, 7; **My ear hurts.** *J'ai mal à l'oreille.* II, 7

early *tôt,* II, 4

earn *gagner,* I, 9

earrings *les boucles d'oreilles* (f.), I, 10

earth-shattering: It's not earth-shattering. *Ça casse pas des briques.* II, 11

east *l'est,* II, 4; **in the east** *dans l'est,* II, 4; **It's to the east of . . .** *C'est à l'est de... ,* II, 12

easy *facile,* I, 2

eat *manger,* I, 6; II, 7; **to eat too much sugar** *consommer trop de sucre,* II, 7; **someone who loves to eat** *gourmand(e),* II, 1; **to eat well** *bien se nourrir,* II, 7

egg *l'œuf* (m.), I, 8, II, 3

embarrassed *gêné(e),* II, 9

English (language) *l'anglais* (m.), I, 1

enjoy *déguster,* II, 4

enter *entrer,* II, 6

entrance *l'entrée* (f.), II, 6; **How much is the entrance fee?** *C'est combien, l'entrée?* II, 6

envelope *l'enveloppe* (f.), I, 12

eraser *la gomme,* I, 3

errands *les courses* (f. pl.), I, 7; **I have errands to do.** *J'ai des courses à faire.* I, 5

especially *surtout,* I, 1

evening *le soir,* I, 2; **in the evening** *le soir,* I, 2

everyone: Everyone should . . . *On doit... ,* II, 7

everything *tout,* I, 11; **Everything went wrong!** *Tout a été de travers!* II, 5; **I've thought of everything.** *J'ai pensé à tout.* I, 11

exam *l'examen* (m.), I, 1

excellent *excellent(e),* I, 5, II, 2; **Yes, excellent.** *Oui, excellent.* I, 9

exciting *passionnant(e),* II, 11; **It's an exciting story.** *C'est une histoire passionnante.* II, 11

excuse: Excuse me. *Excusez-moi.* I, 3; **Excuse me, . . . , please?** *Pardon,... , s'il vous plaît?* I, 12; **Excuse me, ma'am, . . . , please?** *Pardon, madame,... s'il vous plaît?* I, 12; **Excuse me, miss. Where is . . . , please?** *Pardon, mademoiselle. Où est... , s'il vous plaît?* I, 12; **Excuse me, sir. I'm looking for . . .** *Pardon, monsieur. Je cherche... ,* I, 12

exercise *faire de l'exercice,* II, 7

exhausted *crevé(e),* II, 2; **Yes, I'm exhausted.** *Si, je suis crevé(e).* II, 2

expensive *cher (chère),* II, 3; **It's too expensive.** *C'est trop cher.* II, 3

explain *expliquer,* II, 10; **Explain to him/her/them.** *Explique-lui/-leur.* II, 10; **to explain what happened (to someone)** *expliquer ce qui s'est passé (à quelqu'un),* II, 10

eye *l'œil* (m.), II, 1; **eyes** *les yeux* (m. pl.), II, 1

F

fabric *le tissu,* II, 8

fail *rater,* I, 9; **to fail a test** *rater un examen,* I, 9; **to fail a quiz** *rater une interro,* I, 9

fall *l'automne* (m.), I, 4; **in the fall** *en automne,* I, 4

fall *tomber,* II, 5, **to fall in love (with someone)** *tomber amoureux(-euse) (de quelqu'un),* II, 9

familiar: Are you familiar with . . . ? *Tu connais... ?* II, 11; **I'm not familiar with them (him/her).** *Je ne connais pas.* II, 11

family *la famille,* I, 7

fantastic *sensas (sensationnel),* I, 10; II, 6

far from *loin de,* I, 12

fascinating *passionnant(e),* I, 2

fat *gros(se)* (adj.), I, 7; *les matières grasses* (f. pl.), II, 7

father *le père,* I, 7

fault *la faute,* II, 10; **It's my fault.** *C'est de ma faute.* II, 10

favor *le petit service,* I, 12; **Could you do me a favor?** *(Est-ce que) tu pourrais me rendre un petit service?* I, 12

favorite *préféré(e),* II, 1; **What is your favorite . . . ?** *Quel(le) est ton/ta... préféré(e)?* II, 1; **Who is your favorite . . . ?** *Qui est ton/ta... préféré(e)?* II, 1

February *février,* I, 4; **in February** *en février,* I, 4

fee: How much is the entrance fee? *C'est combien, l'entrée?* II, 6

feed *donner à manger,* II, 6; *nourrir,* II, 12; **to feed the animals** *donner à manger aux animaux,* II, 6; *nourrir les animaux,* II, 12

feel *se sentir,* II, 7; **Do you feel like . . . ?** *Tu as envie de... ?* II, 1; **I don't feel well.** *Je ne me sens pas bien.* II, 7; **I feel like . . .** *J'ai envie de... ,* I, 11; **No, I don't feel like it.** *Non, je n'ai pas très envie.* II, 7

feelings: No hard feelings. *Je ne t'en veux pas.* II, 10; **No hard feelings?** *Tu ne m'en veux pas?* II, 10

ferris wheel *la grande roue,* II, 6

fever: I have a fever. *J'ai de la fièvre.* II, 7

film *le film,* II, 11; **What films are playing?** *Qu'est-ce qu'on joue comme film?* II, 11

Finally, . . . *Enfin,... ,* I, 9; II, 1; *Finalement... ,* I, 9; II, 4

find *trouver,* I, 9

Fine. *Ça va.* I, 1; **Yes, it was fine.** *Oui, ça a été.* I, 9

first *d'abord,* I, 7, II, 1; **OK, if you . . . first.** *D'accord, si tu... d'abord.* I, 7

first-aid kit *la trousse de premiers soins,* II, 12

fish *le poisson,* I, 7; II, 3

fish shop *la poissonnerie,* II, 3

fishing *la pêche,* II, 4; **to go fishing** *aller à la pêche,* II, 4; **fishing pole** *la canne à pêche,* II, 12; **fishing village** *le village de pêcheurs,* II, 4

flashlight *la lampe de poche,* II, 12

floor (of a building) *l'étage* (m.), II, 2; **first (ground) floor** *le rez-de-chaussée,* II, 2; **second floor** *le premier étage,* II, 2

florist's shop *le fleuriste,* II, 3

flour *la farine,* I, 8

flower *la fleur,* II, 3

flu *la grippe,* II, 7; **I've got the flu.** *J'ai la grippe.* II, 7

folk (music) *le folk,* II, 11

follow *suivre,* II, 7; **to follow a diet that's too strict** *suivre un régime trop strict,* II, 7; **to follow the marked trails** *suivre les sentiers balisés,* II, 12

foot *le pied,* II, 7; **on foot** *à pied,* I, 12; **My foot hurts.** *J'ai mal au pied.* II, 7

football *le football américain,* II, 4; **to play football** *jouer au football américain,* I, 4

for *pour,* I, 3; **It's good for you.** *C'est bon pour toi.* II, 7; **What do you need for . . . ?** (informal) *Qu'est-ce qu'il te faut pour... ?* I, 3

forest *la forêt,* I, 11; **to the forest** *en forêt,* I, 11

forget *oublier,* I, 9; **Don't forget.** *N'oublie pas.* I, 8; II, 1; **Forget him/her/them!** *Oublie-le/-la/-les!* I, 9; II, 10; **I didn't forget anything.** *Je n'ai rien oublié.* I, 11; **You didn't forget your . . . ?** *Tu n'as pas oublié ton/ta/tes... ?* I, 11

forgive *excuser,* II, 10; *pardonner,* II, 10; **Forgive me.** *Excuse-moi.* II, 10; **to forgive (someone)** *pardonner à (quelqu'un),* II, 10

forgiveness *le pardon,* II, 10; **to ask (someone's) forgiveness** *demander pardon à (quelqu'un),* II, 10

Fortunately, . . . *Heureusement,... ,* II, 9

fox *le renard,* II, 12

frame: photo frame *le cadre,* II, 3

franc (the French monetary unit) *le franc,* I, 3; **It's . . . francs.** *C'est... francs.* I, 5

French (language) *le français,* I, 1; **French fries** *les frites* (f. pl.), I, 1

Friday *vendredi,* I, 2; **on Fridays** *le vendredi,* I, 2

friend *l'ami(e),* I, 1; **to go out with friends** *sortir avec les copains,* I, 1

from *de,* I, 0; **From platform . . .** *Du quai... ,* II, 6

front: in front of *devant,* I, 6

fun *amusant(e),* II, 8; **to have fun** *s'amuser,* II, 4; **Did you have fun?** *Tu t'es amusé(e)?* I, 11; II, 6; **Have fun!** *Amuse-toi bien!* I, 11; **I had a lot of fun.** *Je me suis beaucoup amusé(e).* II, 6; **What do you do to have fun?** *Qu'est-ce que tu fais pour t'amuser?* I, 4

funny *amusant(e),* I, 7, II, 1; **It's funny.** *C'est drôle (amusant).* II, 11

furious *furieux (-euse),* II, 9

G

gain *gagner;* **to gain weight** *grossir,* I, 10

game *le match,* I, 6; **to watch a game (on TV)** *regarder un match,* I, 6; **to go see a game** *aller voir un match,* I, 6

geography *la géographie,* I, 2

geometry *la géométrie,* I, 2

German (language) *l'allemand* (m.), I, 2

get: Get . . . *Prends... ,* I, 8; **to get up** *se lever,* II, 4; **You'll get used to it.** *Tu vas t'y faire.* II, 8; **Get well soon!** *Bon rétablissement!* II, 3; **How can we get there?** *Comment est-ce qu'on y va?* I, 12; **It'll get better.** *Ça va aller mieux.* II, 5; **to get a bad grade** *avoir une mauvaise note,* II, 5; **to get lost** *se perdre,* II, 9; **to get ready** *faire les préparatifs,* II, 10

gift *le cadeau,* I, 11; **gift shop** *la boutique de cadeaux,* II, 3; **Have you got a gift idea for . . . ?** *Tu as une idée de cadeau pour... ?* II, 3

girl *la fille,* I, 0

give *donner,* I, 5; *offrir (à quelqu'un),* II, 10; **Give him/her (them) . . .** *Offre-lui (-leur) ... ,* II, 3; **Please give me . . .** *Donnez-moi... , s'il vous plaît.* I, 5; **What could I give to . . . ?** *Qu'est-ce que je pourrais offrir à... ?* II, 3; **You could give him/her (them) . . .** *Tu pourrais lui (leur) offrir... ,* II, 3; **I'm giving up.** *J'abandonne.* II, 7

Gladly. *Je veux bien.* I, 8

glove *le gant,* II, 1

go *aller,* I, 6; **Could you go by . . . ?** *Tu pourrais passer à... ?* I, 12; **Did it go well?** *Ça s'est bien passé?* I, 11; **First, I'm going to . . .** *D'abord, je vais... ,* II, 1; **Go straight ahead.** *Allez tout droit.* II, 2; **Go to the blackboard!** *Allez au tableau!* I, 0; **How about going . . . ?** *Si on allait... ?* II, 4; **How did it go?** *Comment ça s'est passé?* II, 5; **How's it going?** *(Comment) ça va?* I, 1; **I'd like . . . to go with . . .** *J'aimerais... pour aller avec... ,* I, 10; **I'm going . . .** *Je vais... ,* I, 6; **I'm going to . . .** *Je vais... ,* I, 11; **I'm going to have . . . , please.** *Je vais prendre... , s'il vous plaît.* I, 5; **It doesn't go at all with . . .** *Il/Elle* ne va pas du tout avec... , I, 10; **It goes very well with . . .** *Ça va très bien avec...* , I, 10; **Let's go . . .** *Allons...* , I, 6; **to go back (home)** *rentrer*, II, 6; **to go down** *descendre*, II, 6; **to go for a walk** *faire une promenade*, I, 6; *se promener*, II, 4; **to go out** *sortir*, II, 6; **to go out with friends** *sortir avec les copains*, I, 1; **to go up** *monter*, II, 6; **We can go there . . .** *On peut y aller...* , I, 12; **What are you going to do . . . ?** *Qu'est-ce que tu vas faire...* ? I, 6; II, 1; *Tu vas faire quoi...* ? I, 6; **What do you think about going . . . ?** *Ça te dit d'aller... ?* II, 4; **Where are you going to go . . . ?** *Où est-ce que tu vas aller... ?* I, 11; **Where did you go?** *Tu es allé(e) où?* I, 9; **You're going to like it here.** *Tu vas te plaire ici.* II, 8; **You keep going until the next light.** *Vous continuez jusqu'au prochain feu rouge.* I, 12

golf *le golf*, I, 4; **to play golf** *jouer au golf*, I, 4

good *bon(ne)*, I, 5; **Did you have a good . . . ?** *Tu as passé un bon... ?* I, 11; **Did you have a good trip?** *Vous avez (Tu as) fait bon voyage?* II, 2; **Good idea!** *Bonne idée!* II, 3, 7; **Have a good trip! (by car)** *Bonne route!* II, 3; **(by plane ship)** *Bon voyage!* I, 11; **It doesn't look good on you at all.** *Il/Elle ne te/vous va pas du tout.* I, 10; **It'll do you good.** *Ça te fera du bien.* II, 7; **It's good for you.** *C'est bon pour toi.* II, 7; **It's really good!** *C'est vraiment bon!* II, 3; **not very good** *pas bon*, I, 5; **pretty good** *pas mauvais*, I, 5; **That's a good idea.** *C'est une bonne idée.* II, 1; **Yes, very good.** *Oui, très bon.* I, 9

Goodbye! *Au revoir!, Salut!* I, 1

goof off *faire le clown*, II, 5; **You can't be goofing off in class!** *Tu ne dois pas faire le clown en classe!* II, 5

got: No, you've got to . . . *Non, tu dois...* , I, 7

grade *la note*, II, 5; **to get a bad grade** *avoir une mauvaise note*, II, 5

grandfather *le grand-père*, I, 7

grandmother *la grand-mère*, I, 7

grapes *le raisin*, I, 8

great *génial(e)*, I, 2; II, 2; *superbe*, II, 6; **Great!** *Super!* I, 1; **It looks great on you!** *C'est tout à fait ton style!* I, 10; **It was great!** *C'était formidable!* I, 11; **Not so great.**

Pas terrible. I, 1; **What a great day! Quelle journée formidable!** II, 5; **What a great weekend!** *Quel week-end formidable!* II, 5; **Your . . . is really great.** *Il/Elle est vraiment bien, ton/ta...* , II, 2

green *vert(e)*, I, 3; **green beans** *les haricots verts* (m.), I, 8

grey *gris(e)*, I, 3

grocery store *l'épicerie* (f.), I, 12

gross *dégoûtant(e)*, I, 5

grounded: to be "grounded" *être privé(e) de sortie*, II, 9

group *le groupe*, II, 11

grow up *grandir*, I, 10

guava *la goyave*, I, 8

guess *deviner*, II, 9; **Guess what . . .** *Devine ce que...* , II, 9; **Guess who . . .** *Devine qui...* , II, 9; **You'll never guess what happened.** *Tu ne devineras jamais ce qui s'est passé.* II, 9

guided *guidé(e)*, II, 6; **to take a guided tour** *faire une visite guidée*, II, 6

gym *le sport*, I, 2

gymnastics *la gymnastique*, II, 7; **to do gymnastics** *faire de la gymnastique*, II, 7

H

hair *les cheveux* (m. pl.), II, 1; **black hair** *les cheveux noirs*, II, 1; **blond hair** *les cheveux blonds*, II, 1; **brown hair** *les cheveux châtain*, II, 1; **dark brown hair** *les cheveux bruns*, II, 1; **long hair** *les cheveux longs*, II, 1; **red hair** *les cheveux roux*, II, 1; **short hair** *les cheveux courts*, II, 1

half *demi(e)*, I, 6; **half past** *et demie*, I, 6; **(after midi and minuit)** *et demi*, I, 6

ham *le jambon*, I, 5; **toasted ham and cheese sandwich** *le croquemonsieur*, I, 5

hamburger *le hamburger* , I, 1

hand *la main*, I, 0

handsome (beautiful) *beau (belle) (bel)*, II, 1

hang glide *faire du deltaplane*, II, 4

hang: Hang in there! *Courage!* II, 5

Hanukkah *le Hanoukka*, II, 3; **Happy Hanukkah!** *Bonne fête de Hanoukka!* II, 3

happen *se passer*, I, 9; **What happened?** *Qu'est-ce qui s'est passé?* I, 9; **to explain what happened (to someone)** *expliquer ce qui s'est passé (à quelqu'un)*, II, 10; **You'll**

never guess what happened. *Tu ne devineras jamais ce qui s'est passé.* II, 9

happy *content(e)*, I, 7; *joyeux (-euse)*, II, 3; **Happy birthday!** *Joyeux (Bon) anniversaire!* II, 3; **Happy Hanukkah!** *Bonne fête de Hanoukka!* II, 3; **Happy holiday! (Happy saint's day!)** *Bonne fête!* II, 3; **Happy New Year!** *Bonne année!* II, 3

hard *difficile*, I, 2; **No hard feelings.** *Je ne t'en veux pas.* II, 10; **No hard feelings?** *Tu ne m'en veux pas?* II, 10

harm *le mal*, II, 10; **No harm done.** *Il n'y a pas de mal.* II, 10

has: He/She has . . . *Il/Elle a...* , II, 1

hat *le chapeau*, I, 10

have *avoir*, I, 2; **All you have to do is . . .** *Tu n'as qu'à...* , II, 7; **At what time do you have . . . ?** *Tu as... à quelle heure?* I, 2; **Do you have . . . ?** *Tu as...?* I, 3; *Vous avez... ?* I, 2; **Do you have that in . . . ? (size, fabric, color)** *Vous avez ça en... ?* I, 10; **Have . . .** *Prends/Prenez...* , I, 5; **Have a good trip! (by car)** *Bonne route!;* **(by plane, ship)** *Bon voyage!* II, 3; **I don't have . . .** *Je n'ai pas de...* , I, 3; **I have . . .** *J'ai...* , I, 2; **I have some things to do.** *J'ai des trucs à faire.* I, 5; **I'll have/I'm going to have . . . , please.** *Je vais prendre... , s'il vous plaît.* I, 5; **May I have some . . . ?** *Je pourrais avoir... ?* II, 3; **to have an accident** *avoir un accident*, II, 9; **to have an argument (with someone)** *se disputer (avec quelqu'un)*, II, 9; **to have fun** *s'amuser*, II, 4; **to take or to have (food, drink)** *prendre*, I, 5; **We have . . .** *Nous avons...* , I, 2; **What are you having?** *Vous prenez?* I, 5; **What classes do you have . . . ?** *Tu as quels cours... ?* I, 2; **What do you have . . . ?** *Tu as quoi... ?* I, 2; **What kind of . . . do you have?** *Qu'est-ce que vous avez comme... ?* I, 5; **Will you have . . .** *Tu prends... ?* I, 8; *Vous prenez... ?* I, 8; **You have to work harder in class.** *Il faut mieux travailler en classe.* II, 5

have to *devoir*, II, 7

head *la tête*, II, 7

health *le cours de développement personnel et social (DPS)*, I, 2

healthy: It's healthy. *C'est bon pour la santé.* II, 7

hear *entendre*, II, 5; **Did you hear the latest?** *Tu connais la nou-*

velle? II, 9; **Let's hear it!** *Dis vite!* II, 9; **to hear the alarm clock** *entendre le réveil,* II, 5

height *la taille,* II, 1; **of medium height** *de taille moyenne,* II, 1

Hello. *Bonjour.* I, 1; **Hello? (on the phone)** *Allô?* I, 9

help *aider,* II, 8; **Can you help me?** *Tu peux m'aider?* II, 10; **May I help you?** *(Est-ce que) je peux vous aider?* I, 10

her *la,* I, 9; **her . . .** *son/sa/ses... ,* I, 7; **to her** *lui,* I, 9

Here. *Voilà.* I, 3; *ici,* II, 8; **Here (There) is . . .** *Là, c'est... ,* II, 2; **Here it is.** *Voilà.* II, 3; **Here you are.** *Tenez (Tiens).* II, 3

Hi! *Salut!* I, 1

high school *le lycée,* II, 2

hike *la randonnée,* I, 11; **to go for a hike** *faire une randonnée pédestre,* II, 12; **to go hiking** *faire de la randonnée,* I, 11

him *le,* I, 9; **to him** *lui,* I, 9

his *son/sa/ses,* I, 7

history *l'histoire* (f.), I, 2

hockey *le hockey,* I, 4; **to play hockey** *jouer au hockey,* I, 4

Hold on. (on the phone) *Ne quittez pas.* I, 9

holiday *la fête,* II, 3; **Happy holiday! (Happy saint's day!)** *Bonne fête!* II, 3

home: Make yourself at home. *Faites (Fais) comme chez vous (toi).* II, 2; **Welcome to my home (our home).** *Bienvenue chez moi (chez nous).* II, 2

homework *les devoirs* (m. pl.), I, 2; **I've got homework to do.** *J'ai des devoirs à faire.* I, 5; **to do homework** *faire les devoirs,* I, 7

horrible *épouvantable,* I, 9; **It was horrible.** *C'était épouvantable.* I, 9; **to have a horrible day** *passer une journée épouvantable,* II, 5

horror movie *le film d'horreur,* II, 11

horseback riding *l'équitation* (f.), I, 1; **to go horseback riding** *faire de l'équitation,* I, 1

hose *le collant,* I, 10

hostel: youth hostel *l'auberge de jeunesse* (f.), II, 2

hot *chaud(e),* I, 4; **hot chocolate** *le chocolat,* I, 5; **hot dog** *le hot-dog,* I, 5; **It's hot (outside).** *Il fait chaud.* I, 4; **not so hot** *pas super,* I, 2

house *la maison,* II, 2; **at my house** *chez moi,* I, 6; **Is this . . . 's house?** *Je suis bien chez... ?* I, 9; **to clean house** *faire le ménage,* I, 7; **to/at . . . 's** *chez... ,* I, 11

housework *le ménage,* I, 1; **to do housework** *faire le ménage,* I, 1

how *comment,* I, 1; **How did it go?** *Comment ça s'est passé?* II, 5; **How do you like it?** *Comment tu trouves ça?* I, 5; **How old are you?** *Tu as quel âge?* I, 1; **How was it?** *C'était comment?* II, 6; **How was your day (yesterday)?** *Comment s'est passée ta journée (hier)?* II, 5; **How was your vacation?** *Comment se sont passées tes vacances?* II, 5; **How was your weekend?** *Comment s'est passé ton week-end?* II, 5; **How's it going?** *(Comment) ça va?* I, 1

how about: How about . . . ? *On... ?* I, 4; **How about buying . . . ?** *Si on achetait... ?* II, 8; **How about going . . . ?** *Si on allait... ?* II, 4; **How about playing . . . ?** *Si on jouait... ?* II, 8; **How about playing baseball?** *On joue au base-ball?* I, 5; **How about skiing?** *On fait du ski?* I, 5; **How about visiting . . . ?** *Si on visitait... ?* II, 8

how much *combien,* I, 3; **How much is . . . ?** *C'est combien,... ?* I, 3; *Combien coûte... ?* II, 3; **How much are . . . ?** *Combien coûtent... ?* II, 3; **How much does that make?** *Ça fait combien?* I, 5; **How many (much) do you want?** *Combien en voulez-vous?* II, 3

hundred *cent,* I, 3; **two hundred** *deux cents,* I, 3

hunger *la faim,* II, 2; **I'm dying of hunger!** *Je crève de faim!* II, 12; *Je meurs de faim!* II, 2

hungry: to be hungry *avoir faim,* I, 5; **Aren't you hungry?** *Vous n'avez pas (Tu n'as pas) faim?* II, 2; **He was hungry.** *Il avait faim.* II, 12; **I'm very hungry.** *J'ai très faim!* II, 2; **No thanks. I'm not hungry anymore.** *Non, merci. Je n'ai plus faim.* I, 8

hurt *avoir mal,* II, 7; **I hurt all over!** *J'ai mal partout!* II, 7; **My . . . hurts.** *J'ai mal à... ,* II, 7; **to hurt one's . . .** *se faire mal à... ,* II, 7

husband *le mari,* I, 7

I *je,* I, 1; **I do.** *Moi, si.* I, 2; **I don't.** *Moi, non.* I, 2

ice cream *la glace,* I, 1

ice-skate *faire du patin à glace,* I, 4

idea *l'idée* (f.), I, 4; **Good idea.** *Bonne idée.* I, 4; **I have no idea.** *Je* n'en sais rien. I, 11; **No idea.** *Aucune idée.* II, 9; **That's a good (excellent) idea.** *C'est une bonne (excellente) idée.* II, 1

if *si,* I, 7; **OK, if you . . . first.** *D'accord, si tu... d'abord.* I, 7

impossible *impossible,* I, 7; II, 10; **It's impossible.** *C'est impossible.* II, 10; **No, that's impossible.** *Non, c'est impossible.* I, 7

in *dans,* I, 6; **(a city or place)** *à,* I, 11; **(before a feminine country)** *en,* I, 11; **(before a masculine country)** *au,* I, 11; **(before a plural noun)** *aux,* I, 11; **in front of** *devant,* I, 6; **in the afternoon** *l'après-midi,* I, 2; **in the evening** *le soir,* I, 2; **in the morning** *le matin,* I, 2; **. . . is (are) in it.** *C'est avec... ,* II, 11; **Who's in it?** *C'est avec qui?* II, 11

in-line skate *le roller en ligne,* I, 4; **to in-line skate** *faire du roller en ligne,* I, 4

incredible *incroyable,* II, 6

indifference: (expression of indifference) *Bof!* I, 1

insect repellent *la lotion anti-moustiques,* II, 12

intend *avoir l'intention de,* I, 11; **I intend to . . .** *J'ai l'intention de... ,* I, 11

interesting *intéressant(e),* I, 2

invitation *l'invitation* (f.), II, 10; **invite** *inviter,* II, 10; **Invite him/her/them.** *Invite-le/-la/-les.* II, 10

is: He is . . . *Il est... ,* I, 7; **She is . . .** *Elle est... ,* I, 7; **There's . . .** *Voilà... ,* I, 7; **This is . . .** *C'est... ; Voici... ,* I, 7

island *l'île* (f.), II, 4

it *le, la,* I, 9

it's: It's . . . *C'est... ,* I, 2; **It's . . . francs.** *Ça fait... francs.* I, 5

J

jacket *le blouson,* I, 10; **ski jacket** *l'anorak* (m.), II, 1; **suit jacket** *la veste,* I, 10

jam *la confiture,* I, 8

January *janvier,* I, 4; **in January** *en janvier,* I, 4

jazz *le jazz,* II, 11

jeans *le jean,* I, 3

jog *faire du jogging,* I, 4

joking: You're joking! *Tu plaisantes!* II, 6

July *juillet,* I, 4; **in July** *en juillet,* I, 4

June *juin,* I, 4; **in June** *en juin,* I, 4

K

kidding: You're kidding! *C'est pas vrai!* II, 6

kilogram *le kilo,* I, 8; **a kilogram of** *un kilo de,* I, 8

kind: What kind of . . . do you have? *Qu'est-ce que vous avez comme... ?* I, 5

kitchen *la cuisine,* II, 2

knee *le genou,* II, 7; **My knee hurts.** *J'ai mal au genou.* II, 7

know *savoir,* I, 10; **. . . , you know.** *. . . , quoi.* II, 9; **Do you know what . . . ?** *Tu sais ce que... ?* II, 9; **Do you know who . . . ?** *Tu sais qui... ?* II, 9; **I don't know what to do.** *Je ne sais pas quoi faire.* II, 10; **I don't know.** *Je ne sais pas.* I, 10

L

lab *les travaux pratiques (m. pl.),* I, 2

lame *nul(le),* II, 6

lamp *la lampe,* II, 2

late *tard,* II, 4

later *plus tard,* I, 9; **Can you call back later?** *Vous pouvez rappeler plus tard?* I, 9; **See you later (the same day)!** *A tout à l'heure!* I, 1

latest: Did you hear the latest? *Tu connais la nouvelle?* II, 9

Latin (language) *le latin,* I, 2

lawn *le gazon,* I, 7; **to mow the lawn** *tondre le gazon,* I, 7

learn *apprendre,* I, 0

leather *le cuir,* I, 10; **in leather** *en cuir,* I, 10

leather-goods shop *la maroquinerie,* II, 3

leave *partir,* I, 11; **Can I leave a message?** *Je peux laisser un message?* I, 9; **You can't leave without . . .** *Tu ne peux pas partir sans... ,* I, 11

left *la gauche,* I, 12; **to the left** *à gauche,* I, 12; **on the left** *sur la gauche,* II, 2; **to the left of** *à gauche de,* II, 2

leg *la jambe,* II, 7

lemon *le citron,* I, 8; **lemon soda** *la limonade,* I, 5

lemonade *le citron pressé,* I, 5

less *moins,* II, 6; **Life was more . . . , less . . .** *La vie était plus... moins... ,* II, 8; **More or less.** *Plus ou moins.* II, 6

let's: Let's go! *Allons-y!* I, 4; **Let's go . . .** *Allons... ,* I, 6; **Let's hear it!** *Dis vite!* II, 9

letter *la lettre,* I, 12; **to send letters** *envoyer des lettres,* I, 12

lettuce *la salade,* I, 8

library *la bibliothèque,* I, 6

life *la vie,* II, 8

lift weights *faire de la musculation,* II, 7

like *aimer,* I, 1; **Did you like it?** *Ça t'a plu?* II, 6; **Do you like . . . ?** *Tu aimes... ?* I, 1; **Do you like it?** *Il/Elle te/vous plaît?* I, 10; **How do you like . . . ?** *Comment tu trouves... ?* I, 10; **How do you like it?** *Comment tu trouves ça?* I, 5; **I (really) like...** *Moi, j'aime (bien)... ,* I, 1; **I don't like...** *Je n'aime pas... ,* I, 1; **I like . . .** *J'aime bien... ,* II, 1; **I like it, but it's expensive.** *Il/Elle me plaît, mais c'est cher.* I, 10; **I really liked it.** *Ça m'a beaucoup plu.* II, 6; **I'd like . . .** *Je voudrais... ,* I, 3; **I'd like . . . to go with . . .** *J'aimerais... pour aller avec... ,* I, 10; **I'd like to.** *Je veux bien.* II, 1; **I'd really like . . .** *Je voudrais bien... ,* I, 11; **I'd really like to.** *Je veux bien.* I, 6; **I'd like to buy . . .** *Je voudrais acheter... ,* I, 3; **If you like, . . .** *Si tu veux,... ,* II, 1; **What are they like?** *Ils/Elles sont comment?* I, 7; **What do you like to do?** *Qu'est-ce que tu aimes faire?* II, 1; **What I don't like is . . .** *Ce que je n'aime pas, c'est... ,* II, 4; **What I like is . . .** *Ce que j'aime bien, c'est... ,* II, 4; *Ce qui me plaît, c'est... ,* II, 4; **What is he/she like?** *Il/Elle est comment?* I, 7; **What music do you like?** *Qu'est-ce que tu aimes comme musique?* II, 1; **What was it like?** *C'était comment?* II, 8; **What would you like?** *Vous désirez?* I, 10; **You're going to like it here.** *Tu vas te plaire ici.* II, 8

listen *écouter,* I, 1; **I'm listening.** *Je t'écoute.* I, 9; **Listen!** *Ecoutez!* I, 0; **to listen to music** *écouter de la musique,* I, 1; **to listen to what he/she says** *écouter ce qu'il/elle dit,* I, 10

liter *le litre,* I, 8; **a liter of** *un litre de,* I, 8

little *petit(e),* I, 10; **When he/she was little, . . .** *Quand il/elle était petit(e),... ,* II, 8; **When I was little, . . .** *Quand j'étais petit(e),... ,* II, 8; **Yes, a little.** *Si, un peu.* II, 2

lively *vivant(e),* II, 4

living room *le salon,* II, 2

located: . . . is located . . . *... se trouve... ,* II, 12; **Where is . . . located?** *Où se trouve... ?* II, 12

long *long(ue),* II, 11; **long hair** *les cheveux longs,* II, 1

look *regarder,* I, 0; **I'm looking for something for . . .** *Je cherche quelque chose pour... ,* I, 10; **It doesn't look good on you at all.** *Il/Elle ne te/vous va pas du tout.* I, 10; **It looks great on you!** *C'est tout à fait ton style.* I, 10; **Look at the map!** *Regardez la carte!* I, 0; **Look, here's (there's) (it's) . . .** *Regarde, c'est... ,* I, 12; **No, thanks, I'm just looking.** *Non, merci, je regarde.* I, 10; **That doesn't look good on you.** *Ça ne te (vous) va pas du tout.* I, 10; **to look after someone** *garder (quelqu'un),* I, 7; **to look for** *chercher,* I, 9

loose-leaf binder *le classeur,* I, 3

lose *perdre,* II, 5; **I'm losing it!** *Je craque!* II, 7; **to lose weight** *maigrir,* I, 10

lost: to get lost *se perdre,* II, 9

lot: A lot. *Beaucoup.* I, 4; **I had a lot of fun.** *Je me suis beaucoup amusé(e).* II, 6

lots: I have lots of things to do. *J'ai des tas de choses (trucs) à faire.* I, 12

love *adorer, aimer,* I, 1; **I love . . .** *J'adore... ,* II, 1; **in love** *amoureux (-euse),* II, 9; **to fall in love (with someone)** *tomber amoureux (-euse) (de quelqu'un),* II, 9

lower *moins,* I, 0

luck *la chance,* I, 11; **Good luck!** *Bonne chance!* I, 11; *Bon courage!* I, 2; **Tough luck!** *C'est pas de chance, ça!* II, 5

lunch *le déjeuner,* I, 2; **to have lunch** *déjeuner,* I, 9

M

ma'am *madame (Mme),* I, 1

made *fait* (pp. of faire), I, 9

magazine *le magazine,* I, 3

make *faire,* I, 4; **make up (with someone)** *se réconcilier (avec quelqu'un),* II, 10; **How much does that make?** *Ça fait combien?* II, 3; **Make the best of it.** *Fais-toi une raison.* II, 8; **to make a date/an appointment (with someone)** *prendre rendez-vous (avec quelqu'un),* II, 9

mall *le centre commercial,* I, 6

mango *la mangue,* I, 8

many: How many (much) do you want? *Combien en voulez-vous?* II, 3

map *la carte,* I, 0

March *mars*, I, 4; **in March** *en mars*, I, 4

market *le marché*, I, 8

mask *le masque*, II, 8

matches *les allumettes* (f.), II, 12

math *les maths* (f. pl.), I, 1

matter: It doesn't matter. *Ça ne fait rien.* II, 10

May *mai*, I, 4; **in May** *en mai*, I, 4

may: May I . . . ? *(Est-ce que) je peux . . . ?* I, 7; **May I have some . . . ?** *Je pourrais avoir . . . ?* II, 3; **May I help you?** *(Est-ce que) je peux vous aider?* I, 10

maybe *peut-être*, II, 3; **Maybe . . .** *Peut-être que . . .* , II, 9; **Maybe you're right.** *Tu as peut-être raison.* II, 9

me *moi*, I, 2; **Me, too.** *Moi aussi.* I, 2; **Not me.** *Pas moi.* I, 2

meal *le repas*, II, 7

mean *méchant(e)*, I, 7

meat *la viande*, I, 8

medicine *les médicaments* (m.), I, 12

meet *rencontrer*, I, 9; **I'd like you to meet . . .** *Je te (vous) présente . . .* , I, 7; **Pleased to meet you.** *Très heureux (-euse).* I, 7; **OK, we'll meet . . .** *Bon, on se retrouve . . .* , I, 6; **We'll meet . . .** *Rendez-vous . . .* , I, 6

menu *la carte*, I, 5; **The menu, please.** *La carte, s'il vous plaît.* I, 5

merry *joyeux (-euse)*, II, 3; **Merry Christmas!** *Joyeux Noël!* II, 3

message *le message*, I, 9; **Can I leave a message?** *Je peux laisser un message?* I, 9

metro *le métro*, I, 6; **at the . . . metro stop** *au métro . . .* , I, 6

midnight *minuit*, I, 6; **It's midnight.** *Il est minuit.* I, 6; **It's half past midnight.** *Il est minuit et demi.* I, 6

milk *le lait*, I, 8; II, 3

mind: Would you mind . . . ? *Ça t'embête de . . . ?* II, 10; *Ça t'ennuie de . . . ?* II, 10

mineral water *l'eau minérale* (f.), I, 5

minute *la minute*, I, 9; **Do you have a minute?** *Tu as une minute?* I, 9

miss (Miss) *mademoiselle (Mlle)*, I, 1

miss *rater*, II, 5; *regretter*, II, 8; **I miss . . .** *Je regrette . . .* , II, 8; **I miss . . . (plural subject)** *. . . me manquent.* II, 8; **(singular subject)** *. . . me manque.* II, 8; **to miss the bus** *rater le bus*, II, 5; **What I miss is . . .** *Ce qui me manque, c'est . . .* , II, 8

mistaken: In my opinion, you're mistaken. *A mon avis, tu te trompes.* II, 9

misunderstanding *le malentendu*, II, 10; **a little misunderstanding** *un petit malentendu*, II, 10

moment *le moment*, I, 5; **One moment, please.** *Un moment, s'il vous plaît.* I, 5

Monday *lundi*, I, 2; **on Mondays** *le lundi*, I, 2

money *l'argent* (m.), I, 11

month *le mois*, I, 4

mood *l'humeur* (f.), II, 9; **in a bad/good mood** *de mauvaise/bonne humeur*, II, 9; **always in a bad mood** *toujours mal luné(e)*, II, 8

moose *l'orignal* (m.), II, 12

more *plus*, II, 6; **I don't want any more.** *Je n'en veux plus.* I, 8; **I just can't do any more!** *Je n'en peux plus!* II, 7; **Life was more . . . , less . . .** *La vie était plus . . . moins . . .* , II, 8; **More . . . ?** *Encore de . . . ?* I, 8; **More or less.** *Plus ou moins.* II, 6; **One more try!** *Encore un effort!* II, 7; **Some more . . . ?** *Encore . . . ?* II, 3

morning *le matin*, I, 2; **in the morning** *le matin*, I, 2

mosque *la mosquée*, II, 8

mosquito *le moustique*, II, 4

mother *la mère*, I, 7

mountain *la montagne*, I, 11; **to go mountain-bike riding** *faire du vélo de montagne*, II, 12; **to/at the mountains** *à la montagne*, I, 11

movie *le film*, I, 6; **movie theater** *le cinéma*, I, 6; **the movies** *le cinéma*, I, 1; **to go see a movie** *aller voir un film*, I, 6

mow: to mow the lawn *tondre le gazon*, I, 7

Mr. *monsieur (M.)*, I, 1

Mrs. *madame (Mme)*, I, 1

much: How much is (are) . . . ? *Combien coûte(nt) . . . ?* II, 3; **How much is . . . ?** *C'est combien, . . . ?* I, 3; **How much is it?** *C'est combien?* I, 3; **How much is it, please?** *Ça fait combien, s'il vous plaît?* I, 5; **How much is the entrance fee?** *C'est combien, l'entrée?* II, 6; **No, not too much.** *Non, pas trop.* I, 2; **Not much.** *Pas grand-chose.* I, 6; **Not too much.** *Pas tellement.* I, 4; **Not very much.** *Pas beaucoup.* I, 4; **Yes, very much.** *Oui, beaucoup.* I, 2

museum *le musée*, I, 6

mushroom *le champignon*, I, 8

music *la musique*, I, 2; **music group** *le groupe*, II, 11; **classical music** *la musique classique*, II, 11; **What music do you like?** *Qu'est-ce que tu aimes comme musique?* II, 1

musician *le musicien (la musicienne)*, II, 11

my *mon/ma/mes*, I, 7; **It's just not my day!** *C'est pas mon jour!* II, 5

N

name: His/Her name is . . . *Il/Elle s'appelle . . .* , I, 1; **My name is . . .** *Je m'appelle . . .* , I, 1; **What's your name?** *Tu t'appelles comment?* I, 1

nap *la sieste*, II, 8; **to take a nap** *faire la sieste*, II, 8

nature *la nature*, II, 12

natural science *les sciences naturelles* (f. pl.), I, 2

near *près de*, II, 2

neck *le cou*, II, 7; **a pain in the neck** *pénible*, I, 7

need *avoir besoin de*, I, 8; **I need . . .** *Il me faut . . .* , I, 3; *J'ai besoin de . . .* , I, 8; **What do you need for . . . ?** *Qu'est-ce qu'il te/vous faut pour . . . ?* I, 3; **What do you need?** *De quoi est-ce que tu as besoin?* I, 8; *Qu'est-ce qu'il te faut?* I, 8; **Yes, I need . . .** *Oui, il me faut . . .* , I, 10

neither: Neither do I. *Moi non plus.* I, 2; **neither tall nor short** *ne . . . ni grand(e) ni petit(e)*, I, 7

never *ne . . . jamais*, I, 4

new *nouveau (nouvelle) (nouvel)*, II, 2; **Happy New Year!** *Bonne année!* II, 3

next *prochain(e)*, I, 12; **Next, . . .** *Ensuite, . . .* , II, 1; **You go down this street to the next light.** *Vous continuez jusqu'au prochain feu rouge.* I, 12

next to *à côté de*, I, 12; II, 2

nice *gentil(le)*, I, 7; II, 1; *sympa, sympathique*, I, 7; II, 1; **It's nice weather.** *Il fait beau.* I, 4; **That's nice of you.** *C'est gentil!* II, 2

nightmare *le cauchemar*, I, 11; **It was a real nightmare!** *C'était un véritable cauchemar!* I, 11

ninety *quatre-vingt-dix*, I, 3

no *non*, I, 1; **No way!** *Pas question!* II, 1

noisy *bruyant(e)*, II, 8

none (of it) *en*, I, 8

noon *midi*, I, 6; **It's noon.** *Il est midi.* I, 6; **It's half past noon.** *Il est midi et demi.* I, 6

north *le nord*, II, 4; **in the north** *dans le nord*, II, 4; **It's to the north of . . .** *C'est au nord de . . .* , II, 12

nose *le nez*, II, 7; **I've got a runny nose.** *J'ai le nez qui coule.* II, 7

not *pas*, I, 4; **Definitely not!**

Sûrement pas! II, 6; **No, not really.** *Non, pas vraiment.* I, 11; **No, not too much.** *Non, pas trop.* I, 2; **Not at all.** *Pas du tout.* I, 4; II, 10; **Not me.** *Pas moi.* I, 2; **not so great** *pas terrible,* I, 5; **not very good** *pas bon,* I, 5; **not yet** *ne... pas encore,* I, 9; **Oh, not bad.** *Oh, pas mauvais.* I, 9

notebook *le cahier,* I, 0

nothing *rien,* I, 6; **It's nothing special.** *Ce n'est pas grand-chose.* II, 3; **Nothing special.** *Rien de spécial.* I, 6

novel *le roman,* I, 3

November *novembre,* I, 4; **in November** *en novembre,* I, 4

now *maintenant,* I, 2; **I can't right now.** *Je ne peux pas maintenant.* I, 8

obviously *évidemment,* II, 9; **That's obvious.** *Ça se voit.* II, 9

o'clock *... heure(s),* I, 2; **at . . . o'clock** *à... heure(s),* I, 2

October *octobre,* I, 4; **in October** *en octobre,* I, 4

of *de,* I, 0; **Of course.** *Bien sûr.* I, 3; II, 10; **Of course not.** *Bien sûr que non.* II, 10; **of it** *en,* I, 8; **of them** *en,* I, 8

off (free) *libre,* I, 2; **afternoon off** *l'après-midi* (m.) *libre,* I, 2

often *souvent,* I, 4

oh: Oh no! *Oh là là!* II, 5

OK. *D'accord.* I, 4; II, 1; *Entendu.* I, 6; **Is that OK with you?** *Tu es d'accord?* I, 7; **It was OK.** *C'était assez bien.* II, 6; **No, I'm okay.** *Non, ça va.* II, 2; **Well, OK.** *Bon, d'accord.* I, 8; **Yes, it was OK.** *Oui, ça a été.* I, 9

okra *les gombos* (m.), I, 8

old *vieux (vieille) (vieil),* II, 2; **How old are you?** *Tu as quel âge?* I, 1; **to be . . . years old** *avoir... ans,* II, 1; **When I was . . . years old, . . .** *Quand j'avais... ans,... ,* II, 8

older *âgé(e),* I, 7

omelette *l'omelette* (f.), I, 5

on *sur,* II, 2; **Can I try on . . . ?** *Je peux essayer... ?* I, 10; **on foot** *à pied,* I, 12; **on Fridays** *le vendredi,* I, 2; **on Mondays** *le lundi,* I, 2; **on Saturdays** *le samedi,* I, 2; **on Sundays** *le dimanche,* I, 2; **on the right (left)** *sur la droite (gauche),* II, 2; **on Thursdays** *le jeudi,* I, 2; **on Tuesdays** *le mardi,* I, 2; **on Wednesdays** *le mercredi,* I, 2

once: once a week *une fois par semaine,* I, 4

one *un(e),* I, 0; **He/She already has one (of them).** *Il/Elle en a déjà un(e).* II, 3

one-way: a one-way ticket *un aller simple,* II, 6

onion *l'oignon* (m.), I, 5

open *ouvrir,* I, 0; **Open your books to page . . .** *Ouvrez vos livres à la page... ,* I, 0; **At what time do you open?** *A quelle heure est-ce que vous ouvrez?* II, 6

opinion *l'avis* (m.), I, 9; **In my opinion, you're mistaken.** *A mon avis, tu te trompes.* II, 9; **In your opinion, what do I do?** *A ton avis, qu'est-ce que je fais?* I, 9; **In your opinion, what should I do?** *A ton avis, qu'est-ce que je dois faire?* II, 10

or *ou,* I, 1

orange *orange* (adj.), I, 3; **orange** *l'orange* (f.), I, 8; **orange juice** *le jus d'orange,* I, 5

ordinary *banal(e),* II, 3; **That's ordinary.** *C'est banal.* II, 3

our *notre/nos,* I, 7

out: go out *sortir,* II, 6; **Out of the question!** *Pas question!* I, 7; **out of style** *démodé(e),* I, 10

oyster *l'huître* (f.), II, 3

package *le paquet,* I, 8; **a package/box of** *un paquet de,* I, 8

page *la page,* I, 0

pain: a pain in the neck *pénible* (adj.), II, 1

pair: (a pair of) jeans *le jean,* I, 3; **(a pair of) shorts** *le short,* I, 3; **(a pair of) boots** *les bottes* (f.), II, 1; **(a pair of) gloves** *les gants* (m.), II, 1; **(a pair of) pants** *le pantalon,* I, 10; **(a pair of) sneakers** *les baskets* (f. pl.), II, 1

palm tree *le palmier,* II, 4

pancake: a very thin pancake *la crêpe,* I, 5

papaya *la papaye,* I, 8

paper *le papier,* I, 0; **sheets of paper** *les feuilles de papier* (f.), I, 3

pardon *le pardon,* II, 10; **Pardon me.** *Pardon,* I, 3

parent *le parent,* I, 7

park *le parc,* I, 6; II, 2

party *la boum,* I, 6; **to give a party** *faire une boum,* I, 6; **to go to a party** *aller à une boum,* I, 6

pass *passer,* I, 12; **Would you pass . . . ?** *Vous pourriez (tu pourrais) me passer... ?* II, 3; **You'll**

pass . . . *Vous passez devant... ?* I, 12

passport *le passeport,* I, 11; II, 1

pasta *les pâtes* (f. pl.), II, 7

pastry *la pâtisserie,* I, 12; **pastry shop** *la pâtisserie;* I, 12; II, 3

pâté *le pâté,* II, 3

peaceful *tranquille,* II, 8

peach *la pêche,* I, 8

pear *la poire,* I, 8

peas *les petits pois* (m.), I, 8

pen *le stylo,* I, 0

pencil *le crayon,* I, 3; **pencil case** *la trousse,* I, 3; **pencil sharpener** *le taille-crayon,* I, 3

perfect *parfait(e),* I, 10; **It's perfect.** *C'est parfait.* I, 10

permission *la permission,* II, 10; **to ask your parents' permission** *demander la permission à tes parents,* II, 10

phone *le téléphone,* I, 1; **Phone him/her/them.** *Téléphone-lui/ -leur.* II, 10; **to talk on the phone** *parler au téléphone,* I, 1

photo *la photo,* I, 4; **photo frame** *le cadre,* II, 3

photography: to do photography *faire de la photo,* I, 4

physical education *l'éducation physique et sportive (EPS)* (f.), I, 2

physics *la physique,* I, 2

pick *choisir,* I, 10; **to pick up your room** *ranger ta chambre,* I, 7

picnic *le pique-nique,* I, 6; **to have a picnic** *faire un pique-nique,* I, 6; II, 6

picture *la photo,* I, 4; **to take pictures** *faire des photos,* I, 4; *faire de la photo,* I, 4

pie *la tarte,* I, 8; II, 3

piece *le morceau,* I, 8; **a piece of** *un morceau de,* I, 8

pineapple *l'ananas* (m.), I, 8; II, 4

pink *rose,* I, 3

pizza *la pizza,* I, 1

place *l'endroit* (m.), I, 12

plane *l'avion* (m.), I, 12; **by plane** *en avion,* I, 12; **plane ticket** *le billet d'avion,* I, 11

plans: I don't have any plans. *Je n'ai rien de prévu.* I, 11

plate *l'assiette* (f.), I, 5

platform *le quai,* II, 6; **From which platform . . . ?** *De quel quai... ?* II, 6; **From platform . . .** *Du quai... ,* II, 6

play (theatrical) *la pièce,* I, 6; **to see a play** *voir une pièce,* I, 6

play *faire,* I, 4; *jouer,* I, 4; **How about playing . . . ?** *Si on jouait... ?* II, 8; **I don't play/do . . .** *Je ne fais pas de... ,* I, 4; **I play . . .**

Je joue... , I, 4; **to play (a game)** *jouer à...* , I, 4; **to play sports** *faire du sport*, I, 1; **What sports do you play?** *Qu'est-ce que tu fais comme sport?* I, 4; II, 1

playing: It's playing at . . . *Ça passe à...* , II, 11; **What films are playing?** *Qu'est-ce qu'on joue comme film?* II, 11; **Where is that playing?** *Ça passe où?* II, 11

please *s'il te/vous plaît*, I, 3; **Yes, please.** *Oui, s'il te/vous plaît.* I, 8

pleased *heureux (-euse)*, I, 7; **Pleased to meet you.** *Très heureux (-euse).* I, 7

pleasure *le plaisir*, I, 8; **With pleasure.** *Avec plaisir.* I, 8; II, 10

plot *l'histoire* (f.), II, 11; **It has no plot.** *Il n'y a pas d'histoire.* II, 11; **It's full of plot twists.** *C'est plein de rebondissements.* II, 11

poetry *la poésie*, II, 11; **book of poetry** *le livre de poésie*, II, 11

point (in time) *le moment*, II, 9; **At that point, . . .** *A ce moment-là,...* , II, 9

pool *la piscine*, II, 2

poor *pauvre*, II, 5; **You poor thing!** *Pauvre vieux (vieille)!* II, 5

popular (pop), mainstream music *le pop*, II, 11

pork *le porc*, I, 8

possible *possible*, II, 9; **That's not possible.** *Ce n'est pas possible.* II, 9; **That's possible.** *C'est possible.* II, 9

post office *la poste*, I, 12; II, 2

poster *le poster*, I, 0; II, 2

potato *la pomme de terre*, I, 8

pottery *les poteries* (f. pl.), II, 8; **to make pottery** *faire de la poterie*

poultry *la volaille*, II, 3

pound *la livre*, I, 8; **a pound of** *une livre de*, I, 8

practice *répéter*, I, 9

prefer *préférer*, I, 1; **Do you prefer . . . or . . . ?** *Tu aimes mieux... ou... ?* I, 10; **I prefer . . .** *Je préfère...* , I, 1; II, 1; *J'aime mieux...* , I, 1; II, 1; **No, I prefer . . .** *Non, je préfère...* , I, 7; **What I prefer is . . .** *Ce que je préfère, c'est...* , I, 4

problem *le problème*, I, 9; **I have a (little) problem.** *J'ai un (petit) problème.* I, 9; I, 10; **No problem.** *Pas de problème.* II, 10

process: to be in the process of (doing something) *être en train de*, II, 9

pullover (sweater) *le pull-over*, I, 3

purple *violet(te)*, I, 3

purse *le sac à main*, II, 3

push-ups *les pompes* (f.); **to do**

push-ups *faire des pompes*, II, 7

put *mettre*, I, 10; **put on (clothing)** *mettre*, I, 10

quarter *le quart*, I, 6; **quarter past** *et quart*, I, 6; **quarter to** *moins le quart*, I, 6

question *la question*, I, 7; **Out of the question!** *Pas question!* I, 7

quiche *la quiche*, I, 5

quiz *l'interro* (f.), I, 9

raccoon *le raton laveur*, II, 12

radio *la radio*, I, 3

raincoat *l'imperméable* (m.), II, 1

rainforest: tropical rainforest *la forêt tropicale*, II, 4

raining: It's raining. *Il pleut.* I, 4

raise *lever*, I, 0; **Raise your hand!** *Levez la main!* I, 0

rap *le rap*, II, 11

rarely *rarement*, I, 4

rather *plutôt*, II, 9; **No, I'd rather . . .** *Non, je préfère...* , II, 1

read *lire*, I, 1

read *lu* (pp. of lire), I, 9

ready: to get ready *faire les préparatifs*, II, 10

really *vraiment*, I, 11; **I (really) like . . .** *Moi, j'aime (bien)...* , I, 1; **I really liked it.** *Ça m'a beaucoup plu.* II, 6; **I'd really like . . .** *Je voudrais bien...* , I, 11; **I'd really like to.** *Je veux bien.* I, 6; **No, not really.** *Non, pas vraiment.* I, 11; **Really?** *C'est vrai? (Vraiment?)*, II, 2; **Was it really so different?** *C'était tellement différent?* II, 8; **Your . . . is really great.** *Il (Elle) est vraiment bien, ton (ta)...* II, 2; **really** *vachement*, II, 9; **really, ultra-** *super*, II, 9

receive *recevoir*, II, 5; **to receive one's report card** *recevoir le bulletin trimestriel*, II, 5

recommend *recommander*, II, 11; **I recommend it.** *Je te le (la) recommande.* II, 11

record store *le disquaire*, I, 12; **at the record store** *chez le disquaire*, I, 12

recreation center *la Maison des jeunes et de la culture (MJC)*, I, 6

red *rouge*, I, 3; **red hair** *les cheveux roux*, II, 1; **red-headed** *roux (rousse)*, I, 7

reggae music *le reggae*, II, 11

rehearse *répéter*, I, 9

relative *le parent*, I, 7

relaxing *relaxant(e)*, II, 8

remember: Remember to take . . . *Pense à prendre...* , II, 1

repeat *répéter*, I, 0; **Repeat!** *Répétez!* I, 0

report card *le bulletin trimestriel*, II, 5; **to receive one's report card** *recevoir le bulletin trimestriel*, II, 5

respect *respecter*, II, 12; **to respect nature** *respecter la nature*, II, 12

responsibility *la responsabilité*, II, 8; **to have responsibilities** *avoir des responsabilités*, II, 8

restaurant *le restaurant*, I, 6

restroom *les toilettes (les W.-C.)*, II, 2

retro (style) *rétro* (inv.), I, 10

return *retourner*, II, 6; **to return something** *rendre*, I, 12; **to return tests** *rendre les interros*, II, 5

rice *le riz*, I, 8

ride *le tour*, II, 6; **to go horseback riding** *faire de l'équitation*, I, 1; **to take a ride on the ferris wheel** *faire un tour sur la grande roue*, II, 6; **to take a ride on the roller coaster** *faire un tour sur les montagnes russes*, II, 6

ridiculous: That's ridiculous! *N'importe quoi!* II, 6

riding: to go horseback riding *faire de l'équitation*, I, 1

right (direction) *la droite*, I, 12; **on the right** *sur la droite*, II, 2; **to the right** *à droite*, I, 12; **to the right of** *à droite de*, II, 2

right: right away *tout de suite*, I, 6; **I'll go right away.** *J'y vais tout de suite.* I, 8; **I can't right now.** *Je ne peux pas maintenant.* I, 8; **It's right there on the . . .** *C'est tout de suite à...* , I, 12; **Yeah, right!** *Mon œil!* II, 6; **Yes, right away.** *Oui, tout de suite.* I, 5; **You're right . . .** *Tu as raison...* , II, 3

rip *déchirer*, II, 5

rock (music) *le rock*, II, 11

roller coaster *les montagnes russes* (f. pl.), II, 6

romance novel *le roman d'amour*, II, 11

romantic movie *le film d'amour*, II, 11

room (of a house) *la pièce*, II, 2

room (bedroom) *la chambre*, I, 7; **to pick up your room** *ranger ta chambre*, I, 7

round-trip ticket *l'aller-retour* (m.), II, 6

rug *le tapis*, II, 2

ruler *la règle*, I, 3

runny: I've got a runny nose. *J'ai le nez qui coule.* II, 7

S

sailing *la voile,* I, 11; **to go sailing** *faire de la voile,* I, 11; *faire du bateau,* I, 11

salad *la salade,* I, 8

salami *le saucisson,* I, 5

salt *le sel,* II, 7

sand *le sable,* II, 4

sandals *les sandales* (f.), I, 10

sandwich *le sandwich,* I, 5; **cheese sandwich** *le sandwich au fromage,* I, 5; **ham sandwich** *le sandwich au jambon,* I, 5; **salami sandwich** *le sandwich au saucisson,* I, 5; **toasted ham and cheese sandwich** *le croque-monsieur,* I, 5

Saturday *samedi,* I, 2; **on Saturdays** *le samedi,* I, 2

scared: I'm scared (of) . . . *J'ai peur (de la, du, des)... ,* II, 12

scarf (for outdoor wear) *l'écharpe* (f.), I, 10; **(dressy)** *le foulard,* II, 3

school *l'école* (f.), I, 1; **high school** *le lycée,* II, 2

science fiction *la science-fiction,* II, 11; **science-fiction novel** *le roman de science-fiction,* II, 11; **science-fiction movie** *le film de science-fiction,* II, 11

scuba dive *faire de la plongée,* I, 11; *faire de la plongée sous-marine,* II, 4

sea *la mer,* II, 4

seafood *les fruits de mer* (m. pl.), II, 3

second *la seconde,* I, 9; **One second, please.** *Une seconde, s'il vous plaît.* I, 9

see *voir,* I, 6, . . . **you see.** *... tu vois.* II, 9; **See you later (the same day)!** *A tout à l'heure!* I, 1; **See you soon.** *A bientôt.* I, 1; **See you tomorrow.** *A demain.* I, 1; **to go see a game** *aller voir un match,* I, 6; **to go see a movie** *aller voir un film,* I, 6; **to see a play** *voir une pièce,* I, 6; **What is there to see** . . . ? *Qu'est-ce qu'il y a à voir... ?* II, 12; **You'll see that** . . . *Tu vas voir que... ,* II, 8

seem *avoir l'air,* II, 9; **You don't look/seem too well.** *Tu n'as pas l'air en forme.* II, 7; **She seemed** . . . *Elle avait l'air... ,* II, 12

seen *vu* (pp. of voir), I, 9

sell *vendre,* I, 9

send *envoyer,* I, 12; **to send letters** *envoyer des lettres,* I, 12; **to send the invitations** *envoyer les invitations,* II, 10

sensational *sensas* (inv.), II, 6

September *septembre,* I, 4; **in September** *en septembre,* I, 4

serious *grave,* II, 5; **It's not serious.**

C'est pas grave. II, 5

service *le service,* I, 3; **At your service. (You're welcome.)** *A votre service.* I, 3

seventeen *dix-sept,* I, 1

seventy *soixante-dix,* I, 3

shall: Shall we go to the café? *On va au café?* I, 5

shape *la condition,* II, 7; **to get into shape** *se mettre en condition,* II, 7

sheet of paper *la feuille de papier,* I, 0

shelves *les étagères* (f.), II, 2

shirt (men's) *la chemise,* I, 10; **shirt (women's)** *le chemisier,* I, 10

shoes *les chaussures* (f.), I, 10

shop: to window-shop *faire les vitrines,* I, 6

shopping: Can you do the shopping? *Tu peux aller faire les courses?* I, 8; **to go shopping** *faire les courses,* I, 8; *faire les magasins,* I, 1

short (height) *petit(e),* I, 7; **(length)** *court(e),* I, 10; **short hair** *les cheveux courts,* II, 1

shorts: (a pair of) shorts *le short,* I, 3; II, 1

should: Everyone should . . . *On doit... ,* II, 7; **I should have** . . . *J'aurais dû ... ,* II, 10; **In your opinion, what should I do?** *A ton avis, qu'est-ce que je dois faire?* II, 10; **What do you think I should do?** *Qu'est-ce que tu me conseilles?* II, 10; **What should I** . . . ? *Qu'est-ce que je dois... ?* II, 1; **What should we do?** *Qu'est-ce qu'on fait?* II, 1; **You should** . . . *Tu devrais... ,* I, 9; II, 7; **You should have** . . . *Tu aurais dû... ,* II, 10; **You should talk to him/her/them.** *Tu devrais lui/leur parler.* I, 9

shouldn't: You shouldn't . . . *Tu ne devrais pas... ,* II, 7

show *montrer* (v.), I, 9; **sound and light show** *un spectacle son et lumière,* II, 6

showing: . . . is showing/playing. *On joue... ,* II, 11

shrimp *la crevette,* II, 3

shy *timide,* I, 7

sick *malade,* II, 7; **I'm sick to my stomach.** *J'ai mal au cœur.* II, 7; **I'm sick.** *Je suis malade.* II, 7

silly: to do silly things *faire des bêtises,* II, 8

simple *simple,* II, 8

sing *chanter,* I, 9

singer *le chanteur (la chanteuse),* II, 11

sir *monsieur (M.),* I, 1

sister *la sœur,* I, 7

sit-ups *les abdominaux* (m.), II, 7; **to**

do sit-ups *faire des abdominaux,* II, 7

Sit down! *Asseyez-vous!* I, 0

sixty *soixante,* I, 3

size *la taille,* I, 10

skate: to ice-skate *faire du patin à glace,* I, 4; **to in-line skate** *faire du roller en ligne,* I, 4

ski *faire du ski,* I, 4; **to water-ski** *faire du ski nautique,* I, 4; **ski jacket** *l'anorak* (m.), II, 1

skiing *le ski,* I, 1; **How about skiing?** *On fait du ski?* I, 5

skip *sauter,* II, 7; **Don't skip** . . . *Ne saute pas... ,* II, 7; **skip a meal** *sauter un repas,* II, 7

skirt *la jupe,* I, 10

skunk *la mouffette,* II, 12

sleep *dormir,* I, 1; **I didn't sleep well.** *J'ai mal dormi.* II, 7

sleeping bag *le sac de couchage,* II, 12

slender *mince,* I, 7

slice *la tranche,* I, 8; **a slice of** *une tranche de,* I, 8

small, short *petit(e),* I, 10; II, 1

smaller *moins grand(e),* II, 4; **smaller than** . . . *moins grand(e) que... ,* II, 4

smart *intelligent(e),* I, 7; II, 1

smoking: Avoid smoking. *Evitez de fumer.* II, 7

snack: afternoon snack *le goûter,* I, 8; **snacking between meals** *grignoter entre les repas,* II, 7; **party snacks** *les amuse-gueule* (m.), II, 10

snails *les escargots* (m.), I, 1; II, 3

sneakers *les baskets* (f. pl.), I, 3; II, 1

sneeze *éternuer,* II, 7; **I'm sneezing a lot.** *J'éternue beaucoup.* II, 7

snorkel *faire de la plongée avec un tuba,* II, 4

snowing: It's snowing. *Il neige.* I, 4; **to go snow-shoeing** *faire une randonnée en raquettes,* II, 12

So . . . *Alors... ,* II, 9; **so-so** *comme ci, comme ça,* I, 1; II, 6; **not so great** *pas terrible,* I, 5

soccer *le football,* I, 1; **to play soccer** *jouer au foot(ball),* I, 4

socks *les chaussettes* (f.), I, 10

some *du, de la, de l', des,* I, 8; **Yes, I'd like some.** *Oui j'en veux bien.* I, 8; **Some more** . . . ? *Encore... ?* II, 3; **some (of it)** *en,* I, 8; II, 3

something *quelque chose,* II, 10; **I have something else to do.** *J'ai quelque chose à faire.* II, 10; **I'm looking for something for** . . . *Je cherche quelque chose pour... ,* I, 10

sometimes *quelquefois,* I, 4

son *le fils,* I, 7

song *la chanson,* II, 11

soon *bientôt,* I, 1; **See you soon.** *A bientôt.* I, 1

Sorry. *Je regrette.* I, 3; *Désolé(e).* I, 5; II, 10; **I'm sorry, but I don't have time.** *Je regrette, mais je n'ai pas le temps.* I, 8; **Sorry, but I can't.** *Désolé(e), mais je ne peux pas.* I, 4; **Sorry, I'm busy.** *Désolé(e), je suis occupé(e).* I, 6

sort of *assez,* II, 9

sound *le son,* II, 6; **Does . . . sound good to you?** *Ça te dit de... ?* II, 1; **sound and light show** *le spectacle son et lumière,* II, 6

south *le sud,* II, 4; **in the south** *dans le sud,* II, 4; **It's to the south of . . .** *C'est au sud de... ,* II, 12

Spanish (language) *l'espagnol* (m.), I, 2

speak *parler,* I, 9; **Could I speak to . . . ?** *(Est-ce que) je peux parler à... ?* I, 9

special *spécial(e),* I, 6; **It's nothing special.** *Ce n'est pas grand-chose.* II, 3; **Nothing special.** *Rien de spécial.* I, 6

sports *le sport,* I, 1; **to play sports** *faire du sport,* I, 1; **What sports do you play?** *Qu'est-ce que tu fais comme sport?* I, 4; II, 1

sprain *se fouler,* II, 7; **to sprain one's ankle** *se fouler la cheville,* II, 7

spring *le printemps,* I, 4; **in the spring** *au printemps,* I, 4

squirrel *l'écureuil* (m.), II, 12

stadium *le stade,* I, 6

stamp *le timbre,* I, 12

Stand up! *Levez-vous!* I, 0

start *commencer,* I, 9; **At what time does it start?** *Ça commence à quelle heure?* II, 11

station (train) *la gare,* II, 2

stationery store *la papeterie,* I, 12

stay *rester,* II, 6

steak *le bifteck,* II, 3; **steak and French fries** *le steak-frites,* I, 5

step *la marche,* II, 5; **to miss a step** *rater une marche,* II, 5

stereo *la chaîne stéréo,* II, 2

stomach *le ventre,* II, 7; **I'm sick to my stomach.** *J'ai mal au cœur.* II, 7

stop: at the metro stop . . . *au métro... ,* I, 6

store *le magasin,* I, 1

story *l'histoire* (f.), II, 11; **It's a great story.** *C'est une belle histoire.* II, 11; **It's the story of . . .** *C'est l'histoire de... ,* II, 11; **What's the story?** *Qu'est-ce que ça raconte?* II, 11

straight ahead *tout droit,* I, 12; **You go straight ahead until you get to . . .** *Vous allez tout droit jusqu'à... ,* I, 12; **Go (Keep going) straight ahead.** *Allez (Continuez) tout droit.* II, 2

strawberry *la fraise,* I, 8; **water with strawberry syrup** *le sirop de fraise (à l'eau),* I, 5

street *la rue,* I, 12; **You take . . . Street, then . . . Street.** *Prenez la rue... , puis traversez la rue... ,* I, 12

stressful *stressant(e),* II, 8

strict *strict(e),* II, 7; **to follow a diet that's too strict** *suivre un régime trop strict,* II, 7

strong *fort(e),* I, 7; II, 1; **It's not my strong point.** *Ce n'est pas mon fort.* II, 5

student *l'élève* (m./f.), I, 2

study *étudier,* I, 1

study hall *l'étude* (f.), I, 2

stupid *bête,* II, 1

style *la mode,* I, 10; *le style,* II, 3; **in style** *à la mode,* I, 10; **That's not his/her style.** *Ce n'est pas son style.* II, 3

subway *le métro,* I, 12; **by subway** *en métro,* I, 12

sugar *le sucre,* I, 8; **sugarcane fields** *les champs* (m.) *de canne à sucre,* II, 4

suit jacket, blazer *la veste,* I, 10

suit: Does it suit me? *Ça me va?* I, 10; **It suits you really well.** *Il/Elle te/vous va très bien.* I, 10

suitcase *la valise,* I, 11

sulk *faire la tête,* II, 9

summer *l'été* (m.), I, 4; **in the summer** *en été,* I, 4

summer camp *la colonie de vacances,* I, 11; **to/at a summer camp** *en colonie de vacances,* I, 11

Sunday *dimanche,* I, 4; **on Sundays** *le dimanche,* I, 2

sunglasses *les lunettes de soleil* (f. pl.), I, 10

super *super,* I, 2

supermarket *le supermarché,* I, 8

sure: Oh, I'm not sure. *Euh... J'hésite.* I, 10

surprised *étonné(e),* II, 9

suspenseful: It's suspenseful. *Il y a du suspense.* II, 11

sweater *le cardigan,* I, 10; *le pull,* I, 10

sweatshirt *le sweat(-shirt),* II, 1

swim *nager,* I, 1; *faire de la natation,* I, 4; **to go swimming** *se baigner,* II, 4

swimming pool *la piscine,* I, 6

syrup: water with strawberry syrup *le sirop de fraise à l'eau,* I, 5

T

table *la table,* I, 7; **to clear the table** *débarrasser la table,* I, 7

tacky *moche,* I, 10; **I think it's (they're) really tacky.** *Je le/la/les trouve moche(s).* I, 10

take or have (food or drink) *prendre,* I, 5; **Are you going to take it/them?** *Vous le/la/les prenez?* I, 10; **Are you taking . . . ?** *Tu prends... ?* I, 11; **Have you decided to take . . . ?** *Vous avez décidé de prendre... ?* I, 10; **I'll take . . . (of them).** *Je vais en prendre... ,* II, 3; **I'll take it/them.** *Je le/la/les prends.* I, 10; **Remember to take . . .** *Pense à prendre... ,* II, 1; **Take . . .** *Prends... ; Prenez... ,* II, 2; **to take a test** *passer un examen,* I, 9; **to take pictures** *faire des photos,* I, 4; **We can take . . .** *On peut prendre... ,* I, 12; **You take . . . Street, then . . . cross Street.** *Prenez la rue... , puis traversez la rue... ,* I, 12

take out: Take out a sheet of paper. *Prenez une feuille de papier.* I, 0; **to take out the trash** *sortir la poubelle,* I, 7

taken *pris* (pp. of prendre), I, 9

talk *parler,* I, 1; **Can I talk to you?** *Je peux te parler?* I, 9; II, 10; **Talk to him/her/them.** *Parle-lui/-leur.* II, 10; **to talk on the phone** *parler au téléphone,* I, 1; **We talked.** *Nous avons parlé.* I, 9

tall *grand(e),* I, 7; II, 1

tart *la tarte,* II, 3; **apple tart** *la tarte aux pommes,* II, 3

taste *déguster,* II, 4

taxi *le taxi,* I, 12; **by taxi** *en taxi,* I, 12

teacher *le professeur,* I, 0

tease *taquiner,* II, 8

teeth *les dents* (f.), II, 7

telephone *le téléphone,* I, 0

television *la télévision,* I, 0

tell *dire,* I, 9; *raconter,* II, 5; **Can you tell her/ him that I called?** *Vous pouvez lui dire que j'ai téléphoné?* I, 9; **Tell him/her/them that . . .** *Dis-lui/-leur que... ,* II, 10; **Tell me!** *Raconte!* II, 5; **to tell (someone) that . . .** *dire à (quelqu'un) que... ,* II, 10

tennis *le tennis,* I, 4; **to play tennis** *jouer au tennis,* I, 4

tent *la tente,* II, 12

terrible *horrible,* I, 10; **I had a terrible day!** *J'ai passé une journée horrible!* II, 5

Terrific! *Bravo!* II, 5

test *l'examen* (m.), I, 1; **to take a test** *passer un examen*, I, 9
than *que*, II, 4; **bigger than . . .** *plus grand(e) que...*, II, 4; **It's better than . . .** *C'est meilleur que...*, II, 7; **smaller than . . .** *moins grand(e) que...*, II, 4
Thank you. *Merci.* I, 3, II, 2; **No, thank you.** *Non, merci.* I, 8; **Yes, thank you.** *Oui, s'il vous (te) plaît.* I, 8; **No thank you, I've had enough.** *Merci, ça va.* II, 3; **No thanks. I'm not hungry anymore.** *Non, merci. Je n'ai plus faim.* I, 8
that *ce, cet, cette,* I, 3; **That is, . . .** *C'est-à-dire que...*, II, 9; **This/That is . . .** *Ça, c'est...*, I, 12
theater *le théâtre,* I, 6; II, 2
their *leur/leurs,* I, 7
them *les,* I, 9, **to them** *leur,* I, 9
then *ensuite,* I, 9; *puis,* II, 1; **Then I called . . .** *Ensuite, j'ai téléphoné à...*, I, 9; II, 1; **Then, . . .** *Puis,...*, II, 1
there *-là (noun suffix),* I, 3; *y,* I, 12; **Here (There) is . . .** *Là, c'est...*, II, 2; **Is . . . there, please?** *(Est-ce que)... est là, s'il vous plaît?* I, 9; **There is/are . . .** *Il y a...*, I, 5; II, 2; **There's . . .** *Voilà...*, I, 7; **You're almost there!** *Tu y es presque!* II, 7; **What is there to drink?** *Qu'est-ce qu'il y a à boire?* I, 5
Therefore, . . . *Donc,...*, II, 9
these *ces,* I, 3; **These/Those are . . .** *Ce sont...*, I, 7
thing *la chose,* I, 5; *le truc,* I, 5; **It's not my thing.** *Ce n'est pas mon truc.* II, 7; **I have lots of things to do.** *J'ai des tas de choses à faire.* I, 5; **I have some things to do.** *J'ai des trucs à faire.* I, 5
think *penser,* I, 11; **Do you think so?** *Tu trouves?* II, 2; **I don't think so.** *Je ne crois pas.* II, 9; **I think it's/they're . . .** *Je le/la/les trouve...*, I, 10; **I think that . . .** *Je crois que...*, II, 9; **I've thought of everything.** *J'ai pensé à tout.* I, 11; **What do you think about going . . . ?** *Ça te dit d'aller...?* II, 4; **What do you think I should do?** *Qu'est-ce que tu me conseilles?* II, 10; **What do you think of . . . ?** *Comment tu trouves...?* I, 2; **What do you think of that/it?** *Comment tu trouves ça?* I, 2
thirst *la soif,* II, 2; **I'm dying of thirst!** *Je meurs de soif!* II, 2
thirsty: to be thirsty *avoir soif,* I, 5; **Aren't you thirsty?** *Vous n'avez pas (Tu n'as pas) soif?* II, 2; **I'm**

not hungry/thirsty anymore. *Je n'ai plus faim/soif.* II, 3
this *ce, cet, cette,* I, 3; **This is . . .** *C'est...*, I, 7; **This is . . .** *Voici...*, I, 7; **This/That is . . .** *Ça, c'est...*, I, 12
those *ces,* I, 3; **These (those) are . . .** *Ce sont...*, I, 7
thought *pensé (pp. of penser),* I, 11; **I've thought of everything.** *J'ai pensé à tout.* I, 11
throat *la gorge,* II, 7
throw *jeter,* II, 12; **to throw away (to take with you) your trash** *jeter (remporter) les déchets,* II, 12
Thursday *jeudi,* I, 2; **on Thursdays** *le jeudi,* I, 2
ticket *le billet,* I, 11; *le ticket,* II, 6; **plane ticket** *le billet d'avion,* I, 11; II, 1; **Three (entrance) tickets, please.** *Trois tickets, s'il vous plaît.* II, 6; **train ticket** *le billet de train,* I, 11
tie *la cravate,* I, 10
tight *serré(e),* I, 10
time *l'heure* (f.), I, 6; *le temps,* I, 4; II, 10; **a waste of time** *zéro,* I, 2; **at the time of** *à l'heure de,* I, 1; **At what time?** *A quelle heure?* I, 6; **At what time do you have . . . ?** *Tu as... à quelle heure?* I, 2; **from time to time** *de temps en temps,* I, 4; **I don't have time.** *Je n'ai pas le temps.* II, 10; **I'm sorry, but I don't have time.** *Je regrette, mais je n'ai pas le temps.* I, 8; *Je suis désolé(e), mais je n'ai pas le temps.* I, 12; **At what time does it start?** *Ça commence à quelle heure?* II, 11; **At what time does the train (the bus) for . . . leave?** *A quelle heure est-ce que le train (le car) pour... part?* II, 6; **What time is it?** *Quelle heure est-il?* I, 6
tired *fatigué(e),* II, 2; **(You're) not too tired?** *Pas trop fatigué(e)?* II, 2; **I'm tired.** *Je suis fatigué(e).* II, 12
tiring *fatigant(e),* II, 2; **It was tiring!** *C'était fatigant!* II, 2
to *à la, à l', au, aux,* I, 6; **(a city or place)** *à,* I, 11; **(before a feminine country)** *en,* I, 11; **(before a masculine country/noun)** *au,* I, 11; **(before a plural country/noun)** *aux,* I, 11; **to him/her** *lui,* I, 9; **to them** *leur,* I, 9; **five to** *moins cinq,* I, 6
today *aujourd'hui,* I, 2
toilet *les toilettes (les W.-C.),* II, 2
tomato *la tomate,* I, 8
tomorrow *demain,* I, 2; **See you tomorrow.** *A demain.* I, 1

tonight *ce soir,* I, 7; **Not tonight.** *Pas ce soir.* I, 7
too *aussi,* I, 2; **Me too.** *Moi aussi.* I, 2
too *trop,* I, 10; **It's/They're too . . .** *Il/Elle est (Ils/Elles sont) trop...*, I, 10; **No it's too expensive.** *Non c'est trop cher.* I, 10; II, 3; **No, not too much.** *Non, pas trop.* I, 2; **Not too much.** *Pas tellement.* I, 4; **too violent** *trop violent,* II, 11
tough: Tough luck! *C'est pas de chance, ça!* II, 5
tour *le circuit,* II, 6; *la visite,* II, 6; **to take a guided tour** *faire une visite guidée,* II, 6; **to tour some châteaux** *faire un circuit des châteaux,* II, 6
tourist information office *l'office de tourisme* (m.), II, 2
tower *la tour,* II, 6; **to go up in a tower** *monter dans une tour,* II, 6
track and field *l'athlétisme* (m.), I, 4; **to do track and field** *faire de l'athlétisme,* I, 4
trail *le sentier,* II, 12; **to follow the marked trails** *suivre les sentiers balisés,* II, 12
train *le train,* I, 12; **by train** *en train,* I, 12; **train station** *la gare,* II, 2; **train ticket** *le billet de train,* I, 11
train for (a sport) *s'entraîner à...*, II, 7
trash *les déchets* (m. pl.), II, 12; **to take out the trash** *sortir la poubelle,* I, 7
trash can *la poubelle,* I, 7
travel *voyager,* I, 1
trip *la route,* II, 3; *le voyage,* II, 2; **Did you have a good trip?** *Vous avez (Tu as) fait bon voyage?* II, 2; **Have a good (car) trip!** *Bonne route!* II, 3; **Have a good trip! (by plane, ship)** *Bon voyage!* II, 3
tropical rainforest *la forêt tropicale,* II, 4
true *vrai(e),* I, 2
try *essayer* (v.), I, 10; *l'effort* (m.), II, 7; **Can I try on . . . ?** *Je peux essayer... ?* I, 10; **Can I try it (them) on?** *Je peux l'(les) essayer?* I, 10; **One more try!** *Encore un effort!* II, 7
T-shirt *le tee-shirt,* I, 3; II, 1
Tuesday *mardi,* I, 2; **on Tuesdays** *le mardi,* I, 2
turn *tourner,* I, 12; **Then, turn left on . . .** *Puis, tournez à gauche dans/sur...*, II, 2; **You turn . . .** *Vous tournez...*, I, 12
TV *la télé(vision),* I, 1; **to watch TV** *regarder la télé(vision),* I, 1

twelve *douze,* I, 1

twist *le rebondissement,* II, 11; **It's full of plot twists.** *C'est plein de rebondissements.* II, 11

umbrella *le parapluie,* I, 11

unbelievable *incroyable,* II, 5

uncle *l'oncle* (m.), I, 7

uncomfortable *mal à l'aise,* II, 9

uncooked *cru(e),* I, 5

understand *comprendre,* II, 5

Unfortunately, . . . *Malheureusement,... ,* II, 9

unique *original(e),* II, 3; **That's unique.** *C'est original.* II, 3

until *jusqu'à,* I, 12; **You go straight ahead until you get to . . .** *Vous allez tout droit jusqu'à... ,* I, 12

up: go up *monter,* II, 6

used: You'll get used to it. *Tu vas t'y faire.* II, 8

useless *nul(le),* I, 2

usually *d'habitude,* I, 4

vacation *les vacances* (f. pl.), I, 1; **Have a good vacation!** *Bonnes vacances!* I, 11; **on vacation** *en vacances,* I, 4

vacuum *passer l'aspirateur,* I, 7

vase *le vase,* II, 3

VCR (videocassette recorder) *le magnétoscope,* I, 0

vegetables *les légumes* (m.), I, 8; II, 7

very *très,* I, 1; **very cool** *chouette,* II, 2; **Yes, very much.** *Oui, beaucoup.* I, 2; **very well** *très bien,* I, 1

video *la vidéo,* I, 4; **to make videos** *faire de la vidéo,* I, 4; **to play video games** *jouer à des jeux vidéo,* I, 4

videotape *la vidéocassette,* I, 3

village *le village,* II, 4; **fishing village** *le village de pêcheurs,* II, 4

violent *violent(e),* II, 11

visit (a place) *visiter,* I, 9; II, 6; **How about visiting . . . ?** *Si on visitait... ?* II, 8

volcano *le volcan,* II, 4

volleyball *le volley(-ball),* I, 4; **to play volleyball** *jouer au volley (-ball),* I, 4

wait for *attendre,* I, 9

Waiter! *Monsieur!* I, 5

Waitress! *Madame!* I, 5, *Mademoiselle!* I, 5

walk *se promener,* II, 4; **to go for a walk** *faire une promenade,* I, 6; **to walk the dog** *promener le chien,* I, 7

wallet *le portefeuille,* I, 3; II, 3

want *vouloir,* I, 6; **Do you want . . . ?** *Tu veux... ?* I, 6; II, 3; *Vous voulez... ?* I, 8; II, 3; **I don't want any more.** *Je n'en veux plus.* I, 8; **No, I don't want to.** *Non, je ne veux pas.* II, 8; **Yes, if you want to.** *Oui, si tu veux.* I, 7

wardrobe (armoire) *l'armoire* (f.), II, 2

wash *laver,* I, 7; **to wash oneself** *se laver,* II, 4; **to wash the car** *laver la voiture,* I, 7

waste: a waste of time *zéro,* I, 2

watch *la montre,* I, 3; **to watch a game (on TV)** *regarder un match,* I, 6; **to watch TV** *regarder la télé(vision),* I, 1

water *l'eau* (f.), I, 5; **mineral water** *l'eau minérale,* I, 5; **water with strawberry syrup** *le sirop de fraise (à l'eau),* I, 5

water-skiing *le ski nautique,* I, 4; **to go water-skiing** *faire du ski nautique,* I, 4

waterfall *une chute d'eau,* II, 4

way: No way! *Pas question!* II, 1; *Pas possible!* II, 6

wear *mettre, porter,* I, 10; **I don't know what to wear for . . .** *Je ne sais pas quoi mettre pour... ,* I, 10; **Wear . . .** *Mets... ,* I, 10; **What shall I wear?** *Qu'est-ce que je mets?* I, 10; **Why don't you wear . . . ?** *Pourquoi est-ce que tu ne mets pas... ?* I, 10

weather *le temps,* I, 4; **What's the weather like?** *Quel temps fait-il?* I, 4

Wednesday *mercredi,* I, 2; **on Wednesdays** *le mercredi,* I, 2

week *la semaine,* I, 4; **once a week** *une fois par semaine,* I, 4

weekend *le week-end,* I, 4; **Did you have a good weekend?** *Tu as passé un bon week-end?* I, 9; **on weekends** *le week-end,* I, 4; **this weekend** *ce week-end,* I, 6; **What a (bad) weekend!** *Quel week-end!* II, 5

weight : to lift weights *faire de la musculation,* II, 7

welcome: You're welcome. (At your service.) *A votre service.* I, 3; **Welcome to my home (our home)** *Bienvenue chez moi (chez nous).* II, 2

well *bien,* I, 1; **Did it go well?** *Ça s'est bien passé?* I, 11; **Get well soon!** *Bon rétablissement!* II, 3; **I don't feel well.** *Je ne me sens pas bien.* II, 7; **It went really well!** *Ça s'est très bien passé!* II, 5; **Very well.** *Très bien.* I, 1; **Well done!** *Chapeau!* II, 5; **You don't look well.** *Tu n'as pas l'air en forme.* II, 7; **You would do well to . . .** *Tu ferais bien de... ,* II, 7

went *allé(e)* (pp. of aller), I, 9; **Afterwards, I went out.** *Après, je suis sorti(e).* I, 9; **I went . . .** *Je suis allé(e)... ,* I, 9

west *l'ouest* (m.), II, 4; **in the west** *dans l'ouest,* II, 4; **It's to the west of . . .** *C'est à l'ouest de... ,* II, 12

western (film) *le western,* II, 11

what *comment,* I, 0; *ce qui* (subj.), II, 4; *ce que* (obj.), II, 4; **What bores me is . . .** *Ce qui m'ennuie, c'est... ,* II, 4; **What do you think of . . . ?** *Comment tu trouves... ?* I, 2; **What do you think of that/it?** *Comment tu trouves ça?* I, 2; **What I don't like is . . .** *Ce que je n'aime pas, c'est... ,* II, 4; **What I like is . . .** *Ce qui me plaît, c'est... ,* II, 4; **What is your name?** *Tu t'appelles comment?* I, 0; **What's his/her name?** *Il/Elle s'appelle comment?* I, 1; **What's it like?** *C'est comment?* II, 4

what *qu'est-ce que,* I, 1; **What are you going to do . . . ?** *Qu'est-ce que tu vas faire... ?* I, 6; **What can we do?** *Qu'est-ce qu'on peut faire?* II, 4; **What do you do to have fun?** *Qu'est-ce que tu fais pour t'amuser?* I, 4; **What do you have to drink?** *Qu'est-ce que vous avez comme boissons?* I, 5; **What do you need for . . . ?** *Qu'est-ce qu'il te/vous faut pour... ?* I, 3; **What happened?** *Qu'est-ce qui s'est passé?* I, 9; **What is there . . . ?** *Qu'est-ce qu'il y a... ?* II, 4; **What is there to drink?** *Qu'est-ce qu'il y a à boire?* I, 5; **What kind of . . . do you have?** *Qu'est-ce que vous avez comme... ?* I, 5;

what *quoi,* I, 2; **I don't know what to do.** *Je ne sais pas quoi faire.* II, 10; **I don't know what to wear for . . .** *Je ne sais pas quoi mettre pour... ,* I, 10; **What are you going to do . . . ?** *Tu vas faire quoi... ?* I, 6; **What do you have . . . ?** *Tu as quoi... ?* I, 2; **What do you need?** *De quoi est-ce que tu as besoin?* I, 5

when *quand,* I, 6; **When?** *Quand (ça)?* I, 6

where *où,* I, 6; **Where?** *Où (ça)?* I,

6; **Where are you going to go . . . ?** *Où est-ce que tu vas aller... ?* I, 11; **Where did you go?** *Tu es allé(e) où?* I, 9; **Where is . . . , please?** *Où est... , s'il vous plaît?* II, 2

which *quel(le)*, II, 6; **From which platform . . . ?** *De quel quai... ?* II, 6

white *blanc(he)*, I, 3

who *qui*, I, 9; **Who's calling?** *Qui est à l'appareil?* I, 9

whom *qui*, I, 6; **With whom?** *Avec qui?* I, 6

why *pourquoi*, I, 6; **Why don't you . . . ?** *Pourquoi tu ne... pas?* I, 9; II, 7; **Why not?** *Pourquoi pas?* I, 6

wife *la femme*, I, 7

win *gagner*, I, 9

window *la fenêtre*, I, 0; **to window-shop** *faire les vitrines*, I, 6

windsurfing *la planche à voile*, I, 11; **to windsurf** *faire de la planche à voile*, I, 11; II, 4

winter *l'hiver* (m.), I, 4; **in the winter** *en hiver*, I, 4

wiped out *raplapla*, II, 7; **I'm wiped out.** *Je suis tout(e) raplapla.* II, 7

wishes *les vœux* (m. pl.), II, 3; **Best wishes!** *Meilleurs vœux!* II, 3

with *avec*, I, 6; **with me** *avec moi*, I, 6; **With whom?** *Avec qui?* I, 6

withdraw *retirer*, I, 12; **to withdraw money** *retirer de l'argent*, I, 12

without *sans*, I, 11; **You can't leave without . . .** *Tu ne peux pas partir sans... ,* I, 11

wolf *le loup*, II, 12

wonder *se demander*, II, 9; **I wonder . . .** *Je me demande... ,* II, 9

work *travailler*, I, 9

worried *inquiet (inquiète)*, II, 9

worries *les soucis* (m.), II, 8; **to have worries** *avoir des soucis*, II, 8

worry: Don't worry! *Ne t'en fais pas!* I, 9; *T'en fais pas.* II, 5

worthless *nul(le)*, II, 8; **It's worthless.** *C'est du n'importe quoi.* II, 11

would: What would you do? *Qu'est-ce que tu ferais, toi?* II, 10; **Would you mind . . . ?** *Ça t'embête de... ?* II, 10; *Ça t'ennuie de... ?* II, 10; **Would you pass me . . . ?** *Vous pourriez (Tu pourrais) me passer... ,* II, 3; **Yes, I would.** *Oui, je veux bien.* II, 3; **You would do well to . . .** *Tu ferais bien de... ,* II, 7

would like: I'd like to buy . . . *Je voudrais acheter... ,* I, 3

write *écrire*, II, 10; **Write to him/her/them.** *Ecris-lui/-leur.* II, 10

wrong: Everything went wrong! *Tout a été de travers!* II, 5; **Is something wrong?** *Quelque chose ne va pas?* II, 7; **You look like something's wrong.** *Ça n'a pas l'air d'aller.* II, 5; **What's wrong?** *Qu'est-ce qui t'arrive?* II, 5; *Qu'est-ce que tu as?* II, 7; *Qu'est-ce qu'il y a?* II, 10

yard *le jardin*, II, 2

Yeah. *Mouais.* II, 6; **Yeah, right!** *Mon œil!* II, 6

year *l'an* (m.), I, 1; *l'année* (f.), I, 4; **Happy New Year!** *Bonne année!* II, 3; **I am . . . years old.** *J'ai ... ans.* I, 1; **When I was . . . years old, . . .** *Quand j'avais... ans,... ,* II, 8

yellow *jaune*, I, 3

yes *oui*, I, 1; **Yes, please.** *Oui, s'il te/vous plaît.* I, 8

yesterday *hier*, I, 9

yet: not yet *ne... pas encore*, I, 9

yogurt *les yaourts* (m.), I, 8

you *tu, vous*, I, 0; **And you?** *Et toi?* I, 1

young *jeune*, I, 7

your *ton/ta/tes/votre/vos*, I, 7

zoo *le zoo*, I, 6; II, 6

This grammar index includes topics introduced in **Allez, viens!** Levels 1 and 2. The roman numeral I preceding the page numbers indicates Level 1; the Roman numeral II indicates Level 2. Page numbers in boldface type refer to **Grammaire** and **Note de grammaire** presentations. Other page numbers refer to grammar structures presented in the **Comment dit-on... ?, Tu te rappelles?, Vocabulaire,** and **A la française** sections. Page numbers beginning with R refer to the Grammar Summary in this reference section (pages R19–R38) or in the Level 1 Grammar Summary.

A

à: expressions with **jouer** I: **101**; contractions with **le, la, l',** and **les** I: **101, 157,** 316, R18; II: **44,** 166, R25; with cities and countries I: **290,** R18; II: R25

adjectives: adjective agreement and placement I: 78, **79, 186,** R12–R14; II: **11,** R19–21; and **de** II: **39,** 88; as nouns I: **265,** R15; II: R22 demonstrative I: **77,** R14; II: **R21;** possessive I: 179, **181,** R15; II: R22; preceding the noun II: **39,** R21

à quelle heure: I: 54, 163, **165,** R17

adverbs: of frequency I: **110;** II: 101, 172, R23; placement with the **passé composé** I: **240,** R15; II: R23

agreement: adjectives I: **79, 186,** R12–R14; II: 10, **11,** R19–R21; in the **passé composé** II: **147,** R35; in the **passé composé** of reflexive verbs II: **168,** R34; in the **passé composé** with direct object pronouns II: **257,** R26

aller: I: 135, 153, **154,** 288, 289, R23; with an infinitive I: **154,** R24; II: **21,** R38; in the **passé composé** I: 238, 298, R25; II: **124,** R35

articles: definite articles **le, la, l',** and **les** I: **28,** R16; definite articles with days of the week I: **153;** indefinite articles **un, une,** and **des** I: 71, **73,** R16; II: R23; partitive articles **du, de la,** and **de l'** I: **207, 208,** 320, R16; II: **59, 65,** R23

avec qui: I: 163, **165,** R17; II: R24

avoir: I: **51,** R23; II: **10,** R31; **avoir besoin de** I: **210; avoir envie de** I: **289;** II: 18, 173; **avoir l'air** II: **227;** expressions with II: 10, 34, 68, 119, 127, 165, 173, 310; imperfect II: **199,** 260, R36; with the **passé composé** I: 237, **239,** 241, 245, 267, 298, R25; II: **120,** R35

C

ce, cet, cette, and **ces:** I: **77,** R14; II: R21

ce que, ce qui: See relative pronouns.

c'est: versus **il/elle est** + adjective I: **274;** II: **275,** R28

cognates: I: 6–7

commands: I: 11, 132, 135, **136,** R25; II: **15,** R38; with object pronouns I: 135, 212, **247,** 296, R19–R20; II: R26–R28

comparisons: II: 90, 178, 198; superlative II: 127

conditional: II: 68, 148, 173, 178, 250, 251, 255, 312; in the past II: 258

connaître: II: 231, 273, **274,** R32; **passé composé** II: **274,** R32

contractions: See **à** or **de.**

countries: prepositions with countries I: **290,** R18; II: R25

D

de: before modified nouns II: **39,** 88, R21; contractions I: **104, 325,** R18; II: **39,** R25; expressions with **faire** I: **101;** indefinite articles (negative) I: **73;** II: R23; indicating relationship or ownership I: **180;** II: R25; partitive article I: **208,** R16; II: R23; with expressions of quantity I: **214**

definite articles: I: **28,** R16

demonstrative adjectives: I: **77,** R14; II: R21

devoir: I: **189,** R24; II: 15, 127, **173,** 250, R31; **devrais** I: 247, 290; II: **173,** 178

dire: I: **244,** R24

direct object pronouns: I: **247, 273,** 296, R19; II: 250, 252, 284, R26

dormir: I: **294,** R23; II: R30

E

elle(s): See pronouns.

emporter: II: **310,** R29

en: pronoun I: 214, 219, **220,** 293, R20; II: **58,** 172, R27; before geographic names I: **290,** R18; II: R25

-er verbs: I: 26, 31, 32, **33**, 107, R21; II: R29; with **passé composé** I: 239, 241, 298, R25; II: **120**, R35

est-ce que: I: **103**, **165**, R17; II: R27

être: I: 57, 159, 163, 179, 185, 186, **187**, R23; II: **10**, R31; interrupted action II: 237, R37; imperfect II: 33, 64, 123, **144**, 198, **199**, 201, 227, 260, 314, R36; with the **passé composé** I: R25; II: 124, **147**, R35

F

faire: I: **104**, R23; II: R31; with **de** + activity I: **101**, **104**; weather I: 106

falloir: il me/te faut I: 74, 210, 265, R19

formal versus familiar **(tu/vous):** I: **33**; II: **34**, R26

future (near): form of **aller** + infinitive I: **154**, R24; II: **21**, R38; using the present tense I: 155, 294

I

il(s): See pronouns.

il(elle)/ils(elles) est/sont: + adjective I: **185**; versus **c'est** + adjective I: **274**; II: **275**, R28

il y a: I: 135; II: 39, 90, 198, 258, 284, 304

imperatives: See commands.

imperfect: II: 94, 144, 198, 200, 201, **202**, 209, 314, R36; **avait** II: **199**, 201, R36; **était** II: **144**, **199**, **227**, R36; **il y avait** II: 198; interrupted actions II: **237**; with **si on...** II: 94, **209**, **R36**; versus **passé composé** II: 233, 237, 315, R37

indefinite articles: I: 71, **73**, R16; II: R23

indirect object pronouns: I: 244, **247**, 296, R20; II: **68**, R27

interrogatives: See question words.

-ir verbs: I: **267**, R21; II: **14**, R29; with the **passé composé** I: 267, R25; II: **120**, R35

J

je: See pronouns.

L

leur: See pronouns.

lui: See pronouns.

M

manquer: II: 197

mettre: I: 263, R24

mourir: II: 147; **meurs:** II: 34, 310

N

ne... jamais: I: **110**, R15; II: R23

ne... ni... ni... : I: 184, 185

ne... pas: I: 26, 57; with indefinite articles I: 72, **73**, **104**, R16

ne... que: II: 173

ne... rien: I: 110, 130, 159, 289, 290; with the **passé composé** I: 293

negation: I: **26**, **57**; of indefinite articles **(ne... pas de)** I: 72, **73**, **104**, R16; with **rien** I: 110, 130, 159, 289, 293; with the **passé composé** I: 298

negative statements or questions and **si:** I: **50**, R17

nourrir (se): II: **177**, R29

nous: See pronouns.

O

object pronouns: See pronouns.

on: with suggestions I: 110, 129

où: I: 163, **165**, 289, R17

ouvrir: II: 152, **153**, R33

P

partir: I: **294**, R23; II: R30

partitive articles: I: 207, **208**, 320, R16; II: 59, **65**, R23

passé composé: agreement of the direct object in the II: **257**, R26; with **avoir** I: 237, **239**, 241, 245, 298, R25; II: 118, **120**, 274, R35; with **être** I: R25; II: **124**, 142, **147**, 167, R35; versus imperfect II: 233, 237, 315, R37

placement of adjectives I: **79**, R14; II: R21; of adverbs I: **110**, 240, R15; II: R23; of object pronouns II: **252**, 259, R28

plaire: II: 95, 197; in the **passé composé** II: 144

possessive adjectives: I: **181**, R15; II: R22

pourquoi: I: 159, 212, 247, 264, 290

pouvoir: I: 110, 130, 159, 189, 212, **213**, R24; II: 18, **64**, 250, 255, R31; **pourrais** I: 320; **pourrait** II: 18

prendre: I: 132, **133**, R24; II: R32

prepositions: I: **325**, R18; **à** II: **44**, R25; **à** and **en** I: **290**, R18; **de** I: **180**, **214**, R18; II: 39, R25; expressions with **faire** and **jouer** I: **101**; **chez** I: 163

pronouns: and infinitives I: 247, 265; agreement with the direct object pronoun in the **passé composé** II: **257**, R26; direct object pronouns I: **247**, **273**, 296, R19; II: **250**, 251, **252**, 284,

R26; **en** I: 214, 219, **220**, 293, R20; II: **58**, **172**, R27; formal versus familiar **(tu/vous)** I: **33**, II: **34**, R26; indirect object pronouns I: 244, **247**, 296, R20; II: **68**, R27; placement of II: **252**, **259**, R28; relative II: 95, **96**, 197, **287**, R28; subject pronouns I: 24, 26, **33**, **105**, R19; **(tu/vous)** I: **33**; II: **34**, R26; reflexive II: **93**, **95**, **100**, R27; **y** I: 135, 212, 320, 322, **323**, R20; II: R26

Q

quand: I: 106, 163, **165**, R17; II: R24

quantities: I: **214**; II: 57, 58

que: II: **287**, R28

quel(s), quelle(s): See question words.

qu'est-ce que: I: **165**, 289, 290, 297; II: 12, 68, 90, 94, 165, 250, 280, 286, 304, 312

qu'est-ce qui: II: 119

question formation: I: **103**, R17 II: **34**, R24; formal II: **152**, R24; informal II: **152**, R24

question words: I: 54, 163, **165**, R17; II: R24; **quel** I: 25; II: 12, R24; **quelle** II: 12, R24; **quels** I: 51; II: 12, R24; **pourquoi** I: 159, 212, 247, 264, 290

qui: I: 163, 165, R17; relative pronoun II: 231, **287**, R28

quoi: I: 51, **165**, 264

R

re-: prefix I: 213

-re verbs: I: 245, R21; II: R30; with the **passé composé** I: 245, 298, R25; II: **120**, **124**, R35

reflexive pronouns: See pronouns.

reflexive verbs: See verbs.

relative pronouns: See pronouns.

rien: See **ne... rien.**

S

savoir: II: 231, 250

se: See reflexive pronouns.

si: I: **50**, R17; indicating condition I: 189, 320; in suggestions II: **209**, R36

sortir: I: **294**, R23; II: R30

subject pronouns: I: 24, 26, **33**, **105**, R19; **(tu/vous)** I: **33**; II: **34**, R26

T

tenir: II: 64

time: I: 54, 163, **165**

tu: See pronouns.

U

un, une, des: I: 71, **73**, R16; II: R23

V

venir: I: 159

verbs: agreement in the **passé composé** of reflexives II: 167, **168**, R34; commands I: 11, 132, 135, **136**, R25; II: **15**, R38; **-er** I: 26, 31, 32, **33**, 107, R21; II: R29; **connaître:** II: 231, 273, 274, R32; **passé composé** of **connaître** II: **274**; **devoir:** I: 189, R24; II: 15, 127, **173**, 250, R31; **devrais** I: 247, 290; II: **173**, 178; **emporter:** II: **310**, R29; future I: **154**; II: R38; **-ir** I: **267**, R21; II: **14**, **120**, R29, R35; imperfect: II: 94, 144, 198, 200, 201, **202**, 209, 314, R36; **avait** II: **199**, 201; R36; **était** II: **144**, **199**, 227, R36; **il y avait** II: 198; interrupted actions and the imperfect II: imperfect with **si on...** II: 94, **209**, R36; imperfect versus **passé composé** II: **233**, **237**, **315**, R37; **passé composé** with **avoir** I: 237, **239**, 241, **245**, 267, 298, R25; II: **120**, R35; **passé composé** with **être** I: 238, 297, 298, R25; II: **124**, 147, R35; **-re** I: 245, R21; II: 120, R30; reflexive II: 90, **93**, **95**, 99, **100**, R34

vouloir: I: 159, **160**, R24; II: **64**, R31; in the imperfect II: 260

vous: See pronouns.

Y

y: I: 135, 212, 320, 322, **323**, R20; II: R26

ACKNOWLEDGMENTS

For permission to reprint copyrighted material, grateful acknowledgment is made to the following sources:

Au Plaisir d'offrir: Advertisement, "Au Plaisir d'offrir," from *Chartres: Ville d'Art.*

Bayard Presse International: From "A Table: pourquoi manger?" and "Gare au régime!" from *Okapi*, no. 550, November 12, 1994. Copyright © 1994 by Bayard Presse International. From "L'Amitié" by Sylvaine de Paulin from *Le dossier Okapi*, no. 602, March 8, 1997. Copyright © 1997 by Bayard Presse International. Text from "2001, L'Odyssée de l'espace," text from "Il était une fois dans l'ouest," text from "E.T., l'extra-terrestre," and text from "Cyrano de Bergerac" from "10 films qui ont fait date" from *Okapi: Cinéma mon plaisir*, May 1993. Copyright © 1993 by Bayard Presse International. From "*La leçon, La cantatrice chauve* by Eugène Ionesco" by Rémy Lillet from *Phosphore*, no. 94, November 1988. Copyright © 1988 by Bayard Presse International. From "B.D.: 'Calvin et Hobbes' by Bill Waterson" by Yves Frémion and from "*Daïren* by Alain Paris" by Denis Guiot from *Phosphore*, no. 97, February 1989. Copyright © 1989 by Bayard Presse International.

Comité Français d'Education pour la Santé: From the poster "Code des enfants pour les enfants," edited and distributed by CFES at 2, rue Auguste Comte, 92170 Vanves.

Crêperie du Cygne: Advertisement, "Crêperie du Cygne," from *Chartres: Ville d'Art.*

Antoine Dubroux: Photo by Antoine Dubroux from "L' Amitié" from *Le dossier Okapi*, no. 602, March 8, 1997.

EDICEF: "78. Les questions difficiles (suite)" and jacket cover from *La Belle Histoire de Leuk-le-Lièvre* by Léopold Sédar Senghor and Abdoulaye Sadji. Copyright © 1953 by Librairie Hachette.

Editions du Boréal: "Tombée du jour" from *Poèmes pour la main gauche* by Anne Hébert. Copyright © 1997 by Editions du Boréal.

Editions du Seuil: "Nos Mains au jardin" from *Poèmes* by Anne Hébert. Copyright © 1948 by Editions du Seuil.

Editions Gallimard: From *La cantatrice chauve* by Eugène Ionesco. Copyright © 1954 by Editions Gallimard. "Le Cancre" and "Page d'écriture" from *Paroles* by Jacques Prévert. Copyright © 1980 by Editions Gallimard.

Editions J.M. Fuzeau and Lycée Alfred Kastler: Cover of "Carnet de correspondance" from Lycée Alfred Kastler.

EF Foundation: From "Votre année en High School aux USA" from *Une année scolaire à l'étranger*, 1993–94.

Filature Tissage Gonfreville: Cloth sample manufactured by Filature Tissage Gonfreville.

France Télévision Distribution: Logo for television channel "France 2."

S.C. Galec: Nine photographs of fruits and vegetables and E. Leclerc logo from *Grande fraîcheur à petits prix*, October 13–23, 1993.

La Napolitaine Restaurant–Pizzeria: Advertisement, "La Napolitaine Restaurant–Pizzeria," from *Chartres: Ville d'Art.*

La Passacaille: Advertisement, "La Passacaille," from *Chartres: Ville d'Art.*

Le Chêne Fleuri: Advertisement, "Le Chêne Fleuri," from *Chartres: Ville d'Art.*

Le Figaro Magazine: From "Provence, Côte d'Azur" from *Le Figaro Magazine: Guide de l'été*, 1994. Copyright © 1994 by Figaro Magazine.

Le Figaro TV Magazine: From "Urgences" and from "X-Files: aux frontières du réel" from *Le Figaro TV Magazine*, no. 16.534. Copyright © by Figaro Magazine.

M6: Logo for French television channel M6.

Marilyn Agency: Advertisement for Gymnase Club.

Office de Tourisme de Chartres: Map of Chartres from *Chartres: Ville d'Art.* Copyright © by the Office de Tourisme de Chartres. Advertisements for "Le Centre International du Vitrail," "La Maison Picassiette," "Le Musée des Beaux-Arts," and "Les Tours de la Cathédrale" from *Passeport Culturel pour Chartres.* Copyright © by the Office de Tourisme de Chartres.

Office de Tourisme de Fontainebleau: "Renseignements Pratiques" from *Fontainebleau.*

Parc Bromont: Advertisement, "Parc Bromont," from *Camping/Caravaning.*

Pariscope: une semaine de Paris: "Géronimo," "Les Trois mousquetaires," et "Une brève histoire du temps" from *Pariscope: une semaine de Paris*, no. 1357, May 25–31, 1994. Copyright © 1994 by Pariscope. "Le Bossu de Notre-Dame," "Emma," and "Les Randonneurs" from *Pariscope: une semaine de Paris*, no. 1529, September 10, 1997. Copyright © 1997 by Pariscope.

Promotrain: Advertisement, "Promotrain," from *Chartres: Ville d'Art.*

Protéines SA: "Vive l'eau" from *Les Secrets de la Forme—Guides Pratiques*, no. 14.

Rainbow Symphony, Inc.: Portion of "The Original Lazer Viewers 3-D™ Fireworks Glasses."

Restaurant La Sellerie: Advertisement, "La Sellerie," from *Chartres: Ville d'Art.*

Services Touristiques de Touraine: From "Circuits d'une journée," from "Circuits d'une demi-journée," and from "Spectacles son et lumière" from *Châteaux de la Loire: Circuits en autocars au départ de Tours du 10 avril au 30 septembre 1993.*

SNCF: Direction Grandes Lignes: Excerpts from SNCF train schedule, 1997.

Société Gestion Activités Commerciales Parc de la Jacques-Cartier: From "Les Parcs Québécois" from *Les Parcs du Québec* and "Bienvenue dans le Parc de la Jacques-Cartier" and "Conseils Pratiques" from *Parc de la Jacques-Cartier.*

Sony Music Publishing France: Lyrics from "Un Sèl Zouk" by César Durcin from *Tékit Izi* by Kassav'. Copyright © 1992 by Sony Music Publishing. Cover of CD *Tékit Izi* by Kassav'. Designed and illustrated by F.A.W. Copyright © and ℗ 1992 by Sony Music Entertainment (France).

Sony/ATV Tunes LLC: Lyrics from "Un Sèl Zouk" by César Durcin from *Tékit Izi* by Kassav'. Copyright © 1992 by Sony Music Publishing.

STS Student Travel Schools AB: Text and photographs from *Une année scolaire aux USA 1993/1994.* Copyright © 1993 by STS Student Travel Schools AB.

Télé Câble Hebdo: "L'Eternel retour" and "Notre-Dame de Paris" from "Films de mars: le choix de Cinémaniac" from *Télé Câble,* no. 2. Copyright © by Télé Câble.

PHOTOGRAPHY CREDITS

Abbreviations used: (t) top, (c) center, (l) left, (r) right, (bckgrd), background.

Chapter Opener Photographs: Scott Van Osdol

All Photographs HRW Photos by Marty Granger/Edge Productions except:

TABLE OF CONTENTS: Page vii(cl), (cr), HRW Photo/ Scott Van Osdol; vii(bc),(br), HRW Photo/ Sam Dudgeon, viii(tc), (c), (bc), HRW Photo/ Scott Van Osdol; viii(tr), (cl), (bl), HRW Photo/ Sam Dudgeon; xix(t), (b), HRW Photo/ Scott Van Osdol; xix(cl), (tl), x(cr), HRW Photo/ Sam Dudgeon; x(tr), (bl), xi(tl), (cl), (bc), HRW Photo/ Scott Van Osdol; xi(tr), (bl), HRW Photo/ Sam Dudgeon; xii(tc), HRW Photo/ Scott Van Osdol; xii(cr), HRW Photo/ Sam Dudgeon; xii(cl), (bc), Harbrace Photo/ Mark Antman; xiii(tl), Burke/ Triolo Photographic Studio; xiii(cl), (bl), (br), HRW Photo/ Scott Van Osdol; xiii(c), (cr), HRW Photo/ Sam Dudgeon; xiv(tl), (br) HRW Photo/ Louis Boireau/ Edge Productions; xiv(tc), HRW Photo/ Scott Van Osdol; xiv(tr), (cl),(bl), HRW Photo/ Sam Dudgeon; xv(tl), (cr), HRW Photo/ Scott Van Osdol; xv(bc), HRW Photo/ Sam Dudgeon; xv(br), HRW Photo/ Patrice Maurin; xvi(tr), (bl), (br), HRW Photo/ Sam Dudgeon; xvi(bc), HRW Photo/ Scott Van Osdol; xvii(tl), (tr), (cl), (bl), (br), HRW Photo/ Sam Dudgeon; xvii(cr), HRW Photo/ Scott Van Osdol; xviii(tc), (bc), HRW Photo/ Sam Dudgeon; xviii(cl), (cr), (bl), SuperStock; xviii(br), HRW Photo/ Sam Dudgeon.

LOCATION: PARIS REGION: Pages xxvi–1(c), Phillipe Chardon/Option Photo; 2(t), Bill Wassman/The Stock Market; 2(c), George Seurat, French, 1859–1891, *A Sunday on La Grande Jatte* (1884), oil on canvas, 207.6 x 308 cm, Helen Birch Bartlett Memorial Collection, 1926.224; 2(b), S. Kanno/ FPG International, Inc.; 3(t), Steve Elmore/ Tony Stone Images, Inc.; 3(cl), Marc Devill/ Liaison International; 3(bc), Brigitte Perigois/ Option Photo; 3(br), J. Reznicki/ The Stock Market. **Chapter One:** Page 5(b), HRW Photo/Sam Dudgeon; 9(l), Walter Chandoha; 9(c), May Polycarpe; 10(l), Banaroch/Sipa Press; 10(r), Toussaint/Sipa Press; 10(cl), Philippe Denis/Sipa Press; 10(cr), Sebastien Raymond/Sipa Press; 12(t), May Polycarpe; 13 (both), Mark Antman/The Image Works, 14(both), HRW Photo/Sam Dudgeon; 16(l), Serge Coté/L'Imagier; 16(r), HBJ Photo/Capretz; 17(l), HRW Photo/Louis Boireau/Edge Productions; 19(t), Ulrike Welsch/ PhotoEdit; 19(b), Emmanuel Rongiéras d'Usseau; 21(both), Photofest; 22(b), HRW Photo/Stan Rappaport, 26(l), HRW Photo/Russell Dian; 26(r), Tony Freeman/PhotoEdit; 26(c), HRW Photo/Henry Friedman. **Chapter Two:** 34(r), Chapman/IPA/The Image Works; 34(cl), R. Lucas/The Image Works; 34(cr), 35(r), HRW Photo/Sam Dudgeon; 35(c), Michelle Bridwell/Fontera Fotos; 36(r), 38(tl), (tc), HRW Photo/Sam Dudgeon; 38(cr), John Miller/Leo De Wys; 43(tl), HRW Photo/John Langford; 43(cl) HBJ Photo/Oscar Bultrago; 43(c), IPA/The Image Bank; 50(l), HRW Photo/Sam Dudgeon; 50(r), Michelle Bridwell/Frontera Fotos; 50(c), UPI Photo/Corbis-Bettmann. **Chapter Three:** Page 53(all), Mark Antman/The Image Works; 63(t), HRW Photo/Sam Dudgeon; 63(c), HRW Photo/Cooke Photographic; 66(c) © European Communities; 70(all), HRW Photo/Sam Dudgeon; 71(tl), (tr), (c), © AGC, Inc.; 72(t) Paul Lanue; 72 (b) HRW Photo/Sam Dudgeon; 73(t) Amyu Reichman/Envision; 73(b) HRW Photo/Sam Dudgeon; 76(all), HRW Photo/Sam Dudgeon.

LOCATION: MARTINIQUE: Chapter Four: 86(cr), Pamela Pate; 87(b), The Bettmann Archives/Corbis Bettmann; 89(cl), Robert Rattner; 91(l), HRW Photo/Edge Productions; 92(b), Allan A. Philiba; 93, Row One: (l), (r), Robert Fried; (c), Allan A. Philiba; Row Two: (c), Kit Kittle/Viesti Associates; Row Three:(l) Robert Fried; (b) Robert Fried; 97(all), Joe Viesti/Viesti Associates; 102, 103(both), HRW Photo/Sam Dudgeon; 104(tl), Allan A. Philiba.

LOCATION: TOURAINE: Pages 108–109(c), 110(tl), Four by Five, Inc./SuperStock; 110(tr), Dennis Hallinan/FPG International, Inc.; 110(cr), E. Scorcelletti/Liaison International; 110(bl), (bc), SuperStock; 111(t), S. Vidler/ SuperStock; 111(cl), Culver Pictures, Inc.; 111(br), Giraudon/Art Resource, New York. **Chapter Five:** Page 113(t), HRW Photo/Sam Dudgeon; 113(b), David Young-Wolff/PhotoEdit; 122, HRW Photo/Sam Dudgeon; 123, HRW Photo/Scott Van Osdol; 125(r), (c), HRW Photo/Sam Dudgeon. **Chapter Six:** Page 141(t), T. Mogi/SuperStock; 141(c), Paul Barton/The Stock Market; 142(tl), Robert Fried/Stock Boston; 142(tc), Jose Carrillo/PhotoEdit; 142(tr), W. Bertsch/Bruce Coleman; 142(cl), Owen Franken/Stock Boston; 142 (clc), Michael Melford/The Image Bank; 142(cr) The Image Bank; 142(bl), Robert Fried; 142(bc), H. Kanus/ SuperStock; 142(br), Adam Woolfitt/Woodfin Camp & Associates; 143(l), Charlie Waite/Tony Stone Images; 143(cl), SuperStock; 143(cr), Don Smetzer/Click/Tony Stone Images; 143(r), Bruce Fier/Liaison International; 156(t), Culver Pictures, Inc.; 158(r), Tony Freeman/PhotoEdit. **Chapter Seven:** Page 160(c), Tony Freeman/PhotoEdit; 161(t), Burke/Triolo Photographic Studio; 171(c), Richard Hutchings/PhotoEdit; 171(bl), Tony Freeman/PhotoEdit; 171(bc), Robert Fried; 171(br), HRW Photo/Michelle Bridwell/Frontera Fotos; 172(l), Al Tielemans/Duomo; 172(c), Vandystadt/AllSport; 172(r), Chris Trotman/Duomo Photography; 179(tl), HRW Photo/Sam Dudgeon; 179(tc), Robert Fried; 179(tr), Michelle Bridwell/Frontera Fotos; 184(c), Richard Hutchings/PhotoEdit.

LOCATION: COTE D'IVOIRE: Pages 186–189 (all), Louis Boireau. **Chapter Eight:** Pages 190, 191(c), (b), HRW Photo/Louis Boireau/Edge Productions; 191(t), Jacky Gucia/The Image Bank; 192(t), (cl), HRW Photo/Louis Boireau/Edge Productions; 192(cr), (b), HRW Photo/Edge Productions; 193(tl), (tr), (cl), HRW Photo/Edge Productions; 193(c), (bl), (br), HRW Photo/Louis Boireau/Edge Productions; 195(all), Louis Boireau, 196(t), (b), HRW Photo/Louis Boireau/Edge Productions; 196(c), Louis Boireau; 197(tr), Marc & Evelyne Bernheim/Woodfin Camp & Associates; 197(cl), Louis Boireau; 197(c), Kevin Symns/David R.Frazier Photolibrary; 197(cr), 198(c), HRW Photo/Louis Boireau/ Edge Productions; 203(tl), (tcl), (tcr), Marc & Evelyne Bernheim/Woodfin Camp & Associates; 203 (tr), HRW Photo/Louis Boireau/Edge Productions; 203(bl), William Stevens/Liaison International; 206(bc) Louis Boireau; 206 (bl), (br), HRW Photo/Louis Boireau/Edge Productions; 207(all), HRW Photo/Louis Boireau/Edge Productions; 209 (l), Richard Wood, The Picture Cube; 209,(cl), (cr), HRW Photo/Louis Boireau/Edge Productions; 209(r), HRW Photo; 214(tl), Mary Kate Denny/PhotoEdit; 214(tc), HRW Photo/Sam Dudgeon; 214(tr), Cleo Freelance Photo/PhotoEdit.

LOCATION: PROVENCE: Pages 216–217, P. Jacques/FOC Photo; 218(t), Nik Wheeler; 218(c), Allan A. Philliba; 218(b), R. Palomba/FOC Photo; 219(t), Robert Fried; 219(cl), Nik Wheeler; 219(br), Scala/Art Resource, New York. **Chapter Nine:** Page 220(b), HRW Photo/May Polycarpe; 229(l), HRW Photo/Louis Boireau/Edge Productions; 234(t), Sebastien Raymond/Sipa Press; 238–239(bckgd), Daniel J.

Schaefer. **Chapter Ten:** Page 249 (t), (bc), HRW Photo/Mark Antman; 249(cl), Russell Dian/HRW Photo; 249(cr), Mat Jacob/The Image Works; 255(cl), HRW Photo by May Polycarpe; 255(cr), HRW Photo/Russell Dian; 255(bl), HBJ Photo/Mark Antman; 255(c), (bcl), (bcr),(br), 257(all), HRW Photo/Sam Dudgeon; 258(t), HRW Photo May Polycarpe, 258(b), HRW Photo/Daniel Aubry; 259(cl), HRW Photo/François Vikar; 259(c), HRW Photo/Patrick Courtault; 259(cr), HRW Photo/Sam Dudgeon; 259(bl), HRW Photo/Daniel Aubry; 259(bc), Michelle Bridwell/Frontera Fotos; 261(r), HRW Photo; 261(c), HRW Photo/Louis Boireau/Edge Productions; 266(c), (l), HRW Photo/Sam Dudgeon; 266(r), Michelle Bridwell/Frontera Fotos.

Chapter Eleven: Page 268, Frontera Fotos; 269(t), PonoPresse/Liaison International; 272(bl), HRW Photo/Patrice Maurin; 274(tl), Benainous-Scorcelletti/Liaison International; 274(tr), Allen/Liaison International; 274(bl), HRW Photo/Sam Dudgeon; 274(br), Michel Renaudeau/ Liaison International; 276(bl), HRW Photo/Sam Dudgeon; 276(c), Bob Riha/Liaison International; 276 (br) Shirley Rosicke/The Stock Market; 278(c), HRW Photo/Louis Boireau/Edge Production; 281(tl), (tr), Motion Picture and TV Photo Archive; 281(tc), (bl), Ciné Plus; 281(cl), Universal Pictures/Shooting Star International; 281(c), Twentieth Century Fox/Photofest; 281(cr), ©1997 Danjaq, LLC and United Artists Pictures, Inc., All Rights Reserved/Keith Hamshere/Photofest; 281(bc), ©1997 Paramount Pictures/Twentieth Century Fox/Photofest; 281(br), Paramount Pictures/Shooting Star International; 283(all), HRW Photo/Cherie Mitschke; 284 (tl), Cover of *Daïren* by Alain Paris. Copyright by Editions Robert Laffont, S.A. Reprinted by permission of Editions J'ai Lu. 284 (cr), Cover of *La cantatrice chauve* by Eugéne Ionesco. Copyright ©1954 by Editions Gallimard. Reprinted by permission of Editions Gallimard. 285 (tl), Cover of *Mort sur le Nil* by Agatha Christie, translated by Louis Postif. Copyright © 1948 by Agatha Christie, Librairie des Champs-Elysées. Reprinted by permission of Librairie des Champs-Elysées. 285 (tr), Cover of *L'enfant noir* by Camara Laye. Copyright © 1953 by Librairie Plon. Reprinted by permission of Pocket. 285 (tcl), Cover of *Un Amour de Swann* by Marcel Proust. Copyright © 1954 by Editions Gallimard. Reprinted by permission of Editions Gallimard. 285 (tcr), Cover of *les années métalliques* by Michel Demuth. Copyright © 1977 by Editions Robert Laffont, S.A. Reprinted by permission of Editions J'ai Lu. 285 (bcl), Cover of *Les aventures de Tintin: Le Secret de la Licorne* by Hergé. Copyright © 1947, 1974 by Casterman. Reprinted by permission of Casterman and Moulinsart SA. 285 (bcr), Cover of *Paroles:* Selected Poems by Jacques Prévert, translated by Lawrence Ferlinghetti. Translation copyright © 1958 by Lawrence Ferlinghetti. Photo by Izis Bidermanas. Reprinted by permission of City Lights Books. 285 (bl), Cover of *Les Misérables* by Victor Hugo. Copyright © 1985 by Le Livre Poche. Reprinted by permission of Le Livre Poche. 285 (br), Cover of *La tragédie du Roi Christophe* by Aimé Césaire. Copyright © 1963 by Présence Africaine. Reprinted by permission of Présence Africaine. 284–285, all photos of covers by HRW Photo/Sam Dudgeon. 286 (all), Ciné Plus; 287 (br), cartoon of Tintin by Hergé. Reprinted with permission from Moulinsart SA. 288 (t) Motion Picture and T.V. Photo Archive; 288 (b) Ciné Plus; 289 (t) Fotos International/Archive Photos; 289 (c) Twentieth Century Fox/Shooting Star International; 289 (b) Ciné Plus.

LOCATION: QUEBEC: Page 296(cr), Maryo Goudreault/ L'Imagier; 296(cl), (b), 297 (t), Winston Fraser; 297 (b),

P. H. Cornut//Tony Stone Images. **Chapter Twelve:** Page 304(l), Winston Fraser; 304(c), L'Imagier. 305(tl), Serge Coté/L'Imagier; 305(tlc), Stephen J. Krasemann/AllStock; 305(trc), L.L. Rue/SuperStock; 305(bl), Darrell Gulin/ AllStock; (blc), Daniel J. Cox/AllStock; 305(brc), Renee Lynn/AllStock; 305(br), Serge Coté/L'Imagier; 306(tl), (tr), Winston Fraser; 306(cl), L'Imagier; 306(c), N. Paquin/ L'Imagier; 308(all), HRW Photo/Victoria Smith; 309(c), Walter Fraser; 309(collage) HRW Photo/Sam Dudgeon; 313(c), HRW Photo/Louis Boireau/Edge Productions; 314(t), Walter Fraser.

ILLUSTRATION AND CARTOGRAPHY CREDITS

Abbreviated as follows: (t) top, (b) bottom, (l) left, (r) right, (c) center.

All art, unless otherwise noted, by Holt, Rinehart and Winston.

Front Matter: Page xxii, GeoSystems; xxiii, GeoSystems; xxiv, GeoSystems; xxv, GeoSystems.

LOCATION: PARIS REGION
Page 1, GeoSystems. **Chapter One:** Page 9, Jocelyne Bouchard; 13, Maria Lyle; 16, Yves Larvor; 20 (t), Bruce Roberts; 20 (c), Vincent Rio; 26, Jocelyne Bouchard. **Chapter Two:** Page 33, Bruce Roberts; 35, Jocelyne Bouchard; 37, Neil Wilson; 38, Jocelyne Bouchard. **Chapter Three:** Page 59, Jean-Jacques Larrière; 65, Fançoise Amadieu; 69 (l), Jocelyne Bouchard; 69 (cr), Jean-Jacques Larrière; 70, Jean-Jacques Larrière.

LOCATION: MARTINIQUE
Page 79, GeoSystems. **Chapter Four:** Page 88, Anne Stanley; 94, Anne de Masson; 98, Anne de Masson; 99, Lynne Russell; 104, Anne Stanley; 106, Anne de Masson.

LOCATION: TOURAINE
Page 109, GeoSystems. **Chapter Five:** Page 118, Gilles-Marie Baur; 119, Françoise Amadieu; 120, Gilles-Marie Baur; 134, Gilles-Marie Baur. **Chapter Six:** Page 145, Guy Maestracci; 146, Gilles-Marie Baur; 154–155, Pat Lucas Morris; **Chapter Seven:** Page 165 (tr, cl), Bruce Roberts; 165 (br), Gilles-Marie Baur; 166 (tr), Gilles-Marie Baur; 166 (b), Jocelyne Bouchard; 167, Gilles-Marie Baur; 168, Jocelyne Bouchard; 169, Bruce Roberts; 174, Jocelyne Bouchard; 176, Françoise Amadieu.

LOCATION: COTE D'IVOIRE
Page 187, GeoSystems. **Chapter Eight:** 194, Gilbert Gnangbel; 200, Gilbert Gnangbel; 204, Gilles-Marie Baur; 208, Gilbert Gnangbel; 212, Gilbert Gnangbel; 214, Gilbert Gnangbel.

LOCATION: PROVENCE
Page 217, GeoSystems. **Chapter Nine:** Page 226, Gilles-Marie Baur; 228, Jocelyne Bouchard; 230, Jean-Jacques Larrière; 232 (t), Jocelyne Bouchard; 232 (br), Bruce Roberts; 236, Jocelyne Bouchard; 240, Guy Maestracci; 241, Gilles-Marie Baur; 242, Bruce Roberts. **Chapter Ten:** Page 250, Jocelyne Bouchard; 251, Gilles-Marie Baur; 253, Anne de Masson; 256, Jocelyne Bouchard; 259, Vincent Rio; 265, Yves Larvor. **Chapter Eleven:** Page 275, Yves Larvor; 276, Bruce Roberts.

LOCATION: QUEBEC
Page 295, GeoSystems. **Chapter Twelve:** Page 303, Anne Stanley; 307, Yves Larvor; 310, Gilles-Marie Baur; 311, Bruce Roberts; 312, Gilles-Marie Baur; 316, Jocelyne Bouchard; 318–319, Hilber Nelson; 322, Jocelyne Bouchard.